中国少数民族设计全集

The Design Collection of Chinese Ethnic Minorities

瑶族

中国少数民族设计全集编纂委员会 编

图书在版编目（CIP）数据

中国少数民族设计全集．瑶族 / 中国少数民族设计全集编纂委员会编；李丽等著．—太原：山西人民出版社，2019.10
ISBN 978-7-203-11050-7

Ⅰ．①中… Ⅱ．①中… ②李… Ⅲ．①瑶族 – 民族文化 – 研究 – 中国 Ⅳ．① K28

中国版本图书馆 CIP 数据核字（2019）第 201534 号

中国少数民族设计全集．瑶族

编　　者：	中国少数民族设计全集编纂委员会
著　　者：	李　丽　等
责任编辑：	薛正存
复　　审：	吕绘元
终　　审：	秦继华
装帧设计：	谢　成

出 版 者：	山西人民出版社　人民美术出版社
地　　址：	太原市建设南路 21 号
邮　　编：	030012
发行营销：	0351 – 4922220　4955996　4956039　4922127（传真）
天猫官网：	https://sxrmcbs.tmall.com　电话：0351 – 4922159
E — mail：	sxskcb@163.com　发行部
	sxskcb@126.com　总编室
网　　址：	www.sxskcb.com

经 销 者：	山西出版传媒集团·山西人民出版社
承 印 者：	山西出版传媒集团·山西新华印业有限公司

开　　本：	889mm×1194mm　　1/16
印　　张：	33
字　　数：	400 千字
印　　数：	1—1 000 册
版　　次：	2019 年 10 月　第 1 版
印　　次：	2019 年 10 月　第 1 次印刷
书　　号：	ISBN 978-7-203-11050-7
定　　价：	315.00 元

如有印装质量问题请与本社联系调换

中国少数民族设计全集编纂委员会

总 主 编（按年龄排序）
张夫也　王立端　戴晋明　廖　军　王　琥　李豫闽　过伟敏　顾　平
王　强　李　岗

执 行 主 编　王　琥
编 务 统 筹　张明山

中国少数民族设计全集编辑工作委员会

主　　任　刘伟冬
编　　委（排名不分先后）
王　琥　王　峰　王　强　王立端　王浩滢　白　波　过伟敏　许　星
许边疆　李　岗　李　丽　李豫闽　成光虎　肖　飞　余　强　汪传跃
罗　力　杨明朗　陈　述　陈见东　邱　珂　胡万明　顾　平　郑　静
郭立忠　姬　莹　张夫也　张泽国　张明山　张秋平　张耀引　梁盛平
樊　进　谢　玮　熊　伟　熊　微　熊建新　蔡克中　葛　芳　鞠　斐
魏　洁　廖　军　戴晋明

中国少数民族设计全集出版工作委员会

主　　任　胡彦威　周　伟
执 行 主 任　姚　军　欧京海
编 务 统 筹　阎卫斌　周小龙
编　　辑（排名不分先后）
王新斐　史美珍　冯　昭　冯灵芝　吉　昊　吕绘元　刘小玲　任秀芳
孙　琳　孙宇欣　李广洁　李建业　李　靖　员荣亮　张小芳　张志杰
张书剑　何赵云　陈俞江　吴春华　武　静　周小龙　柳承旭　郝文霞
赵　玉　赵晓丽　席　青　秦继华　高　雷　郭向南　阎卫斌　崔人杰
傅晓红　蔡咏卉　翟丽娟　樊　中　薛正存　魏　红　魏美荣

整 体 设 计　谢　成

中国少数民族设计全集·瑶族

本册著者　李　丽　王　强　葛　芳　赵丽萍
　　　　　　　单文霞　赵乐意　侯　亮
参与撰写　赵思颖　张金威　徐芷璇　卞华磊　孙　寒
　　　　　　　樊振杰　王冠力　温清格　何卓嫔　王　英
　　　　　　　涂雯倩　耿大磊　陈　璐　戈珊珊　魏溥均
　　　　　　　张亚堃　项　李　王玉兰　姜小倩　翟丽娟
　　　　　　　陈　璐　王玉银　赵智昊

求同存异　和合共荣

刘伟冬

中华民族，是一个由56个民族组成的大家庭。在漫长的文明发展史中，汉族和各少数民族都为中华文明的繁荣发展贡献了自己的聪明才智。纵观中华文明史，其实就是一部各族群之间"求同存异，和合共荣"的文化演进史。

从根子上讲，4000年前的"中国"，仅指北方中原地区，居住在这里的相传是上古时期黄帝部落和炎帝部落的后裔，故而自称"炎黄子孙"。其时的"中国"，不过是黄河中下游（西起陇山，东至泰山）区域。在千年发展与民族融合之后，尤其是晋末"衣冠南渡"，南迁的中原汉族与南方百越民族彻底融合，来自北方的鲜卑等民族融入汉族，使汉族前所未有地壮大发展，逐渐形成后来疆域辽阔、人口众多、物产繁盛、文化昌明的中华民族的主体族群。特别值得强调的是，自从作为一个民族整体之后，中华民族就从未中断过自己的民族发展史——这在世界历史上是硕果仅存、独一无二的。

中华民族具备兼容并蓄、虚心好学的民族天性。仅以设计学范畴的事例讲：在数千年文明发展历史中，中华民族在不断向外输出优秀的文明成果（如烧造之陶瓷砖瓦、营造之榫卯斗拱、织造之丝绸刺绣、锻造之"失蜡"分模等），影响全人类的日

常生活与生产方式的同时，也不断地吸纳域外各民族的优秀文明成果，如汉魏之印度佛教和西域音乐、隋唐之西亚服饰和家具、宋元之东洋印染和漆艺、明清之西洋机器与建筑……在中华民族内部，这样的文化交流更是从未停止过，而且是风生水起、枝繁叶茂，愈发流畅、深入，中华民族各族群之间"求同存异，和合共荣"的文化大演进，共同创造了中华民族极为灿烂辉煌的造物文明历史。仍以设计学范畴为例：原本是匈奴人发明的单足绳圈，被晋代的汉族人设计成铁质双镫；最早是鲜卑人原创的毡毯卷边，被晋代的汉族人改造成"高桥马鞍"，这宗中国式马具设计案例，被誉为"13世纪中国传入欧洲的最重要文化成果"（李约瑟语）。再如，西域（今新疆地区）是全世界最早的皮靴生产地，哈尼族为主的红河地区出现了全世界最早的梯田。再如，全世界最早的"干栏式建筑"和全世界最早的稻米人工育种、栽培，均起源于长江中下游的百越地区；全世界最早的竹藤编结器物起源于闽越地区……由中华民族共同创造、发明，后来又影响了全人类文明进程的优秀造物设计案例很多，不胜枚举。几千年中华民族的文明史，就是各种文化多元融合、共同发展的最好例证。不了解中华民族内部各族群的文明交流史，就无法真正理解中国文化史，也不能理解为什么中华民族总是能在逆境中成长强大。甚至可以说，能否完整地理解中华民族的文化史，是检验每一个当代中国知识分子（特别是文史哲专业的学者）文化立场的"试金石"。

随着改革开放的逐渐深入，各民族地区的经济与社会状态已发生了天翻地覆的变化。令人遗憾和担心的是，由于各地区政策执行力度不平衡，保护措施不得力，少数民族的文化特性正在逐步衰退，有些地区的少数民族文化特征甚至已经消失殆尽，仅仅存在于徒具形式，充满口号、标语的民族文化村旅游景点中。有学者预言，再不加快整理抢救工作，中国的少数民族可能在物质形态和文化内涵的特征上，若干年后将不复存在。

　　从少数民族地区反映古代中国社会某些面貌的文化遗存看，这些少数民族之所以一直与汉族地区差距巨大，存在多方面的原因，其中历代汉族统治者对少数民族的歧视政策是主要原因。此外这些地区本身就处于偏僻荒地，不是沙漠就是山区，自然条件远不及汉族聚集地区，社会发展水平滞后。20世纪50年代，有相当比例的少数民族在当时仍处于原始农耕社会或奴隶制社会，不要说通电、通水、通汽车，不少人一辈子连铁器长什么样都没见过。部分少数民族聚集地的各种自然条件也较差，缺肥少水，基本生活来源，一靠老天爷恩赐的"望天收"农作物；二靠家庭手工作坊制作些竹藤编结物和土织、土陶等土特产来换取粮食；三靠养猪、兔、羊和鸡、鸭、鹅等家禽来换取日用品，如灯油、农具、衣物和油盐酱醋等；四靠为土司、头人和大户们出卖劳力（社会底层奴隶身份），年老即被抛弃。中华人民共和国成立后，党和政府在这些地区实行社会主义改造，打倒以土司、巫师和头人为首的剥削阶级，将土地和生产资料一律收归集体所有，解放了全体少数民族民众，使他们历史上第一次有了自由劳作和生活的权利。

　　中华人民共和国成立之初，党和政府就高度关注民族事务问题，为如何保护、关心各少数民族制定了一系列方针、政策，也为当代中国社会处理民族问题、保护民族文化树立了光辉典范。中央人民政府政务院于20世纪50年代初发布了《关于民族事务的几项决定》，为新中国民族政策奠定了最初的思想基础，其主要内容是：一、各大行政区军政委员会（人民政府）须指导各有关

省、市、行署人民政府认真推行民族区域自治及民族民主联合政府的政策和制度，并随时向政务院报告推行经验，请示者须事前向政务院请示。二、各大行政区军政委员会（人民政府）须指导各有关省、市、行署人民政府认真并有计划地实行政务院在1950年颁发的《培养少数民族干部试行方案》，并将该项工作进行情况定期加以检查，每半年向政务院报告一次。中央民族学院及西北、西南、中南各军政委员会和新疆省人民政府的民族学院，必须依计划实行，并向政务院报告。三、政务院于1951年下半年适当时间将同时召开有关少数民族的卫生、教育及贸易三个专业会议，责成政务院文教委员会、中财委指导中央卫生部、教育部、贸易部开始筹备，并责成中央民族事务委员会协助进行。有关部门如农业部、文化部也须派人参加。四、责成中央人民政府各委、部、会、院、署、行注意建立有关民族事务的业务。五、在政务院文教委员会内设民族语言文字研究指导委员会，指导和组织少数民族语言文字的研究工作，帮助尚无文字的民族创立文字，帮助文字不完备的民族逐渐充实其文字。六、扩大中央民族事务委员会委员名额，责成中央民族事务委员会提出补充名单的建议，并于1951年下半年召开中央民族事务委员会扩大会议，检查与总结关于推行民族区域自治及民族民主联合政府的经验。

20世纪50年代，中央人民政府和政务院，曾多次组织"中央慰问团""土改工作队"和"普查工作队"等，花费大量人力和物力，深入各少数民族地区，进行了大量较为翔实的社会历史调查。50年代这轮由政府统筹、由中央民委组织行政领导和人类学、社会学专家学者以及民族同志组成工作队与考察队的少数民族大考察活动，1953年正式启动，1956年结束（个别地区延期至1958年才结束）。直接成果之一，就是为1956年国务院公布的55

个少数民族的正式定名和划分，提供了可靠的依据。

从当时考察的资料看，各少数民族的社会发展水平参差不齐，不少民族呈现类似汉族曾经历过的各种历史发展状况，为我们今天考察、了解并研究过去的历史以及各学术分支问题，提供了绝好的活体范本。比如以"设计发生学"研究为例，以山寨（村落）为主的初级社会组织形态，原始手工业在农耕环境中的地位，原始造物的手工技艺与设备、工具等，都是我们极感兴趣的研究对象。

在西北、西南和东北各少数民族聚集地区，有些古时流传下来的本民族手工造物技术，迄今仍保存良好。其吸收了汉族和其他兄弟民族的技术长处之后演变出来的各时段手工造物技术，则印证了各民族互相融合、取长补短的史实。更有些原始手工艺，特别具有艺术和历史研究价值。以维吾尔族人为例，本世纪初，笔者在新疆喀什城艾格孜艾日克老街看到几样手工艺绝活：其一是整条街的维吾尔族乐器店，除了热瓦普、曼陀林和冬不拉等少数维吾尔族知名乐器外，全是些笔者叫不上名来却似曾相识的弹拨乐器和拉弦乐器，于是从心里认可了"西域古乐成就了中国传统民乐"这句话所言不谬。其二是亲眼所见一个拖着鼻涕的不到10岁的维吾尔族小男孩，拿着电砂轮在铜壶上信手飞快地刻着精美细腻的图案，一不要底稿，二没有图纸，真是佩服得五体投地，也相信了"汉族人长于热铸，西域人长于冷锻"这个说法。其三是在喀什近郊著名的大巴扎"金器一条街"上看见近百家金店生意红火，家家门前毡毯上都围坐着一群金店伙计和顾客，正在热烈讨论、共同设计着花样繁多的未来金饰嫁妆，感受到了"中国传统样式的金银首饰工艺，最富有创意的设计和最先进的工艺制作，原来在维吾尔族人手里"这句大实话。还有，笔者

在云南景洪县城集市上，曾亲眼见过景颇族老乡用古老的"焖烧法"烧出的红彤彤的土陶——跟笔者一知半解的仰韶彩陶的烧制工艺几乎一模一样。还有，笔者在大西北甘陕宁各省亲眼所见的回族、保安族、裕固族和东乡族老乡巧手做出的那些花样繁多、样式复杂的面塑造型，真是个个精妙绝伦。这方面的事例实在太多了。

50年代的少数民族地区社会大普查，以及半个多世纪以来社会各界对其丰富而珍贵的考察、研究，意义深远，价值极为重大。这些地区客观上保存的较为完整的、与数千年前中国原始社会最初形态近似的许多社会特征，为我们研究社会的最初形态形成和当时的经济、文化、政治的基本状况以及"设计发生学"的相关课题，提供了珍贵的类型学"活化石"范本，价值非凡。改革开放以来，这些少数民族地区也获得了前所未有的巨大发展，人民生活日新月异；但与此同时，少数民族地区的民族性在不可避免地愈发衰减、退化，甚至消失。如果我们再不采取保护措施，若干年后，各少数民族的许多宝贵民族文化遗产将无法挽救地彻底消亡，这部分同属于全人类精神财富和中华民族集体智慧的宝藏，我们将再也看不到了。

在"设计发生学"问题上，我们一向秉持文化多元论的观点，认为人类文明是全世界人民共同创造的，各国家、地区、民族均做出过大小不一、形态各异的贡献；同理，中华民族的灿烂文明是中国的各族人民共同创造的，每个民族都对中华传统文化做出过贡献，也都应当得到尊敬和肯定。中国的各少数民族在中华文明漫长的演化过程中，都曾经以自己独特而充满智慧的文明成果，补充、完善甚至改良着中华文明。比如，古代西域的龟兹古国各民族创造或引自西亚的弹拨乐器和拉弦乐器以及音律、曲

式,彻底改造了中国古代音乐,新创作出代表中国古乐精髓的江南丝竹;南疆的维吾尔族和北疆的哈萨克、塔塔尔、塔吉克等族首创了制革术,并引进古波斯革皮书籍装帧术和制靴术、制毡术、毛衣编结术;海南岛的黎族率先种植棉花并纺织棉布,传入内地后棉织业逐渐形成中国古代手工行业的"天下第一营生"……保护少数民族的民族文化特性,就是保护我们的历史遗产,就是传承我们的文明。我们应进一步发扬文化兼容的优良传统,把振兴中华的百年民族复兴梦,逐步落实为将大中华建设成为中国各民族共同拥有的美好家园。

由上千名来自全国各高等艺术院校的教授、研究生组成的55支团队参与编撰的《中国少数民族设计全集》(55卷),正是有识之士基于对各少数民族的民族文化特性正在快速衰减、消亡的严重现实问题的深切忧虑而进行的抢救、发掘、整理中国少数民族文化遗产的重要文化工程。经过两年精心筹划,六年努力写作,在国家出版基金管理部门的支持下,在山西人民出版社和人民美术出版社的策划和组织下,目前《中国少数民族设计全集》的书稿编撰工作已基本完成,即将付梓。在长达八年的漫长过程中,全国兄弟院校各团队涌现出的各种可歌可泣的事迹经常感动着笔者,并不时鞭策着全体作者克服千难万险,一路向前。有的分卷作者身患绝症仍不眠不休地忘我工作,有的分卷作者遭遇各种意外仍坚持工作。特别是,很多民族同志公而忘私、不计较个人得失,有人不惜将自己赚钱的企业关张歇业,全身心地投入各自所负责分卷的繁重编撰工作中;有人义无反顾地将自己珍藏多年的本民族实物、资料和研究成果无偿提供给相关分卷作者。大家万众一心,克服各种复杂得难以想象的困难,以确保这部凝聚了众人八年心血的巨著,能按计划如期完成。借此机会,笔者谨

代表本丛书编委会全体成员，向领导、编辑和作者们表示衷心的感谢！

作为一项文化创举，笔者深信《中国少数民族设计全集》必将在未来岁月的长期检验中，愈发显现其非凡的、独特的文化价值。

2017年夏季于南京

前言

在漫长的历史演变进程中，瑶族人民通过自己的智慧创造了丰富多彩的传统文化及造物形态，其中包括：衣食住行用、民俗节庆、宗教信仰等。这些传统文化集中展现了瑶族人民的社会结构、经济发展、生活习俗等现象；传统造物也展现了瑶族人民实用性的设计理念，且与自然相融合的审美思想。这些是其智慧的体现，同时也是物质与非物质文化的体现。因而对瑶族传统造物的研究，不仅能够深入了解到瑶族文化的渊源及其设计思想演变，同时也为保护该民族的传统文化及造物形态提供了重要的理论依据。

一、瑶族民族志

（一）瑶族族源

瑶族的发展历经长期的演变，其发展轨迹再现了瑶族先民顽强抗争的精神。该民族的起源最早可追溯至五千多年前的原始社会末期——蚩尤时期[1]。蚩尤即为蚩、尤两个原始部落组成的双胞胎，以后融合为一个部落[2]。其中，蚩指苗族先民部落，尤为瑶族先民部落[3]。蚩尤部落在与炎帝部落的战争失败后，一部分臣服于炎黄，后融合于华夏民族；而另一部分则向南迁徙至江汉之间、淮河流域和长江中、下游地区，形成三苗部落联盟。该联盟在与尧、舜、禹的不断交战中，逐渐向南迁徙，最终形成南蛮、荆蛮，其中不乏瑶族先民。清代学者顾炎武在《天下郡国利病书·山东下·猺獞》中

---

[1] 玉时阶：《瑶族文化变迁》[M]，民族出版社，2005，第4页。
[2] 何光岳：《南蛮源流史》[M]，江西教育出版社，1988，第42页。
[3] 黄钰：《瑶族族源新探——瑶苗同源论》，《广西民族研究》1993年第4期。

认为，溪峒分瑶、僮两种，猺乃荆蛮，僮则旧越人也。

"瑶族"的称谓历经了长期的变化过程。南北朝时期，瑶族先民与其他少数民族统称为"蛮"。南北朝时期《南征赋》中首次提到了瑶族的族称："州界零陵、衡阳等郡，有莫徭蛮者，依山险为居，历政不宾服，因此向化。①"唐宋时期，人们将瑶族称为"瑶"，如《元和郡县图志》中提到"今按其俗杂，有夷人名瑶，自言先祖有功，免徭役也"。《岭外代答·卷三》中称"瑶人者，其言执徭役于中国也"。元代则出现了"蛮猺""猺人等"。瑶族族称经历了"徭—傜—猺—瑶—傜—瑶—猺—瑶—傜—瑶—猺—傜—瑶"的过程，最终于中华人民共和国成立后，确定为"瑶"，统称瑶族。

此外，瑶族支系众多。自"莫瑶"之名出现，到中华人民共和国成立前夕，瑶族的他称有390种之多②。其主要支系有三十余种，多因居住环境、服装服饰、生产方式、宗教信仰等特色而得名，其中"山瑶""高山瑶""八排瑶"因居住环境而得名；"红瑶""白裤瑶""花瑶""顶板瑶""尖头瑶"等因服饰特色而得名；"蓝靛瑶""靛瑶""背篓瑶""过山瑶"等因生产生活方式得名；"盘瑶""盘王瑶"等因宗教信仰而得名，等等这些在一定程度上反映了瑶族的文化特点。

（二）瑶族居住地格局的形成

远古时期，瑶族先民居住在黄河及长江中下游、淮河中上游一带。商周时期，逐渐向南和西南迁徙至江汉平原一带。秦汉时期，瑶族先民主要集中于湖南湘江、资江、沅江流域的中、下游和洞庭湖以南一带地区。南北朝时期，由于统治者对周边少数民族实行招

---

① （唐）姚思廉撰：《梁书·卷三四》，中华书局，1973，第5页。
② 黄钰、黄方平：《瑶族》，北京民族出版社，1990，第11~12页。

抚政策，沅江流域的瑶族逐渐向北迁徙至长江、淮河附近。后因不断的压迫与战乱，瑶族人民逐步向南迁徙。至隋唐时期，主要生活在湖南、广西东北部及广东北部等地区。

（三）今天的瑶族

瑶族作为跨境而居的民族，从13世纪起大部分瑶族人民相继从不同路线迁入东南亚诸国，少数迁至欧美等国家。这些国家的瑶族人民仍旧保留其民族的文化特征，向当地的人民相互学习，形成了独具民族特色的民族。我国境内瑶族的分布区域较为广阔，东起广东、西至云南、南达广西、北迄湖南，均为瑶族人民长期辗转活动的地带。如今，瑶族人民主要分布于广西、湖南、广东、云南、贵州和江西，其中广西成为瑶族人口最多的区域。

瑶族的居住特点呈大分散、小集中，并依山建寨，与汉族、壮族、苗族、傣族、哈尼族等村寨毗邻，各民族间相互学习，其生产方式得到了逐步的改善，生活方式也有了巨大的变化，手工艺伴随着农业而逐步发展起来。目前，瑶族利用资源优势，充分发展山区农林土特产品种植和加工业、商业、交通运输业，建立绿色食品生产基地，打造瑶族风情旅游区与民族特色产品，提高了瑶族人民的生活水平，彰显了其民族特色。

二、瑶族文化生态

（一）瑶族的生产生活形态

瑶族作为山地农耕民族，长期居于海拔约1000米的高山密林之中，从事农耕生产活动，种植旱谷、玉米、薯类及豆类。瑶族人民多居住在山区，气候温和适宜、土质松软、水源充足，适宜种植多种农作物。同时，瑶族人民大力发展林业，林产丰饶，如金秀瑶族自治县，不仅形成规模宏大的毛竹林区、果林区、茶叶林区、八角林区等，同时其木材的生产，油茶、黄檗、李、柿子

等经济林木的栽培，极大地促进了该民族林副业的发展，为该民族创造了巨大的财富。

瑶族依山而居，其住宅形式由原来的依林积木发展为泥木结构、干栏结构及砖瓦结构，居住条件有了极大的提高。房屋的建筑风格多样，木楼作为瑶族最具特色的建筑形式，具有独特的民族内涵。

（二）瑶族宗教与民俗

瑶族宗教信仰复杂，巫教、道教和原始宗教相互影响交杂在一起。瑶族信仰道教较多，从广西大瑶山发现的明代瑶族道经手抄本及碑文记载，说明从明代起道教就已在瑶族地区流传，并和瑶族固有宗教相互融合。其道教教职人员被称为师公和道公，师公主要为人跳鬼，道公则为人们打斋、超度亡灵，均为瑶族传递神灵意旨的人，因而广受瑶族人民的尊敬。此外，瑶族人民还相信万物有灵，因此，瑶族人民将其信仰集中地反映在各种崇拜中，包括自然崇拜、鬼神崇拜、祖先崇拜等。从而信奉社神、山神、水神、地神、树神、龙犬图腾等。不同的宗教活动与宗教观念在一定程度上反映了瑶族先人在面对严峻的自然环境或无法通过科学认知的前提下，对自然界有所依赖进而产生的人格化表现。

瑶族传统民俗具有显著的地域性与民族特色，主要表现在节庆、婚俗、食俗等生活的方方面面。

瑶族的传统节日丰富多彩，不同的支系均有各自代表性的传统节日，因此呈现出"四季皆聚庆，无月不过节"的特点，主要有盘王节、六月六、祝著节等。节日内容丰富、地方特色浓郁、民族特征鲜明。其中盘王节，又称"跳盘王"，为每年十月十六，是瑶族民间纪念祖先最为隆重盛大的民族传统节日。节日期间，瑶族人民杀牲设宴，盛装打扮，访亲探友，互致祝贺，充分表现了瑶族人民对祖先的怀念和对美好生活的追求。

瑶族实行一夫一妻的婚姻制度，一般不与他族通婚。婚姻可由父母包办，亦可自由爱恋结合。许多青年男女均借对歌的形式选择意中人。若双方情投意合，则可相互赠送饰物作为信物。其婚礼习俗依不同支系也不尽相同，如排瑶"讴莎腰"习俗、大板瑶"哭嫁"习俗等。此外，瑶族婚礼仪式花样繁多，且每个阶段均各具特色，有着丰富的民族文化内涵。

瑶族作为南方山地民族，普遍种植水稻、玉米、红薯等农作物。因而其传统的饮食也独具民族特色，常以稻米、玉米为主，辅助各种薯类、豆类。瑶族人民用餐习惯为三餐制，一般为两饭一粥或两粥一饭，农忙季节可三餐干饭，烹调方式以煨、烤、炒、煮等为主。瑶族腊肉、山珍野味和土特产为瑶族待客最常见的菜式。

瑶族作为我国能歌善舞的民族，其传统音乐包括民歌调、唢呐调、舞蹈音乐和道师公调等。同时拥有传统的"耍歌堂""坐歌堂"和"玩坡"等歌唱习俗。瑶族的舞蹈多见于节日或祭祀等活动中，包括长鼓舞、刀舞、伞舞、铜鼓舞等，配合各类乐器，充分反映了瑶族人民的生活情趣和审美观念。同时，瑶族在漫长的历史进程中，创造了本民族丰富的民间文学，如远古神话《密洛陀》《盘王的传说》，历史传说《大藤峡的传说》《金龙出大洞》等，这些民间文学充分反映了该民族在不同时期的生活习性及宗教信仰。

瑶族的民俗同样还表现在生产生活的诸多方面，如瑶族人独特的成年礼仪，特点鲜明的娱乐活动，颇负盛名的刺绣工艺等均具有自己独特的文化意蕴。因而瑶族独特的民俗在一定程度上反映了该民族的物质文化，成为研究该民族不可或缺的重要组成部分。

三、本卷选编的内容

本卷选取瑶族传统造物138个案例，从设计学的角度展开深入的

解析。这些案例分别为：传统建筑、传统服饰、传统餐饮、传统生活用具、传统生产工具、传统手工艺、传统民俗和宗教造像等七大部分的内容。

"瑶族传统建筑"部分，选取了风雨桥、歌舞广场、黑凉亭、纺织长廊、古寨寨门、瑶王屋、红邓小学、欧阳氏私塾、四合式民居、三合式民居、两坊房、摆栏式民居、吊瓜式民居、单院式民居、燕窝式民居、锁匙头式民居、一字形住宅、叉叉房、高脚谷仓共19个案例。这些案例均具有一定代表性。它们可以分为：

1.竹木构件民居，其中以摆栏式民居、吊瓜式民居、燕窝式民居、锁匙头式民居、一字形住宅以及叉叉房为代表。这类型的建筑以当地富有的林地资源为依托，使用木材构成建筑主要承重构件，辅以木、土、砖、瓦等材料构成建筑的围合空间。2.砖石构件民居包括：瑶王屋、红邓小学、欧阳氏私塾、四合式民居、三合式民居、两坊房、单院式民居。该形式建筑为木与墙体混合承重的结构形式，室内空间由木柱支撑，并划分空间，外墙辅助支撑梁、枋、椽子，再将木、土、砖、瓦等材料嵌入其中组成围合空间。3.村寨公共建筑，以风雨桥、歌舞广场、黑凉亭、纺织长廊、古寨寨门为代表。当地水系密布，村寨景色优美，公共建筑以此为依托均采用开敞式，人们在此停脚休息、欣赏风光、洽谈闲聊，是瑶寨中至关重要的公共活动空间。4.民居重要功能分区，如：高脚谷仓。该类型建筑属于竹木承重的干栏式建筑，辅以砖石或竹材围合，通常位于住宅周围，起到储藏、养殖等功能，这类大型贮藏类建筑不但其材料便宜易得，而且其制作工艺并不复杂，可以通过闲暇时光口授相传。

瑶族人通过历史的传承、文化的融合，逐渐造就了瑶族建筑丰富的形式，形成当地特色的砖石与竹木两大建筑用材方式以及室内布局特征。

"瑶族传统服饰"部分，选取了尖头瑶新娘盛装、尖头瑶新郎盛装、花瑶女装、花蓝瑶对襟窄袖女上衣、红头瑶女上衣、瑶族女式狗尾衫、排瑶黑色土布刺绣女上衣、白裤瑶女子贯头衣、布努瑶黑色土布女上衣、瑶族黑色土布方形肚兜、花头瑶女子胸围、排瑶黑色土布刺绣女裙等服装，茶山瑶银顶板、顶板瑶峨冠帽等头饰，排瑶绣花袋等随佩在内的26个案例。选取的案例以服装为主，头饰和随佩为辅，整体案例具有五彩斑斓、绚丽多彩的民族特色，它们成为该民族人民智慧与勤劳的象征。

瑶族男子服饰一般为缀铜扣或布扣的对襟上衣，下身着宽长裤，小腿处扎绑腿，整体服装造型简洁、线条硬朗。如白裤瑶男上装，不仅在选材、色彩搭配上十分考究，同样在设计时注重艳与素、长与短、大与小的比例关系。瑶族女性一般上着对襟上衣，下着挑花长裤或百褶裙。如瑶族女式狗尾衫为对襟窄袖长衫，造型规整、配色协调，是瑶族典型的服饰。同时，瑶族女性的头饰类型多样，各具特色。如顶板瑶女子头饰由若干根竹片横于发髻之间，同时在竹架赋以花帕，并装饰彩色串珠和流苏；红瑶女子头饰非常简洁，用梳子盘头进行固定，然后以头巾装饰，其色彩质朴、实用大方。瑶族的服饰不仅具有装饰性、实用性，同时蕴含了该民族丰富的服饰文化，成为瑶族物质文化的重要组成部分。

"瑶族传统餐饮"部分，具体如下：

花饭、竹筒饭、枕头粽、油茶、蕨根糍粑、白糍粑、簸箕肉、腊肉、荷叶粉蒸肉、鸟鲊、桑叶烧肉、豆腐圆、酿食、八角油、自酿酒、藤茶共计16个案例。瑶族作为山区农耕民族，常食玉米、小米等主食，素菜和荤菜为副食。我们选取的这些案例均为瑶族日常餐饮的常见菜式和饮品。鲊食、腊肉、豆腐圆、糍粑则体现了该民族饮食的特色。其中，瑶族俗语"瑶不离鲊"充分表明了鲊食对瑶

族的重要性。瑶族日常饮食离不开鲊味，主要包括肉鲊、鱼鲊、蛙鲊及鸟鲊等，咸中带香，别有风味。瑶族腊肉也很有特色，酱肉切成块，贮于烟楼熏干后存于1~2年，食用时皮脆肉爽，醇香扑鼻。豆腐圆以青豆、黄豆为料，辅以石膏为凝固剂，加入当地泉水，其豆腐鲜嫩细滑、清爽可口。腊月里打糍粑是瑶族的过年习俗，做好的糍粑晶莹剔透、甜香糯口，可通过蒸、烤、炸等方式食用。此外，瑶族人有饮茶的习惯。油茶不仅有利于下气消食，同时又具有除瘴防病等医用效果。其丰富多彩的菜式与饮品，体现了瑶族独有的饮食风格。

"瑶族传统生活用具"部分，共29个案例。主要包括"瑶族传统乐器""瑶族传统家具""瑶族传统日常杂具""瑶族饮食用具""瑶族传统烟具"五大类型，具体如下：

"瑶族传统乐器"主要选取了瑶族较有特色的黄泥母鼓、堂鼓、铜鼓、小长鼓、石琴、芦笙、唢呐、牛角号共8个案例。早在南宋周去非的《岭外代答·卷七·乐器门》已提到"瑶之乐，有芦笙、铜鼓、葫芦笙和竹笛"等器乐的记载，因而该民族传统乐器呈现出历史悠久、种类多样的民族色彩。其中黄泥母鼓、堂鼓、铜鼓、小长鼓、石琴属瑶族打击乐器，芦笙、唢呐、牛角号为瑶族吹奏乐器。从上述案例中可知瑶族传统乐器造型古朴考究、制作工艺精细、演奏形式多样，常用于婚丧嫁娶、节庆活动之中，配合舞蹈呈现出来。如瑶族金秀唢呐，作为该民族表现力极强的民间乐器，广泛流行于民间乐舞活动当中，其演奏技巧丰富、音色悠扬洪亮。同时，瑶族乐器不仅可作为表演的工具，同时也可作为青年男女谈情说爱的信物。

"瑶族传统家具"选取了月亮床、厨柜、置物架、木杈挂钩4个案例。瑶族历史上迁徙频繁，因而瑶族的住房设施一般较为简陋，但个别支系的床铺则很讲究，如茶山瑶的月亮床。该床充分适应了高寒山区的气候特征，使其具有冬暖夏凉的实用特征。同时，瑶族传统家具材料以木材为主，如置物架、木杈挂钩等，均为瑶族日常生活所使用的生活家具。

"瑶族传统日常杂具"选取了背篓、蓑衣、玉米挑、挑柴架、竹鸟笼、油灯、骨杆厘钱秤、量米筒、竹木筒、铜烫斗、木钻共计11个案例。瑶族居住地山路崎岖险阻，因而在这种车马难行的交通条件下，孕育出了具有该民族特色的运输方式——肩挑背背的运输方式，通过使用背篓、玉米挑、挑柴架等工具将物品进行运输。此外，蓑衣、骨杆厘钱秤、量米筒等日常杂具，在该民族生活中起到了重要的作用，其造型简洁、实用美观，彰显了浓郁的民族特征。

"瑶族饮食用具"选取了小铁锅、葫芦茶壶、辣椒钵、铁三脚共计4个案例。从案例看出，瑶族民间饮食器具就地取材，其材料包括木材、竹材、金属等，竹木食具的广泛使用，使得该民族有"竹筒当锅，食物熟而不燃"之说。葫芦茶壶、辣椒钵等物体造型古朴，既高度满足了其实用的特性，又充分体现了以民生为本的设计服务理念。

"瑶族传统烟具"主要有水烟筒和旱烟具2个案例。水烟筒以粗大的竹节作为材料，将烟气经过筒中的清水，过滤后吸食。具有体积大、分量重、不易携带等缺点，但因卫生、健康等特点广为瑶族人民所喜爱。旱烟具烟窝为陶制，仅外壁上釉，烟杆为竹制，携带方便、常系于腰间，不仅可以作为烟具，同时也是权力的象征。

上述案例记载了瑶族人民的日常生活，成为瑶族人民生活中必不可少的休闲器具。

"瑶族传统生产工具"部分共20个案例，主要包括"瑶族传统生产农具""瑶族传统织造工具""瑶族传统狩猎工具"等三部分

内容。

"瑶族传统生产农具"包括铁嘴踏犁、人拉犁、木耙、点种工具、禾剪、谷风车、泥磨、杵臼、玉米脱粒器、甩棍、木舂坎共11个案例。其中铁嘴踏犁、人拉犁、木耙为耕地整地农具,主要用于破碎土垡、平整田地等。点种工具作为瑶族原始的播种农具,主要用于刀耕火种的旱地种植模式。玉米脱粒器、甩棍为脱粒工具,是在谷物收割之后,为了防止谷物受潮霉烂或遭到损坏所进行的脱粒工作。瑶族传统生产农具不仅在瑶族农耕过程中起到了至关重要的作用,同时在一定程度上促进了该民族农业的发展。

"瑶族传统织造工具"包括轧棉机、手摇纺纱机、纺织梭、织布机共4个案例,轧棉机主要用于清除棉花中杂质,是瑶族纺织过程中前期必备工具。手摇纺纱机作为纺纱过程中的器具,其结构简单,操作方式较为原始。纺织梭作为瑶族传统织布工艺中的主要器具,常配合纺织机共同进行使用,不仅最大程度降低了织布时烦琐的过程,同时增加了织布的效率。

"瑶族传统狩猎工具"包括单管猎枪、角刀、木弩、捕兽绳扣、鸟盆共5个案例,其中鸟盆最早可追溯于明代,是瑶族古老的民族特色狩猎工具。猎枪作为瑶族先进的狩猎工具,其结构简单,操作方便,如今猎枪已成为节日盛装的一个配饰,而打猎枪也成为具有该民族特色的竞技娱乐活动。

"瑶族传统手工艺"部分,选取了水舂、水磨豆腐、古旧榨油、红瑶织锦、亮布、枫脂染、绕家枫香染童被、蓝靛汁、过山瑶反面刺绣、人字帕、挑花刺绣、八排瑶长鼓、花瑶女性圆盘头饰、红瑶女子长辫盘头、银耳饰、木雕刻匾、白裤瑶盘子陀螺共17个手工艺类案例,重点包含了染印工艺、刺绣工艺、金作工艺与雕刻工艺等。

瑶族于宋代就已出现了染色工艺，《后汉书·南蛮传》中记载"织绩木皮，染以草实"。瑶族采用蓝靛汁作为染料配合白蜡进行染色，历经不断的改进与提高，最终形成了完整的制作靛蓝的工艺。

瑶族刺绣作为该民族最负盛名的工艺之一，早在明清就已盛行。《粤西丛载》中记载瑶族"用五色线，杂绣花卉"。《古今画书集成·职方典》中提道："瑶族妇女首裹布巾，必刺红白花纹为饰品。"挑花刺绣作为该民族刺绣的主要手法，广泛应用于帽子、头帕、腰带、衣领等部位，所用丝线为红、黄、绿、白、黑五色，其整体图案呈圆形、三角形、方形、齿状形等。其纹样包括几何纹样，如圆盘头饰；树木花草，如黑布贴绣莲花挂袋、峨冠帽、人字帕；飞禽走兽，如都安挑花刺绣方巾；抽象文字，如刺绣头帕等。其刺绣的造型简练、色彩艳丽，具有浓郁的山区生活气息，充分体现了该民族在手工艺方面的审美意识。

金作工艺主要体现于该民族耳坠、耳环等银质首饰上，其制作流程繁杂，主要包括化银、锻打、下料、锤錾、錾刻、镌镂、酸洗等过程。瑶族的银制品，均雕刻该民族特有的花纹图案，不仅精致美观，同时具有文化内涵和特征。

瑶族的雕刻作为木作工艺手段，其制作过程主要包括雕凿纹样、刻字、制胎、上漆、抛光等阶段。瑶族的雕刻主要体现于匾额之上，其雕刻的匾额粗犷、豪迈，传达了该民族的信仰、情感等信息。

"瑶族传统民俗和宗教造像"部分，选取了瑶族婚礼、丧葬、度戒、盘王节、三月三、六月六、祝著节、"盘王印""八角花"与瑶族十二姓氏、广东乳源道师服、道师鼓、香炉堂共7个传统民俗行序与4个宗教用器。其中，瑶族度戒作为男性成年礼俗形式，常由度师主持，在请神诵经后，受戒者从两米高台双手抱膝滚下，台下

前言

011

众人用床单包裹接人并打开，用以象征男子由天降生的过程。瑶族婚礼选取了具有代表性的广东省连南县南岗排瑶地区的"讴莎腰"的恋爱习俗，大板瑶的送亲、哭嫁、迎亲等婚嫁仪式，其中，瑶族拜堂仪式较其他少数民族来说尤具特色，拜堂常于晚上进行。瑶族的丧葬习俗也因地区和支系不同有所不同，如今瑶族丧葬过程已有所简化，但仍保留着用牛头祭坟的习俗。花蓝瑶在人弥留之际，口中要含银币半枚，断气后家人要为逝者沐浴、穿衣、穿鞋、请道公做一系列的开亡仪式。

四、本卷编辑思路

瑶族卷的编写工作于2013年7月开始，前期的准备工作主要通过田野考察与网络资源搜集相结合的方式，对该民族的相关案例信息、图片进行整合。在田野考察方面，编写团队多次前往广西壮族自治区金秀瑶族自治县、都安瑶族自治县、富川瑶族自治县，湖南省零陵区、江华瑶族自治县，广东连山壮族瑶族自治县等地进行实地的考察、拍摄，尤其在金秀瑶族博物馆、广东瑶族博物馆等单位与场所，获得了珍贵且丰富的一手资料，实地考察路线详见图一。为了更加真实地反映瑶族传统的饮食、手工艺的制作过程，编写小组深入瑶族人民的日常生活当中，通过大量的影像、图片、访谈，真实地记录了该民族餐饮、手工艺等制作的信息。同时，编写小组还前往北京中国国家博物馆、上海博物馆少数民族工艺馆等单位对瑶族相关案例资料进行了进一步补充性采集。在网络资源搜集方面，主要通过编委会提供的几家大型正规图片供应商的网络平台，进行相关案例图片及使用场景图片等信息的收集工作，收集过程中特别注意图片的出处，较多地选择了博物馆与民族展厅等权威机构的影像资料；同时，编写团队还购买了大量参考画册与书籍，如《瑶族（画册）》《魅力花瑶（画册）》《云南少数民族图库·瑶族（画册）》《瑶族文化史》《贵州瑶族》《瑶族风情录》《广东瑶族历史资料》《湖南瑶族》《瑶族传统文化》《瑶族服饰》《走进大瑶山》《广西金秀瑶族文化考察札记》《发现瑶都》《图说广东瑶族》《瑶族》《瑶族刺绣：连南瑶族服饰刺绣工艺》《瑶族祖先崇拜与瑶族文化》《中国少数民族文库·瑶族民俗》《走进中国瑶族》等。此外，还通过中国知网、万方数据知识服务平台、维普期刊资源整合服务平台、超星数字图书馆等学术资源库等平台对案例的文字资料进行了收集整理工作，这些材料为项目的开展提供了必要的智力支持。

图一　瑶族实地考察路线图

经过前期调研，编写团队共收集案例270余项，根据编写章节的安排以及案例的实际采集情况，通过层层筛选，最终选定编撰案例138项，结合编委会的要求，分七章节进行编撰。所分七章节分别为：第一章，瑶族传统建筑；第二章，瑶族传统服饰；第三章，瑶族传统餐饮；第四章，瑶族传统生活用具；第五章，瑶族传统生产工具；第六章，瑶族传统手工艺；第七章，瑶族传统民俗和宗教造像。

为了能够全面地反映瑶族造物思想与设计思维，在案例的编撰过程中，编写团队主要围绕设计学本体进行内括与延展，通过对案例外观、功能、色彩、材质、工艺等几大方面的研究，归纳整理出能够较为全面反映案例设计特征的图例与文字。具体到每个章节，案例的制图类型与分析短文内容可能略有不同。

制图方面，第一章以瑶族传统建筑为主，图例的编撰主要围绕建筑学相关制图规范展开，主要包括反映建筑外观全貌的案例主图，反映建筑整体规划水平的平面、尺寸图，反映建筑施工方法的立面、尺寸图，反映建筑自身结构的剖面、尺寸图，以及其他一些反映建筑物外观、内饰等细节的图例。第二章为瑶族传统服饰，制图内容主要依托服装设计相关专业制图手法，除了反映服装整体效果的主图外，还涉及服装设计专业领域内的开片图、尺寸图等。在表现手法上，充分借鉴服装设计的专业表现技法，增加了制图的专业性。第三章瑶族传统餐饮的编撰，主要围绕制作流程展开，重点展示原材料、加工工具、加工过程和最终展示效果；第四章瑶族传统生活用具、第五章瑶族传统生产工具制图类型相同，主要围绕产品设计的相关规范展开，除了案例主图，还包括反映案例各部分名称的结构图，反映案例大小的尺寸图，反映案例如何使用的操作示意图等。第六章瑶族传统手工艺主要以瑶族染印、刺绣、金作及雕刻工艺为载体进行编撰，制图包括手工艺的尺寸图、色彩分析图、造型分析图、工艺分析图与使用情境图等。第七章瑶族传统民俗和宗教造像主要围绕瑶族的婚礼、丧葬及风俗展开描述，主要对民俗现场的情景、流程，使用的工具进行分析。

分析短文方面，除了介绍案例的基本情况外（年代、背景），主要立足于设计学本体展开，从案例的外观特色、设计风格、尺寸、各部分名称、结构、材料与制作工艺、使用环境等方面入手，并结合制图内容来反映案例的特色。和制图一样，由于各个章节所涉及的内容存在差异，分析短文的内容也因案例而略有不同。

　　本卷的编写工作得到了王琥教授的悉心指导，王琥教授从案例采选、格式、行文、注释等诸多方面给我们提供了纲领性的建议。诸多同仁对本卷的撰写工作提出了许多中肯的建议。在实地考察过程中，沿途各地博物馆工作人员、民间学者、手工艺人、乡民对于案例的采选和编写给予了诸多帮助，为案例的进一步完善提出了宝贵意见和建议，在此，一并表示最真挚的感谢。本卷的撰写是建立在前人研究的基础上。他们的研究成果廓清了本卷诸多案例的研究思路，在此向本卷所引用参考文献的作者表示深深的谢意。

　　在瑶族卷编写完成后，编撰团队严格按照编撰委员会的要求进行了细致的自查自纠工作，排除潜在的知识产权隐患，提升制图的质量，规范文字的内容与格式。历时四年多时间的编撰工作于2017年10月基本结束，在这段编写的时间里，编撰团队自始至终全情投入，以极大的热情与责任心对待这份史无前例的重任。尽管编撰团队查阅了大量的文献资料，进行了多次的实地考察，通过不同渠道获取了大量的一手资料，但终因学识学平有限，再加上受到案例体量与篇幅等方面的制约，无论是在案例选择的典型性方面，还是具体案例分析的全面性方面均存在诸多不足之处，难免出现疏漏与以偏概全情况，恳请广大读者批评指正。

编者
2017年10月

目录

第一章　瑶族传统建筑

瑶族风雨桥　002
瑶族歌舞广场　006
瑶族黑凉亭　010
瑶族纺织长廊　013
瑶族古寨寨门　016
瑶族瑶王屋　019
红瑶红邓小学　023
瑶族欧阳氏私塾　027
瑶族四合式民居　030
瑶族三合式民居　034
瑶族两坊房　038
瑶族摆栏式民居　041
瑶族吊瓜式民居　045
瑶族单院式民居　049
瑶族燕窝式民居　053
瑶族锁匙头式民居　057
瑶族一字形住宅　061
瑶族叉叉房　065
白裤瑶高脚谷仓　069

第二章　瑶族传统服饰

尖头瑶新娘盛装　074
尖头瑶新郎盛装　079
花瑶女装　083
花蓝瑶对襟窄袖女上衣　090
红头瑶女上衣　094

瑶族女式狗尾衫　097
排瑶黑色土布刺绣女上衣　100
白裤瑶女子贯头衣　104
布努瑶黑色土布女上衣　108
瑶族黑色土布方形肚兜　112
花头瑶女子胸围　116
排瑶黑色土布刺绣女裙　119
过山瑶黑色土布刺绣小围裙　123
白裤瑶粘膏染百褶裙　125
瑶族狗尾衫套装之黑色土布百褶短裙　128
白裤瑶对襟窄袖男上衣　132
白裤瑶五指纹男短裤　136
顶板瑶绣花鞋　139
茶山瑶银顶板　142
顶板瑶峨冠帽　145
花头瑶女子方头巾　148
排瑶男式红布包头　151
盘瑶新娘绣花头帕　153
红瑶童帽　156
瑶族传统婴儿背带　159
排瑶绣花袋　163

第三章　瑶族传统餐饮

蓝靛瑶花饭　168
红瑶竹筒饭　171
瑶族枕头粽　175
瑶族油茶　178
过山瑶蕨根糍粑　181

　　瑶族白糍粑　184
　　花蓝瑶簸箕肉　187
　　瑶族腊肉　190
　　瑶族荷叶粉蒸肉　194
　　瑶族鸟鲊　197
　　瑶族桑叶烧肉　199
　　瑶族豆腐圆　202
　　瑶族酿食　205
　　瑶族八角油　209
　　瑶族自酿酒　213
　　瑶族藤茶　216

第四章　瑶族传统生活用具
　　瑶族黄泥母鼓　220
　　瑶族堂鼓　223
　　瑶族铜鼓　226
　　瑶族小长鼓　233
　　瑶族石琴　236
　　瑶族芦笙　240
　　瑶族金秀唢呐　244
　　白裤瑶牛角号　247
　　茶山瑶月亮床　250
　　瑶族厨柜　253
　　瑶族置物架　257
　　瑶族木杈挂钩　260
　　瑶族背篓　263
　　瑶族蓑衣　266

瑶族玉米挑　271
瑶族挑柴架　275
瑶族竹鸟笼　277
瑶族油灯　280
瑶族骨杆厘钱秤　283
瑶族量米筒　287
瑶族竹木筒　290
瑶族铜烫斗　292
瑶族木钻　295
瑶族小铁锅　299
瑶族葫芦茶壶　302
瑶族辣椒钵　306
瑶族铁三脚　309
瑶族水烟筒　312
瑶族旱烟具　316

第五章　瑶族传统生产工具

瑶族铁嘴踏犁　320
瑶族人拉犁　324
瑶族金秀木耙　327
瑶族点种工具　331
瑶族禾剪　334
瑶族谷风车　336
瑶族泥磨　340
瑶族杵臼　343
瑶族玉米脱粒器　346
瑶族甩棍　349

瑶族木舂坎　352
瑶族轧棉机　355
瑶族手摇纺纱机　358
瑶族纺织梭　361
瑶族织布机　364
瑶族单管猎枪　368
瑶族角刀　370
瑶族木弩　373
瑶族捕兽绳扣　377
瑶族鸟盆　380

第六章　瑶族传统手工艺

瑶族水舂　384
瑶族水磨豆腐　387
瑶族古旧榨油　390
红瑶织锦　394
瑶族亮布　397
瑶族枫脂染　400
瑶族绕家枫香染童被　403
瑶族蓝靛汁　406
过山瑶反面刺绣　409
瑶族人字帕　414
瑶族挑花刺绣　417
八排瑶长鼓　421
花瑶女性圆盘头饰　425
红瑶女子长辫盘头　430
瑶族银耳饰　433

瑶族木雕刻匾　437
白裤瑶盘子陀螺　441

第七章　瑶族传统民俗和宗教造像

瑶族婚礼　446
瑶族丧葬　449
瑶族度戒　453
瑶族盘王节　456
瑶族三月三　459
瑶族六月六　463
瑶族祝著节　466
"盘王印""八角花"与瑶族十二姓氏　471
广东乳源道师服　480
瑶族道师鼓　484
瑶族香炉堂　487

第一章 瑶族传统建筑

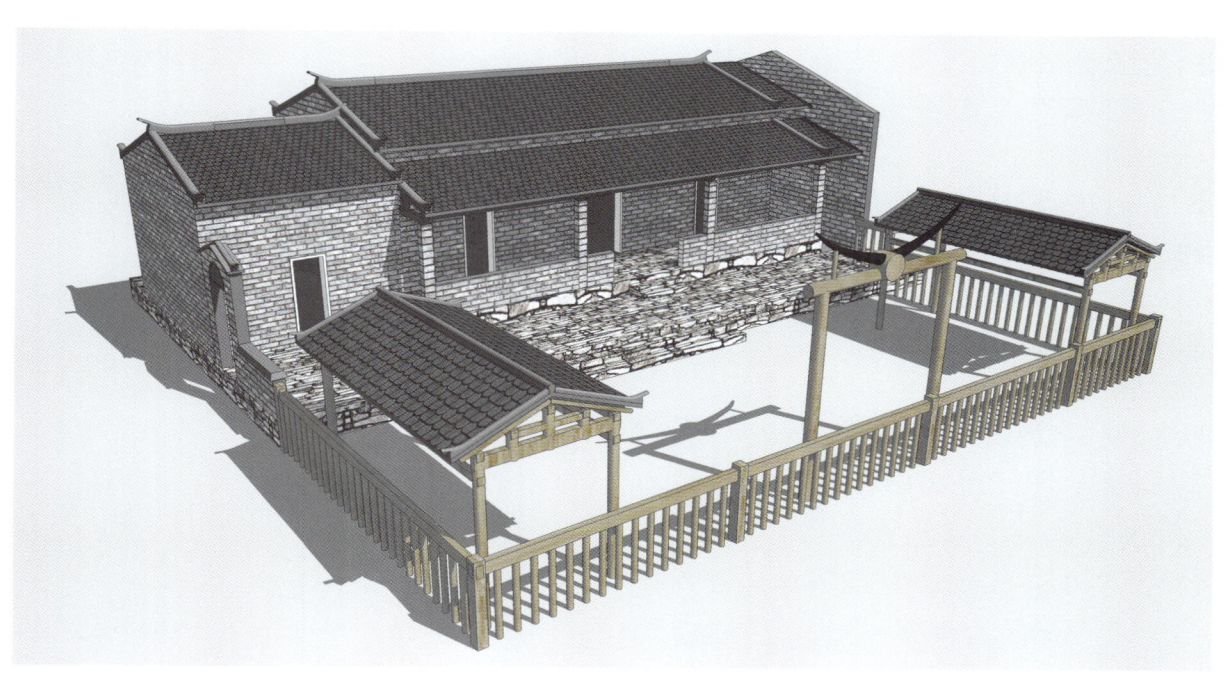

瑶族风雨桥

图一 瑶族风雨桥主图

湖南江永兰溪瑶寨依山傍水，河流密布，溪水之上建造有许多桥梁，当地居民巧妙地将凉亭与桥梁结合，形成了富有当地特色的风雨桥。

风雨桥屹立于桥面之上，底基由内外两层16根柱网与桥两端的墙体共同构成，承载整栋建筑的重量。建筑顶端主体为重檐歇山式屋顶，两侧还各建有一个硬山式的屋顶，形态高低起伏，增进屋顶层次。结构上以枋定柱，以柱架梁，再以梁架矮柱，形成抬梁式主体构架，共同承托屋顶结构中的檩条、椽条以及瓦片。其建造过程未用一钉一铆，完全通过榫与卯的精密咬合形成坚固的柱梁结构网，施工技艺精湛。功能上除了行走，连通两岸外，还设置有供人们休息、纳凉与躲避风雨的座椅，座椅依托于底层柱网，坚固结实，逐渐成为当地人茶余饭后洽谈观光的公共集会场所，是当地公共建筑的重要组成部分。

风雨桥采用木与墙体混合承重，以木柱支撑内部空间，以枋联系每段立柱，外墙辅助支撑梁、枋、椽子，组成建筑主要框架，同时辅以砖、瓦等材料构成风雨桥的顶部空间。四面通透且能避风雨的风雨桥，正是顺应当地湿润多雨的气候而逐渐形成的。

图片来源
图一至图五　吴强　制图
图六　薛冬至　制图

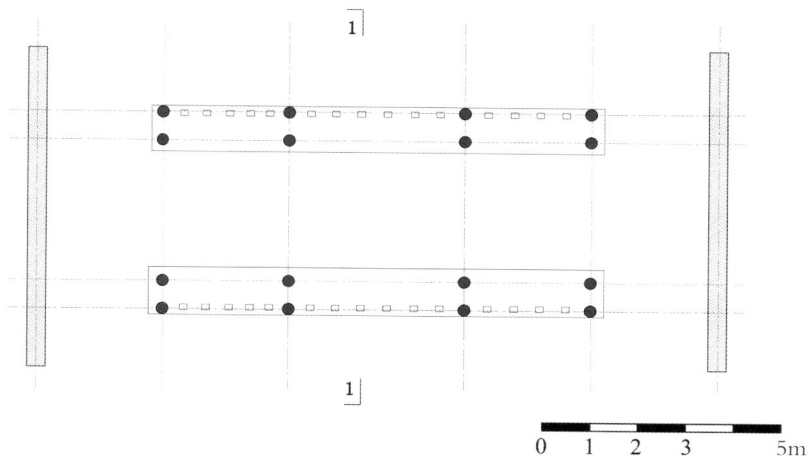

图二 瑶族风雨桥平面、尺寸图

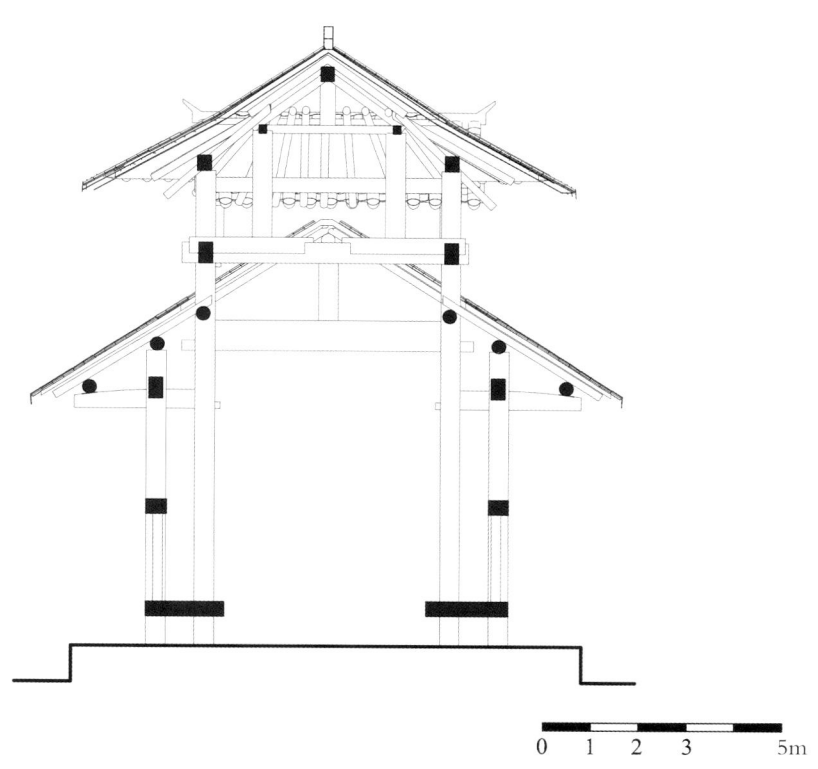

图三 瑶族风雨桥剖面、尺寸图

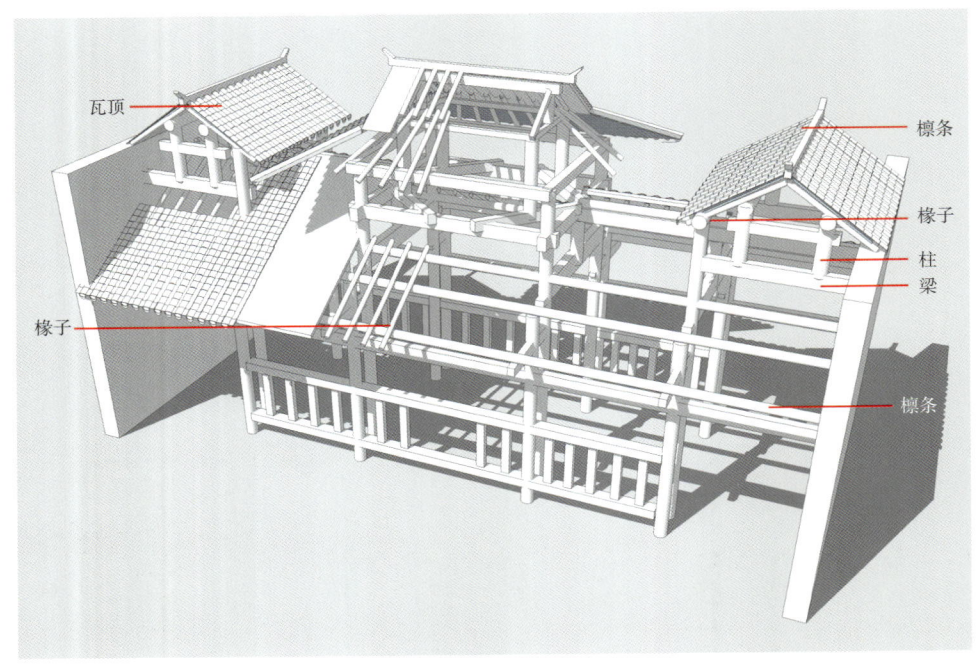

图四 瑶族风雨桥结构名称图

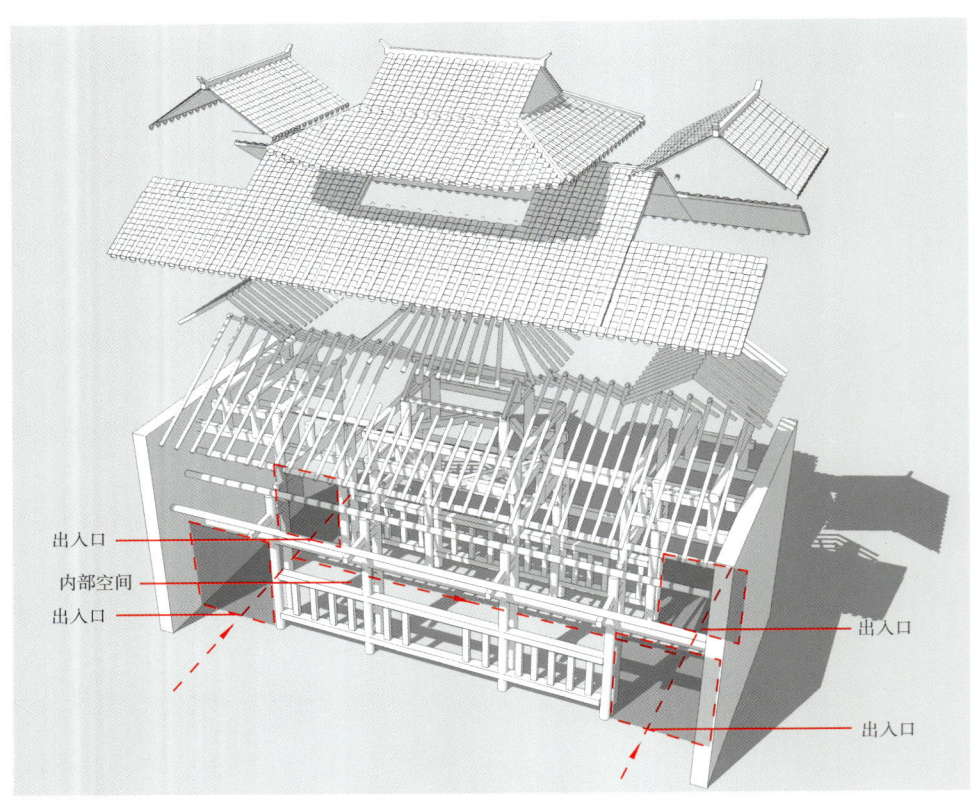

图五 瑶族风雨桥解析图

图六 瑶族风雨桥使用情境图

第一章 瑶族传统建筑

瑶族歌舞广场

图一　瑶族歌舞广场主图

瑶族是一个非常崇尚歌舞的民族，除了节庆、祭祀这种村寨规模的活动外，亲朋好友、乡邻街坊间逢喜待客也会举行小型的歌舞表演，以示庆祝，因此歌舞在瑶族村寨中几乎成为无处无时不存在的活动。瑶族人民为了表达他们对宾客到来的欢迎，抒发对传统节日庆典的热情，设置了很多歌舞艺术的表演场，也就是我们今天看到的村寨中独具特色的歌舞广场。

本案例采集于广东韶关乳源必背瑶寨，坐落于村寨一隅，青山环抱，风景秀丽，主要用于向前来游览的游客表演歌舞项目。歌舞广场为南北走向，整体平面布局为近圆形，柱梁结构依据布局为环形阵列的形式，屋顶高度较大，气势宏伟。建筑空间按功能划分包括观众席、行走通道与舞台。观众席围绕在舞台的周围，两个布局呈扇形的座位席，以建筑中轴对称的形式围合，用材与舞台地面同为木质。在观众席的围合缺口上设置有建筑的南北两方向出入口，行走通道即为两者连线，贯穿整栋建筑。舞台位于建筑的中心位置，相对于观众席为下沉式，以木质地板为主材，占有空间较大，是表演的主要场所。歌舞广场整体采用木构件，为重檐攒尖式屋顶，共有28根立柱支撑屋顶重量，梁架呈放射状分布，枋为环形排列，共同维持建筑的稳固。

歌舞广场建筑形式的出现，是瑶族人民好客善舞特点的集中体现。近年来随着旅游业的不断发展，游客数量的不断增加，通过歌舞广场展现的瑶族歌舞传遍全国各地，为瑶族文化的传播提供了良好的载体。

图片来源

图一、图六至图七　张金威　制图

图二至图五　华建业　制图

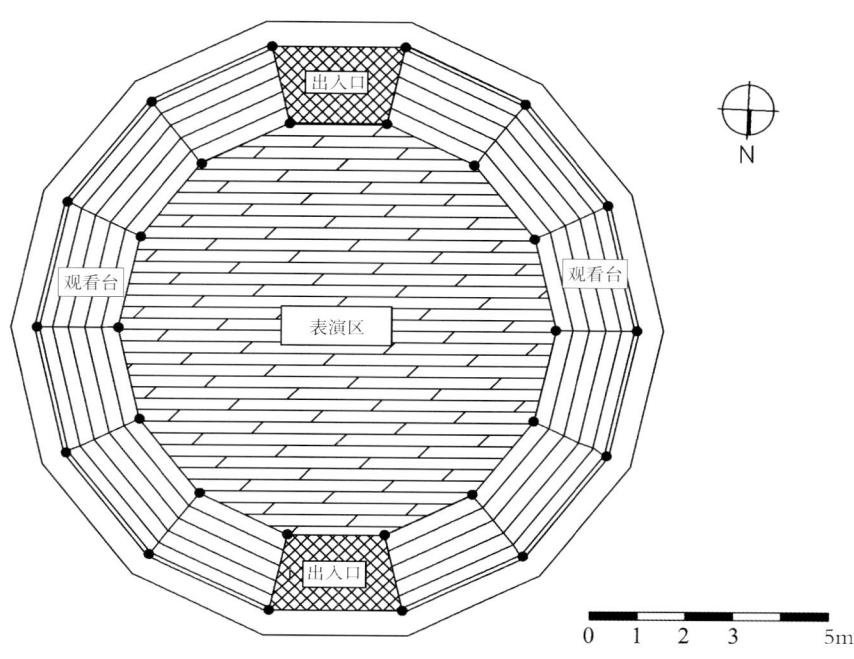

图二　瑶族歌舞广场平面、尺寸图

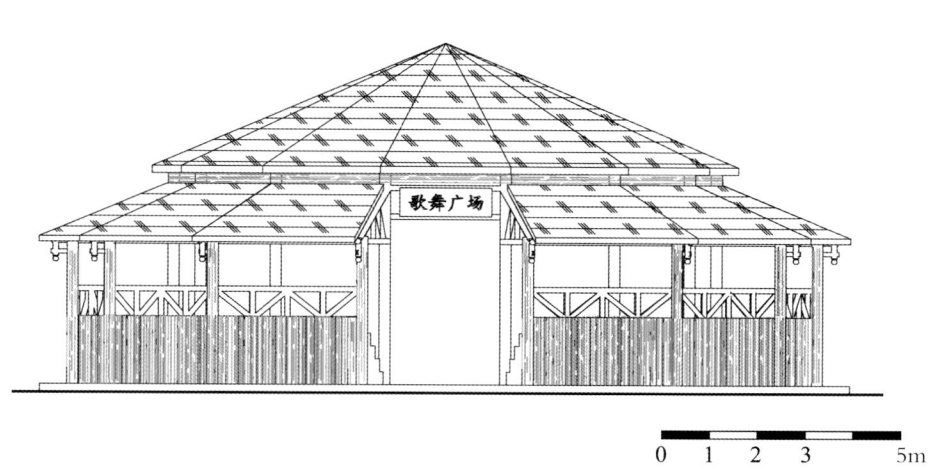

图三　瑶族歌舞广场南立面、尺寸图

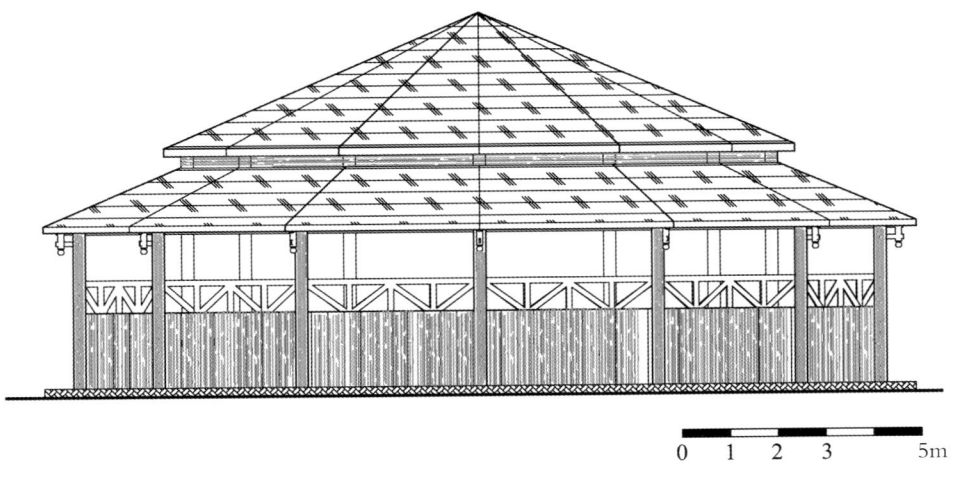

图四 瑶族歌舞广场东立面、尺寸图

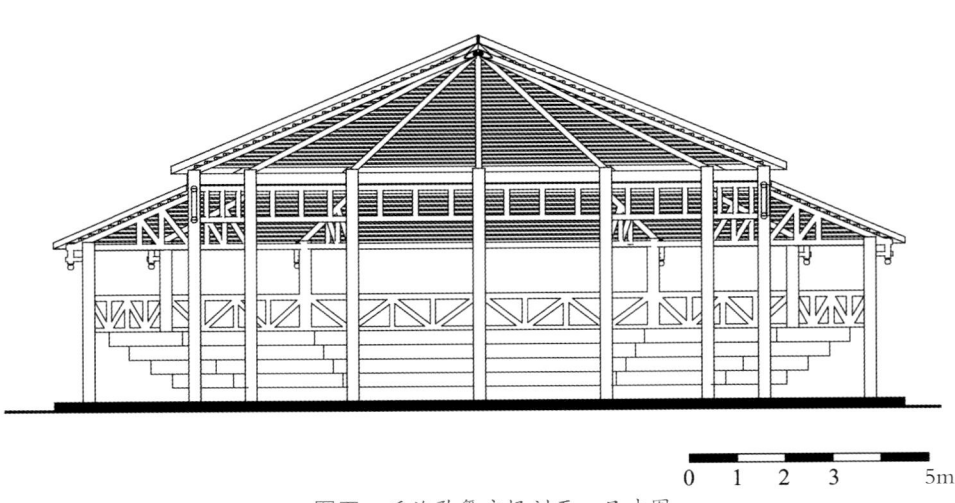

图五 瑶族歌舞广场剖面、尺寸图

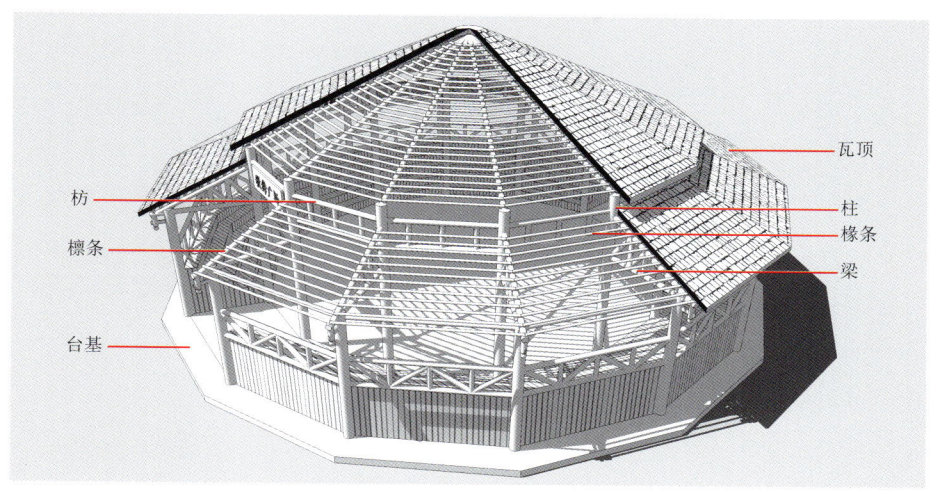

图六 瑶族歌舞广场结构名称图

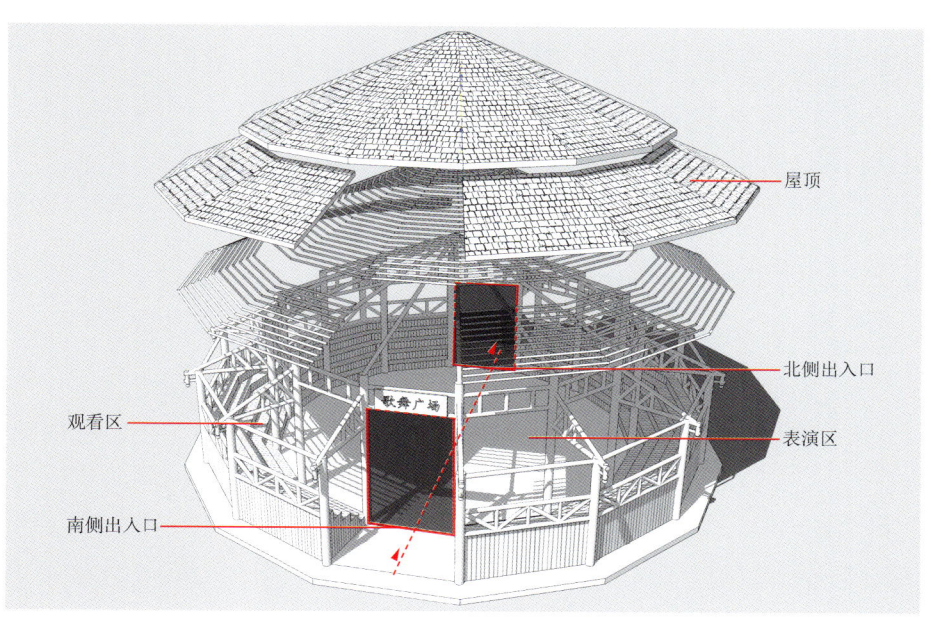

图七 瑶族歌舞广场解析图

瑶族黑凉亭

图一 瑶族黑凉亭主图

湖南江永兰溪瑶寨存在许多凉亭，有的架于桥上，有的独立为亭，黑凉亭作为当地凉亭的典型代表，具有结构牢固、构件间搭叠紧密等特点。

本案例建于1815年，经历两百多年的风雨而始终屹立不倒，足显其结构的牢固。此黑凉亭底基由内外两层16根柱网构成，外层12根较矮，内层4根较高，这16根柱网可以承载整栋建筑的重量。建筑顶端为重檐歇山式屋顶，上端歇山顶由4根内柱与梁枋构成的结构网共同支撑，副阶周匝则由外柱与内柱上架梁共同承载。结构上采用抬梁式主体构架，以枋定柱，以柱架梁，再以梁架矮柱，柱、梁、枋共同承托屋顶结构中的檩条、椽条、顶板以及瓦片。黑凉亭构件间的固定是通过榫与卯的精密咬合完成的，这种构建方式能有效分解地震等自然灾害带来的破坏力，形成坚固的结构体系。亭中设置有供人们休息、纳凉的座椅，方便人们在此驻足休息。

黑凉亭作为当地重要的公共建筑，除了给当地人提供生活便利外，还增加了瑶寨建筑形式的多样性。黑凉亭丰富了当地人茶余饭后的生活，在瑶寨常常可以见到人们在黑凉亭中驻足，互相嘘寒问暖、絮叨家常。

图片来源

图一至图五　胡彦明　制图

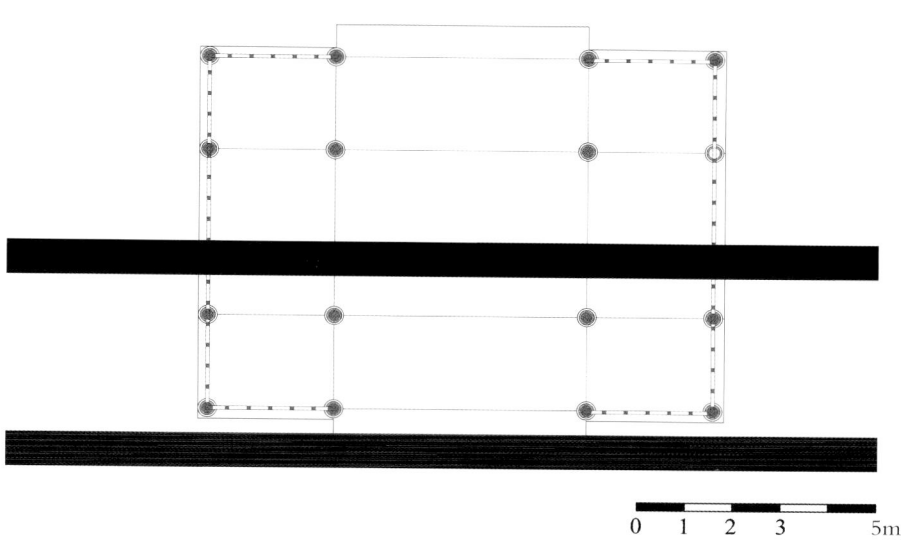

图二　瑶族黑凉亭平面、尺寸图

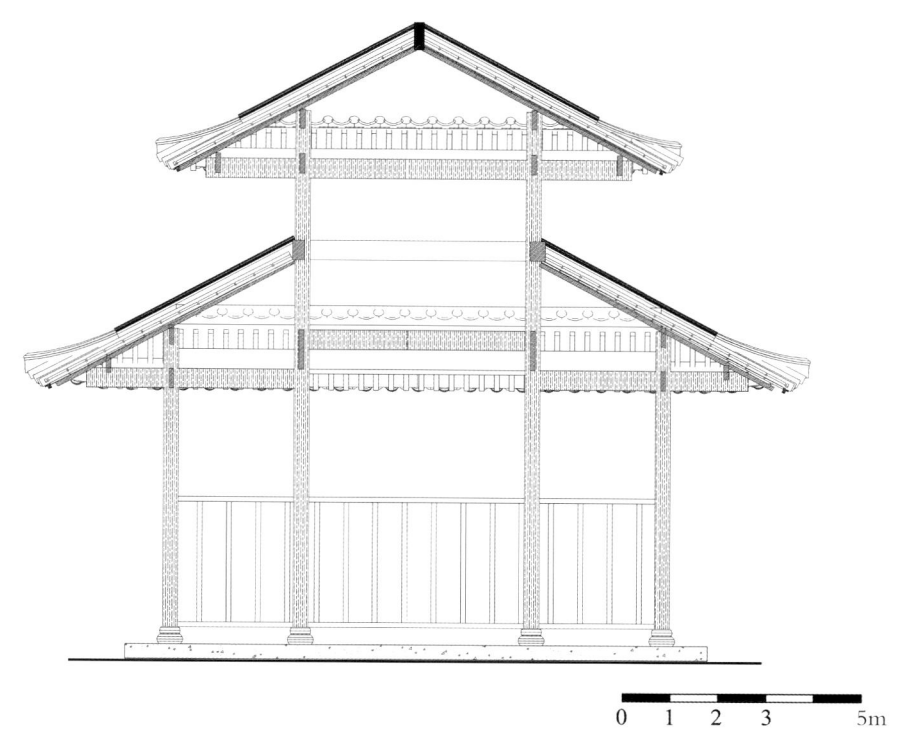

图三　瑶族黑凉亭剖面、尺寸图

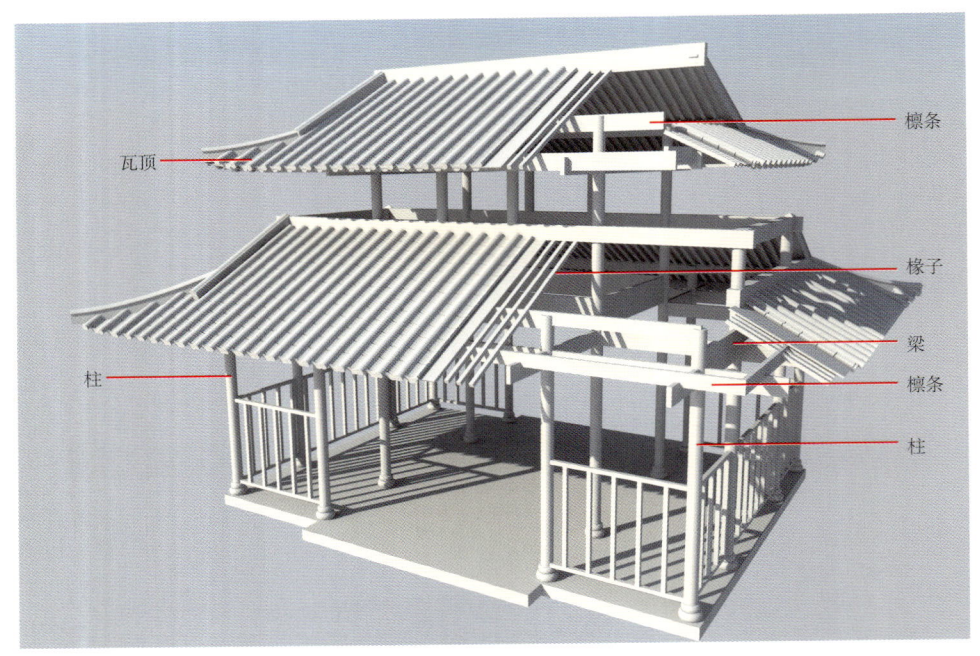

图四　瑶族黑凉亭结构名称图

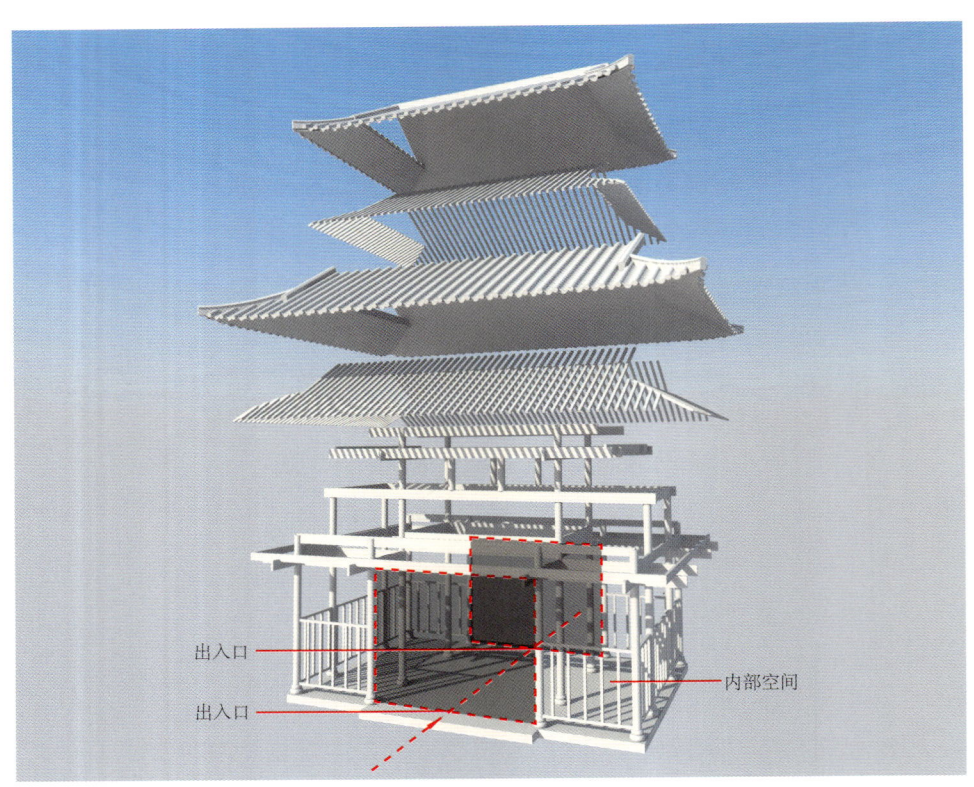

图五　瑶族黑凉亭解析图

瑶族纺织长廊

图一　瑶族纺织长廊主图

纺织长廊是瑶族地区为当地妇女进行纺织活动，以及展现当地精湛纺织工艺而搭建的简易茅草棚，建筑形式较独特，用材与当地民居建筑近似，也是以竹木、茅草为主，形式简单却不失民族特色，是当地形制独特的公共建筑。

本案例采集于贵州黔南州荔波县瑶山古寨，由一个长廊建筑单体沿面阔方向一字排列，每一个单体建筑形式相似，其面阔为三间，进深为一间，由两个倾斜放置的柱搭成人字形，再以横梁贯穿两柱，组成近似大字形的结构框架。檩条分别放置于梁的两端与顶部，用以承托椽条以及整个茅草屋顶。柱、梁结构均为木质。纺织长廊内部依据建筑布局设置有桌凳，通常与柱、梁相近，供人们入座进行纺织活动。建筑四面开敞，没有墙体进行隔断，便于游客、路人观看纺织过程。另外，在茅草屋顶有以茅草编织而成的四对锥状角，形态近似牛角，体现了瑶族人民对牛王的崇拜。

瑶族纺织长廊的建筑结构与布局契合其开展纺织与展示的作用，形式简洁而古朴，丰富了当地村寨民居建筑的形式。

图片来源
图一、图四至图五　张金威　制图
图二至图三　华建业　制图

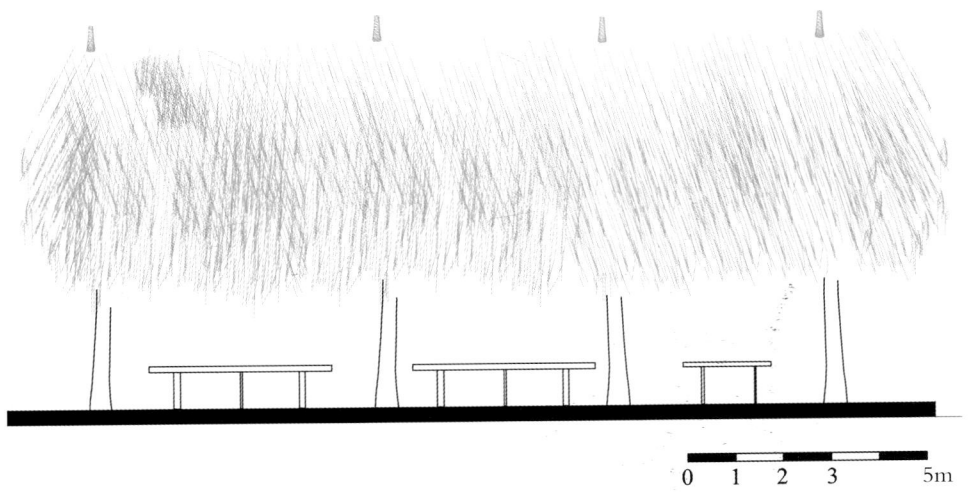

图二 瑶族纺织长廊正立面、尺寸图

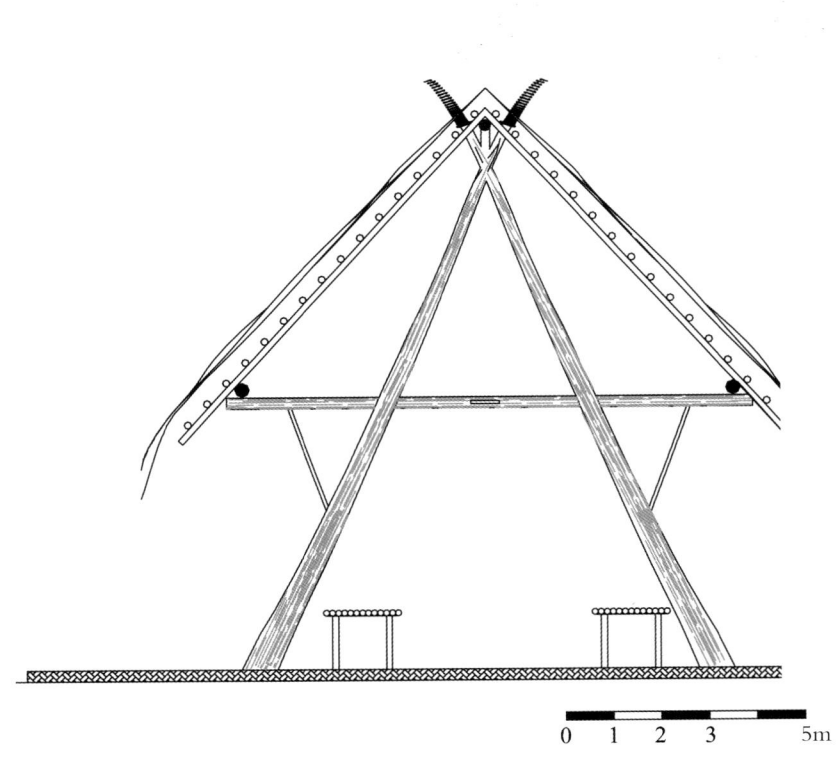

图三 瑶族纺织长廊剖面、尺寸图

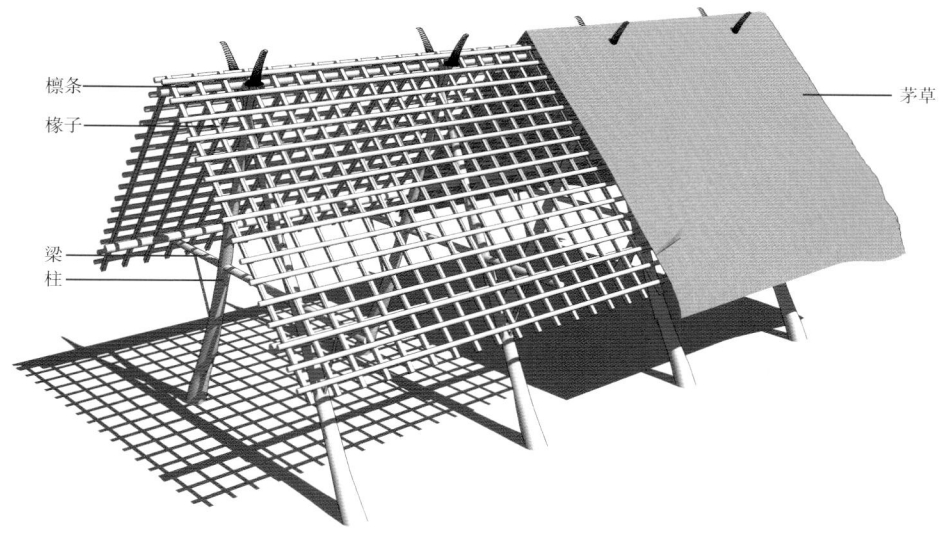

图四 瑶族纺织长廊结构名称图

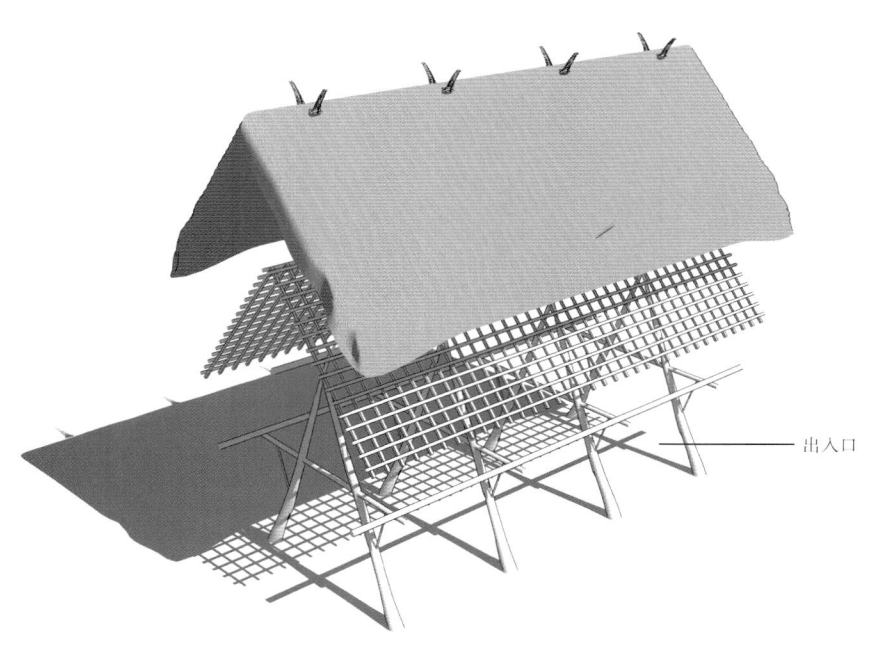

图五 瑶族纺织长廊解析图

瑶族古寨寨门

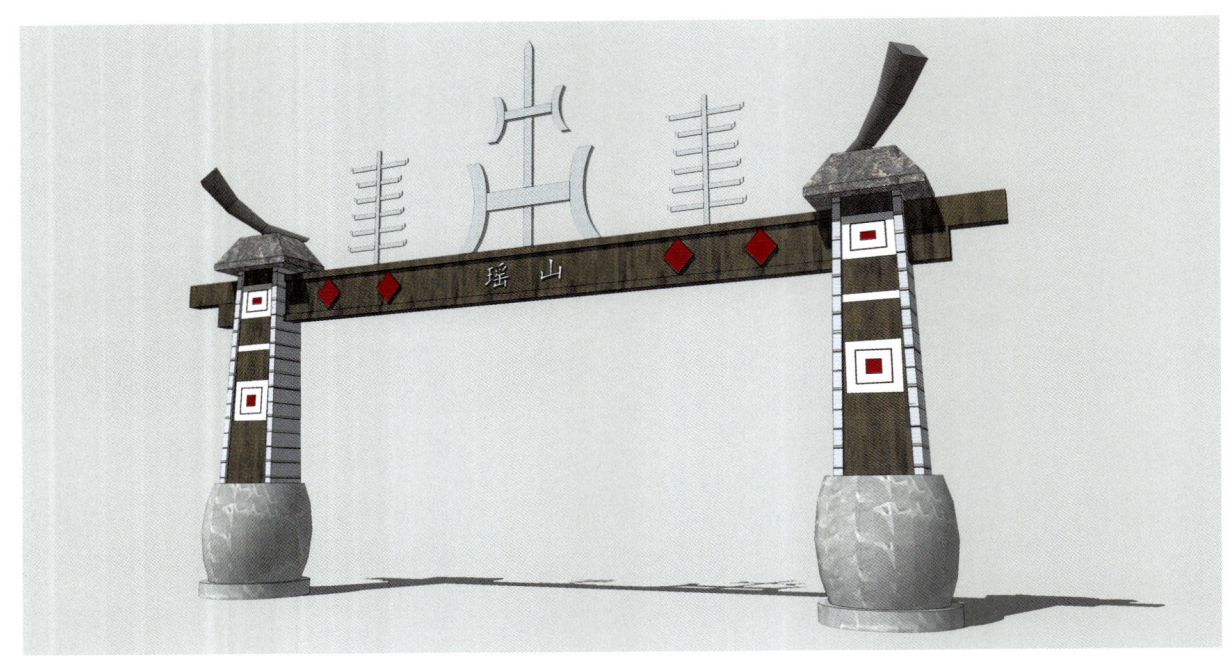

图一　瑶族古寨寨门主图

寨门是通向瑶寨的第一道入口，也是展现瑶寨风貌的第一处景观。在瑶族人民看来，寨门是护卫寨子的第一道屏障，可以防止邪祟进入寨子，保护村寨中的人民免受其扰。

本案例选自贵州黔南州荔波县瑶山古寨，是一间二柱式结构，形式类似于牌坊。寨门上建立有象征着降妖驱魔的各种法器，形态上高低起伏、粗细有制、古朴而粗犷。寨门的构成要素包括石质柱础、立柱、横梁、长枪、牛角等，以立柱与石质柱础为支撑架横梁，承托长枪与牛角，石质柱础形态近似鼓凳，起到承托上层构件与找平地面的作用，其上建立立柱，形式类似于我们汉族古建中的阙楼，表现出楼体与屋顶的造型，象征着看家护院、把守要塞。两个立柱之间穿插有横梁，其上绘有菱形图案，有喻吉祥之意。立柱之上立有三支驱魔长枪，中间稍大，两侧稍小，有镇慑村外邪祟之意。两侧立柱的屋顶造型上都建立有牛角，当地瑶族素有对牛王的崇拜，牛角造型元素十分常见，其有护佑风调雨顺、农业丰收、家丁兴旺之意。

寨门形态考究，是展现当地瑶族文化的重要元素，体现着当地瑶族牛崇拜的宗教信仰，也展现着人们对美好生活的向往之情。

图片来源
图一、图三至图四　张金威　制图
图二　华建业　制图

图二　瑶族古寨寨门侧立面、尺寸图

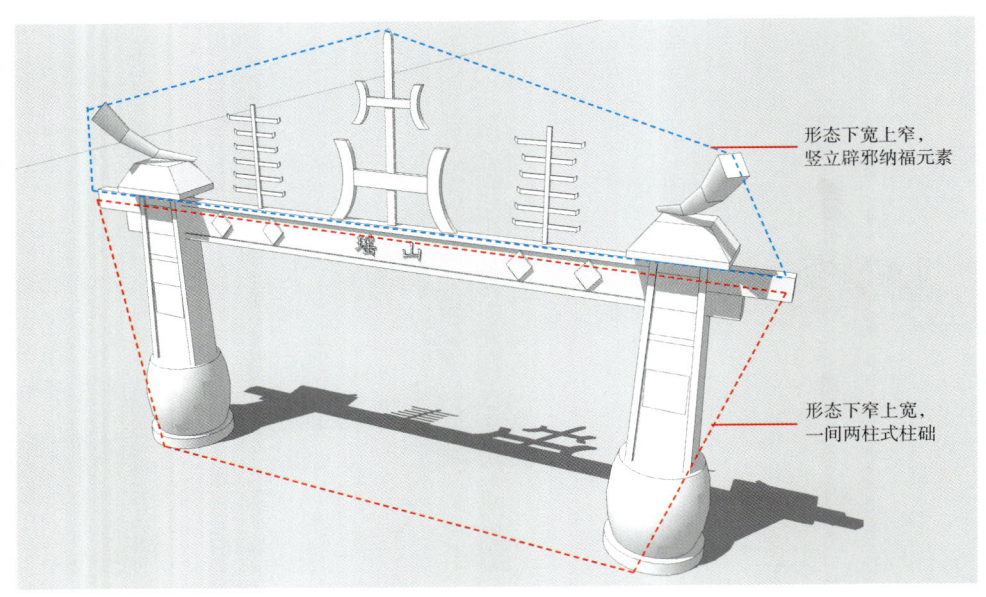

图三　瑶族古寨寨门工艺分析图

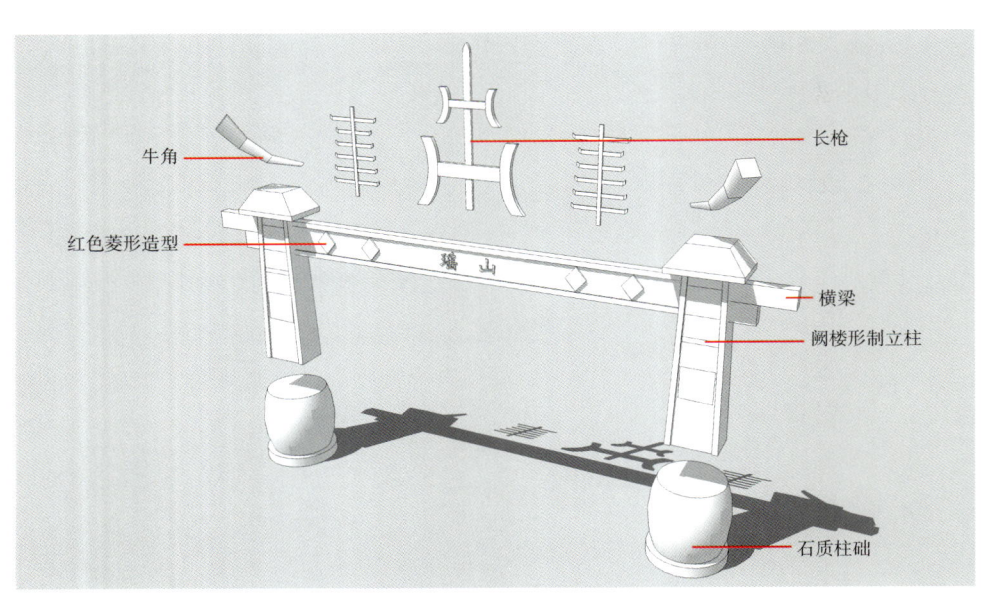

图四　瑶族古寨寨门解析图

瑶族瑶王屋

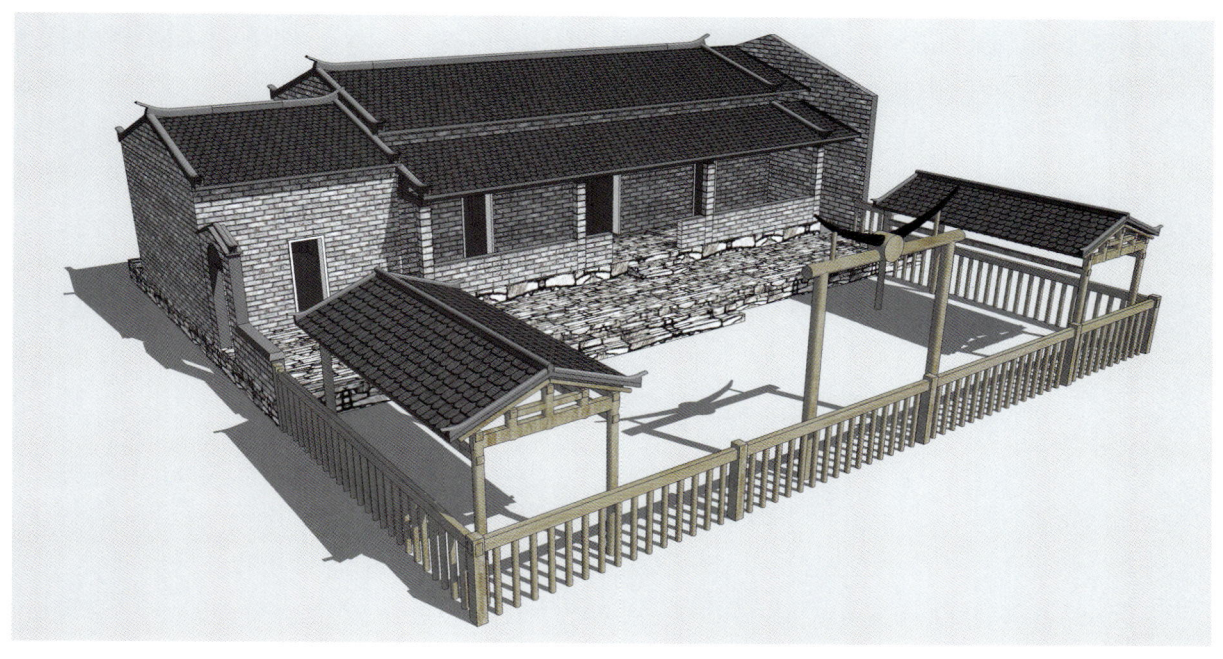

图一　瑶族瑶王屋主图

　　瑶王屋是当地瑶王的居室，瑶王是村寨的首领，在村寨中享有盛名，具有极高的威望，对内处理纠纷维护秩序，对外交涉充当代表。瑶王屋位于村寨海拔较高的位置，俯瞰村寨，体现威严。

　　本案例采集于广东连南南岗古排村，在布局上采用院落式，有一个正房，一个耳房，两个亭，院落入口在院落左侧。正房面阔为三间，进深为四间，依据面阔开间分别分隔出三间房间，其中当心间为厅堂，是整栋住宅的核心，也是瑶王待客，处理事宜的场所。厅堂中与大门入口相对的墙体设置有神龛，神龛前有供桌，供奉着瑶王家族的祖先，是家庭成员进行祭祖活动的重要场所。厅堂的中间放置一个古朴的桌子和虎头扶手的椅子，是瑶王的宝座，相当于官府衙门大堂的性质。左右稍间均为卧室，各放有一个床榻，柜子，卧室的正中设置有火塘，驱寒避湿，挂置熏肉，并可以烹煮食材。右侧稍间卧室的上方有木板搭建的阁楼，用于存放杂物，在床铺旁边放置有简易梯子供人上下阁楼。院落中建有两个简易亭子，其中左侧的放置长鼓，有号召与提示性功能，有事宜时或节日庆典时使用。

　　瑶王屋作为当地瑶王的住宅，将居住与办公功能合二为一，该形式住宅的诞生体现了瑶王在当地村寨的地位与威严。虽然现在已经不存在瑶王这一职务了，但瑶王屋却被保存下来，成为南岗瑶寨别具特色的旅游景点。

图片来源

图一、图六至图七　张金威　制图

图二至图五　华建业　制图

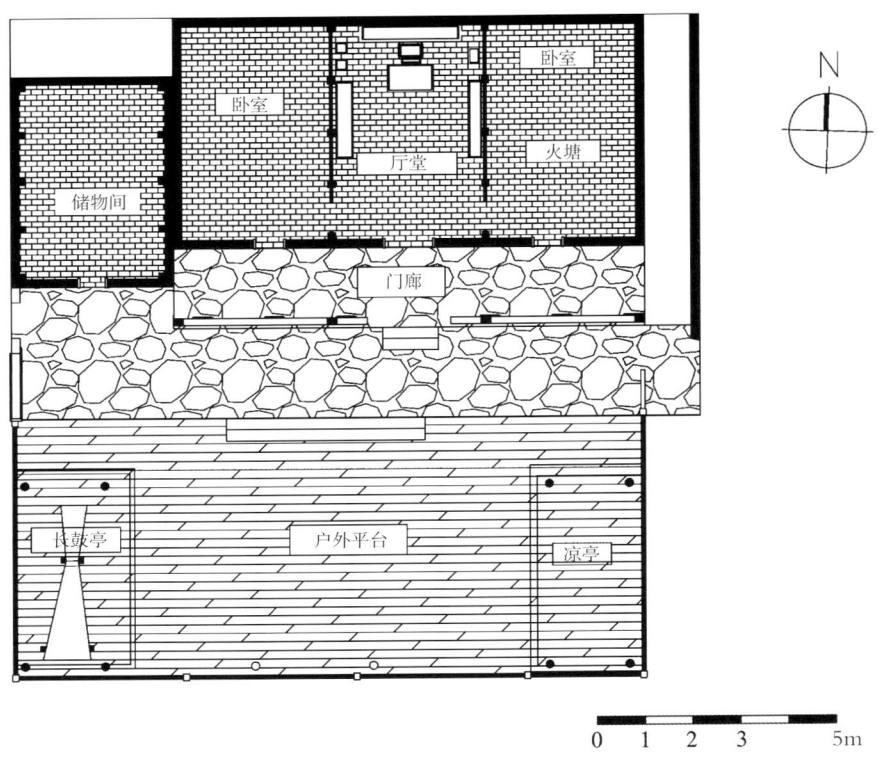

图二　瑶族瑶王屋平面、尺寸图

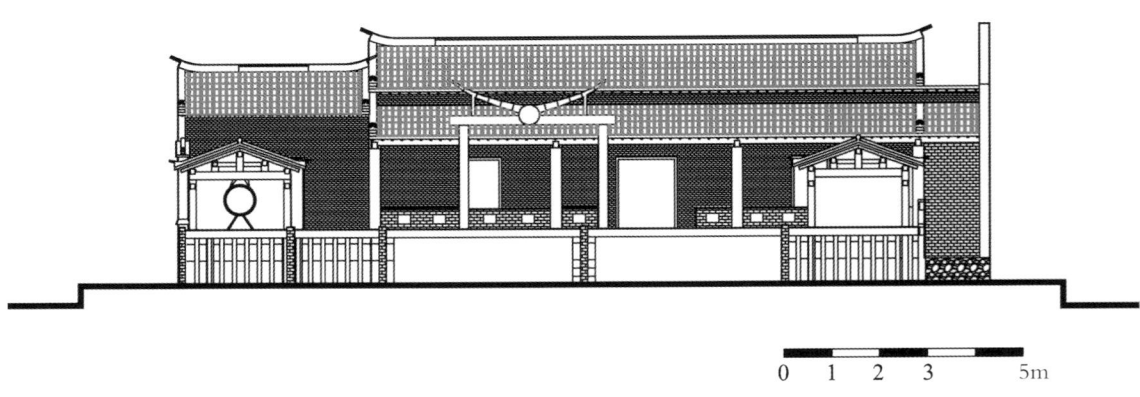

图三　瑶族瑶王屋南立面、尺寸图

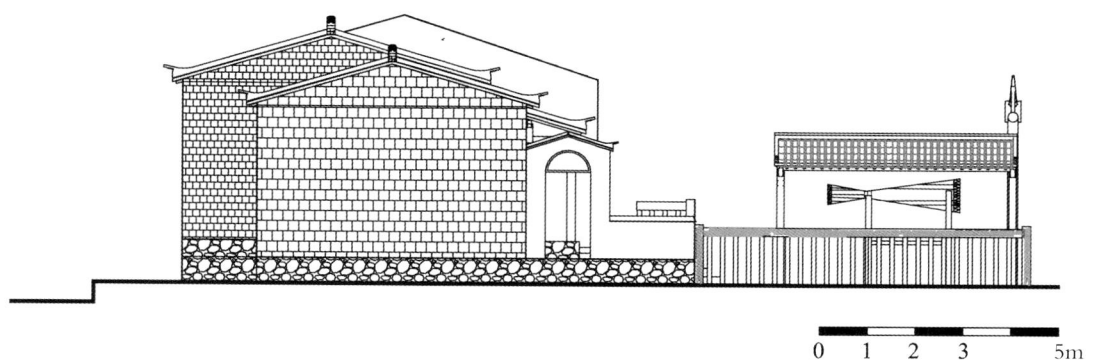

图四　瑶族瑶王屋西立面、尺寸图

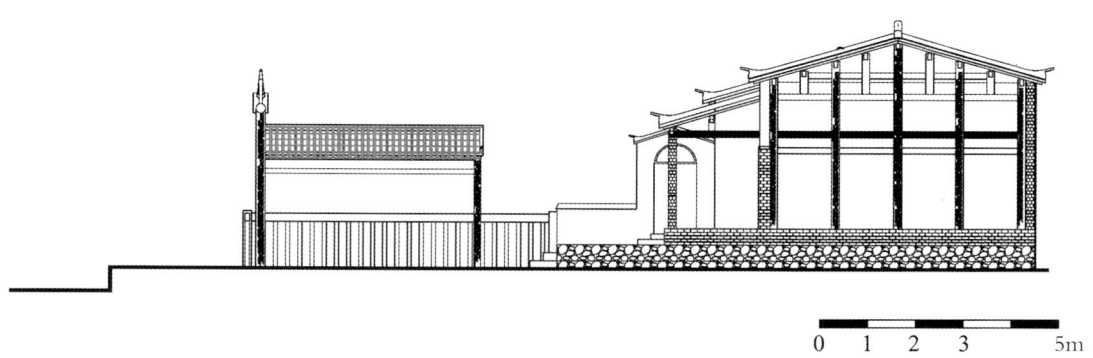

图五　瑶族瑶王屋剖面、尺寸图

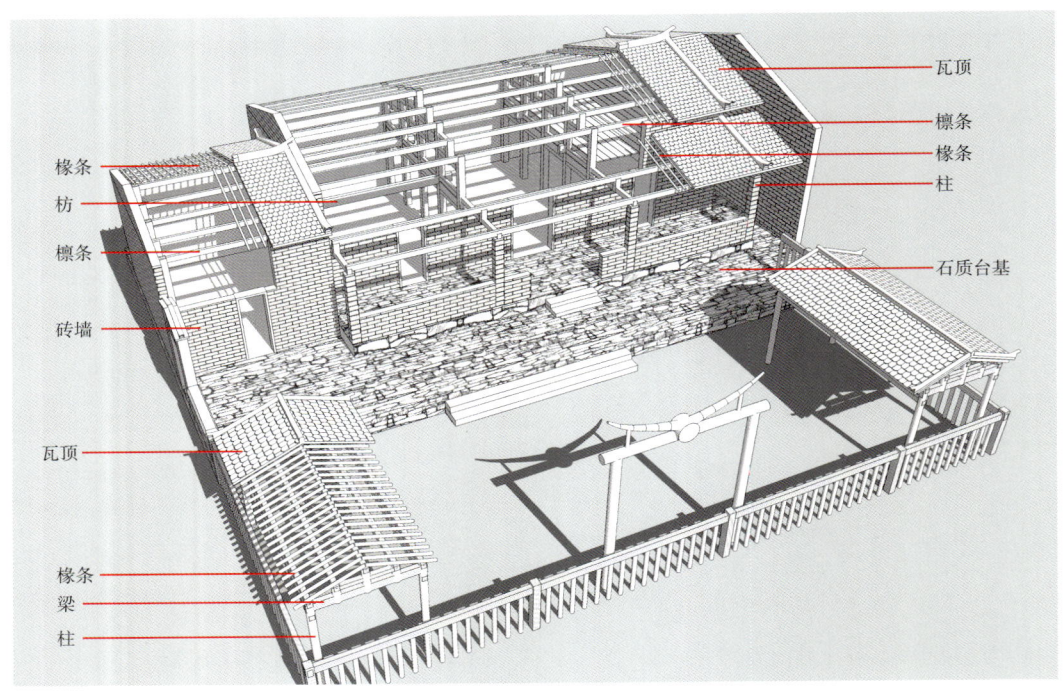

图六 瑶族瑶王屋结构名称图

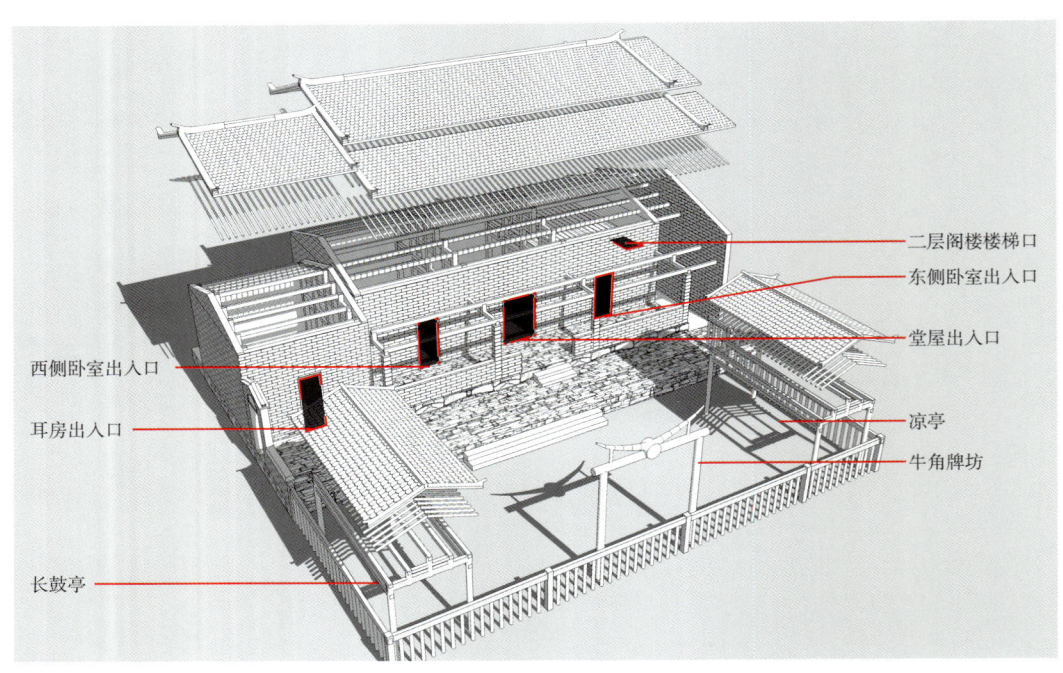

图七 瑶族瑶王屋解析图

红瑶红邓小学

图一 红瑶红邓小学主图

本案例选自广西壮族自治区柳州市融水县大浪镇，是当地重要的中小学教育场所，为当地村民提供教育教学资源。该小学有两栋主要校舍，一栋主要提供教学场所，另一栋主要为教师提供办公与休息场所，本案例以后者为研究对象，剖析该办公校舍的结构与布局特征。

红邓小学办公校舍是由三个不同朝向的部分组合而成，平面布局近似梯形，共有两层。底层是架空空间，层高近三米；上层以木板分隔出三个房间，房间外围还有连通的走廊，层高较一层略高。屋顶采用悬山式，建筑融合了当地民居的结构特点，使用干栏式，通过梁枋与柱之间的穿插构成结构框架，由柱承托檩条，檩条上搭椽条架瓦封顶，与村寨中其他民居建筑相互协调。该建筑的功能区划包括活动室、储藏室、办公室与教室。活动室与储藏室位于一层，为学生和教师提供室内活动空间与教学设备储藏空间；二层包括两个办公室与一间临时性的教室，为教师提供办公与休息场所。由于红邓小学地处山区，是支教活动的帮扶对象，来往的人员时有变化，衣食住行的需求会随之改变，因此空间的功能较灵活，教室、办公、休息等功能随需而行。

红邓小学作为当地为数不多的教育教学机构，承载着教育下一代的艰巨任务。校舍是教育行为得以顺利进行的重要载体，满足了办公、教学、活动、储藏等多种功能，是传播与发扬瑶族特色文化，以及普及现代化科技文化知识的基础。

图片来源

图一、图七至图八　张金威　制图
图二至图六　华建业　制图

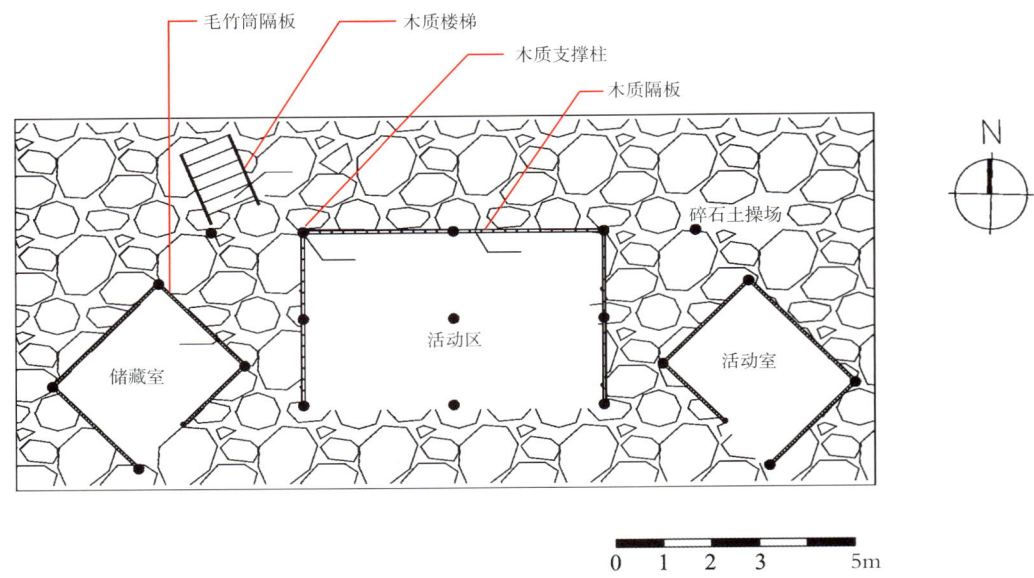

图二　红瑶红邓小学一层平面、尺寸图

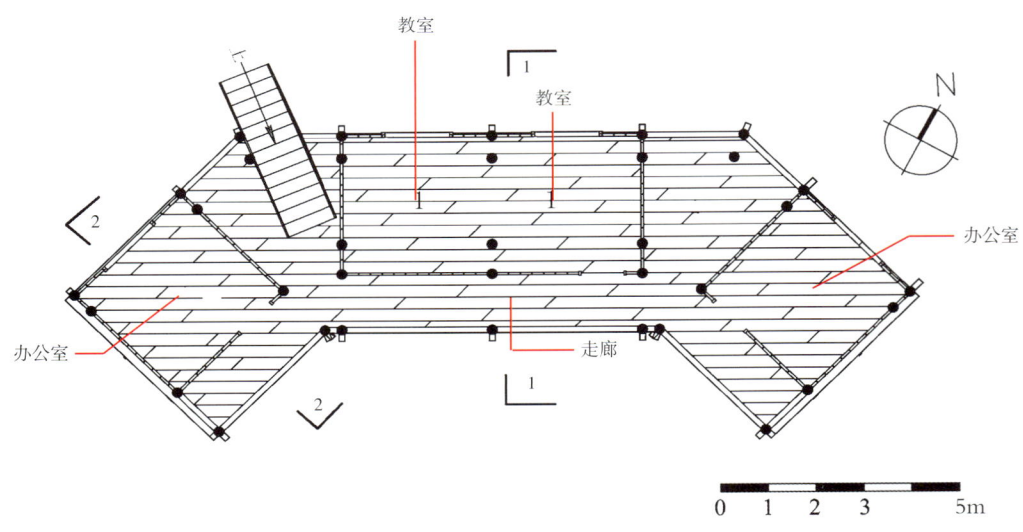

图三　红瑶红邓小学二层平面、尺寸图

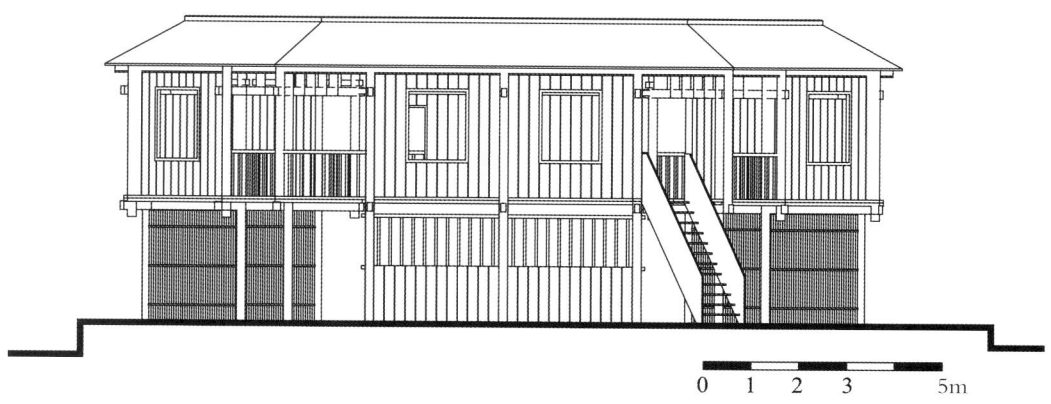

图四 红瑶红邓小学北立面、尺寸图

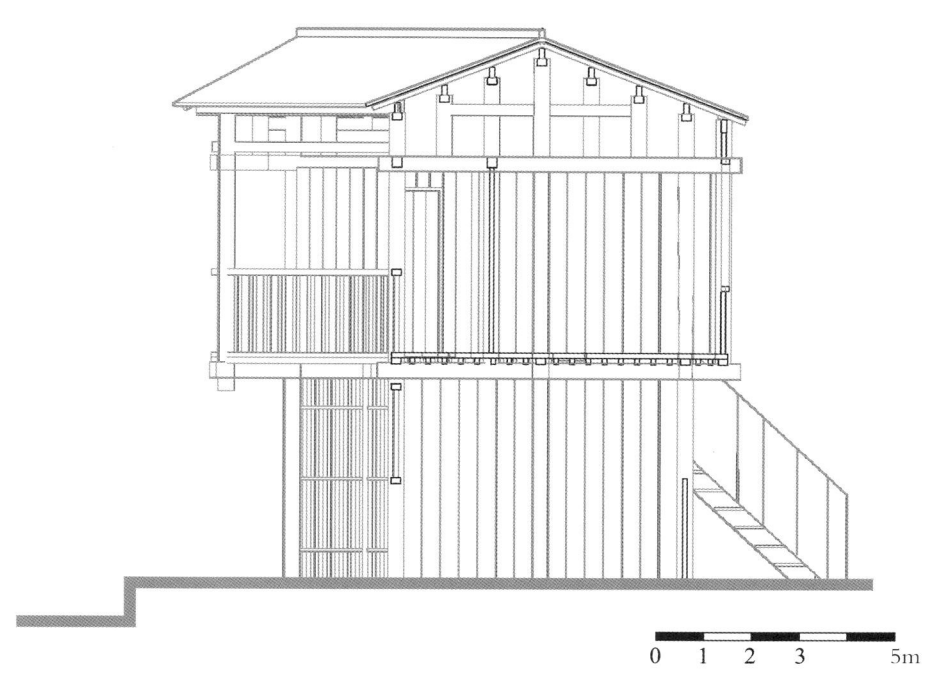

图五 红瑶红邓小学剖面、尺寸图1

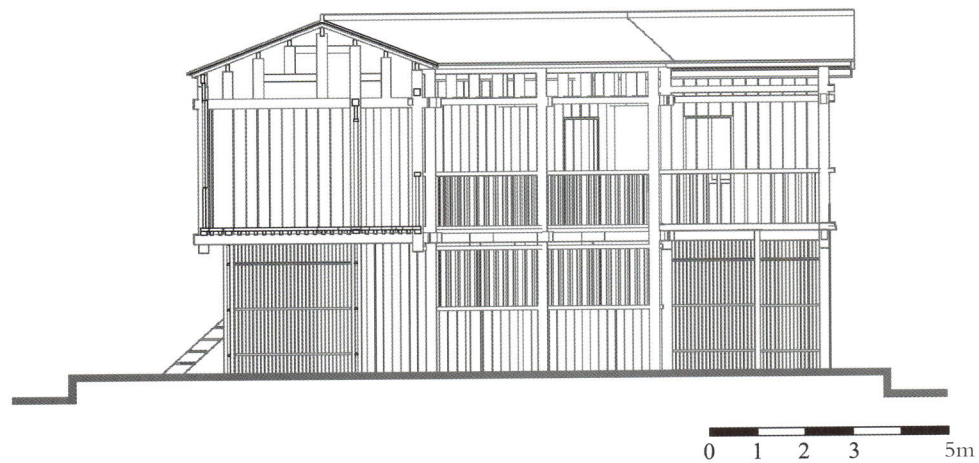

图六 红瑶红邓小学剖面、尺寸图2

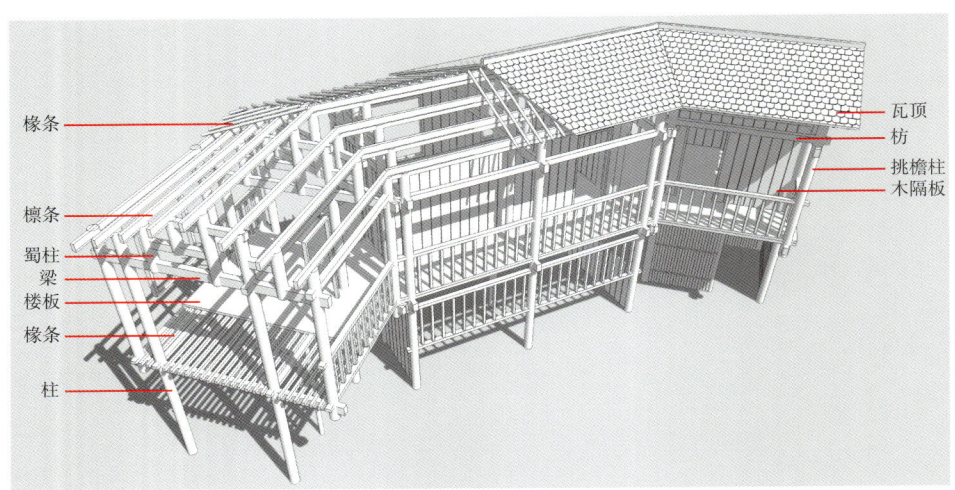

图七 红瑶红邓小学结构名称图

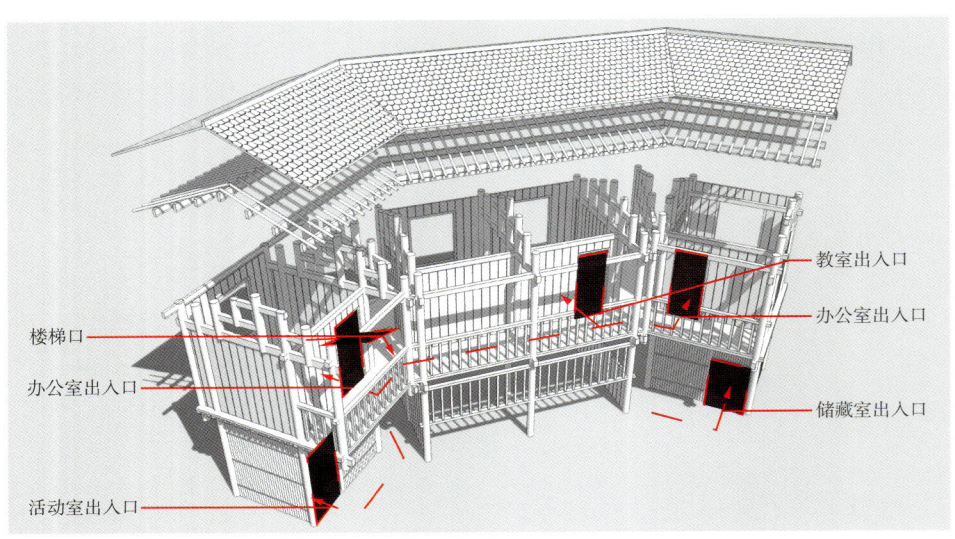

图八 红瑶红邓小学解析图

瑶族欧阳氏私塾

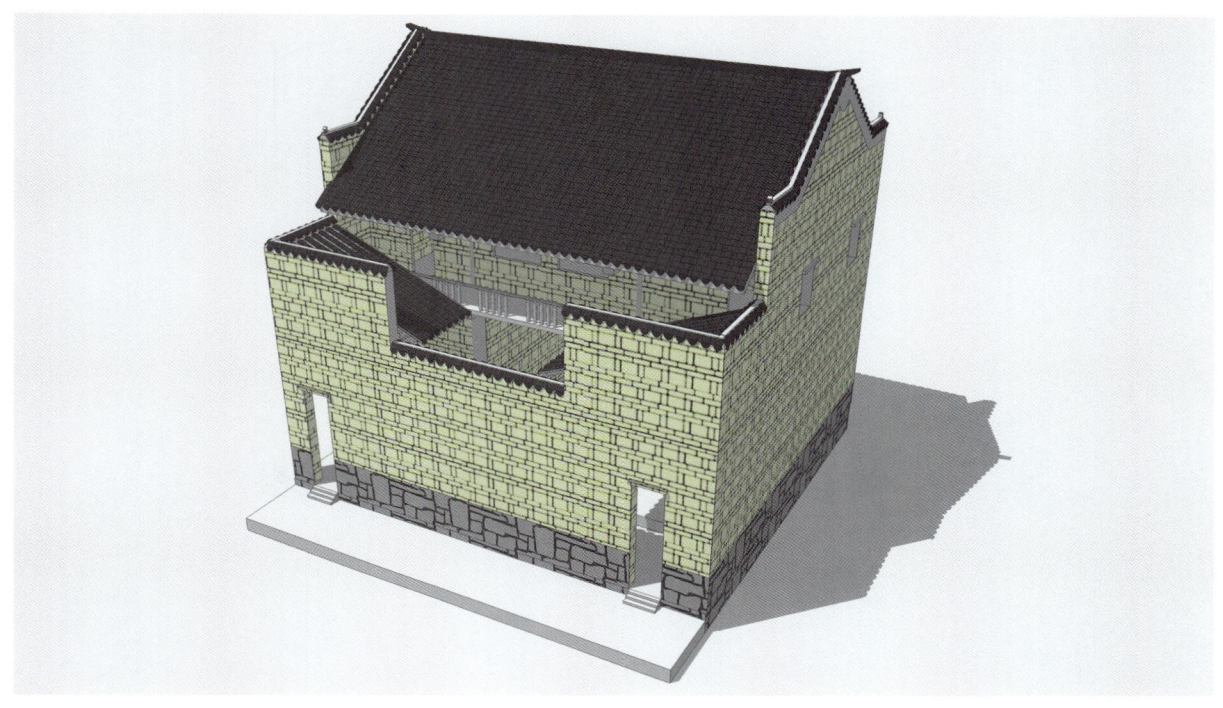

图一　瑶族欧阳氏私塾主图

本案例采集于湖南江永兰溪瑶寨，属于院落式建筑。整体是三合院形式，平面布局呈矩形，由院墙围合而成的院落空间与两层正房组成的居住空间共同构成。欧阳氏私塾作为兰溪传统的教育场所，是当地重要的公共建筑。

欧阳氏私塾的空间划分包括：天井院、一层的授课区域，以及二层的卧室休息区和储藏区。其中，天井院设置有一个长近5米、宽2米的天井，是建筑采光与通风的重要区域。授课区隔断较少，仅在楼梯处做有隔墙，留有大片的空间以供教学，是私塾主要的功能区域。楼梯口设置在建筑的后方，通向二层楼梯间，再以楼梯间为中转通往二层各室。

二层共分为五室，当心间为储藏室，稍间均由木板分别分割为二室，充当卧室，供师生课余休息或留宿。二层外设置有户外廊道，可作为休闲观光之用。二层以上为阁楼，可以放置杂物，起到防寒避湿的作用，对于湘南地区湿度大、温差大的气候特点有着极好的适应性。现今一层已改造为住宅厅堂，厅堂的布置与其他民居有相似之处，体现崇尚祖先与传承，而二层依然保留原有形制，正是这种私塾改造为住宅的转变，才使这种古老建筑形式得以继续留存。

欧阳氏私塾为木与墙体混合承重的结构形式，室内空间由木柱支撑，并划分空间，外墙辅助支撑梁、枋、椽子，再将木、土、砖、瓦等材料嵌入其中组成围合空间。私塾建筑的出现体现了当地人们对教育的重视，也表达了他们希望传统不断传承的美好愿望。

图片来源
图一至图七　张金威　制图

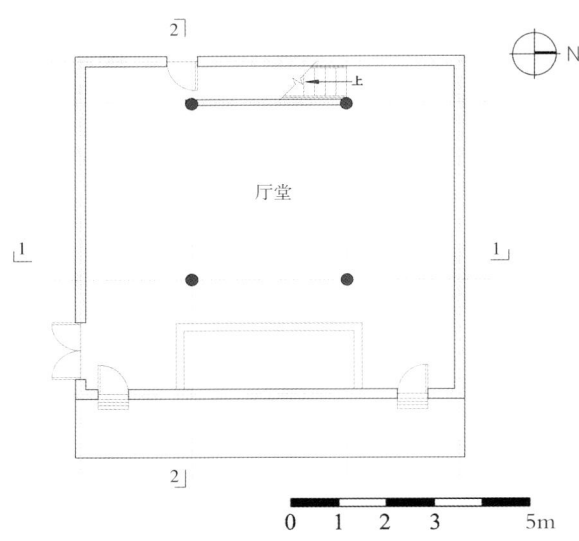

图二　瑶族欧阳氏私塾一层平面、尺寸图

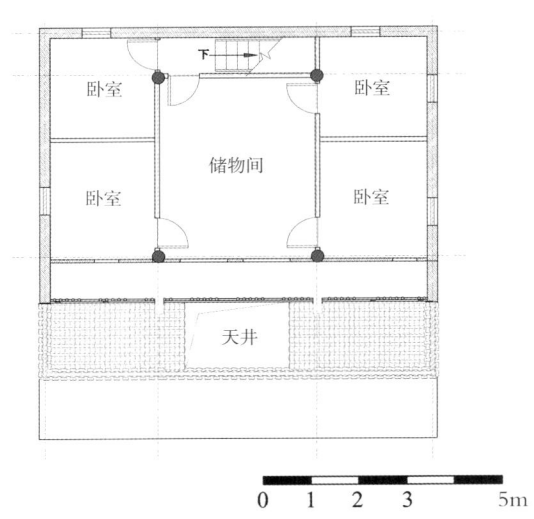

图三　瑶族欧阳氏私塾二层平面、尺寸图

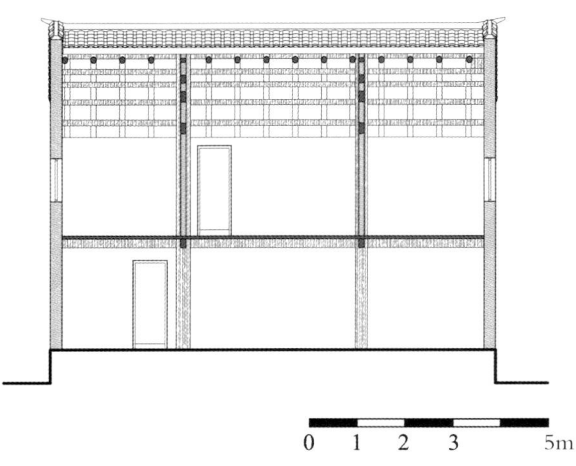

图四　瑶族欧阳氏私塾剖面、尺寸图1

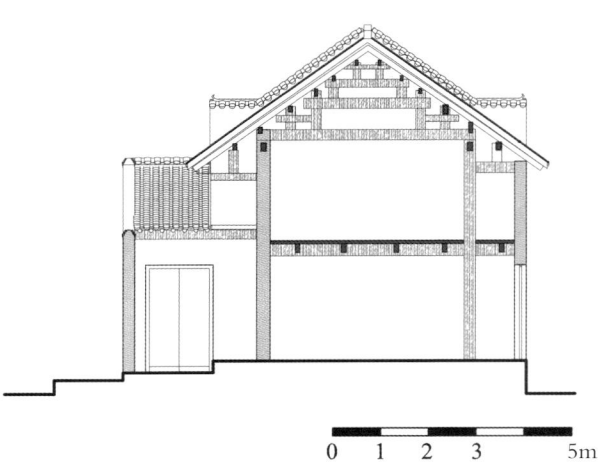

图五　瑶族欧阳氏私塾剖面、尺寸图2

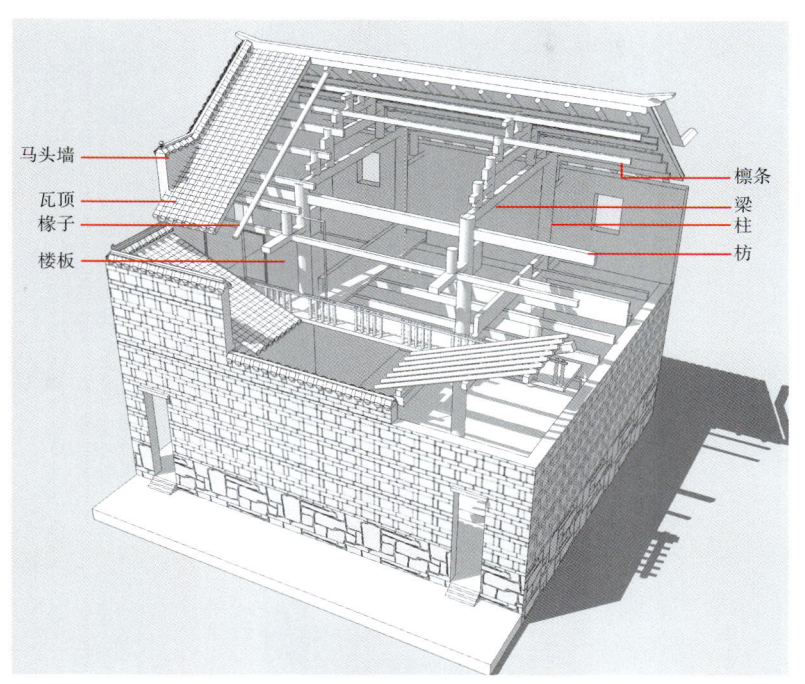

图六 瑶族欧阳氏私塾结构名称图

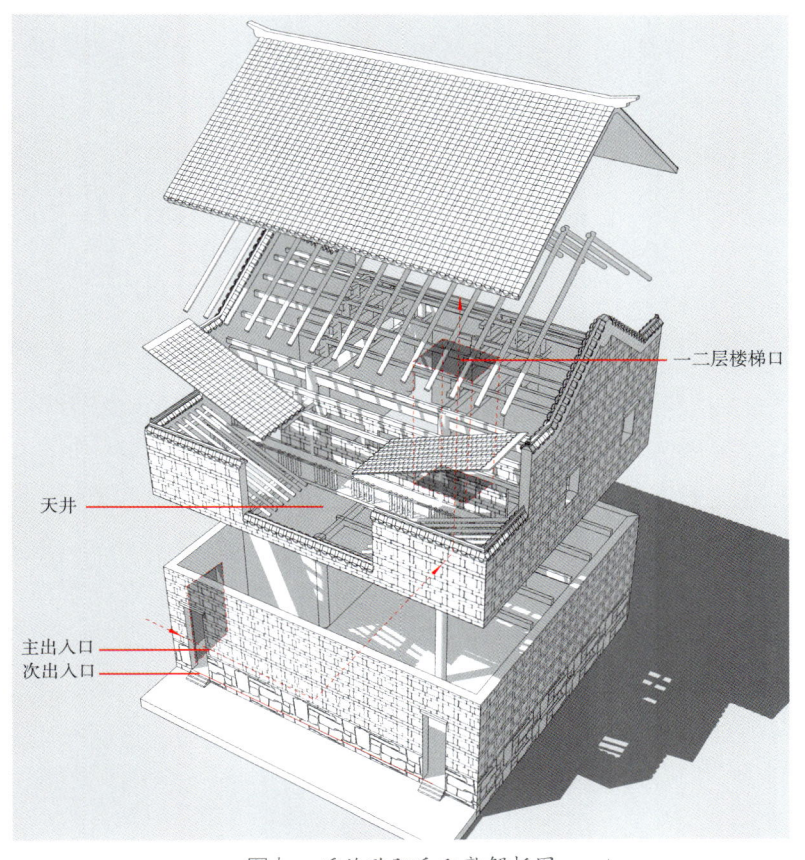

图七 瑶族欧阳氏私塾解析图

瑶族四合式民居

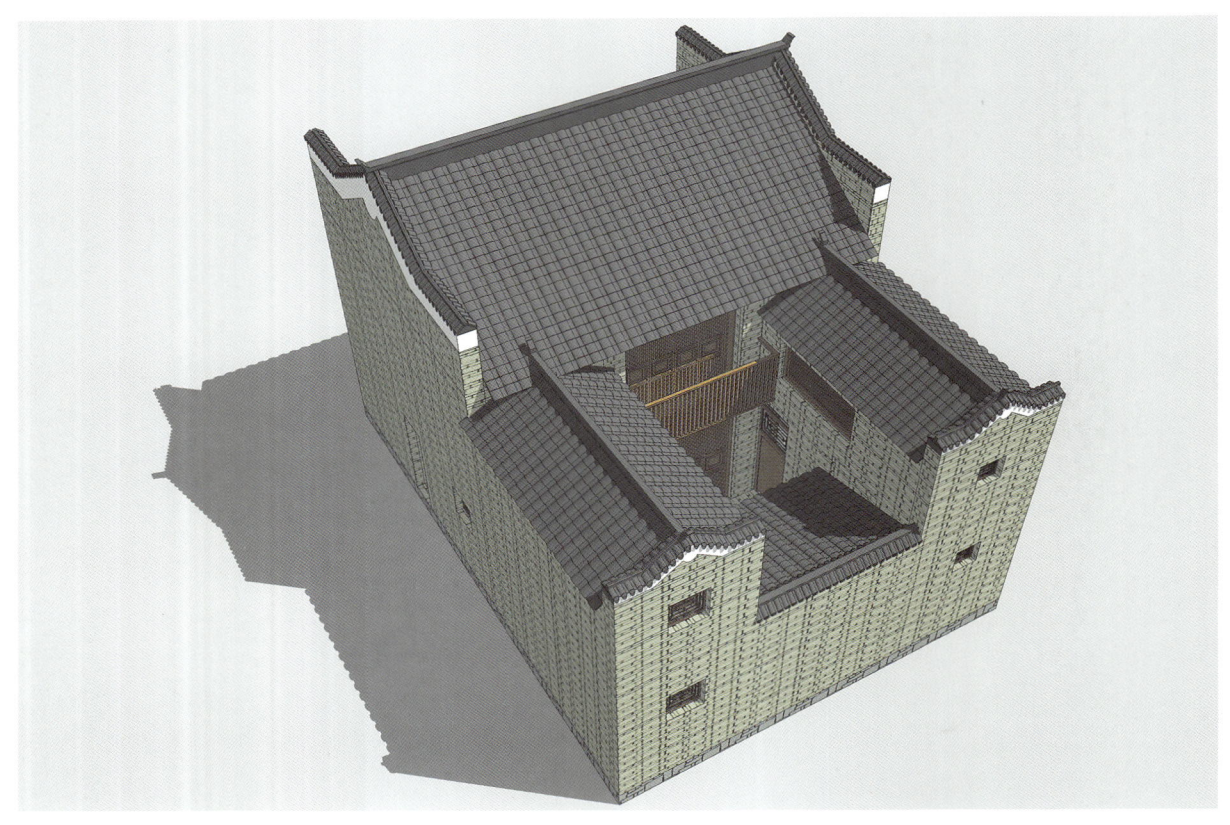

图一 瑶族四合式民居主图

本案例采集于湖南江永兰溪瑶寨，是由四面房屋围合天井院而成。天井院落、厢房与两层正房共同构成了民居建筑的居住空间。四合式民居建筑体量相对较大，但在空间划分上依然保留了厅堂、神龛等功能区，体现了本地文化的传承。

四合式民居包括：天井院，厢房，正房一层中的厅堂、厨房、卧室、楼梯间、神龛，以及二层的卧室、晾晒台与储物间。兰溪瑶寨民居地处湘南，这里气候潮湿多雨，为了排湿通风，当地人在院落设置了天井，对应的地面设置有排水设施。左右厢房均为卧室，供未出嫁的子女或来访客人居住。天井西侧为杂物间。正房为三间两进式，厅堂位于当心间，是室内到达其他房间的重要交通节点。神龛位于厅堂正中的墙壁上，其上放置祖先牌位，用以进行家庭祭祖活动。厅堂的布置与纯木构架吊瓜式、燕窝式民居有相似之处，体现建筑发展的一脉相承。厨房位于正房一层的南侧稍间，其余为卧室。正房二层共分割出 1 个卧室空间。厢房二层的两个房间作晾晒台，其余空间均用作储藏杂物。二层以上有木板搭成的阁楼，用于存放杂物，环境相对干燥通风，利于储藏。

四合式民居以木柱、墙体混合承重，改良了纯木构建筑的易燃、易互相影响的情况，增进了人居环境的舒适度。由于用材的改善，材料对空间大小的限制相对减弱，使这类型住宅空间高度与广度有明显的增加。

图片来源

图一至图六　胡彦明　制图

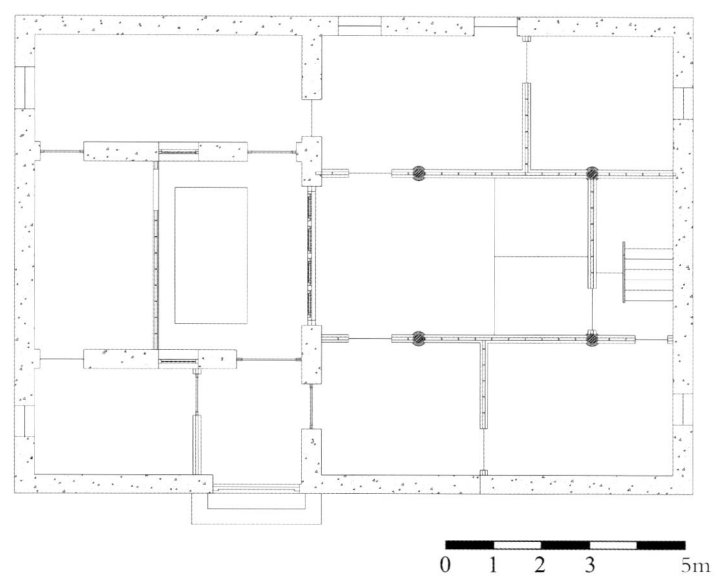

图二　瑶族四合式民居一层平面、尺寸图

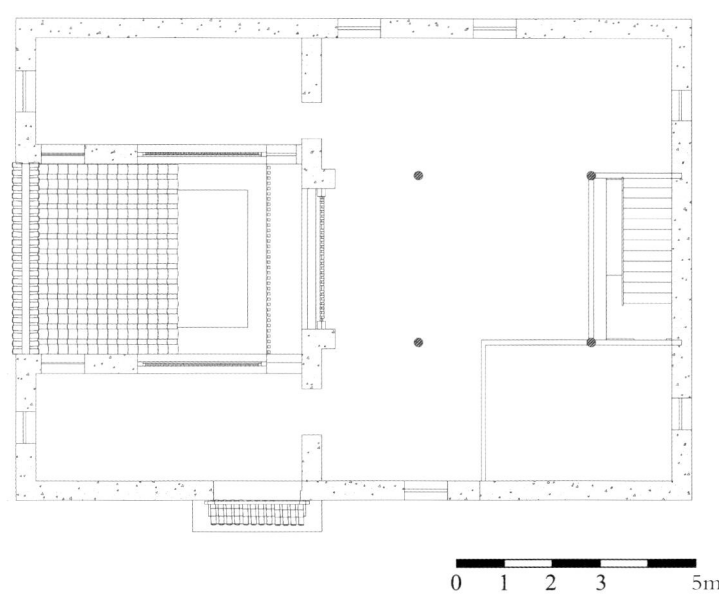

图三　瑶族四合式民居二层平面、尺寸图

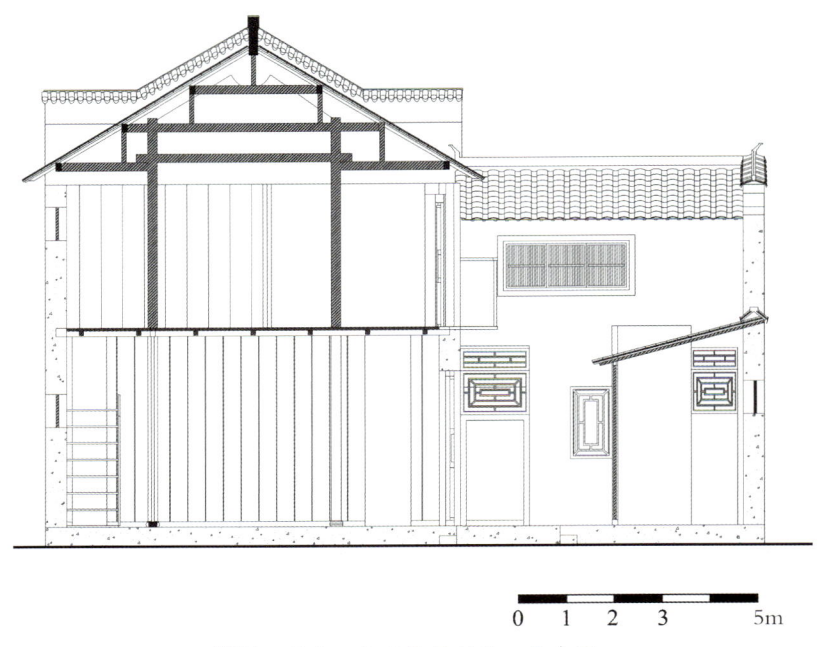

图四 瑶族四合式民居剖面、尺寸图

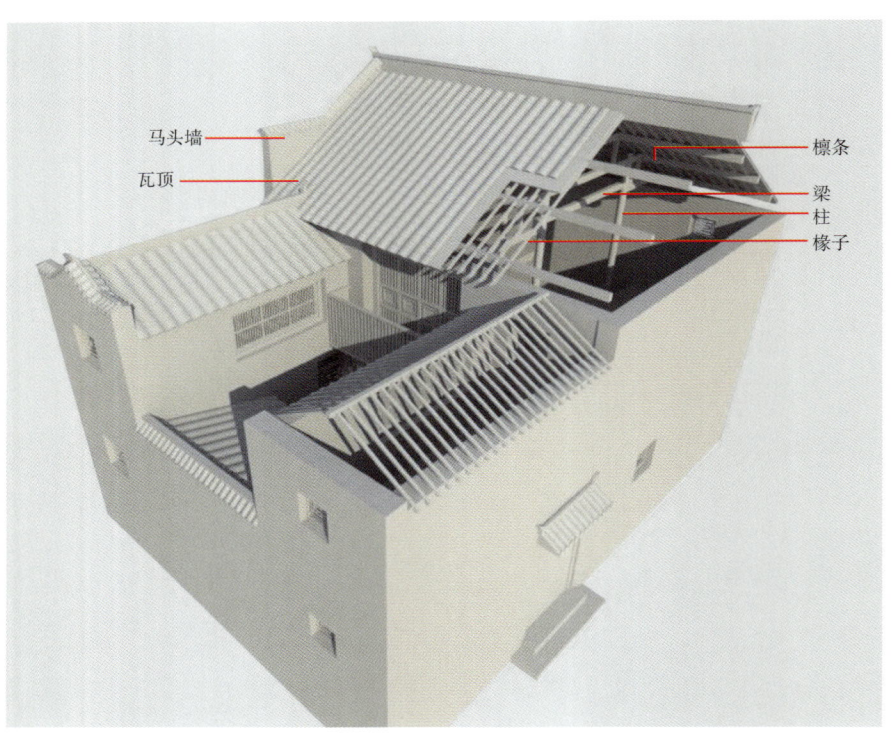

图五 瑶族四合式民居结构名称图

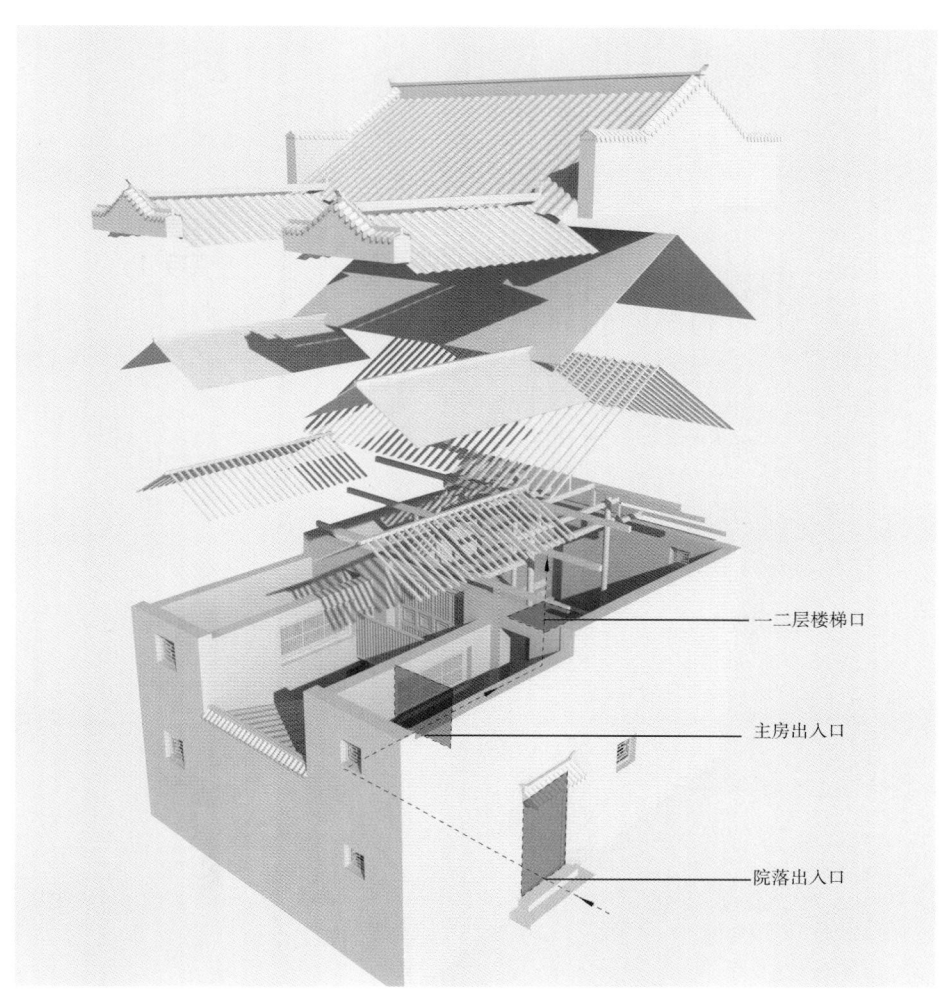

图六 瑶族四合式民居解析图

瑶族三合式民居

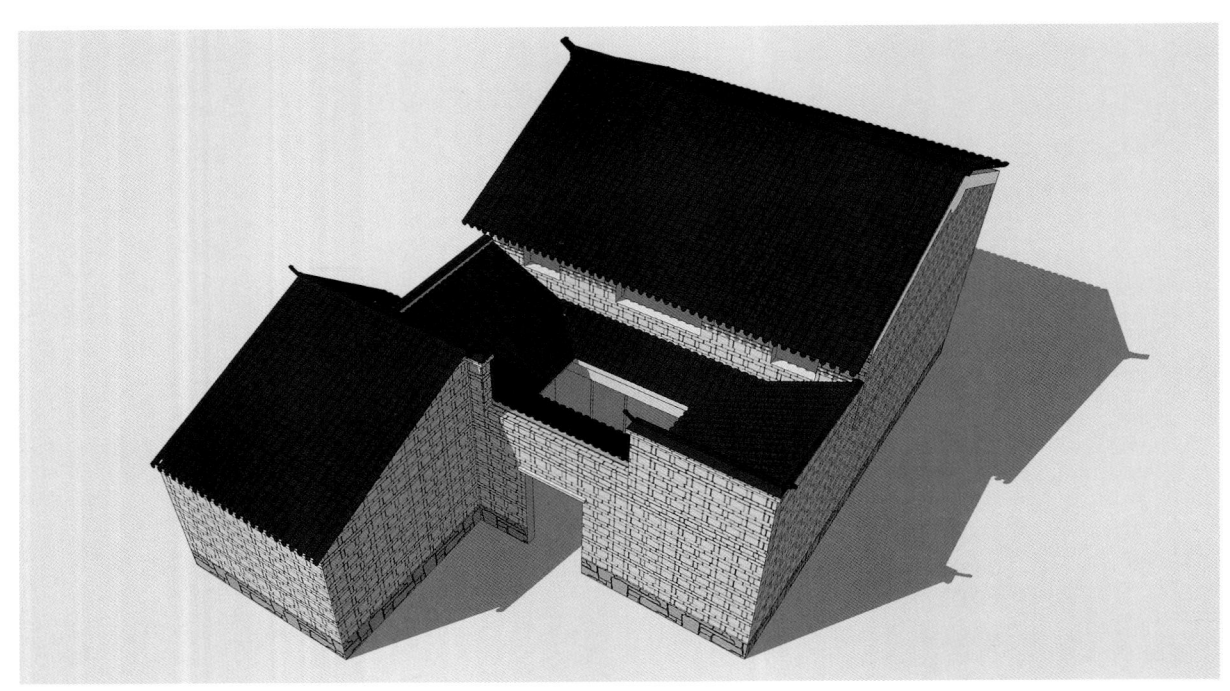

图一　瑶族三合式民居主图

本案例采集于湖南江永兰溪瑶寨，是由天井院落、厢房与两层正房共同构成了民居建筑的居住空间。三合式民居建筑体量相对较大，但在空间划分上依然保留了厅堂、神龛等功能区，体现了当地文化的传承与发展。

三合式民居的空间划分包括：天井院，厢房，正房一层中的厅堂、厨房、卧室、楼梯间、神龛，以及二层的卧室、晾晒台与储物间。兰溪瑶寨民居地处湘南，气候湿润多雨，为了排湿通风，当地人在院落设置了天井，对应的地面设置有排水设施，以保障室内湿度的平衡。左右厢房均为卧室，供未成家的子女或来访客人居住。正房面阔三间，进深两间。厅堂位于当心间，是室内其他房间的交通中转，也是重要交通节点。神龛位于厅堂正中的墙壁上，其上放置祖先牌位，是住宅中重要的公共活动空间，进行祭祖、议事等重大活动，它的布置与较早期的纯木构架民居有相似之处，体现了当地建筑形式的发展与传承。厨房位于正房一层的第一进稍间，其余为卧室。正房二层共分割出三个卧室空间，其余空间均用作储藏杂物，逢年过节时来访人多，可加床供人居住。二层以上为阁楼，可以放置杂物，防寒避湿，对于湘南地区湿度大、温差大的气候特点有着极好的适应性。

三合式民居是木、墙体混合承重式建筑。木柱支撑室内空间，并辅助空间划分；外墙与内柱一同支撑梁、枋、椽子等构件，组成建筑主要承重框架，同时辅以木、土、砖、瓦等材料。随着生活水平的提高，当地人逐渐抛弃了纯木结构的建筑，盖上了更加牢固的砖石建筑，并沿袭了崇拜祖先的宗法传统，加之对气候的适应性改进，形成了富有瑶族特色的天井院落三合式住宅。

图片来源
图一至图七　张金威　制图

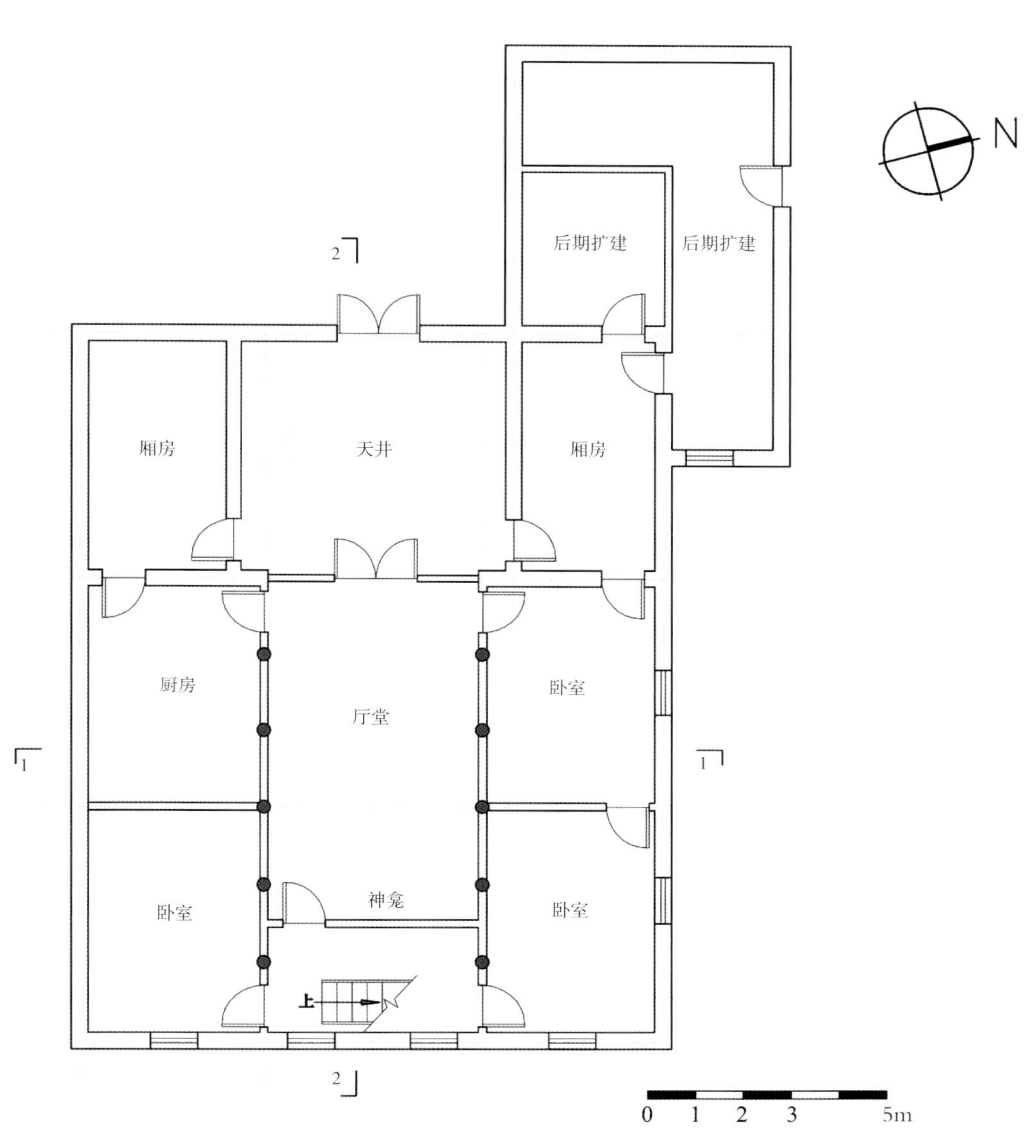

图二　瑶族三合式民居一层平面、尺寸图

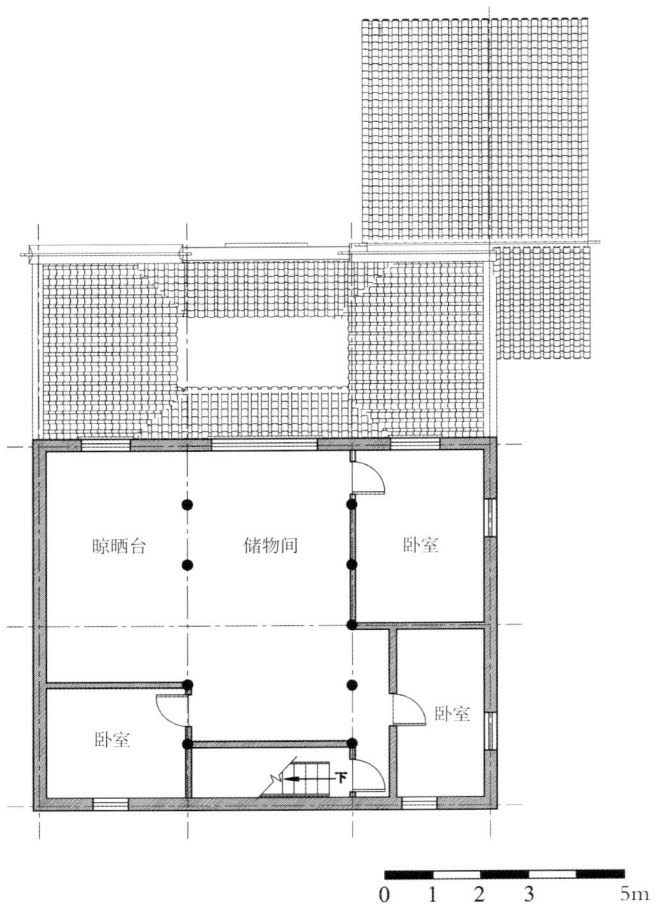

图三 瑶族三合式民居二层平面、尺寸图

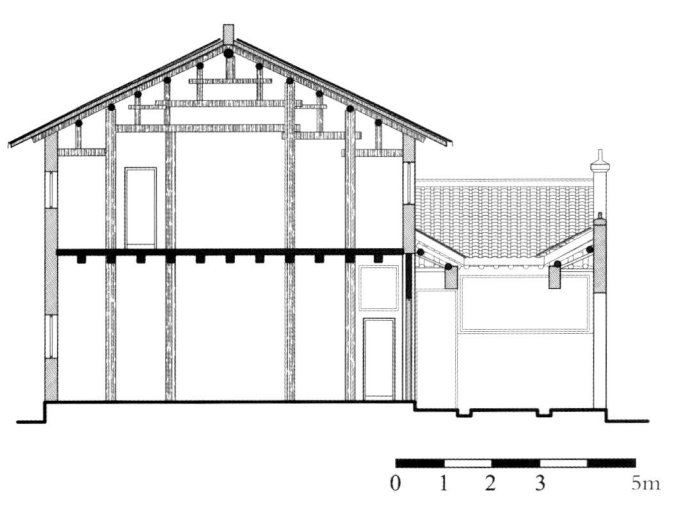

图四 瑶族三合式民居剖面、尺寸图1

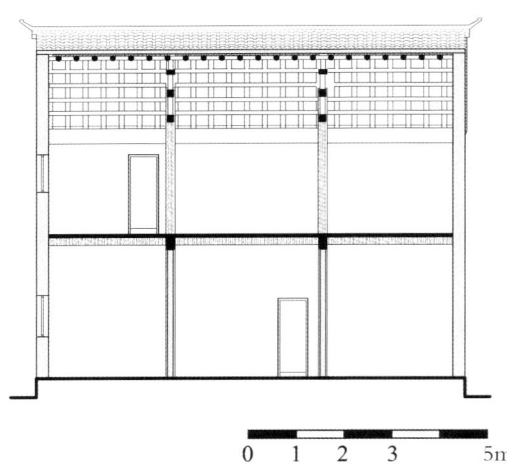

图五 瑶族三合式民居剖面、尺寸图2

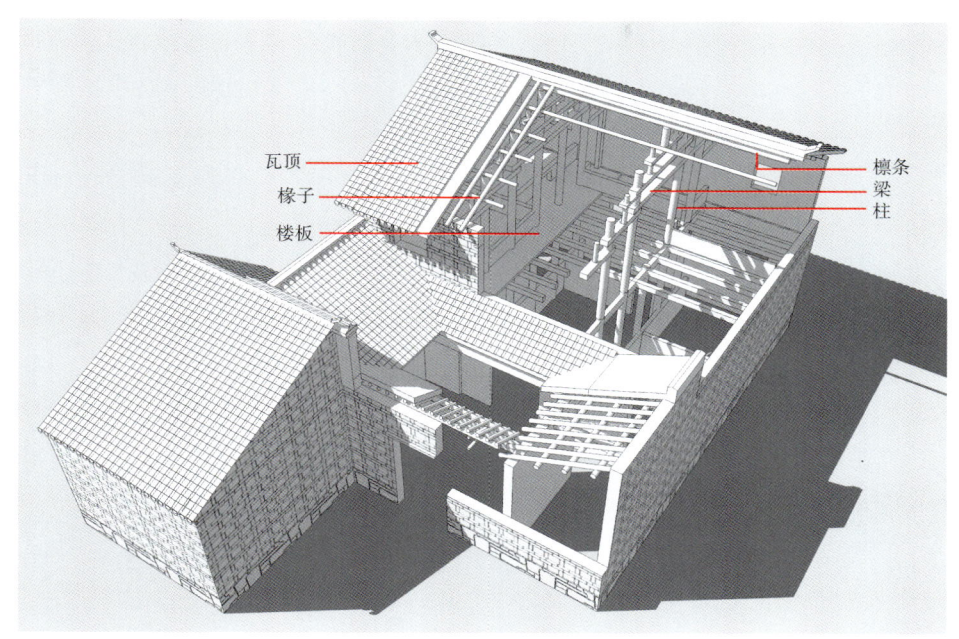

图六　瑶族三合式民居结构名称图

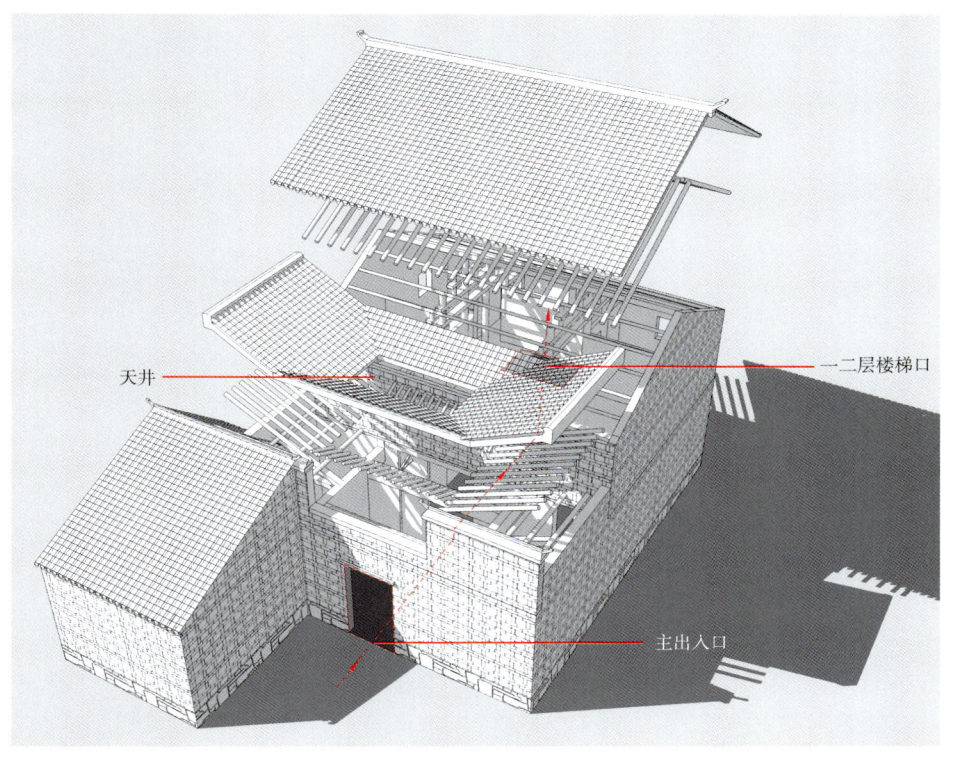

图七　瑶族三合式民居解析图

瑶族两坊房

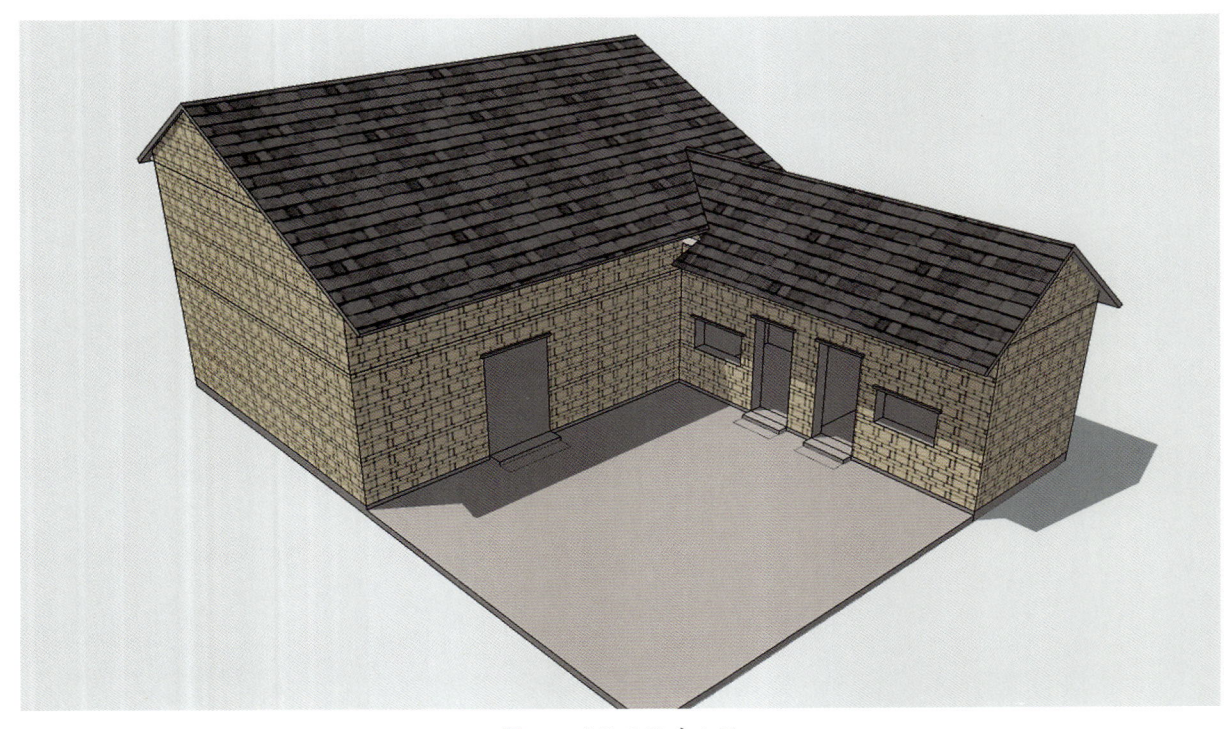

图一　瑶族两坊房主图

本案例采集于云南省金平县八一寨，位于村寨的中部，建立在卵石搭砌的台基之上，由面朝南方的正房与面朝东方的厢房构成，因此从布局看属于两坊房。住宅主体使用夯土墙与木柱混合承重的方式，以柱架梁，以枋穿柱，承托屋顶重量，在体量上小于当地三合与四合形式住宅。

瑶族两坊房的正房为三开二进式，共两层，其中当心间与稍间面阔约为3.2米，进深约2.5米，采用悬山式屋顶。正房主入口位于当心间东侧墙面，入门既是厅堂，厅堂占据正房一层的第一进空间。当心间与稍间之间不设置隔断，其中在北侧稍间设有灶台，当心间设有餐桌、祭祖神龛、供桌等陈设，南侧稍间设置火塘和客床。厅堂融合厨房、厅堂与卧室功能，既是祭祖与议事场所，又是吃饭、待客、休息的区域。正房一层的第二进空间均为卧室，北侧稍间与当心间是晚辈卧室，南侧稍间为长辈卧室。正房二层用作粮仓，粮仓隔壁为储藏间，用于储藏杂物。正房前设有廊，连接外部空间。廊的南侧设有一间小卧室，居住家庭未婚成员；北侧是农具间，放有脚碓与石磨。厢房是住宅的畜养空间，面阔约6.5米、进深约4米，室内沿厢房中线分隔为两间，西侧为马厩，东侧为牛圈，以围栏作门，形式较正房简单。住宅外围无院墙，建筑风格朴素，形制较简单。

住宅的梁架使用了人字形，形成斜梁承

托檩条的结构形式，屋顶为瓦顶。住宅结构简单，风格朴实，属于当地较早期的砖石木结合住宅形式。住宅使用厅堂为中心的布局方式，传承了纯木结构住宅的布局形式，体现了瑶族住宅的一脉相承。

图片来源

图一、图五至图六　胡彦明　制图

图二至图四　承凯　制图

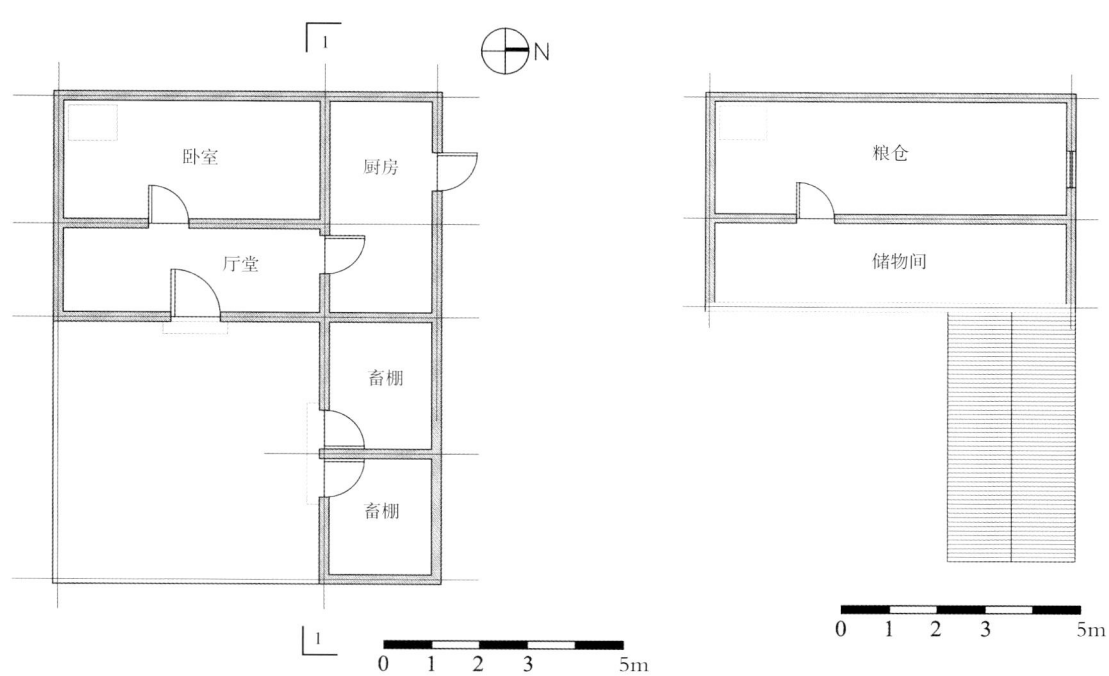

图二　瑶族两坊房一层平面、尺寸图　　　图三　瑶族两坊房二层平面、尺寸图

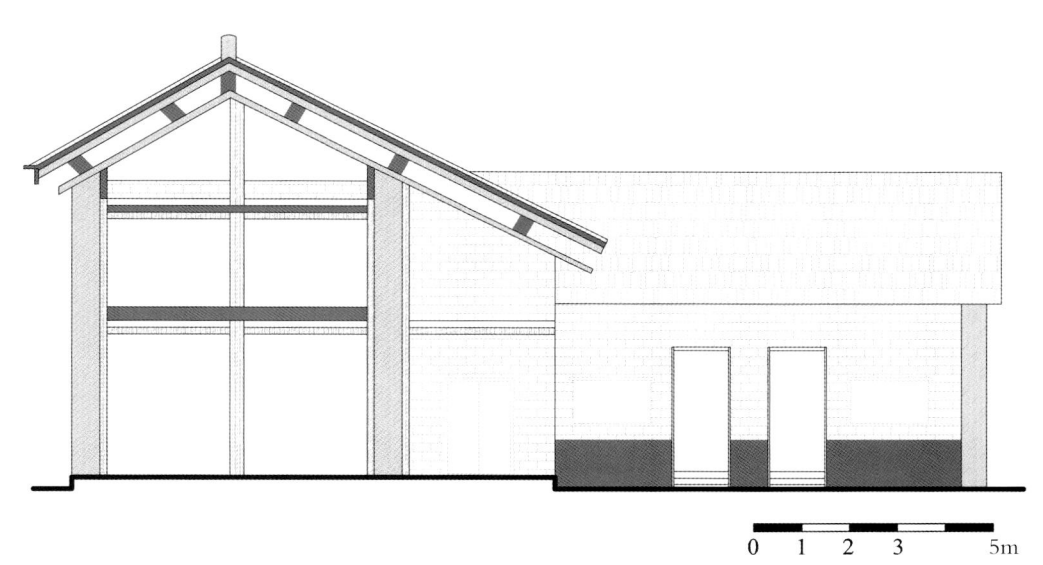

图四　瑶族两坊房剖面、尺寸图

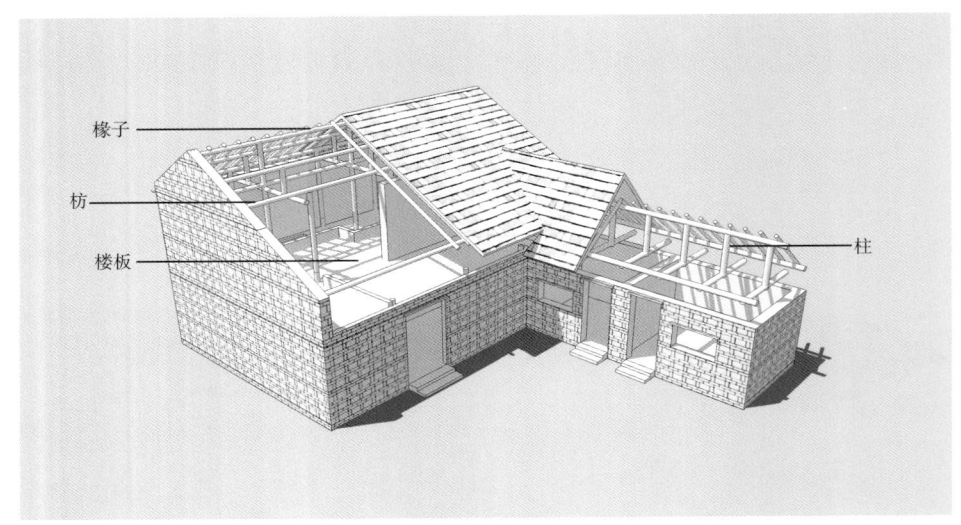

图五　瑶族两坊房结构名称图

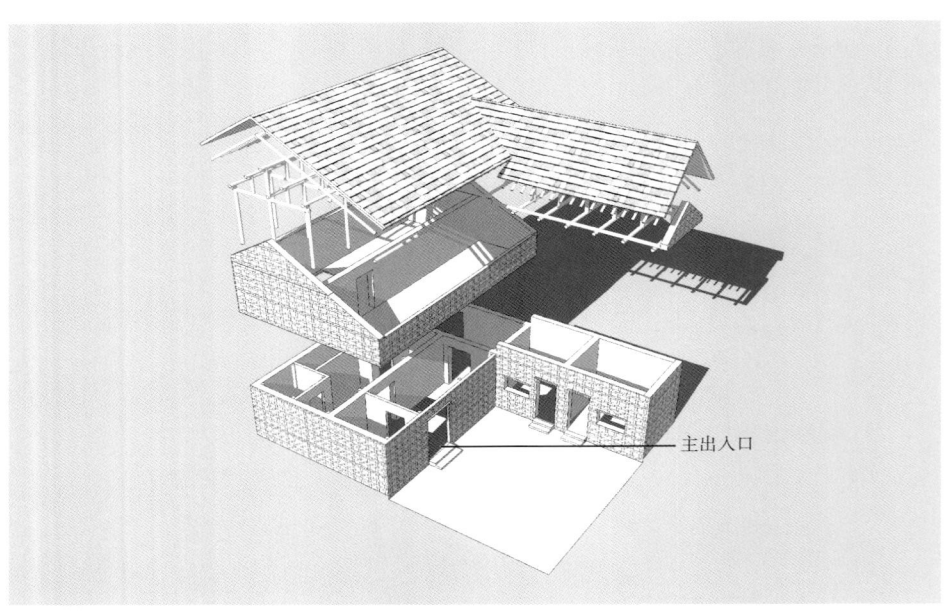

图六　瑶族两坊房解析图

瑶族摆栏式民居

图一 瑶族摆栏式民居主图

摆栏式民居属于瑶寨木构架建筑，其平面布局近似长方形，阁楼层有向外悬挑的形式，出檐较大，有较宽阔的门廊空间。

本案例采集于湖南江华洪泥塘村。空间划分包括：位于一层的厅堂、厨房、卧室、楼梯间、神龛，以及位于二层的储物间。住宅除外侧门廊外的室内空间为三开间，进深方向同为三间。门廊外的三开间布局为厅堂位于当心间，是家庭对内对外进行交流活动的主要场所，其北侧墙壁上放有神龛，供奉家族祖先，便于平时祭拜；厨房位于民居东侧稍间，为家人提供烹煮食材的场所；进深三间，当心间被分为楼梯间和一个小卧室，空间稍小；东侧稍间分割为一个小储物间和一个卧室；西稍间为一个卧室。住宅二层主要为储藏空间，没有设置隔断，为增加空间利用率，加建有临时床铺供人休息或临时居住。该住宅二层无外廊平台，但房檐出檐较大，可避风雨，从而形成整栋建筑的门廊。二层以上由木板搭建有阁楼，可以放置杂物，防寒避湿，对于湘南地区湿度大、温差大的特点有着极好的适应性。

摆栏式民居依靠当地丰富的林业资源，以木材构成住宅的主要框架与隔断，与燕窝式、锁匙头式等住宅共同构成当地特色的木构住宅体系。这一住宅体系使用统一的穿斗式建筑结构，一层居住，二层以上储藏并设置灵活可变的功能区间，以应对突然增加的空间需求，是适应于当地的特色建筑形式。

图片来源

图一至图七 吴强 制图

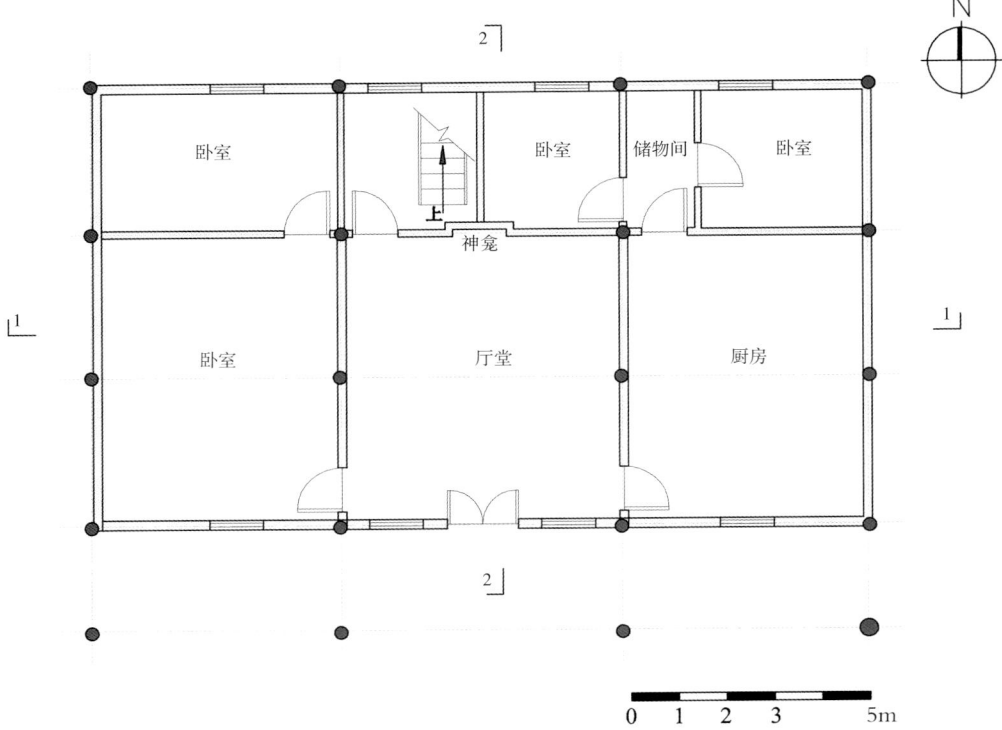

图二　瑶族摆栏式民居一层平面、尺寸图

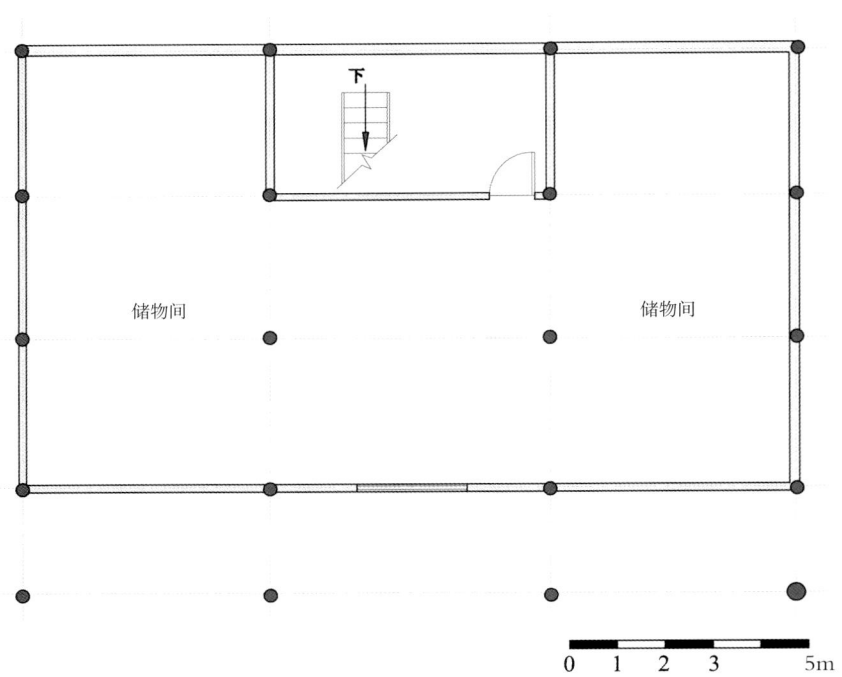

图三　瑶族摆栏式民居二层平面、尺寸图

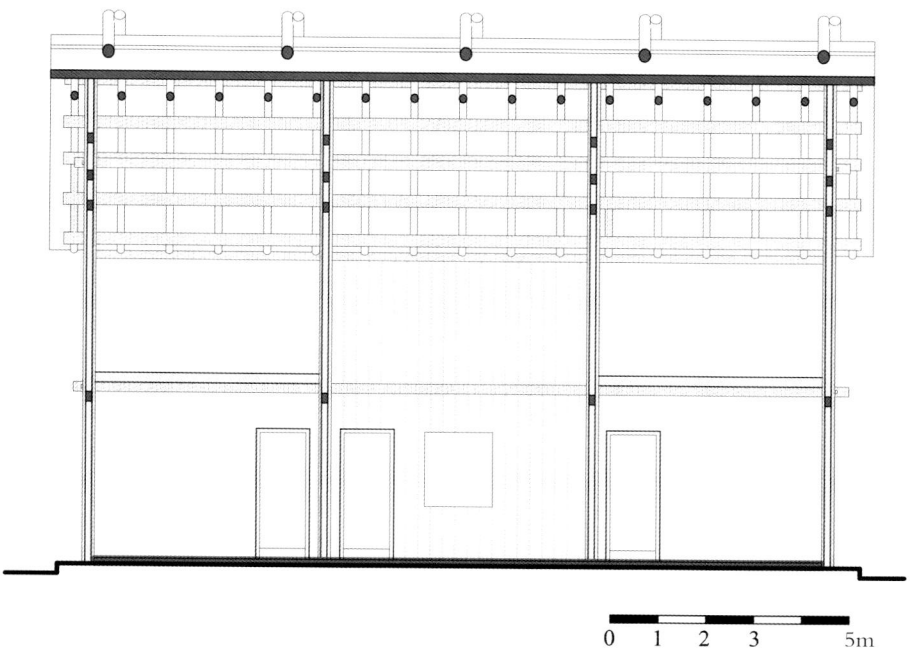

图四 瑶族摆栏式民居剖面、尺寸图 1

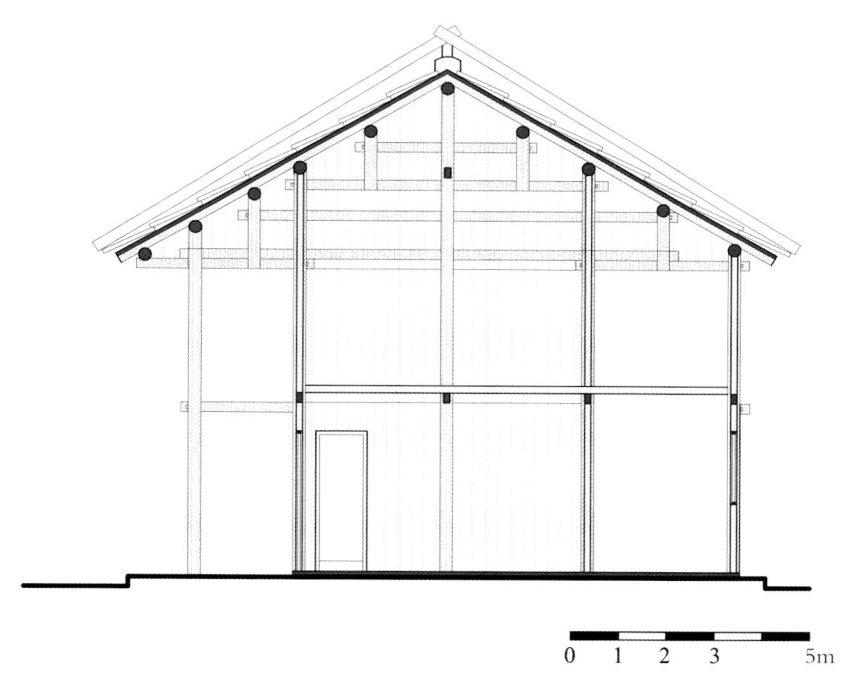

图五 瑶族摆栏式民居剖面、尺寸图 2

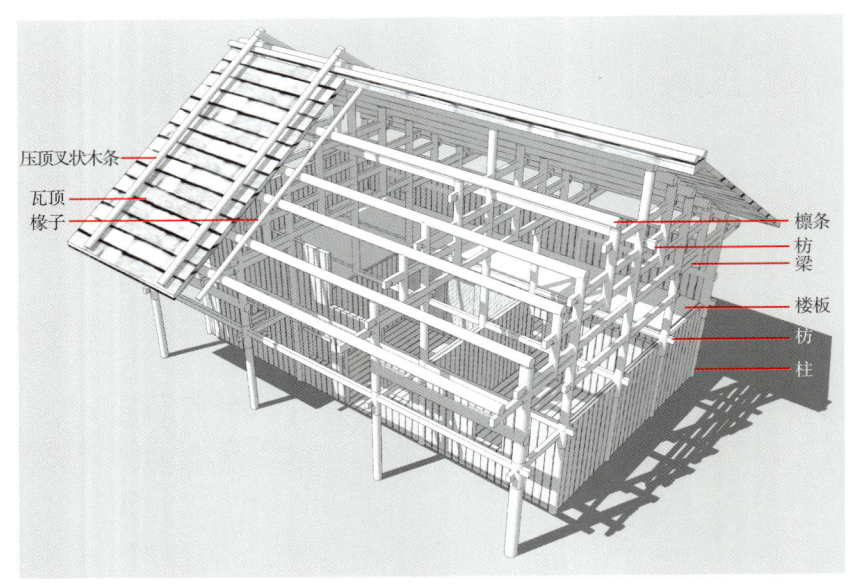

图六 瑶族摆栏式民居结构名称图

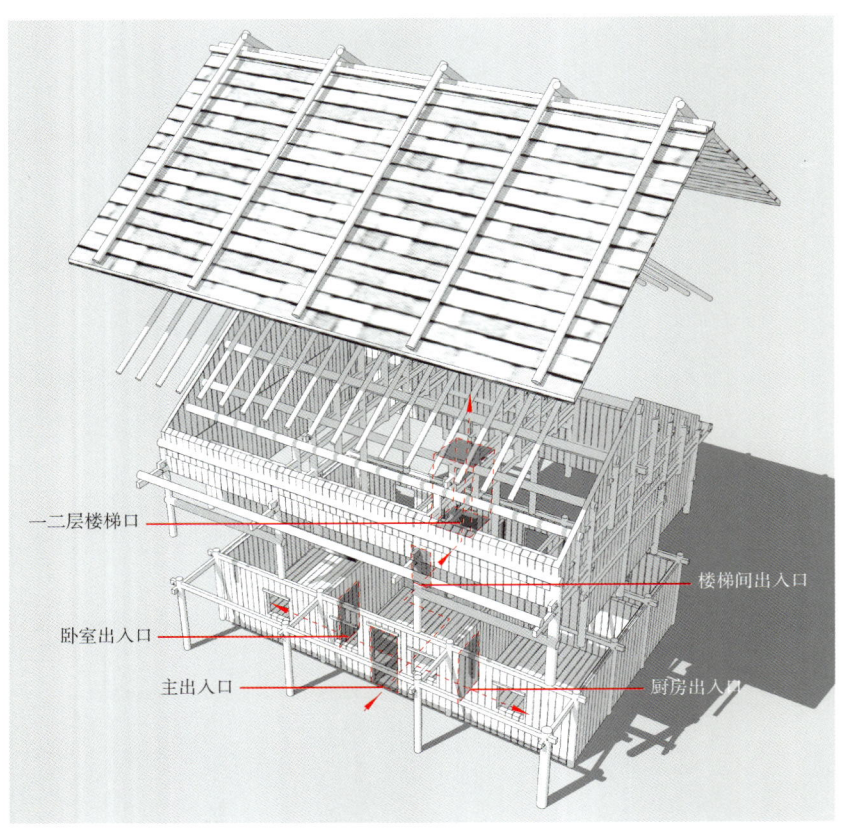

图七 瑶族摆栏式民居解析图

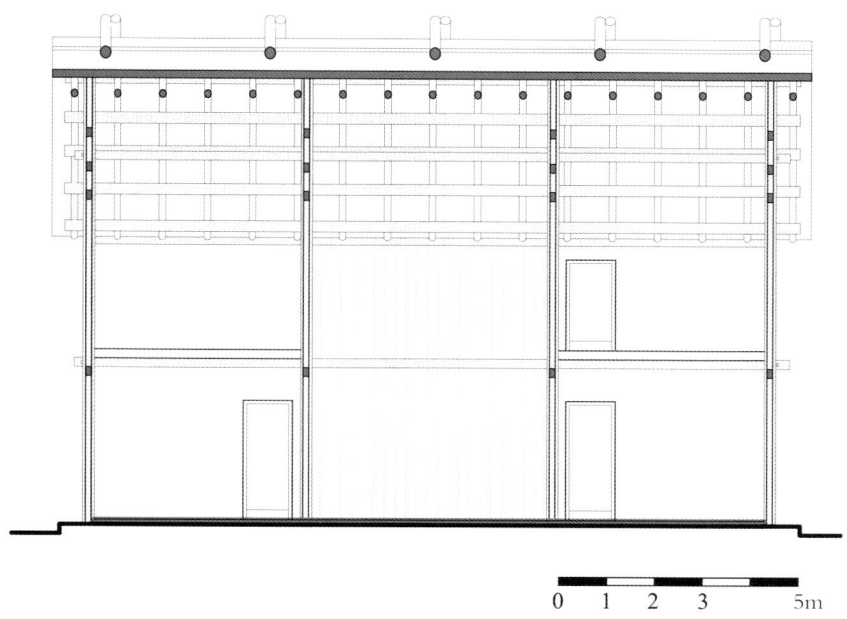

图四 瑶族燕窝式民居剖面、尺寸图 1

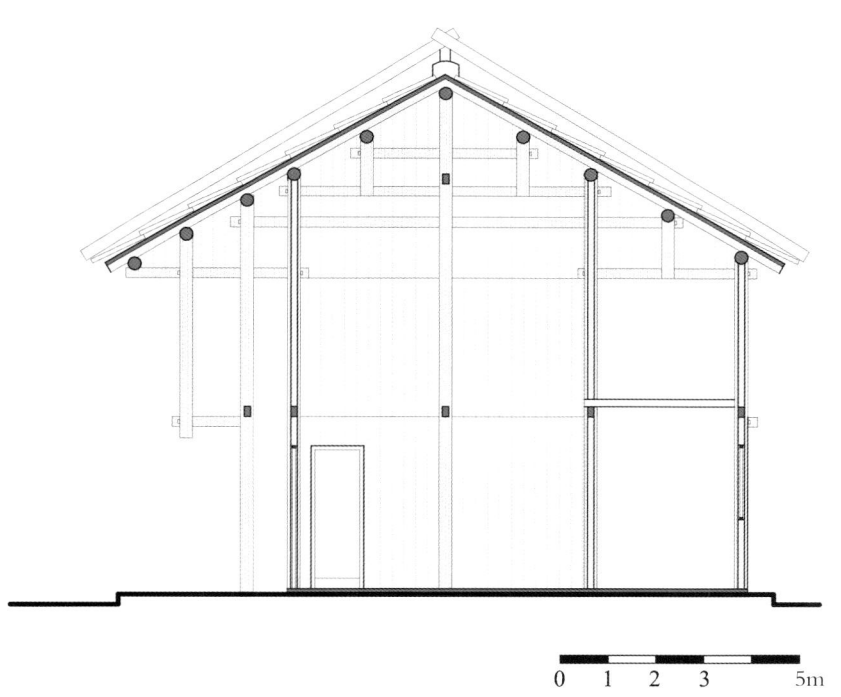

图五 瑶族燕窝式民居剖面、尺寸图 2

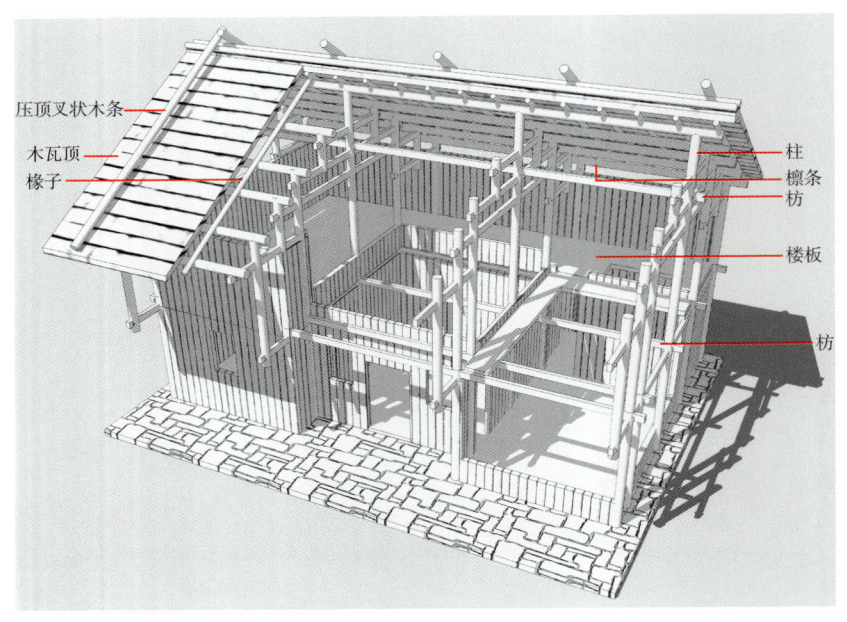

图六 瑶族燕窝式民居结构名称图

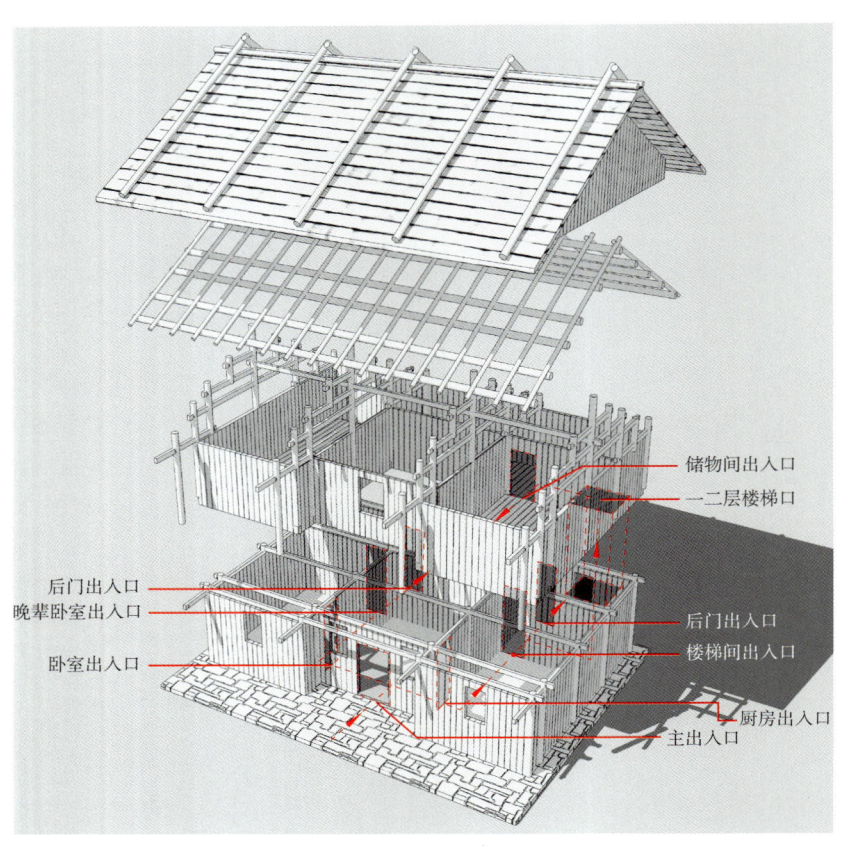

图七 瑶族燕窝式民居解析图

瑶族锁匙头式民居

图一　瑶族锁匙头式民居主图

瑶族锁匙头式民居以竹木材质为主，辅以砖石构成围合空间。由于建筑物第二层有向外突出的外廊，使建筑布局形似锁匙头，因而称为"锁匙头式民居"。

本案例采集于湖南省江华瑶族自治县湘江岔村，空间划分包括：一层的厅堂、厨房、卧室、楼梯间、神龛，以及二层的储物间、外廊。整体建筑为三间五架，除外廊之外均为室内空间，其中厅堂位于当心间，去除其上层楼板，增加了厅堂的层高。其入口面南，作为住宅的主入口，是通向其他空间的重要节点。厅堂北侧墙壁的正中设有神龛，其上放有祖先牌位，神龛下放置桌椅可供休息、洽谈，是住宅的公共活动空间，体现着当地居民对祖先的崇敬。厨房位于民居东稍间的南侧，与厅堂相连，是烹煮食材的场所。楼梯间位于厅堂北侧，连通二层。西稍间按照立柱的位置，分割为三个房间；东稍间除南侧两架之间为厨房外，其余空间为卧室。二层为贮藏空间，存储粮食杂物，储藏间外还设置了两个外廊，其上屋檐出檐较大，可避风雨，具有休憩观光的功能。二层上建有小阁楼，可以放置杂物也可以防寒避湿，对于湘南地区湿度大、温差大的气候特点有着极好的适应性。

锁匙头式民居以当地的林地资源为依托，用木材作为建筑承重构件的主要建筑材料，构成建筑框架，辅以土、砖、瓦，形成围合空间。

图片来源
图一至图七　张金威　制图

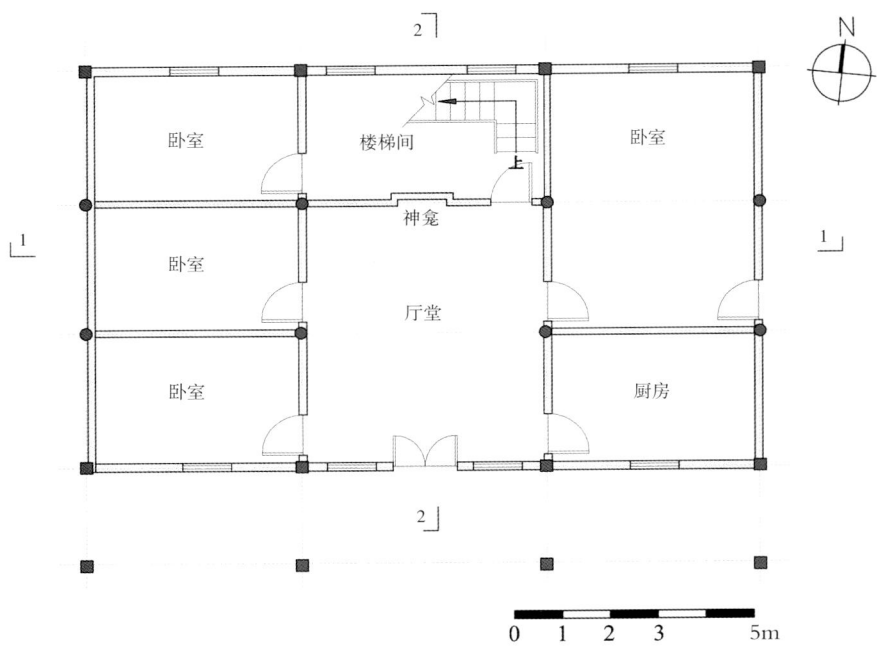

图二　瑶族锁匙头式民居一层平面、尺寸图

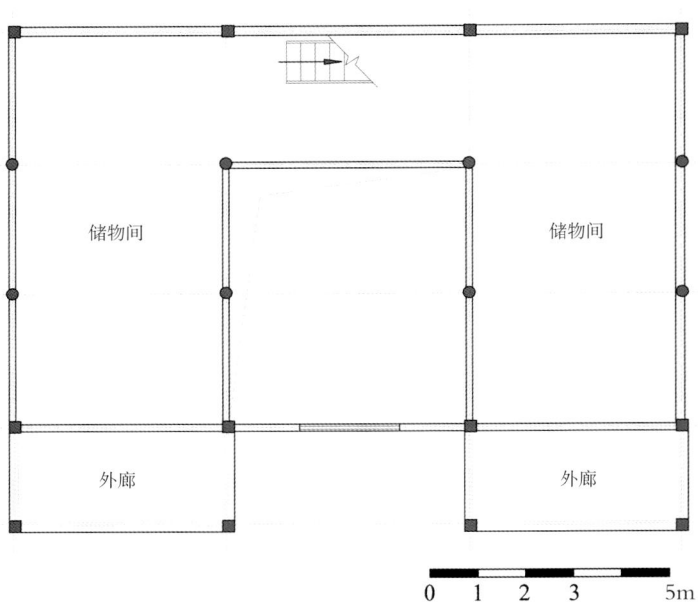

图三　瑶族锁匙头式民居二层平面、尺寸图

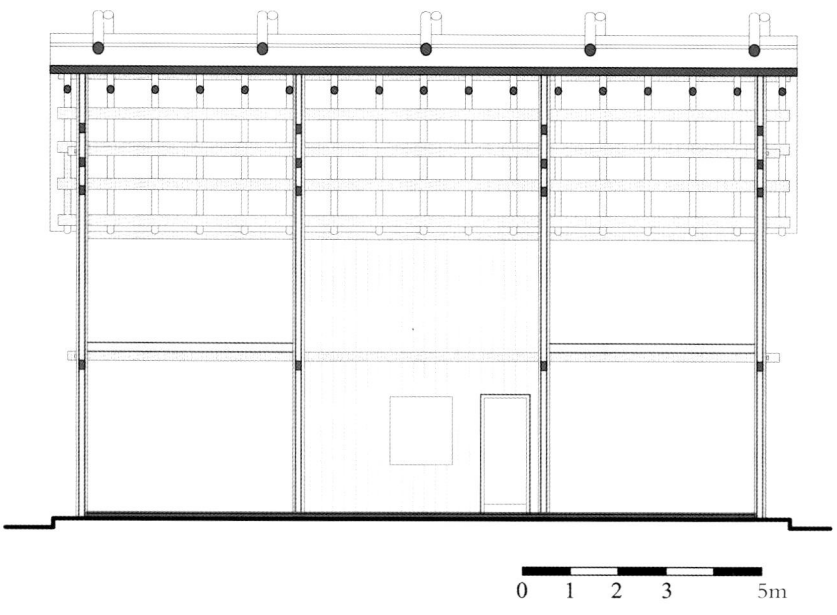

图四 瑶族锁匙头式民居剖面、尺寸图 1

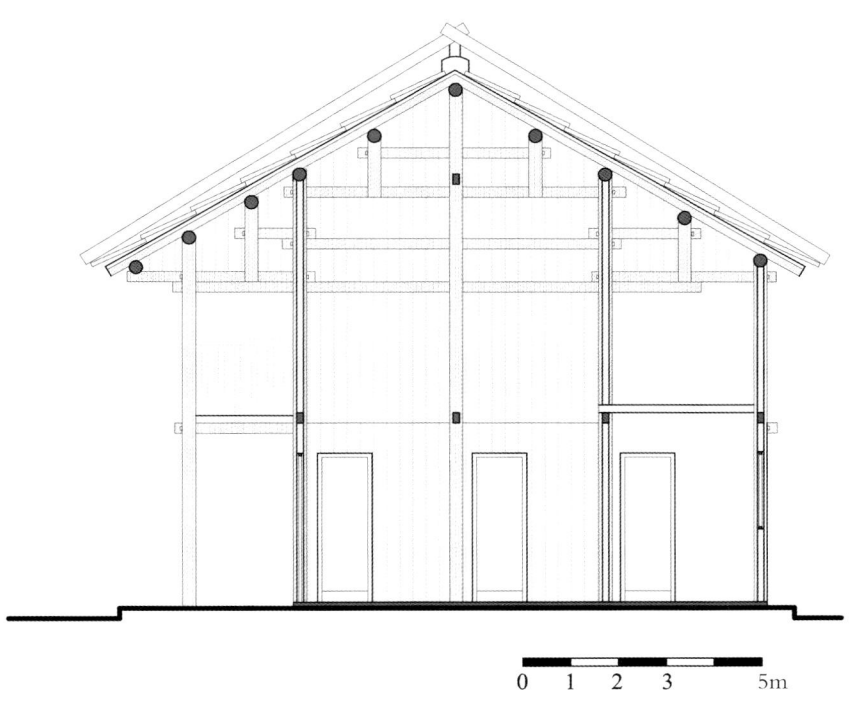

图五 瑶族锁匙头式民居剖面、尺寸图 2

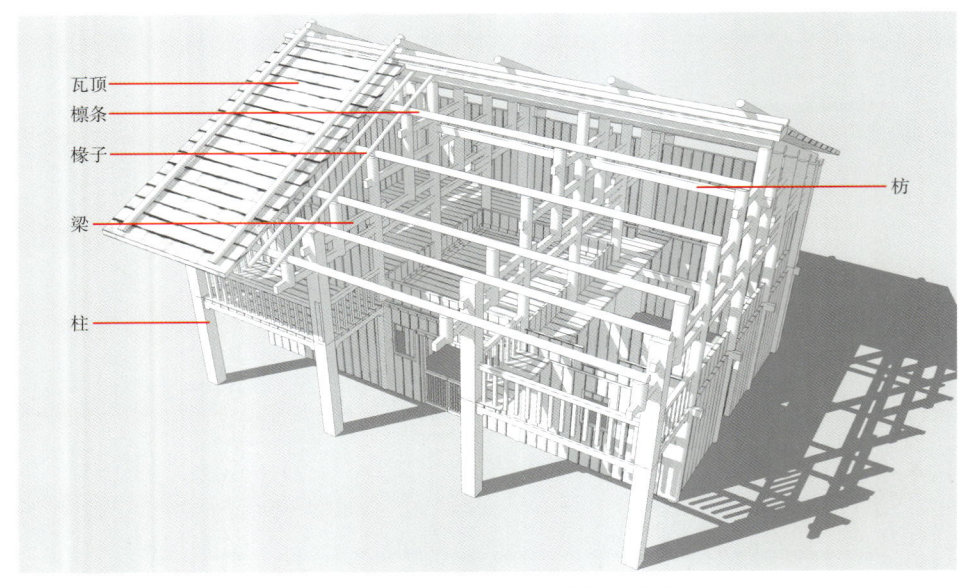

图六 瑶族锁匙头式民居结构名称图

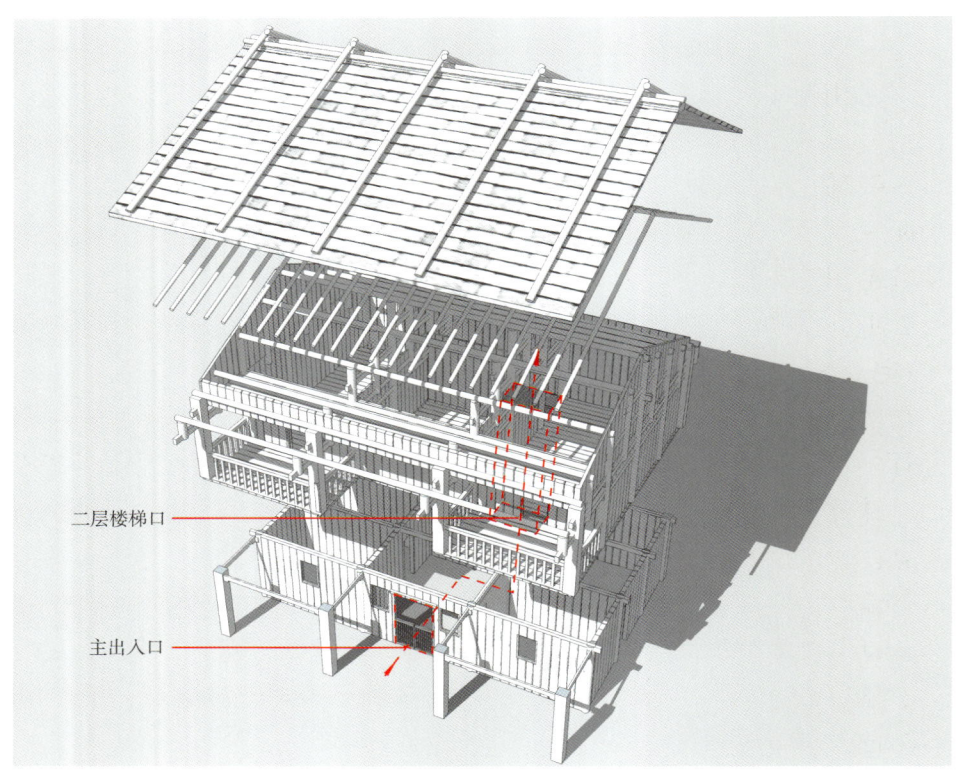

图七 瑶族锁匙头式民居解析图

瑶族一字形住宅

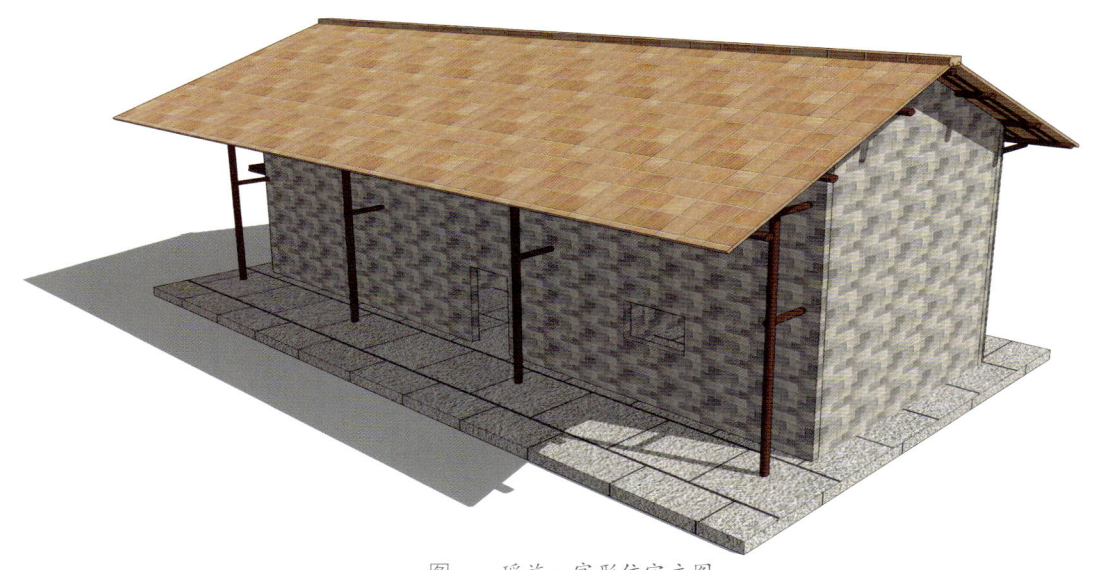

图一　瑶族一字形住宅主图

由于瑶族地处山区，林业资源丰富，为以木材为主材的一字形建筑提供了较好的物质基础。瑶族一字形住宅就是以木材为主材，砖、瓦为辅料的一种建筑。整体布局呈矩形，与当地摆栏式住宅相近，但用材为木材混合砖、瓦结构，是对纯木结构住宅的改良。

一字形住宅分为一层、二层与阁楼，主要包括：一层的堂屋、仓库、卧室以及二层的卧室、餐厅、厨房、晒台，二层以上是木板搭建的阁楼储藏区。住宅面阔三间，除檐柱外进深五架。堂屋位于住宅一层当心间南侧，堂屋北侧墙壁上设置有神龛，是家庭成员进行祭祖活动的主要场所。另外堂屋南侧墙面开有门，是住宅的主出入口，若要前往住宅的其他空间，必先经过堂屋，因此堂屋在瑶族民居中具有极其重要的地位，是住宅的核心。堂屋北侧是楼梯间，通向二层；西稍间是卧室，主要居住家中长者，内部放置一个火塘，取暖防潮；东稍间是仓库，用来储藏杂物。二层当心间除了北侧设置楼梯，其余空间为餐厅，是家人吃饭休息的地方；餐厅西侧是厨房，占有整个西稍间，厨房临近餐厅的设置便于烹煮与饮食空间的串联；二层东稍间是卧室，居住晚辈。住宅的卧室是群居式，房间的功能会随人数的变化而做灵活调整。

一字形住宅拓展了空间，增强了住宅的私密性，布局与纯木结构住宅相近，体现了两种住宅形式的同根同源。

图片来源
图一至图七　华建业　制图

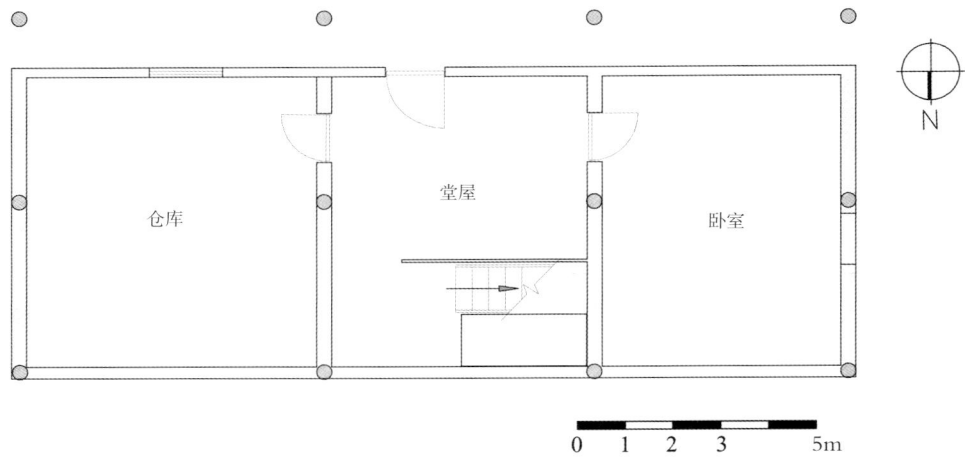

图二　瑶族一字形住宅一层平面、尺寸图

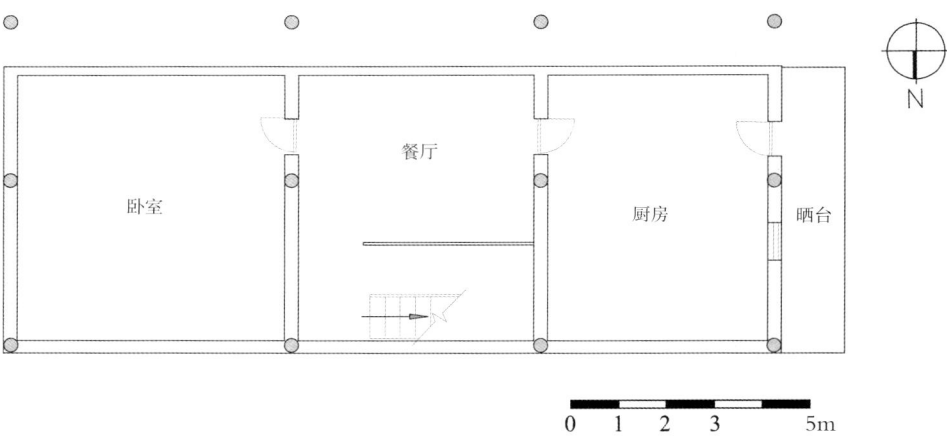

图三　瑶族一字形住宅二层平面、尺寸图

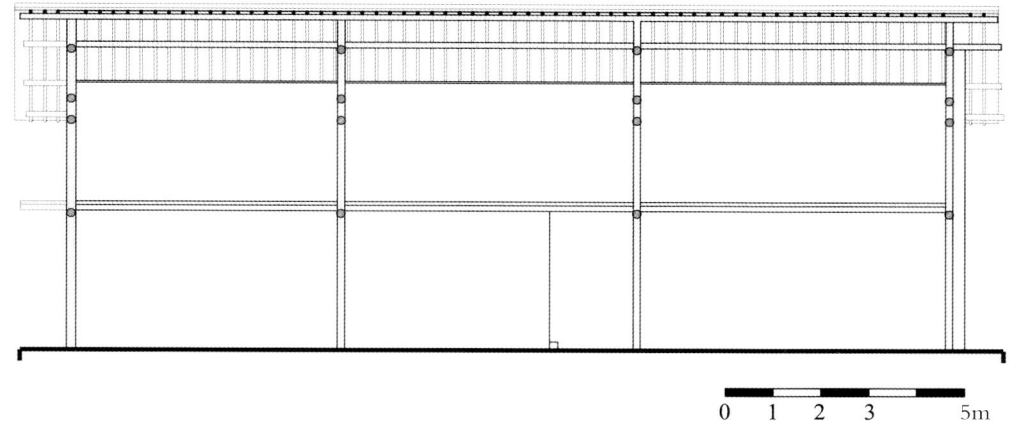

图四 瑶族一字形住宅剖面、尺寸图1

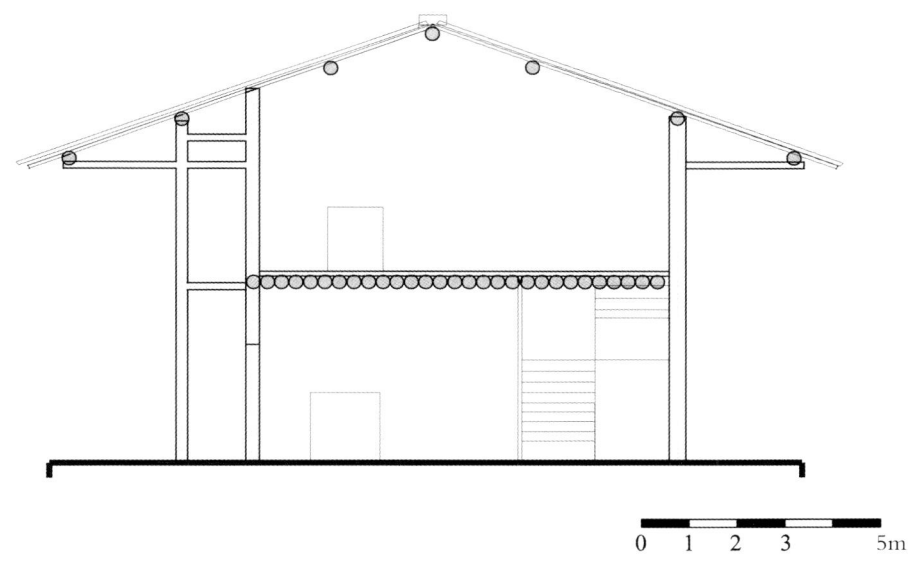

图五 瑶族一字形住宅剖面、尺寸图2

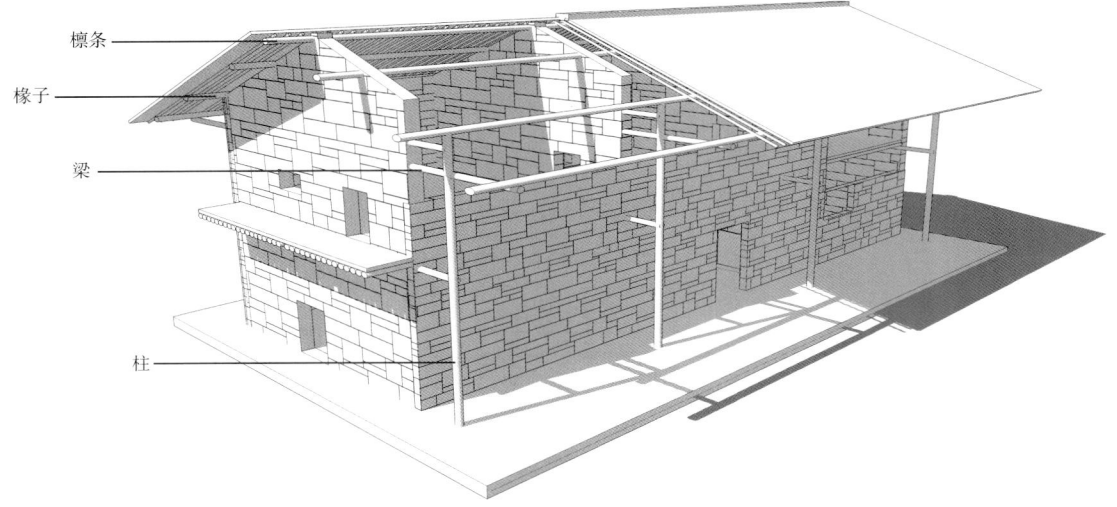

图六　瑶族一字形住宅结构名称图

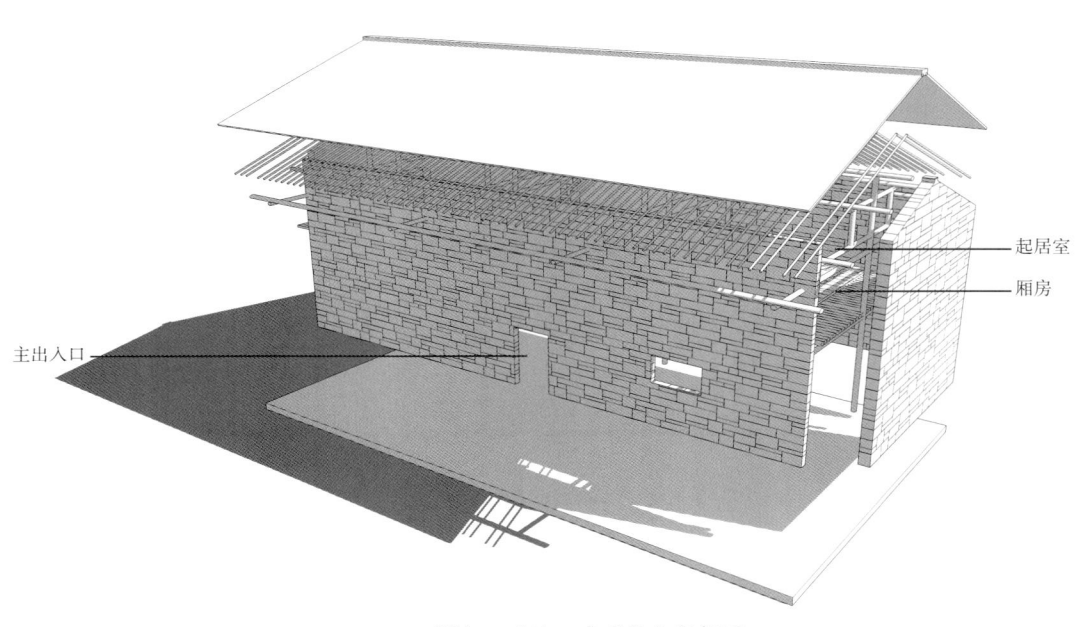

图七　瑶族一字形住宅解析图

瑶族叉叉房

图一 瑶族叉叉房主图

叉叉房主要流行于我国云南的勐腊瑶区，是旧社会地位较低的人们所居住的场所，建造手法与建筑结构、布局等都非常简单，甚至很少使用隔断，陈设稀少，空间较普通民居小。中华人民共和国成立后，随着经济的不断发展，这种住房的功能发生了改变，由住人改为储藏堆放杂物，建筑的数量也在不断减少。

叉叉房整体以竹木为主材，主材加工较粗糙，使用未削去树皮的树干作为柱梁。本案例面阔三间，进深五架，采用悬山式屋顶，拥有较大的前廊，可避风雨，是供人歇息的场所。建筑底层架空堆放杂物，离地约1.5米，起到隔离湿气的作用。叉叉房只设置一个出入口，位于南侧墙面，并在出入口处设置直行楼梯，连通室内外空间。叉叉房内部没有隔断，过去放置有简易床铺，设置有火塘，家人围坐火塘驱寒避湿，烹煮食材，食宿一室。屋顶部分有木板搭建的阁楼，设置临时性的梯子通向阁楼，其上设置有简易的卧榻，可以作为卧室。

叉叉房以天然的带杈树干立入土壤中，柱梁之间的搭建以树杈为基础，用绳子捆绑，增强坚固程度，屋顶搭建茅草，有类似斜梁的构件搭于顶部，组成叉状，在屋脊以茅草捆绑，形成质密的屋顶，有利于防漏。

叉叉房产生于社会经济较落后的时期，是当时社会生产力低下的象征，人们搭建简易的住宅形式，满足基本的遮风避雨、除湿防潮的功能性需求，如今虽已不再流行，但其梁架结构一直被当地后来常见的木构架住宅所沿用，屋顶的叉状斜梁也成为这类住宅的必备元素。

图片来源
图一至图六　胡彦明　制图

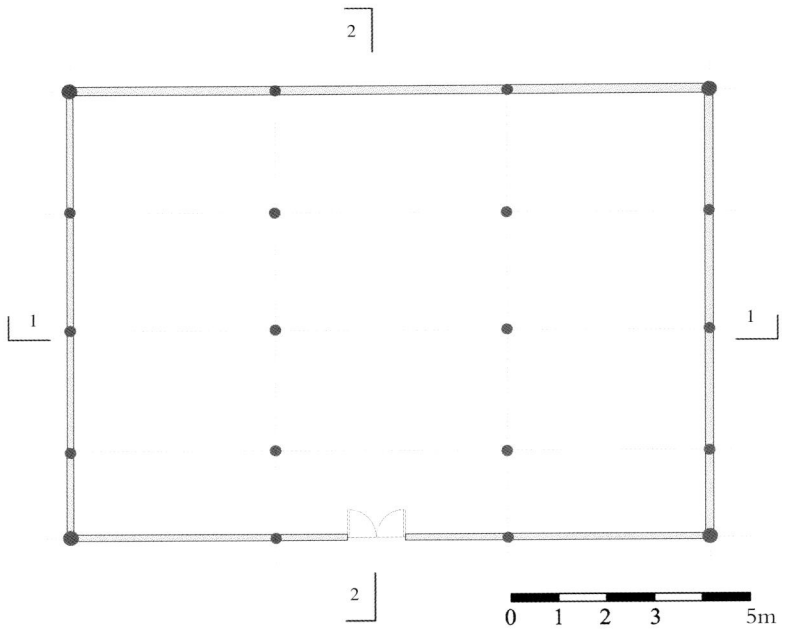

图二　瑶族叉叉房平面、尺寸图

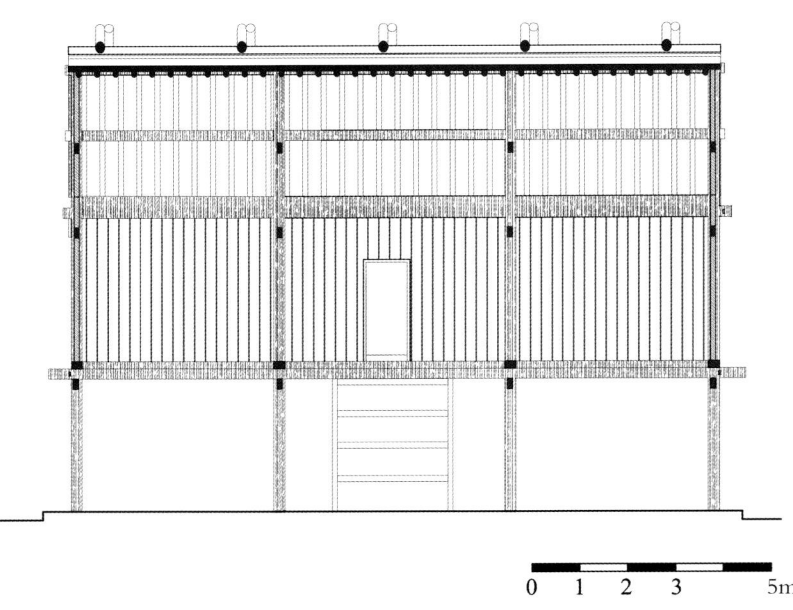

图三　瑶族叉叉房剖面、尺寸图1

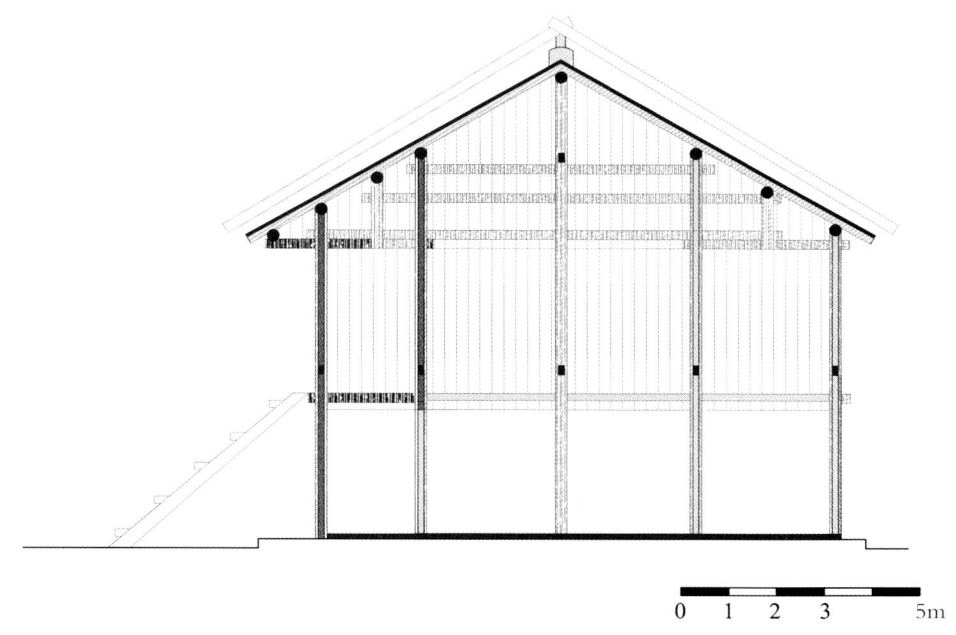

图四　瑶族叉叉房剖面、尺寸图 2

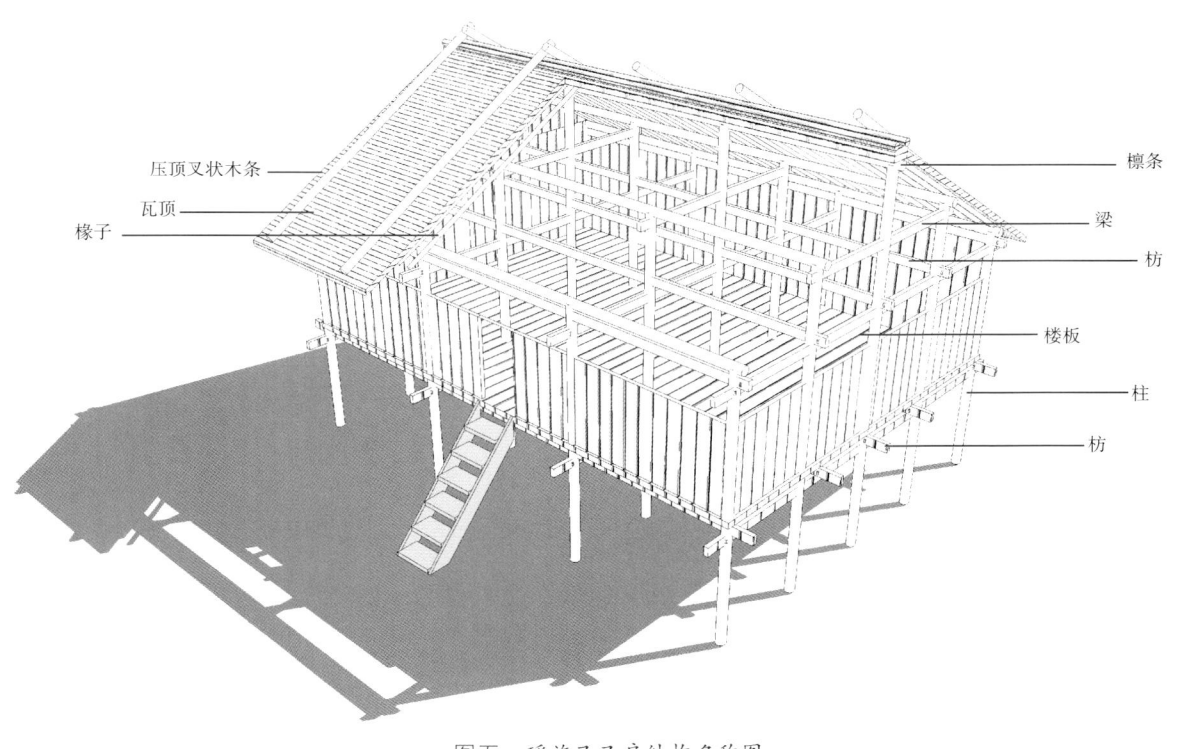

图五　瑶族叉叉房结构名称图

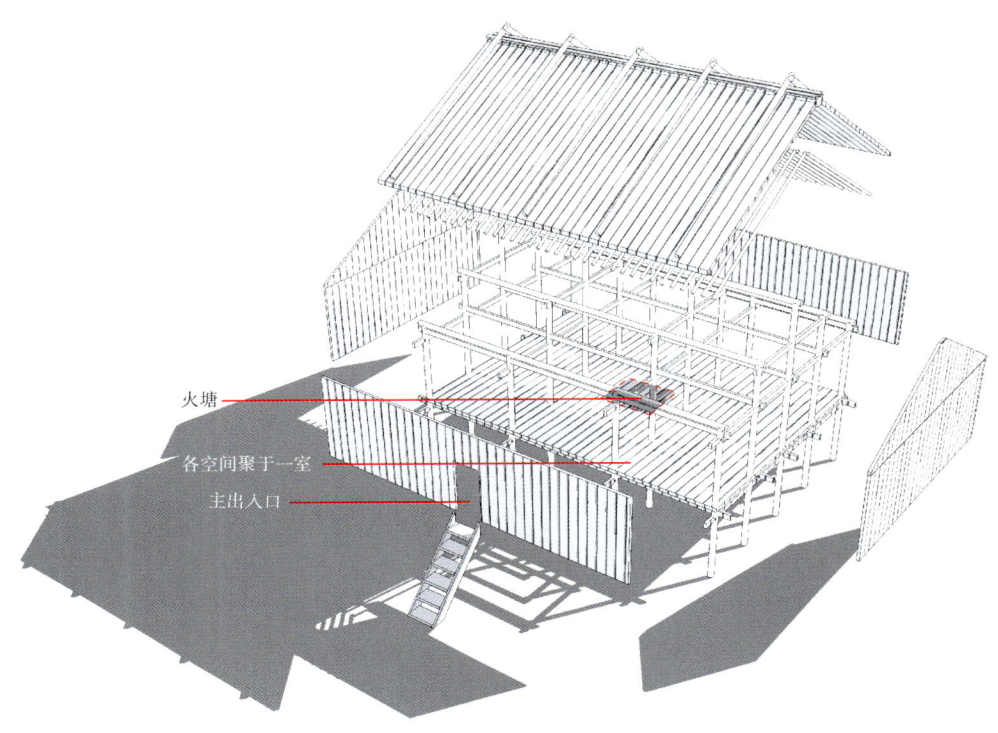

图六 瑶族叉叉房解析图

白裤瑶高脚谷仓

图一　白裤瑶高脚谷仓主图

高脚谷仓是白裤瑶用以储藏粮食的建筑，几乎每家每户都要配备一个，住宅与谷仓的搭配成为当地奇特的建筑景观。谷仓采用干栏式结构，以茅草与竹木等为主料，以木板作为楼板将建筑分为上下两层，上层是谷仓的储藏空间，下层架空，使储藏空间离开地面，是为适应当地气候而改造的。

谷仓顶覆盖茅草，在顶部捆绑固定，致密不易漏水，随仓体布局呈圆锥形。仓体以竹编围合而成，编结致密，以较细的木柱固定成圆形的平面布局，起到隔断作用。仓体配有仓门，仓门外搭建有简易的梯子，供人上下谷仓使用。以上仓体设施均建立在方形木质楼板上，楼板由底层柱与枋组成的框架结构支撑，依据山地的高度，木柱的长度随之改变，力求仓体平衡。木柱的底层设置垫脚石，保护木柱不被底层积水侵蚀。另外，每一根木柱与楼板之间有一个似罐子造型的上釉陶器，该陶器的表面较平滑，不利于爬行类昆虫或老鼠等有害生物的攀附，防止虫害鼠患的发生，起到对仓内粮食的保护。

农耕文明在瑶族村寨中占有重要的地位，农业生产也是当地人维持生计或自给自足的重要手段之一，谷仓作为粮食的储藏空间，成为当地瑶寨不可或缺的建筑。

图片来源
图一　孟映霞　摄影
图二至图三　承凯　制图
图四至图五　侯亮　制图

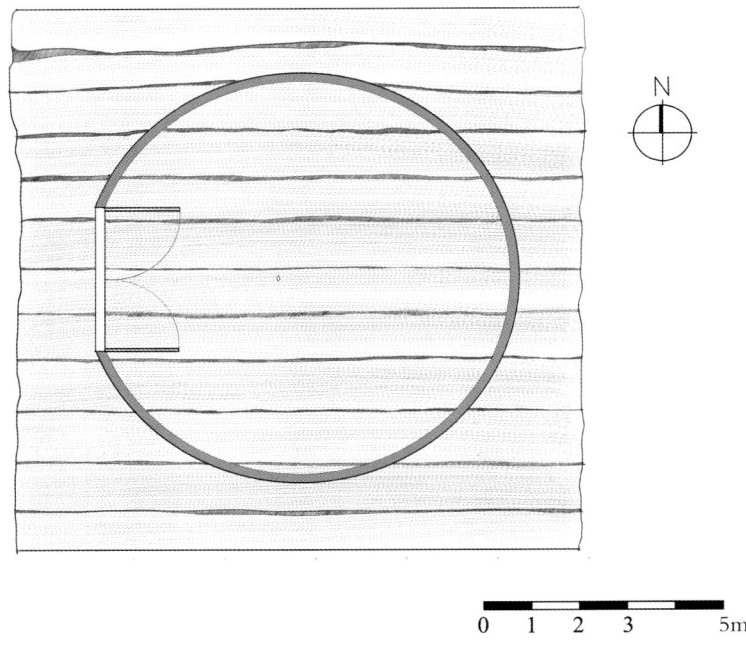

图二　白裤瑶高脚谷仓平面、尺寸图

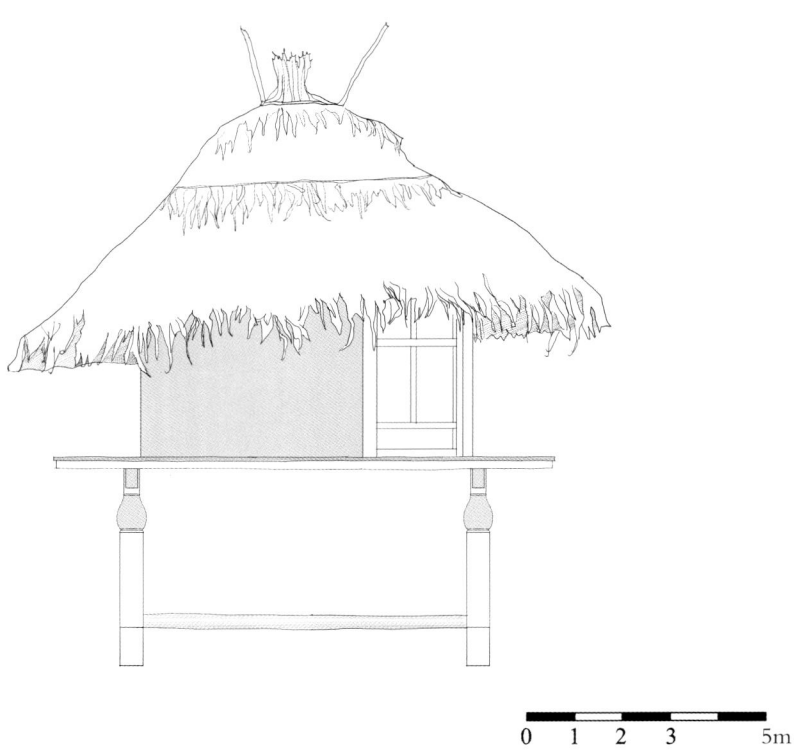

图三　白裤瑶高脚谷仓立面、尺寸图

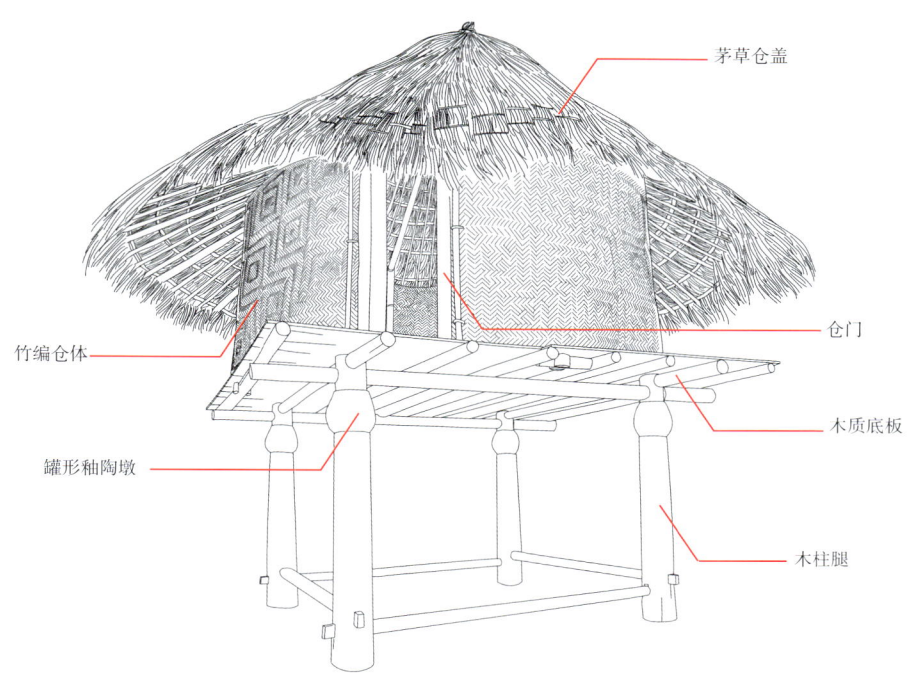

图四　白裤瑶高脚谷仓结构名称图

图五　白裤瑶高脚谷仓使用情境图

第二章 瑶族传统服饰

尖头瑶新娘盛装

瑶族作为多元一体的民族，支系繁多，造就了瑶族各支系服饰款式各异、风格多样的特征。本案例为广西壮族自治区贺州市尖头瑶新娘盛装，属于过山瑶妇女服饰的典型款式。贺州过山瑶服饰种类繁多款式复杂，人们以妇女头饰区分不同支系，分为平头、尖头、包帕三种，其中尖头瑶头饰十分引人注目，尖头瑶新娘盛装更是精美异常。

尖头瑶新娘装主要包括头饰、上衣、围裙、腰带、下装和背袋。新娘装上衣衣长约为70厘米，用蓝黑色或黑色布料缝制，其衣无领无扣，胸前缝制两块衣襟，衣襟宽约16.5厘米，衣襟上使用挑花织锦工艺，用红、黄、绿、白四色彩线细密绣满各色图形，上衣袖口用红色花布镶边，袖口点缀层层叠叠的精致瑶绣，服饰风格端庄、华丽。新娘装腰间挂有方形绣花围裙，再系有一条瑶绣腰带，腰带两端缀满彩穗，行走时彩穗飘动，华美异常。新娘装下装挑花长裤，裤脚用挑花刺绣工艺绣满几何纹样，色彩和谐，美丽大方。新娘装胸前交叉斜挂两背袋，襟带交叉于胸前，背袋上绣精致瑶绣，图案以盘王印和几何图形为主。

瑶族新娘装繁复华美，用色对比强烈，造型端庄大方，服饰图形取材于生活与民族传说，充满韵律美与节奏美，充分体现了瑶族人民的审美情趣与古朴敦厚的民族性格，挑花织锦的复杂工艺也显示了瑶族人民过人的造物智慧。

图片来源
图一、图三至图七　孙寒　制图
图二、图八　侯亮　摄影

图一　尖头瑶新娘盛装主图

图二 尖头瑶新娘盛装·帽子三视图

图三 尖头瑶新娘盛装·上衣、围裙、裤子展示图

第二章 瑶族传统服饰

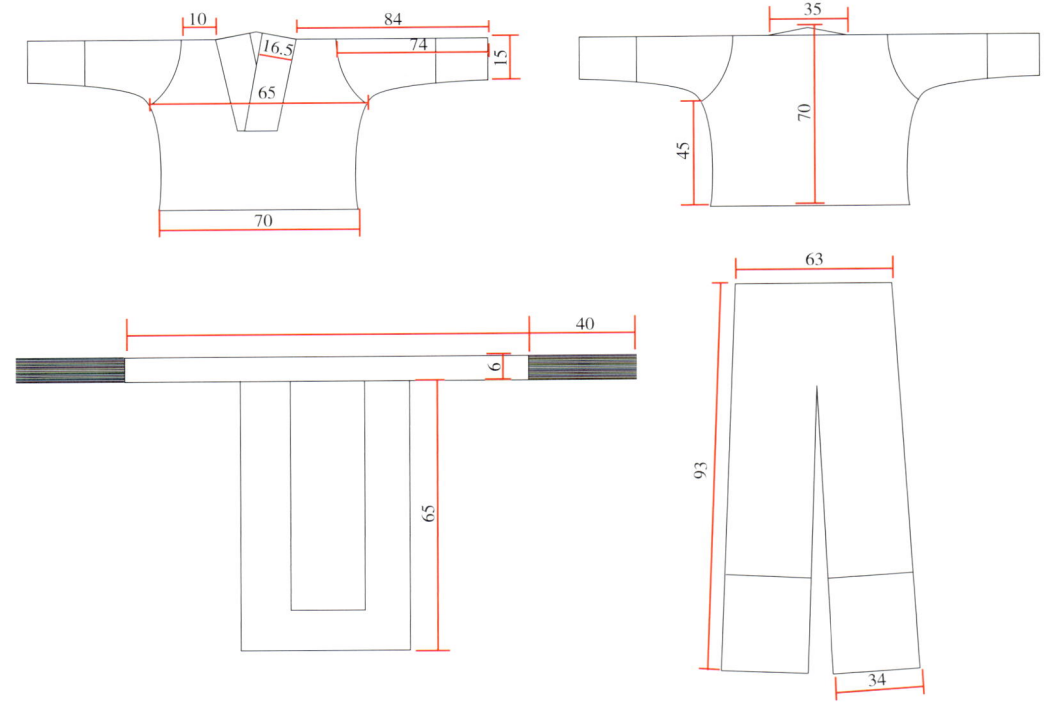

图四 尖头瑶新娘盛装·上衣、围裙、裤子尺寸图（单位：cm）

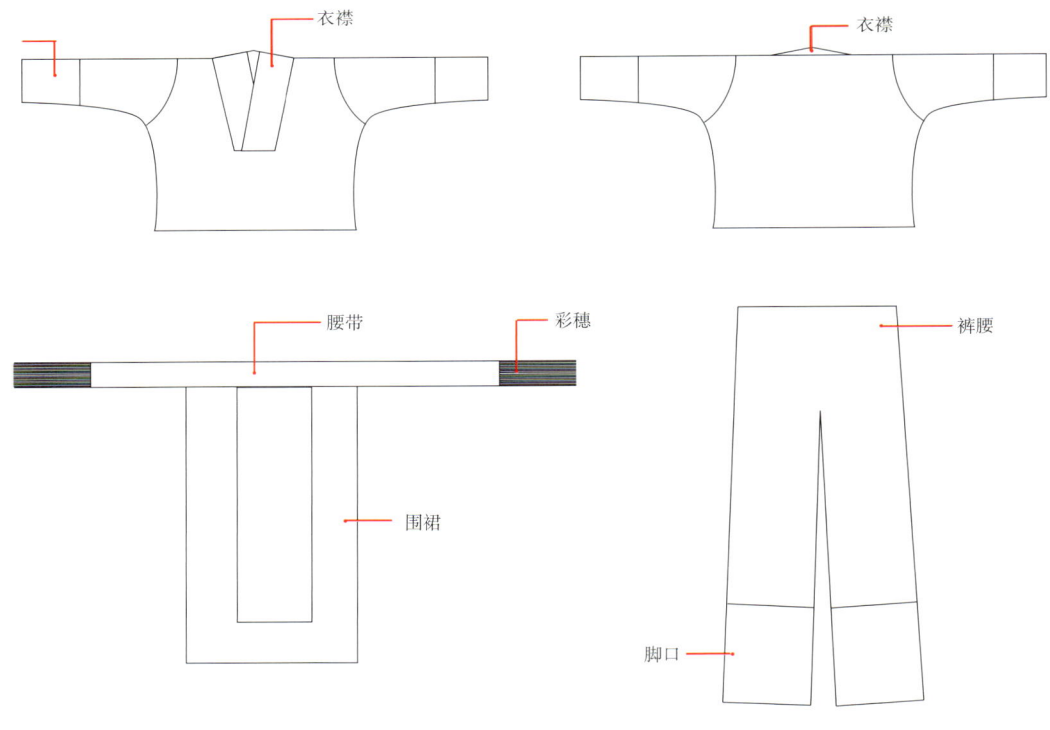

图五 尖头瑶新娘盛装·上衣、围裙、裤子结构名称图

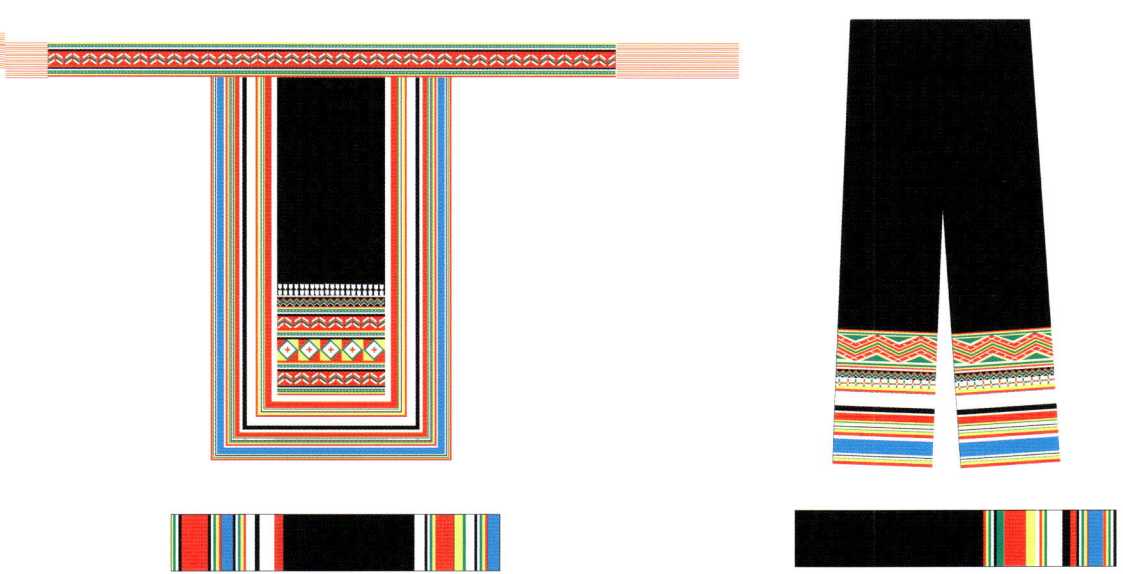

图六　尖头瑶新娘盛装·上衣、围裙、裤子色彩分析图

图七　尖头瑶新娘盛装·围裙穿戴示意图

图八　尖头瑶新娘盛装·背袋效果示意图

尖头瑶新郎盛装

图一　尖头瑶新郎盛装主图

此案例系广西壮族自治区贺州市尖头瑶传统的婚庆礼服，该服饰以包头、上装、筒帕、长裤、腰带、绑腿为一组，色彩和刺绣装饰非常丰富，十分具有本民族特色。

尖头瑶新郎盛装为新郎母亲亲自制作，在穿戴时需遵循从上自下的原则。包头需耐心盘缠牢固，并在上方横向垂下一条彩带。新郎盛装的上衣为斜襟式，需以腰带束之，其形制简约，制作工艺却十分复杂。两个筒帕从两肩相交而过佩戴于腰下部位。瑶族自古以来便有尚黑的文化，因此服饰多以黑色布料为主，红、蓝、黄、绿、白色为辅，色彩对比度强烈。相传瑶族始祖"盘瓠"是一只五彩斑斓的龙犬，因此尖头瑶新郎盛装色彩艳丽，是为表达对其祖先的敬畏之情。瑶族女子精于刺绣，新郎母亲在制作新郎盛装时会在包头，上衣袖缘边、领缘边、下摆，束衣腰带，绑腿等部位绣出精美的几何纹样。刺绣排列齐整、工艺卓绝，体现了瑶族母亲对子女的关切与期许。整个服装从色调、款式、工艺等方面都和尖头瑶婚礼强烈、喜庆、盛大、隆重的氛围相呼应，统一而和谐，独具一番特色。

尖头瑶新郎盛装以尖头瑶传统的男子服饰为基础，既保留了传统的文化特点，又融合了现代新的审美标准。用色大胆、工艺精湛是尖头瑶新郎服饰的特点。

图片来源
图一至图六、图八　樊振杰　制图
图七　侯亮　制图

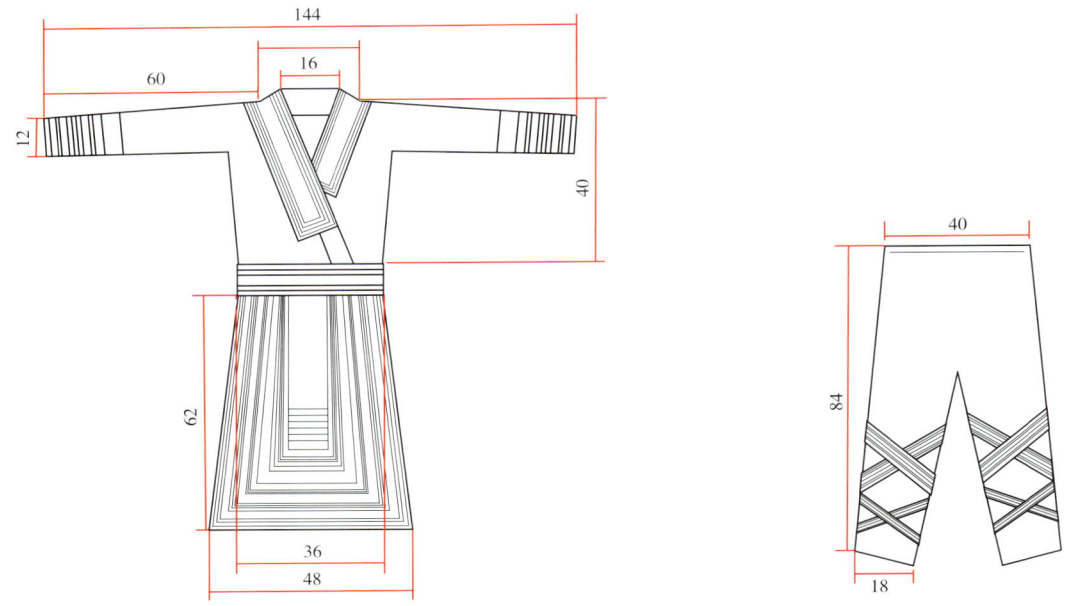

图二　尖头瑶新郎盛装尺寸图（单位：cm）

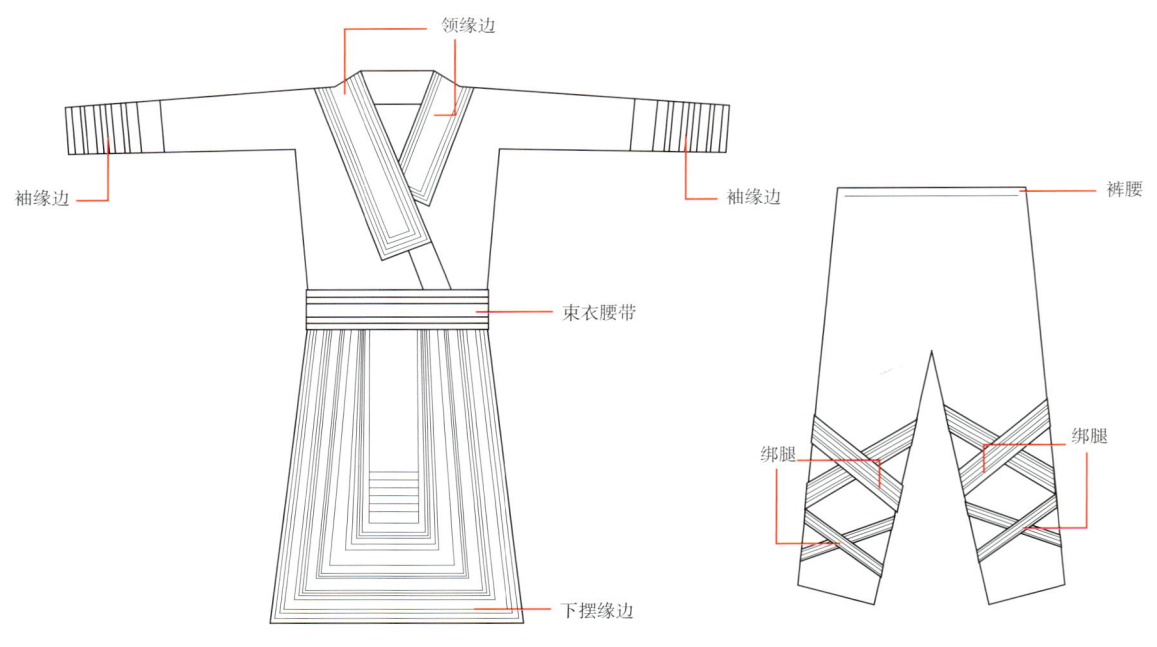

图三　尖头瑶新郎盛装结构名称图

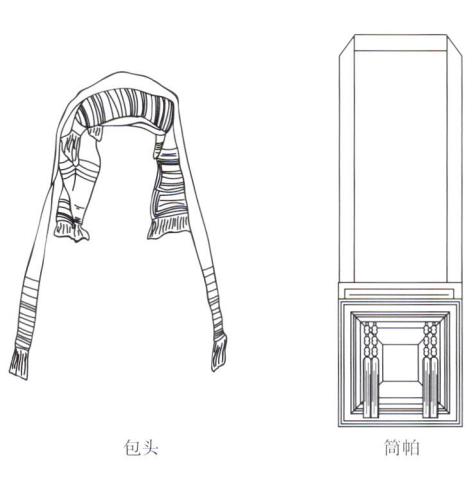
包头　　　筒帕

图四　尖头瑶新郎盛装配饰图

图五　尖头瑶新郎盛装色彩分析图

图六　尖头瑶新郎盛装效果示意图

图七　尖头瑶新郎盛装·筒帕效果示意图

第二章　瑶族传统服饰

图八　尖头瑶新郎盛装线描图

花瑶女装

图一　花瑶女装主图

花瑶女装是瑶族众多支系女装中较有代表性的一支，通常为短上衣搭配过膝筒裙。根据气候的变化，上装除白色对襟短上衣外，还可以外搭黑色绣花马甲、蓝色或绿色对襟过膝长袍。

本案例采集于广西金秀瑶族博物馆，是湖南隆回县虎形山乡花瑶女性服饰，分别由白色对襟短上衣、蓝色绲红边对襟过膝长袍、黑色绣花马甲、绣花腰带及挑花圆筒裙组成。案例中黑色绣花马甲的装饰纹样类似现代的花边，单独完成，配合实际需要分成若干单元使用；蓝色绲红边对襟过膝长袍也可以充当外罩；绣花腰带则是上衣下裙的连接桥梁。

在花瑶女装中，挑花圆筒裙最具地域特色。圆筒裙以粗纱布为料，面料厚实。裙长及小腿，分前后两幅，前幅又称为裥补，以细股彩色毛线纺织或挑花成菱形、三角形、梯形、矩形等几何纹样，为了方便行动，前幅多打褶；后幅通常以蓝布为底，用白线挑各种图形，图案造型讲究，以大块面的纹样为主；裙脚多以红布绲边。穿着时，将前摆交叉到重叠的程度，再以长腰带扎束。

花瑶挑花圆筒裙的裙身纹样通常以平行并列居多，纹样包括鸟纹、兽纹等，纹样造型上运用了变形、夸张、填充、嫁接、适形造型等许多手法，装饰性强。其构图方式也时常体现出民间美术"求全"的原则，各形式之间若有较大空隙，则用小挑花填满。挑花工艺通常是以布的经纬纱交叉为坐标呈十字形，对角插针成"×"形，常见的有：×、#、十、口、回、V、和小圆点、旋涡等单元形，成幅的挑花图案皆由这样的不同单元形组成，类似今天流行的"十字绣"。

展开时，裙子呈一个平面，裙身两片图案相同方向相反的绣片拼接而形成对称形式，对称的动物图案看起来很有相向而行的动感，因而产生空间感。同时，其纹样也传递着该民族的文化内涵，融汇了花瑶的历史、文化和民族性格。

花瑶女装通常由所有者或其母亲、姊妹制作，尺寸通常依照所有者量身定制。服装不但要满足个体身材，还要配合平时的劳作需求。上衣的连肩袖设计尽可能地满足手臂运动范围；下身的筒裙直径松紧适度，满足运动时的步幅需求，同时也能体现女性的形体美感。短衣长裙，从视觉上更能美化女性形体比例。另外白色对襟短上衣配合丰富纹样的过膝筒裙，视觉上简繁对比，静动适宜。

图片来源
图一　侯亮　摄影
图二至图八、图十　李丽　制图
图九　何相频，阳盛海.湖南少数民族服饰［M］.长沙：湖南美术出版社，2010.
图十一　汪碧波.花瑶女性服饰艺术研究［M］.南京：江苏美术出版社，2012.
图十二　侯亮　制图

参考文献
1.何相频，阳盛海.湖南少数民族服饰［M］.长沙：湖南美术出版社，2010.
2.http://blog.artintern.net/article/298510.
3.李昆声，周文林.云南少数民族服饰［M］.昆明：云南美术出版社，2001.
4.禹明华.花瑶服饰的民俗文化解读.湖南医科大学学报（社会科学版），2010，12（2）.

图二　花瑶女装·黑色绣花马甲尺寸图（单位：cm）

图三—1 花瑶女装·黑色绣花马甲正面图

图三—2 花瑶女装·黑色绣花马甲背面图

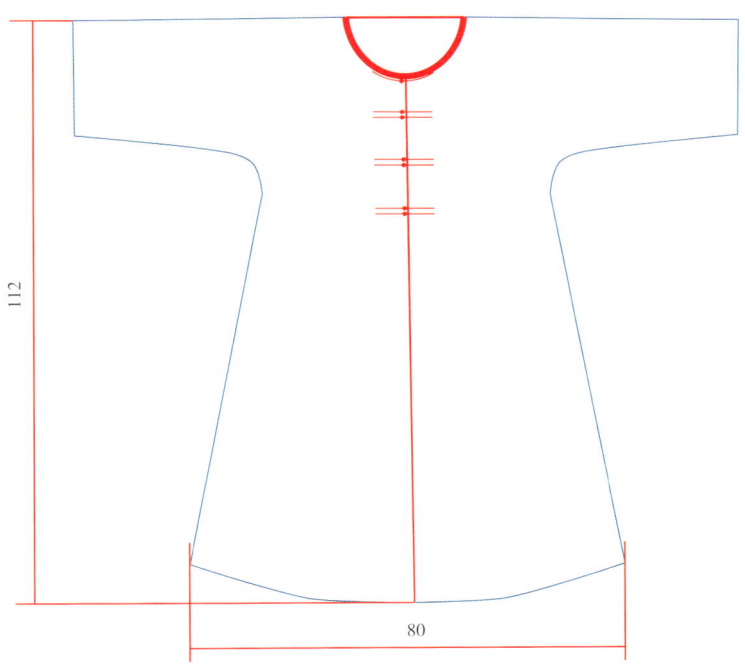

图四 花瑶女装·蓝色绲红边对襟过膝长袍尺寸图（单位：cm）

图五—1 花瑶女装·蓝色绲红边对襟过膝长袍正面图　　图五—2 花瑶女装·蓝色绲红边对襟过膝长袍背面图

图六 花瑶女装·白色对襟短上衣尺寸图（单位：cm）

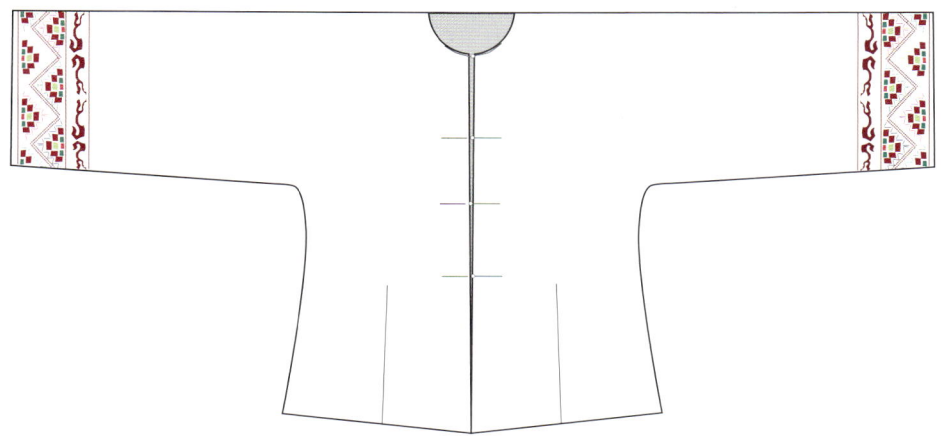

图七—1 花瑶女装·白色对襟短上衣正面图

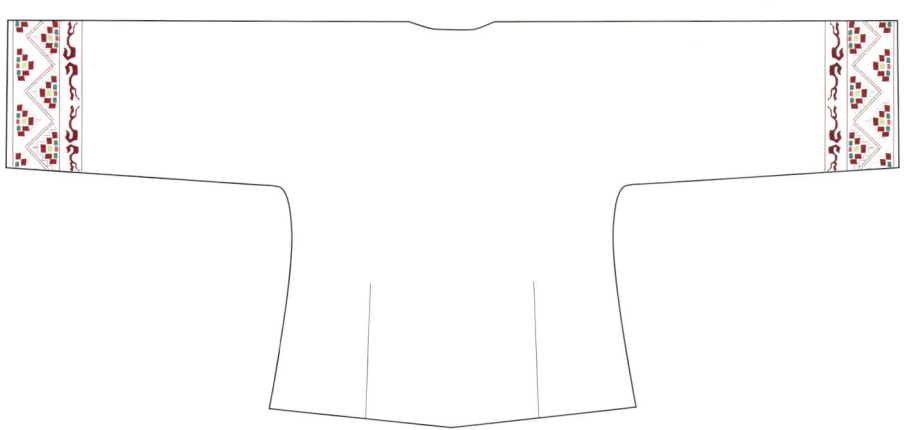

图七—2 花瑶女装·白色对襟短上衣背面图

图八 花瑶女装·腰带纹样效果示意图

图九　花瑶女装·挑花圆筒裙主图

图十　花瑶女装·挑花圆筒裙结构名称图

图十一　花瑶女装·挑花圆筒裙（常服与孝服）裾补配色图

图十二 花瑶女装解析图

花蓝瑶对襟窄袖女上衣

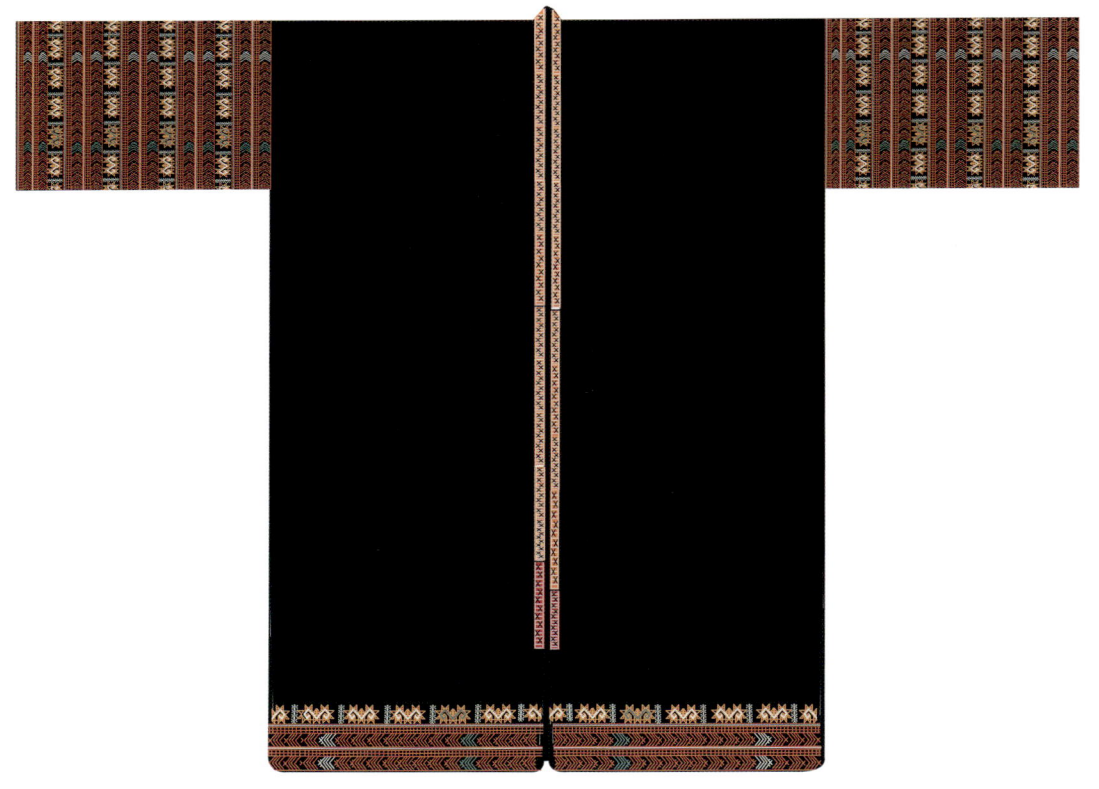

图一　花蓝瑶对襟窄袖女上衣主图

本案例采集自广西来宾市金秀瑶族自治县瑶族博物馆，由黑色棉纱土布制作而成，衣身宽大，肩袖平直，两襟对开，以腰带系结。上衣双袖展开通宽115厘米，衣长86厘米，袖口宽为19厘米，下摆为61厘米，对襟宽53厘米。

这件女上衣除满绣的袖子外，还有两条刺绣装饰其间，一条宽约3厘米的绣片从领口顺沿门襟至衣下摆；另一条沿下摆边缘围合一周，宽约10厘米。刺绣的内容为动植物变形后的几何纹样，其间穿插着白色、绿色彩线绣制的图案，精致紧凑。刺绣以艳丽的橘红色为底，对比黑底衣身，异常醒目。广西金秀花蓝瑶身处大山深处，青山绿水的自然生态环境，采用颜色亮丽、对比强烈的色彩搭配，比较容易引人注目，方便族人的辨识。

挑花刺绣是一项特有的刺绣工艺，其中以瑶族支系的花蓝瑶最为擅长。根据经纬纱的交织点来施线是它最为显著的特点，绣线一般多以发亮的橘红色棉线为主，再搭配红、绿、白等纯色色彩，便可绣出光泽鲜亮、富于变化的刺绣纹样。由于挑花刺绣为十字针脚，所以绣制的图案大多呈几何化式样，这样就可以通过不同的针脚排列弥补图案的完整性。精美的织物背后，不仅大大地提升了服饰的美观度，而且领袖口、衣角以及下摆等部位的绣片，还增加了衣物的耐磨度。衣身背部绣有较为烦琐的纹饰图样，呈锯齿状的两排横条状图案被当地人称之为"衣背花"，相传是根据瑶族盘王印而来。

衣物是一个民族的历史传承，而刺绣的图案就是记录历史的语言。花蓝瑶对襟窄袖女上衣上丰富的图案信息，承载了有关本民族的历史信息，为我们今天研究其文化提供了宝贵的资料。

图片来源
图一至图六　王冠力　制图

图二　花蓝瑶对襟窄袖女上衣背面图

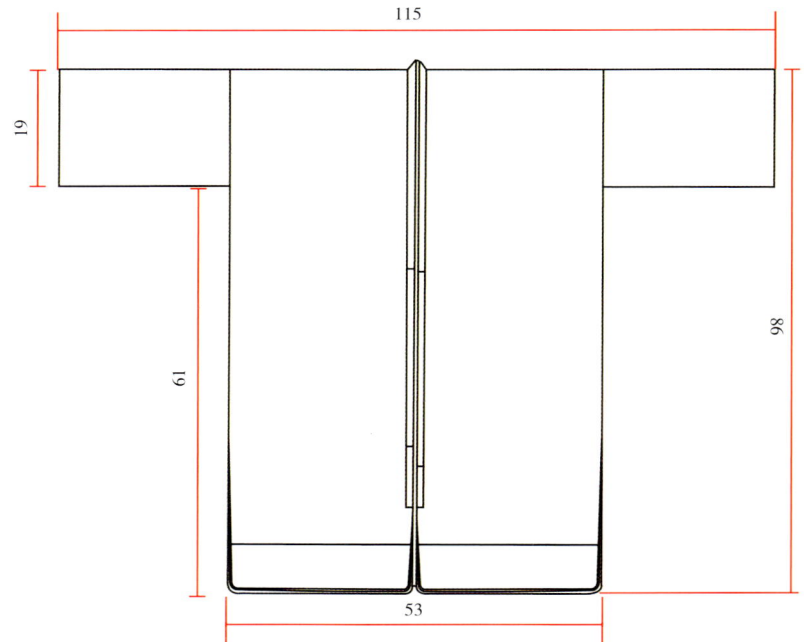

图三　花蓝瑶对襟窄袖女上衣尺寸图（单位：cm）

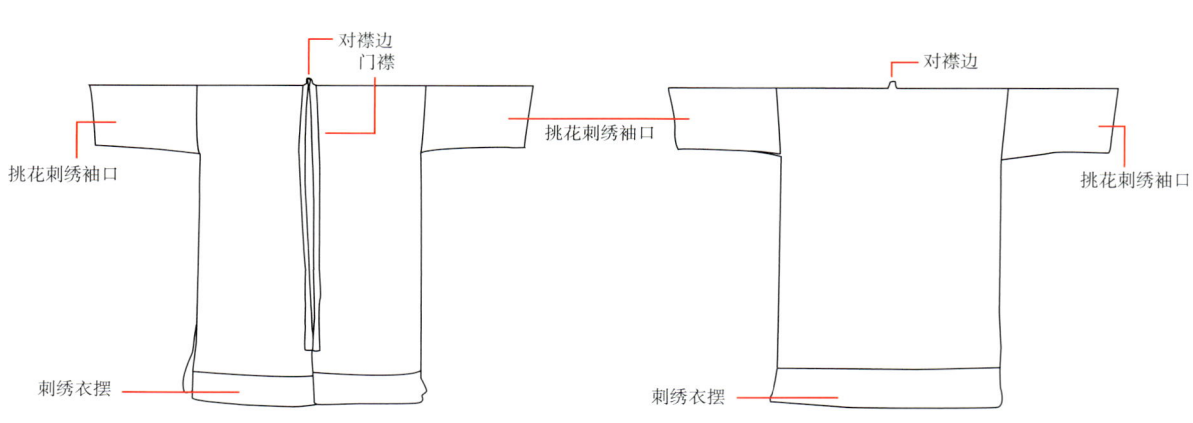

图四　花蓝瑶对襟窄袖女上衣结构名称图

图五　花蓝瑶对襟窄袖女上衣色彩分析图

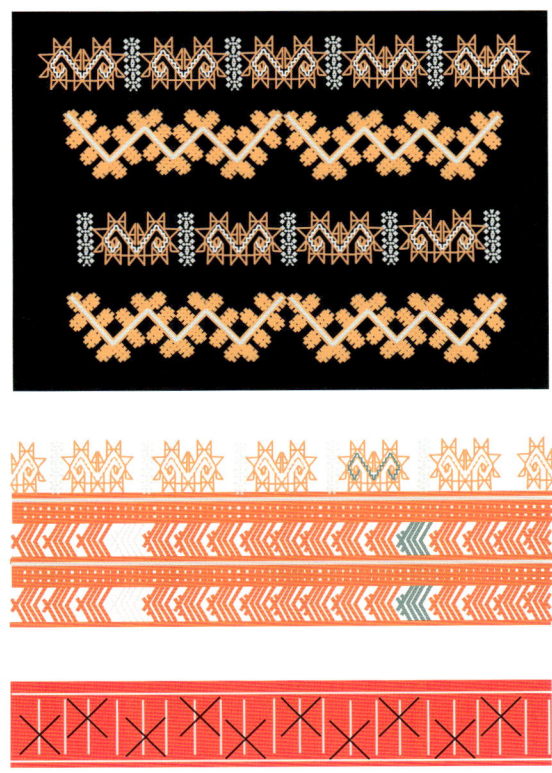

图六　花蓝瑶对襟窄袖女上衣纹样效果示意图

第二章　瑶族传统服饰

红头瑶女上衣

图一　红头瑶女上衣主图

云南金平苗族瑶族傣族自治县境内有红头瑶、平头瑶、沙瑶、蓝靛瑶四大瑶族支系，其中，红头瑶支系的数量最多。红头瑶的称谓来源于本民族奇特的头饰，因其常用红布包头的形象特征，所以被称为红头瑶。

黑色土布女子对襟服饰是云南金平红头瑶女子的日常服饰，也是少数民族中最具特色的服饰之一。该案例以黑色土布为底，袖口到肘部的布料和腰部的前挡底色为天蓝色。此服饰长126厘米，宽60厘米，双袖展开共124厘米，对襟长70厘米、宽16厘米。整体造型宽松，为对襟长衫，前短后长、长袖、两边开衩。对襟以几何图样的挑花图案装饰，襟边以毛线球装饰；颈部以一枚银币充当纽扣以连接对襟；开衩口处吊坠着料珠红缨。

红头瑶女子喜欢用自己织的土布做衣

服，善于用蓝靛色染布，由于染料的时间、分量、手法各不相同，土布最终大多为靛蓝色、青褐色和黑色等不同深色。红头瑶服饰大多色彩深沉、庄重，当地人视之为吉祥色，且深色耐脏，利于平时劳作。

红头瑶服饰最有特点的装饰工艺为刺绣工艺，该技法称为"挑花绣"或"十字绣"，以菱形纹、树形纹、十字纹、蛙纹等纹样图案为主。本案例的对襟以白色十字纹挑花绣打底，以绿、褐色十字图案装饰，以白、绿相间色块连接为二方连续纹样；对襟边以白、绿、褐相间的色块重复连接饰以整条对襟；对襟颈部以白色打底，以红、绿、黄色彩艳丽的挑花装饰。红头瑶女上衣整体图案疏密对比、色彩明暗对比恰到好处，整体造型简洁大方，又不乏生动活泼。

红头瑶女上衣不仅体现了红头瑶人民的聪明智慧、自强不息，也反映了浓郁的民族文化特色，其实用却不失美感，为现代设计提供了借鉴。

图片来源
图一至图四　张亚堃　制图

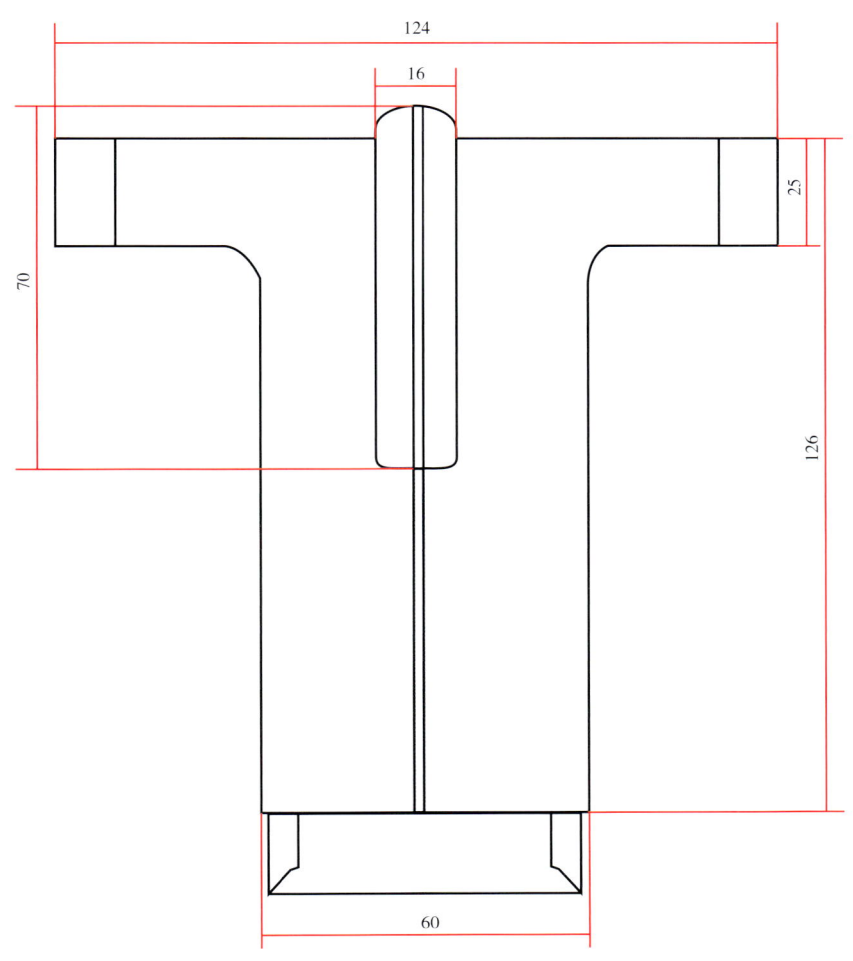

图二　红头瑶女上衣尺寸图（单位：cm）

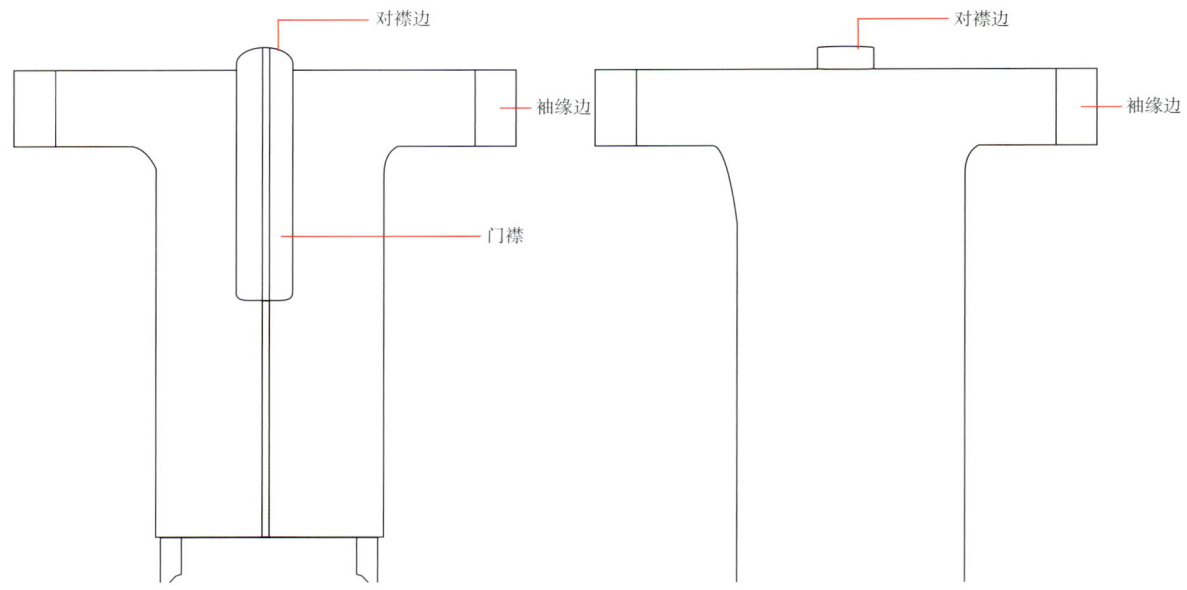

图三　红头瑶女上衣结构名称图

图四　红头瑶女上衣色彩分析图

瑶族女式狗尾衫

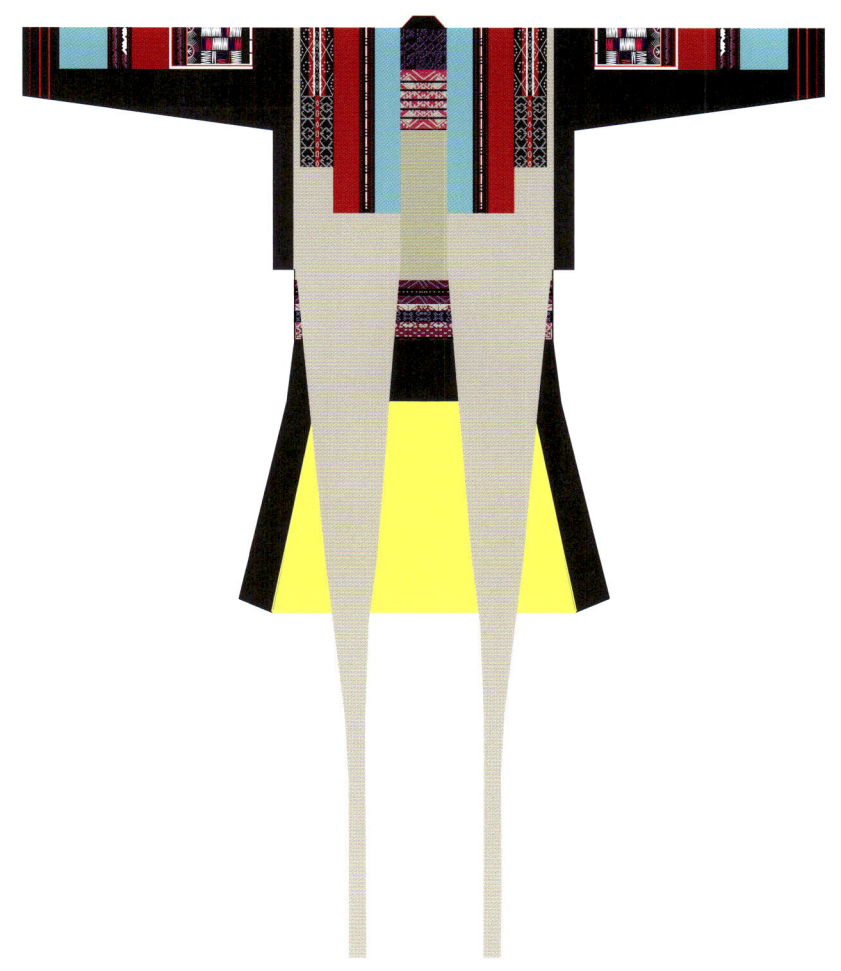

图一　瑶族女式狗尾衫主图

瑶族是一个古老的民族，其共同的始祖是盘瓠，据瑶族《评王卷牒》记载："瑶人根骨，即系龙犬出身。"狗尾衫的前襟因形似狗尾而得名，是龙犬崇拜的反映。

本案例采集于贵州省从江县，从江县地处云贵高原向广西丘陵山地过渡地带，地形以山地为主，空气湿度较高，当地人主要从事打猎、耕山等山地劳动，经常要在崎岖的山路上行走，狗尾衫以土布和棉质材料为面料，手感柔软、吸湿性强，尤其在山林中，保温保湿作用更加明显。本案例为对襟长袖松身结构，衣长154.7厘米，展袖宽131.2厘米，袖口宽11.9厘米，衣身底摆宽58厘米。狗尾衫前襟为两片悬垂状布片，长度过膝至脚踝，布片下摆末端做褶皱搓揉处理；衣背装饰有民族特色的图案；后腰处缝有一片垂至膝下的梯形布片。

从色彩上看，因受龙犬五彩斑斓的影响，瑶族人民有"好五色衣裳"的传统，五色通常是指红、绿、黄、黑、白，也可适当调换。如本案例的前襟、袖子、后背的布片就使用蓝色、大红色、玫红色、紫色、黄色，衣身以黑色为底，高纯度色块交错并置，沉稳而不失活跃。

狗尾衫在制作工艺上尤其值得一提的是贴补绣，又称"贴布绣""补花"，是将布料缝绣在绣底上的一种刺绣形式。狗尾衫衣背采用贴补绣工艺，六个菱形的布片分两排排列，每排三个，布片内绣有象征太阳和花卉的纹样，太阳纹采用锁针绣法，花卉纹采用平针绣法，贴布边缘用银细条镶边，并用绣线缝于底布。贴布上的浅蓝色、黑色、紫色交替分布，错落有致，在统一中寻求变化，与衣身的色块构成呼应关系。

穿着狗尾衫时，将前襟在胸前交叉后绕至身后，并把系带系结于腰臀处，两缕"狗尾"合二为一，自然垂下，具有浓郁的民族特色。狗尾衫作为瑶族最具代表性的服装，其价值不仅在于服装本身，更重要的是所承载的文化信息。

图片来源
图一至图五　姜小倩　制图

图二　瑶族女式狗尾衫背面图

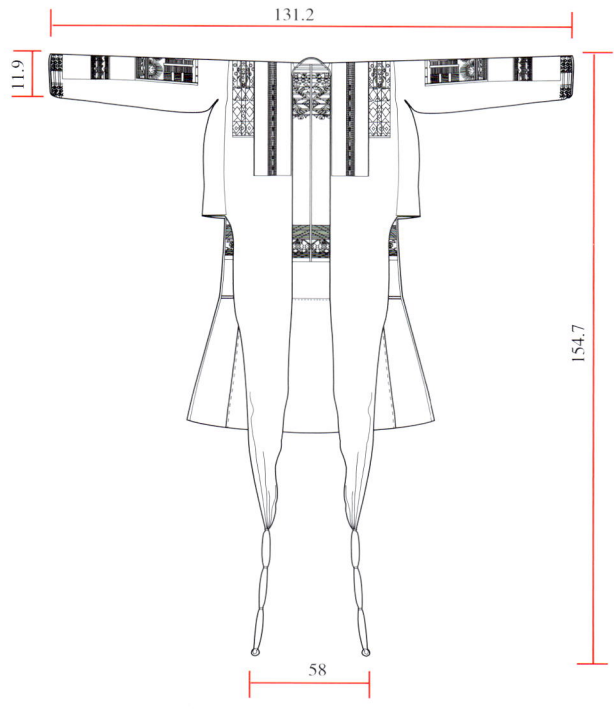
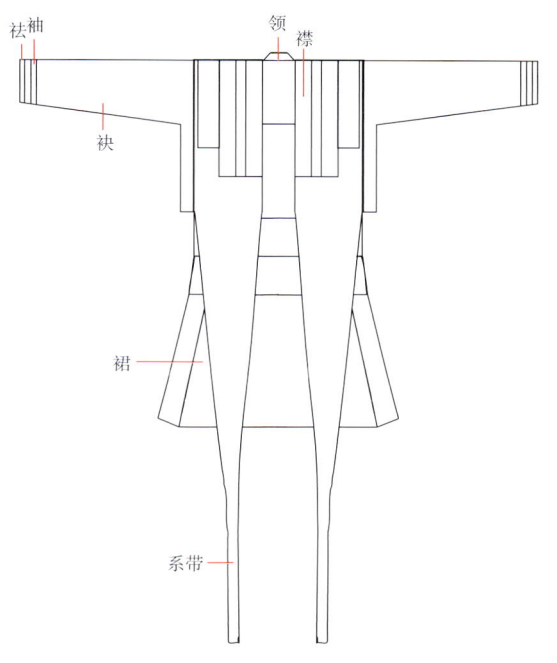

图三　瑶族女式狗尾衫尺寸图（单位：cm）　　　　图四　瑶族女式狗尾衫结构名称图

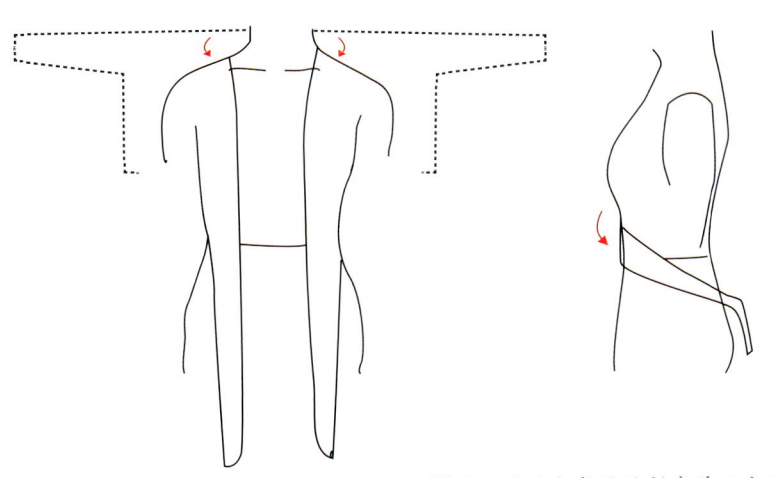

图五　瑶族女式狗尾衫穿着示意图

排瑶黑色土布刺绣女上衣

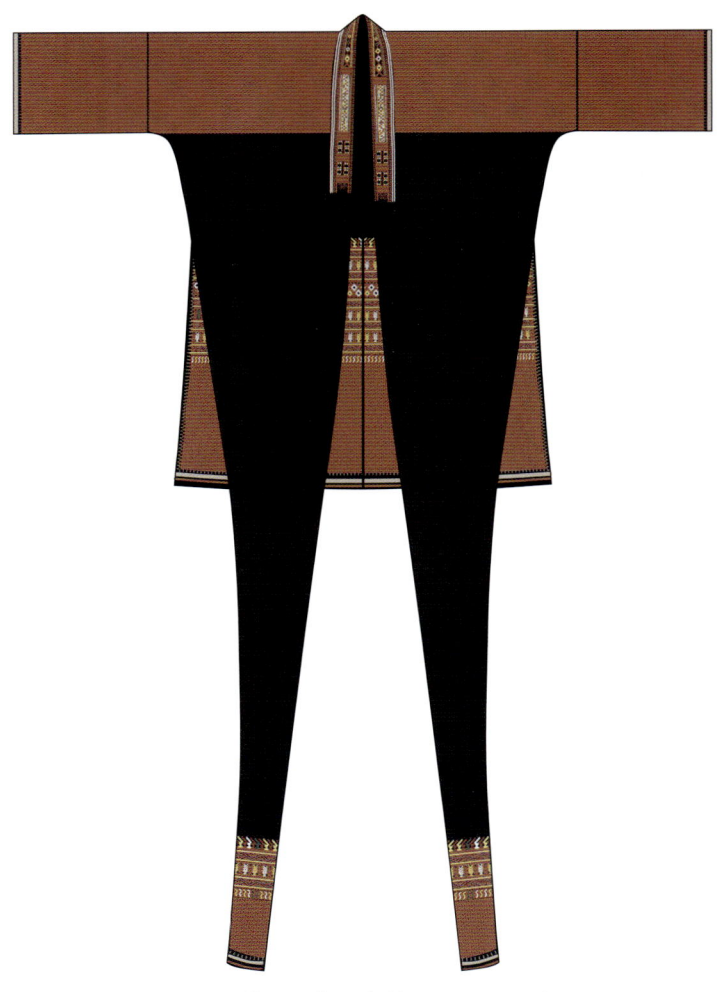

图一 排瑶黑色土布刺绣女上衣主图

排瑶在漫长的历史发展过程中,逐渐形成了独具特色的服饰文化,他们的服饰具有款式多样、色彩艳丽、图案质朴、工艺精巧的特点。本案例采集于广东省连南瑶族自治县,是一件典型的排瑶服饰,面料为黑色土棉布,款式为立领、对襟、宽松长袖,局部有刺绣纹样。衣长前片161厘米、后片86.5厘米,展袖衣宽118.5厘米,袖口宽20厘米,衣身底摆宽65厘米。前襟为两片黑色布片,从胸前垂至脚踝处,前襟尾端做褶皱揉搓处理,并刺绣有精美的几何纹;后衣片垂至臀部。前后衣片连接处缝合于腋下位置。穿着时两襟于胸前交叉后绕至身后,在腰臀处系结自然垂下,形似狗尾,这与瑶族人民的龙犬崇拜有关。

此女上衣以黑色为底,黄褐色为图,高

纯度高亮度的黄色、白色、浅绿色点缀其中，具有强烈的色彩美感。女上衣的色彩种类虽不多，但通过面积的大小、形态的差异、位置的分布，使有限的色彩发挥出最大的效用。

此案例在制作上最具特色的是刺绣工艺，又名"针绣""绣花"，是用针引彩线，按照设计的图案，在织物上刺缀运针，以缝纫构成花纹的装饰织物。排瑶的刺绣特点在于装饰性与功能性相统一。由于服饰穿着者经常需要从事体力劳动，所以服装的领口、袖口、肩膀、下摆特别容易磨损，聪明的排瑶人利用精美的刺绣来加固这些部位，增加耐磨度。例如领口部位和衣身做了分开处理，艳丽的色彩层层叠叠铺满整个衣领，细密的针脚甚至完全覆盖衣领本身底色，菱形、麦穗形等几何纹样在黑色的映衬下格外美观。同样，肩部、腰身、下摆均采用刺绣纹样加固，通过功能性的实现也增强了纹样的呼应感。

排瑶黑色土布刺绣女上衣作为瑶族传统服装，不仅样式美观、工艺精湛，更重要的是巧妙利用刺绣工艺来实现功能性与装饰性的完美结合，这体现了排瑶人的聪明才智和审美情趣。对于当代设计师而言，如何在产品的功能性和审美性之间寻找平衡点，排瑶黑色土布刺绣女上衣的设计为此提供了有益的启发和方向的指引。

图片来源
图一至图二　林丹妮　制图
图三至图六　戈珊珊　制图

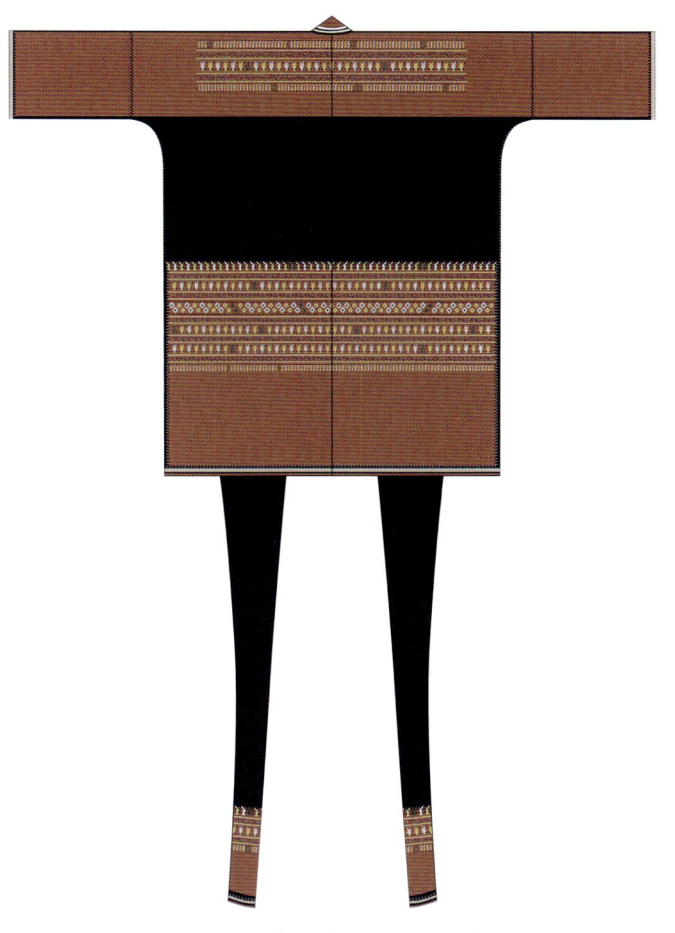

图二　排瑶黑色土布刺绣女上衣背面图

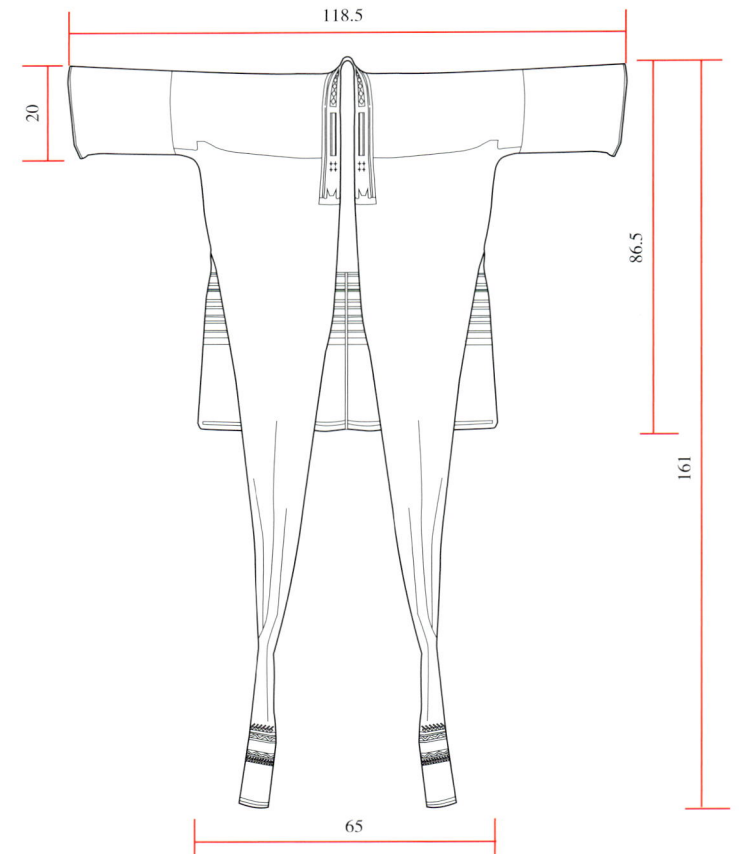

图三 排瑶黑色土布刺绣女上衣尺寸图（单位：cm）

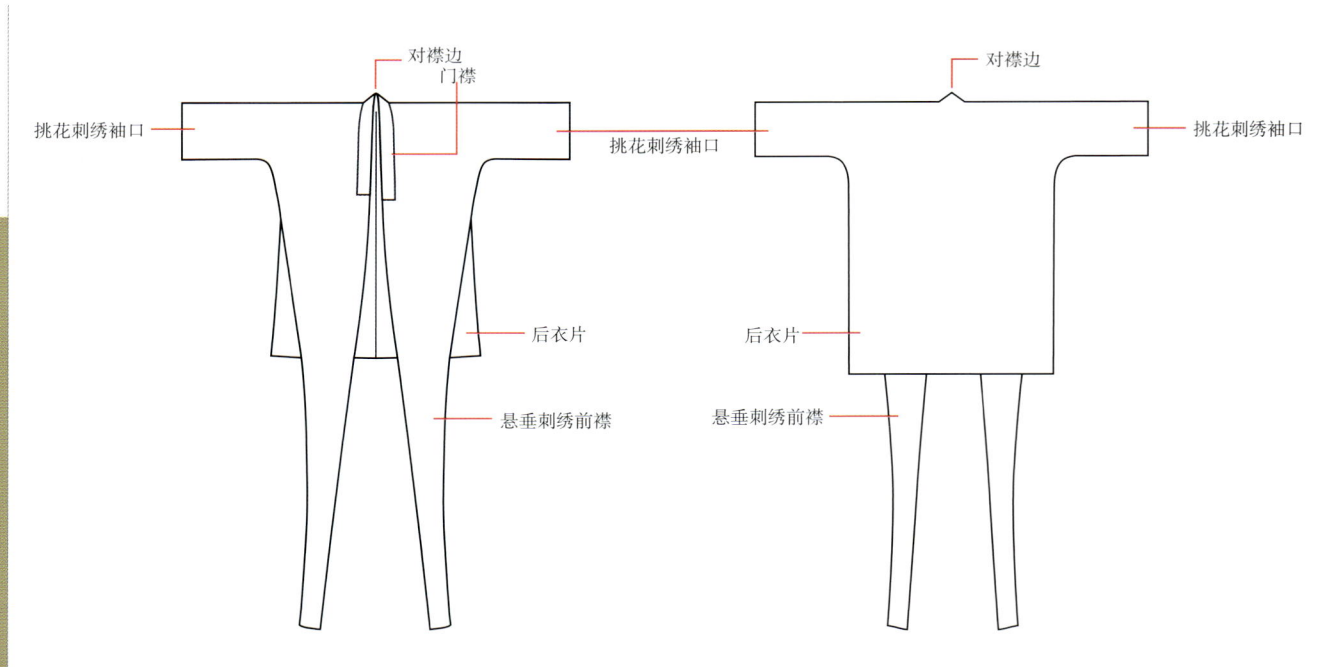

图四 排瑶黑色土布刺绣女上衣结构名称图

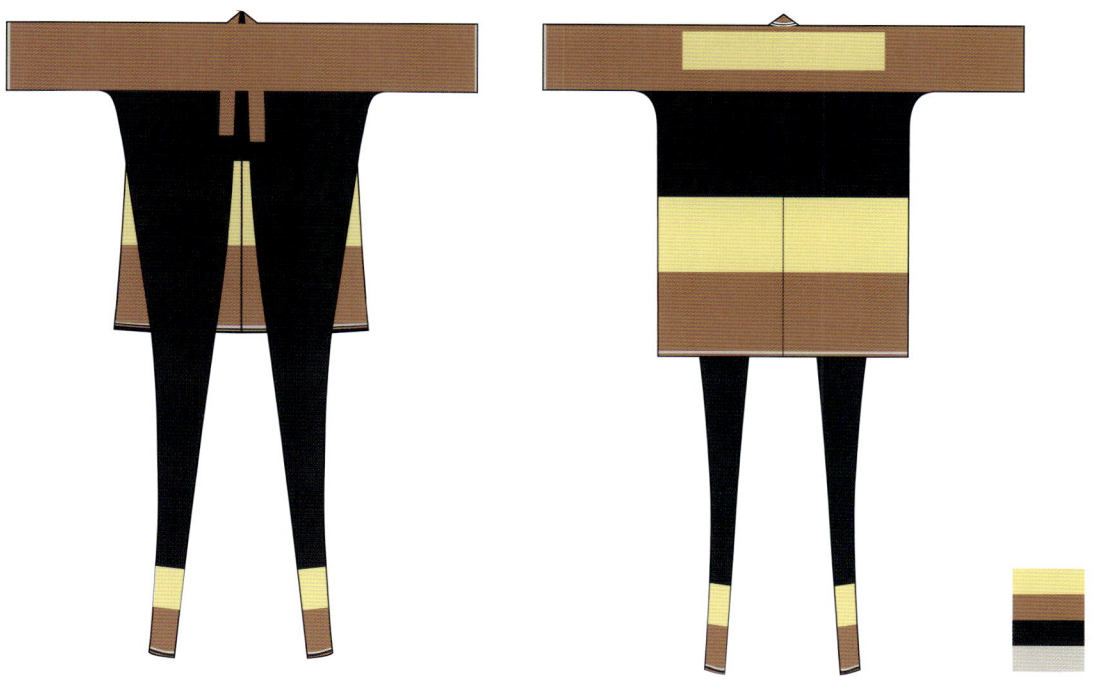

图五 排瑶黑色土布刺绣女上衣色彩分析图

图六 排瑶黑色土布刺绣女上衣纹样效果示意图

第二章 瑶族传统服饰

白裤瑶女子贯头衣

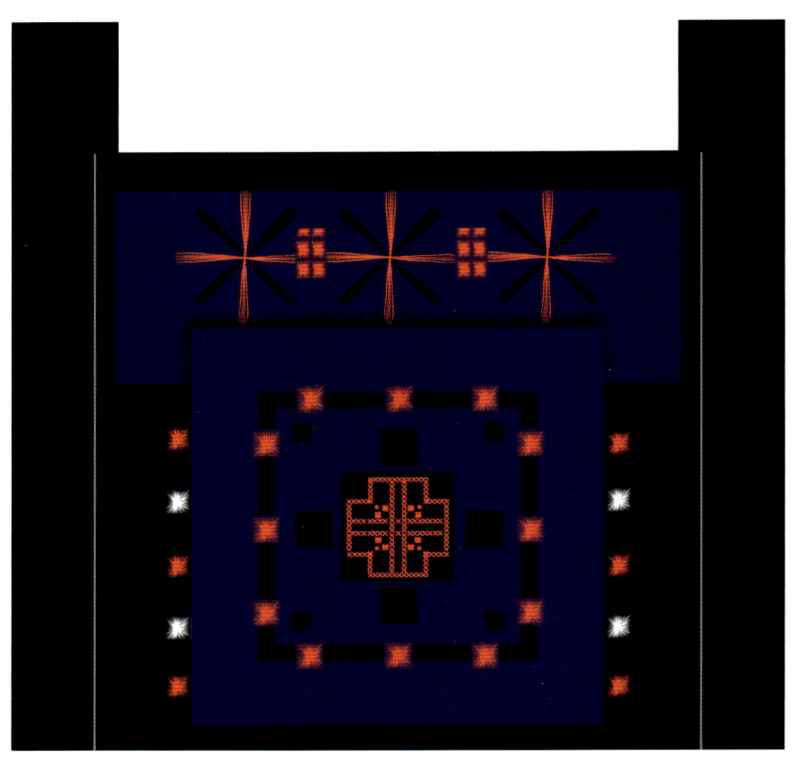

图一　白裤瑶女子贯头衣主图

瑶族是一支古老的民族，其不同支系的服装也有着较大的差异。白裤瑶为瑶族的一个支系，是传统民族文化保留最为完整的一个民族，其女子贯头衣独具民族特色，俗称"两片瑶"或"褂衣"。

本案例现收藏于广西南丹白裤瑶生态博物馆，由两幅长40厘米、宽47厘米的方土布通过一块长20厘米、宽约9厘米的黑色土布缝合拼接而成。

白裤瑶女子贯头衣样式较为简洁，衣服直接挂于胸前背后，形成前后两片，衣服两侧开口。传统白裤瑶女性穿着贯头衣时并不穿内衣，女性双乳若隐若现。其前襟无装饰纹样，是一块素色的蓝黑色土布。背部纹饰由白色、橙色、蓝黑色等线绣出一个个方块，这些大小不同的方块构成似正方形的纹样。瑶族女性精于刺绣、织染，她们在服装制作过程中追求美、创造美，因此制作土布、上蜡印染、刺绣缝制等均为自己动手完成。

贯头衣形制结构虽较为简单，但其工序极为繁复。迄今为止，白裤瑶女性尤其是中老年女性常会在盛大节日、集会，甚至是日常劳作中都坚持穿贯头衣，这源于白裤瑶女性对独具特色的民族生活观念的沿袭。这种独特的传统民族服饰颇显回眸一笑百媚生的风姿，增加了白裤瑶女性的柔美。同时贯头衣背部的纹饰体现出白裤瑶的宗教信仰以及对祖先的崇拜。具有独特设计的贯头衣在中国少数民族服饰文化中具有较重要的地位与价值。

图片来源

图一、图五至图六　李丽　制图
图二至图四、图六　王英　制图

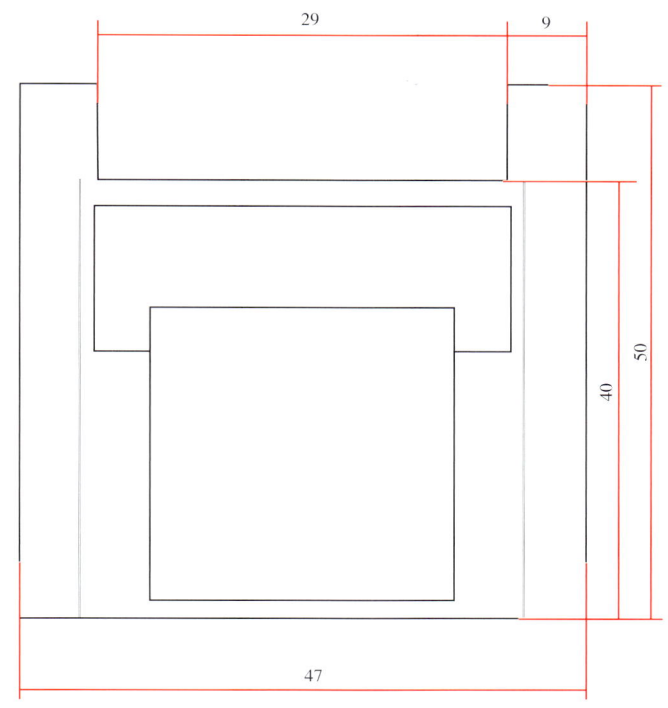

图二　白裤瑶女子贯头衣尺寸图（单位：cm）

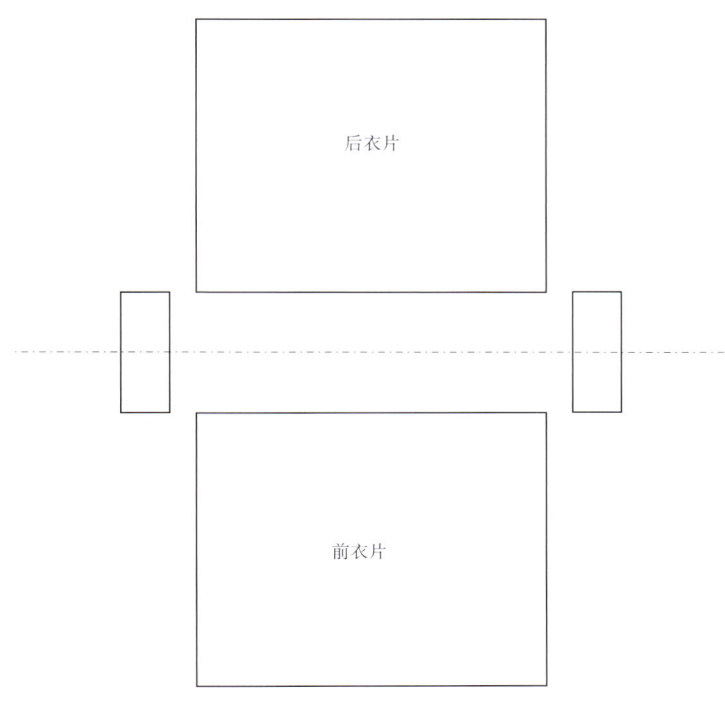

图三　白裤瑶女子贯头衣结构名称图

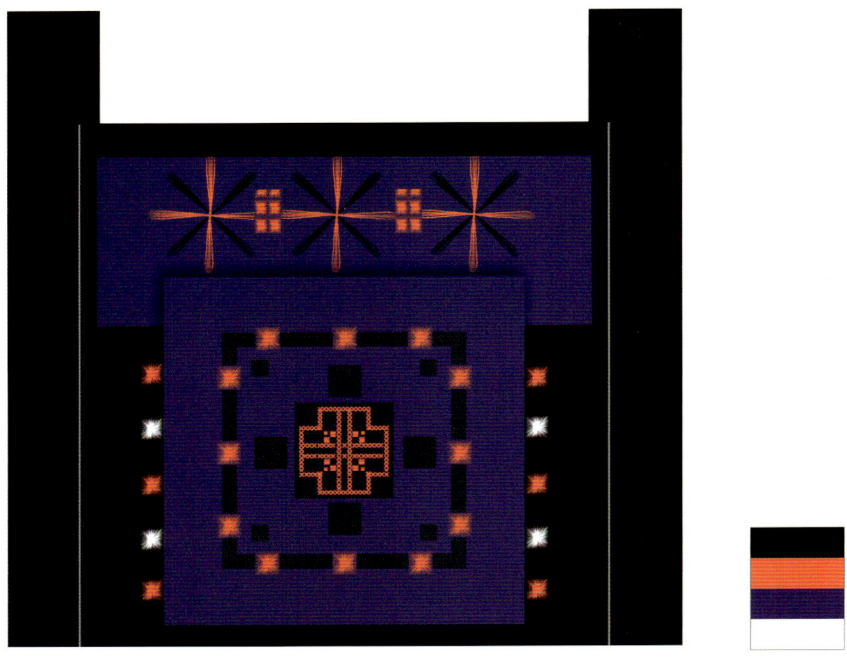

图四　白裤瑶女子贯头衣色彩分析图

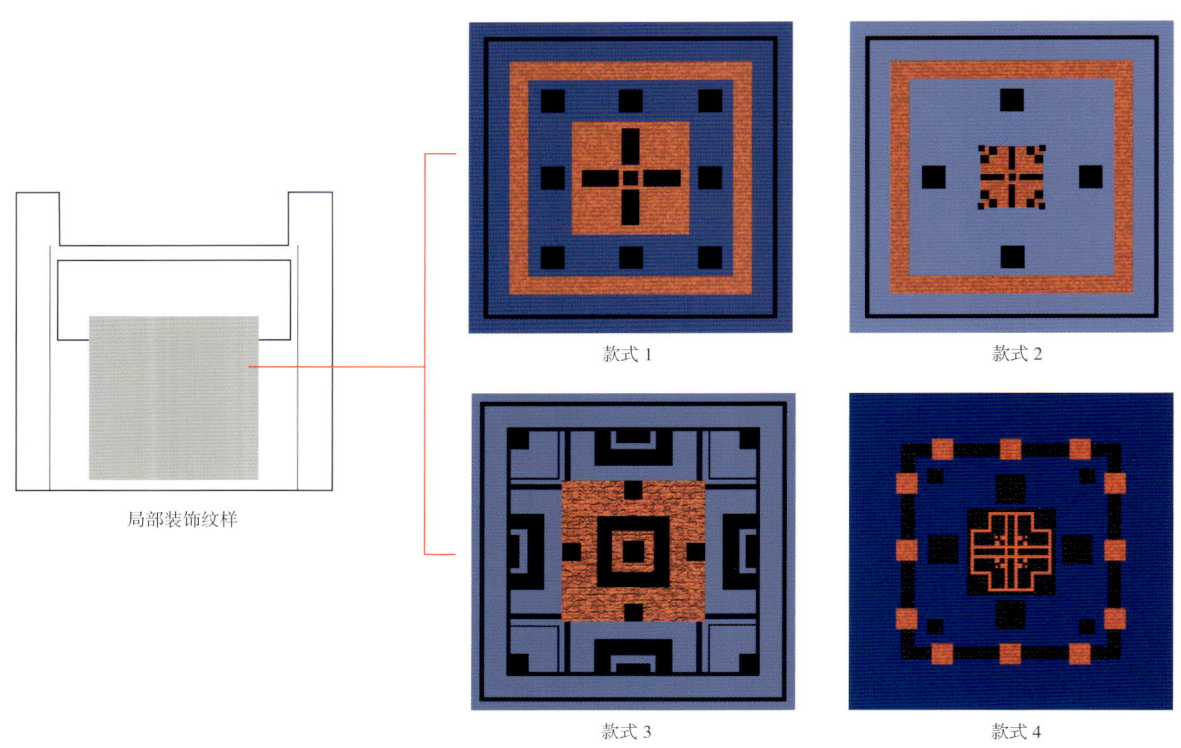

局部装饰纹样

款式1　　款式2

款式3　　款式4

图五　白裤瑶女子贯头衣局部纹样效果示意图

背面　　　　　　　　　侧面

图六　白裤瑶女子贯头衣穿着效果示意图

布努瑶黑色土布女上衣

图一　布努瑶黑色土布女上衣主图

本案例是布努瑶十分常见且极具代表性的服装案例，采集自广西巴马，为黑色大襟开衫。由于其袖口、衣襟、领口有条状图案装饰，所以又被称为"栏杆衣"。衣服领口为高3厘米的矮圆领，上绣有三角几何纹样和红色、紫色相间的条纹图案。袖口上拼接有长约6厘米的绣花布和长约4厘米的红布，绣花布上绣有米白色、黑色相间的菱形方块组合纹样。衣服右下腋处有黑色细绳制成的扣子，用来固定深色的前衣片和后衣片。整个上衣长度约为40厘米，仅到着装者的肚脐下2厘米处。下摆两侧开叉约12厘米，开襟、下摆边缘都有约2厘米的条状几何纹装饰，其以米白色做底色，红色、紫色为图案颜色。布努瑶黑色土布女上衣常与一条百褶裙和一根绣花围腰相搭配，百褶裙着于上衣内肚脐位置，围腰绑于上衣外腰部位置。逢年过节时，瑶族女子还会给该上衣搭配上月亮项圈银饰和彩色串珠。

布努瑶传统服装的独特色彩和工艺之美，是其自身文化的外在表现，也是他们的文化符号，更是其传统文化的结晶，体现了他们独特的审美意味，具有很高的艺术与工艺价值。

图片来源

图一 葛芳 摄影

图二至图六 何卓嫔 制图

图二 布努瑶黑色土布女上衣正面图

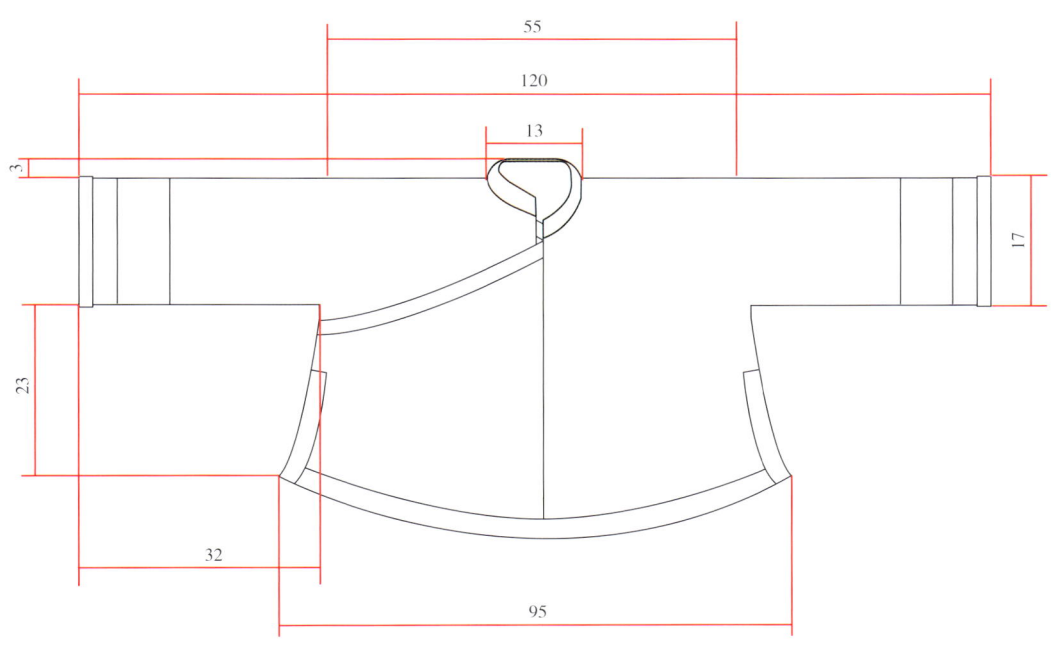

图三 布努瑶黑色土布女上衣尺寸图（单位：cm）

图四　布努瑶黑色土布女上衣色彩分析图

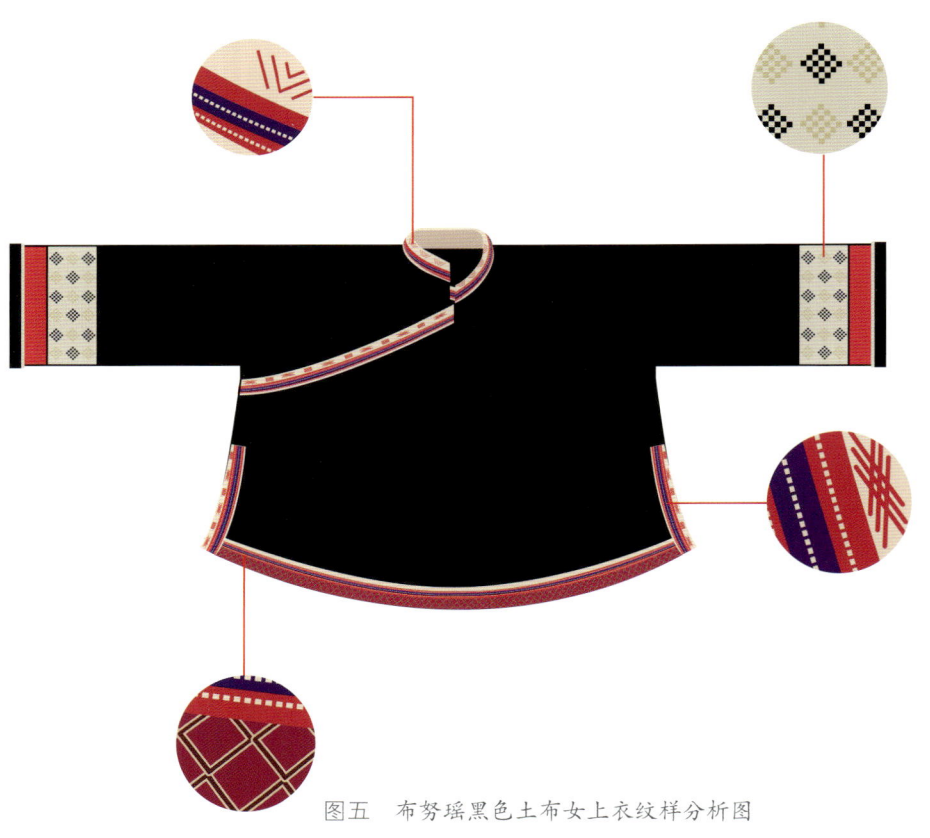

图五　布努瑶黑色土布女上衣纹样分析图

图六　布努瑶黑色土布女上衣穿着效果示意图

瑶族黑色土布方形肚兜

图一　瑶族黑色土布方形肚兜主图

瑶族人民精于刺绣、织染，其服饰丰富多样，因其各支系生活的地区差异较大，地理环境与人文生活的影响致使各支系服饰存在着较大的差异。本案例为贵州瑶族狗尾衫套装中的一件，现收藏于民族服装博物馆。土布方形肚兜是瑶族女人传统狗尾衫套装中的一件，穿在上衣内部下裙子之外。因狗尾衫前片较短，瑶族女性穿着时将狗尾衫前襟在胸前交叉后系于腰后，此时腹部刚好暴露在外，因此内搭肚兜裁制的尺寸较一般肚兜更为宽大，这样肚兜下半部可覆盖腹部及裙腰，与上衣前片短小的款式相配合呼应。此肚兜通长为 75 厘米、宽为 63 厘米，方形领口高 10 厘米、宽 11.5 厘米，整体是由黑色土棉布裁剪缝制而成，其款式、纹样、色彩都极具贵州瑶族民族特色。

瑶族妇女在制作肚兜时往往因节约材料，会将裁制衣服后剩余的布料拼接缝制成方形，并取方形的一角缝制长 10 厘米、宽 11.5 厘米的方形领口。肚兜下角镶有刺绣贴边，并镶滚白、红、浅蓝三色绲条，贴边则用蓝、白、玫红、紫四种颜色的线缝制出几何纹样。肚兜简单的线条映衬了瑶族女性肩颈的柔美，同时色彩与衣身整体装饰的色调相呼应，更能凸显民族特色。

图片来源

图一至图六　王英　制图

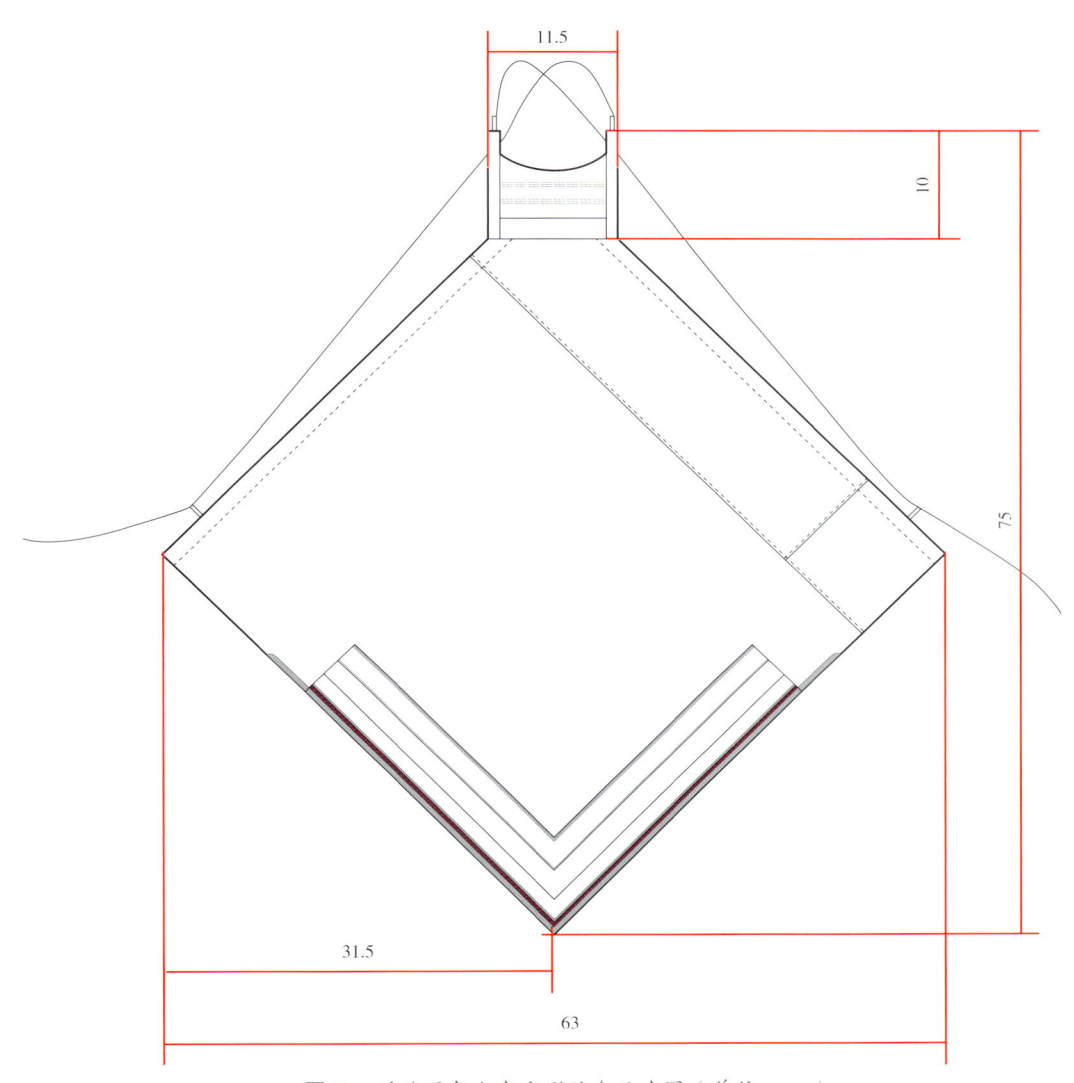

图二　瑶族黑色土布方形肚兜尺寸图（单位：cm）

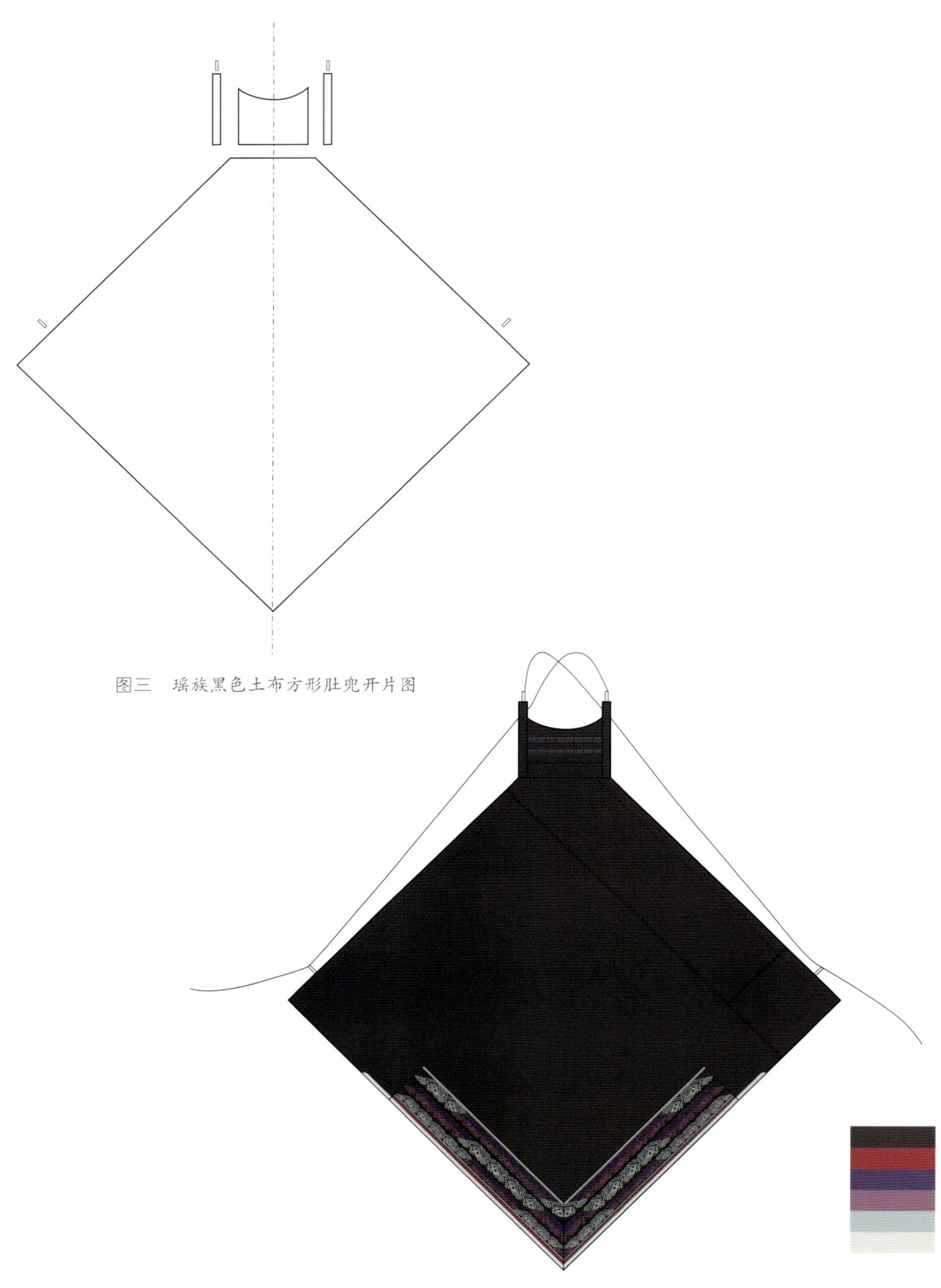

图三　瑶族黑色土布方形肚兜开片图

图四　瑶族黑色土布方形肚兜色彩分析图

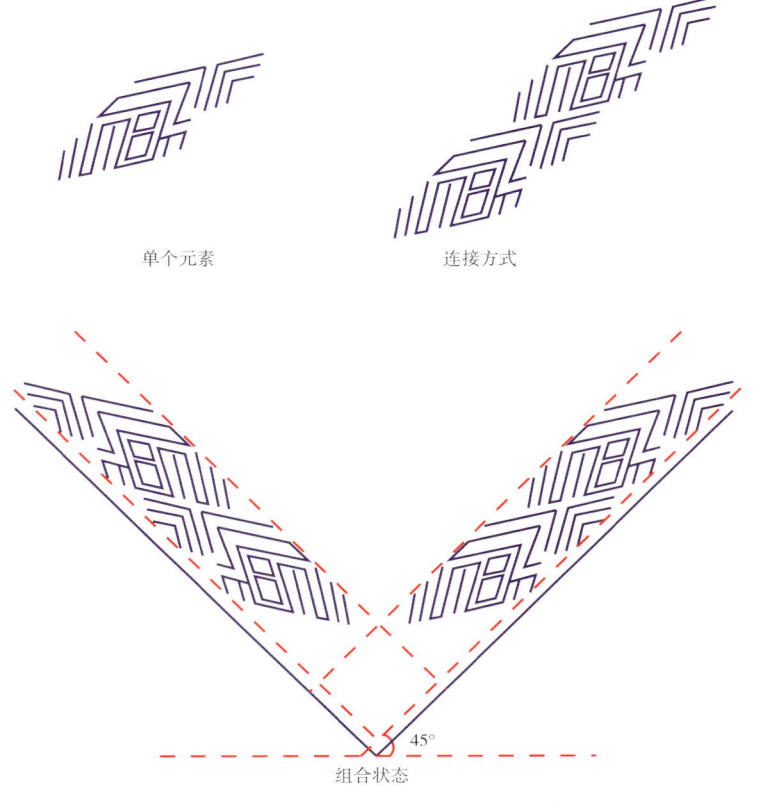

单个元素　　　　　　连接方式

45°
组合状态

图五　瑶族黑色土布方形肚兜纹样分析图

正面　　　　　　　　背面

图六　瑶族黑色土布方形肚兜穿着效果示意图

第二章　瑶族传统服饰

花头瑶女子胸围

瑶族支系较多，由于各支系处于不同的生活环境，因此各支系的文化及习俗都有所差别，生活在十万大山的花头瑶，也形成了其独特的服饰文化。

花头瑶的上衣为对襟、无领亦无扣，于胸前交叠，因此花头瑶妇女均穿胸围。本案例采集自广西宁明，通长43厘米，通宽30.8厘米，整体呈长方形，上部装有衣领，衣领两侧以红布绲边，底端两侧设有绑带。整个胸围的装饰集中在领子与胸前外露的位置，其余被外衣遮盖的部分无装饰。胸前的装饰区域亦呈长方形，长17.8厘米，宽12.5厘米。领子的装饰图案主要为万字纹，胸前主要以万字纹、禾苗纹及横条纹为主，并饰有4个金属八角花装饰，三小一大。万字纹为中国传统的吉祥纹样之一，常常象征着火与太阳，绣于服饰上起到装饰和护身的作用。瑶族人民善用色彩，本案例以深蓝色为底，以红色、黄色、白色为辅，且主要集中于领部及胸前装饰部分。领子部分为红、黄两色，胸前装饰以深蓝色为底，以红、黄色绣有纹样，配黄金色八角花。

花头瑶女子的胸围造型及结构简约，但却灵便实用，整体配色为暗底亮花，绣工整洁，纹样精致、富丽但不轻佻。

图片来源
图一　葛芳　摄影
图二、图四至图七　陈璐　制图
图三　温清格　制图

图一　花头瑶女子胸围主图

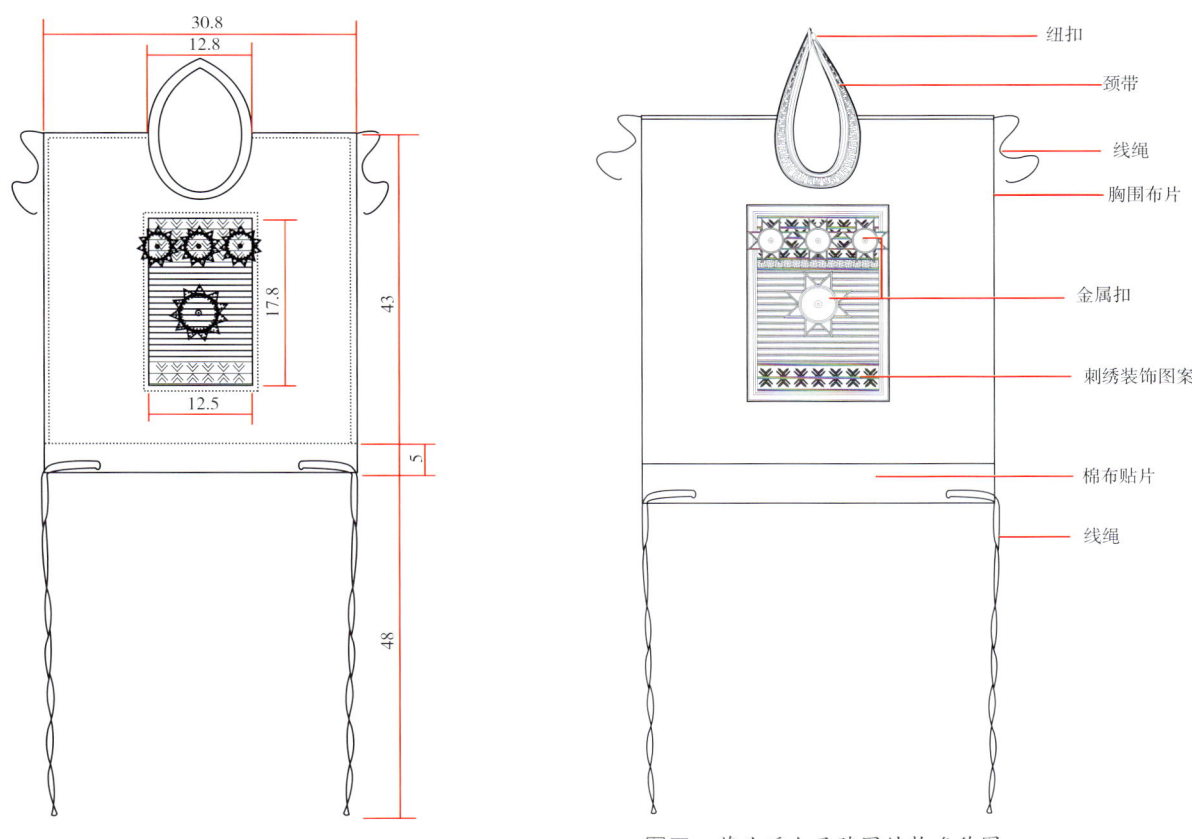

图二　花头瑶女子胸围尺寸图（单位：cm）

图三　花头瑶女子胸围结构名称图

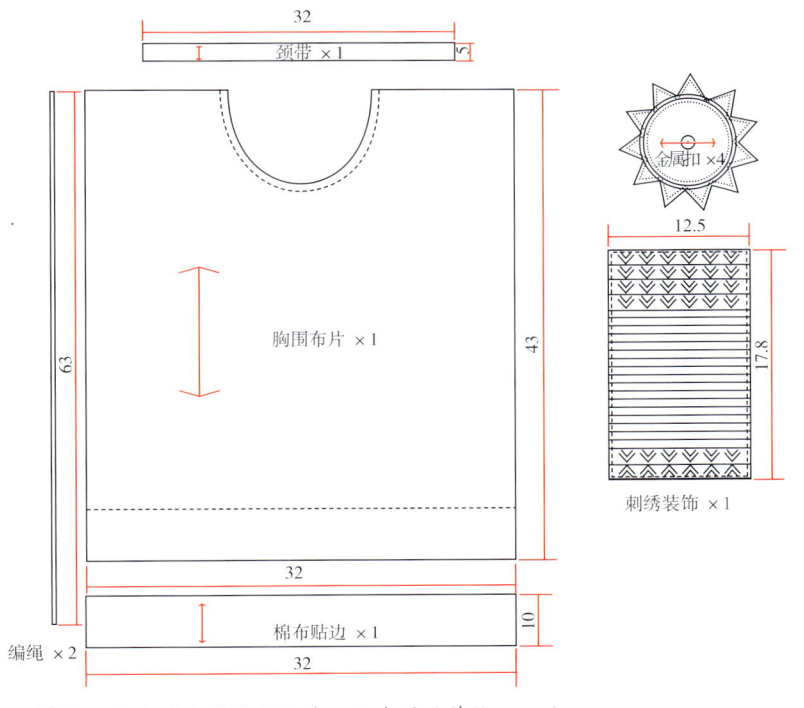

图四　花头瑶女子胸围开片、尺寸图（单位：cm）

第二章　瑶族传统服饰

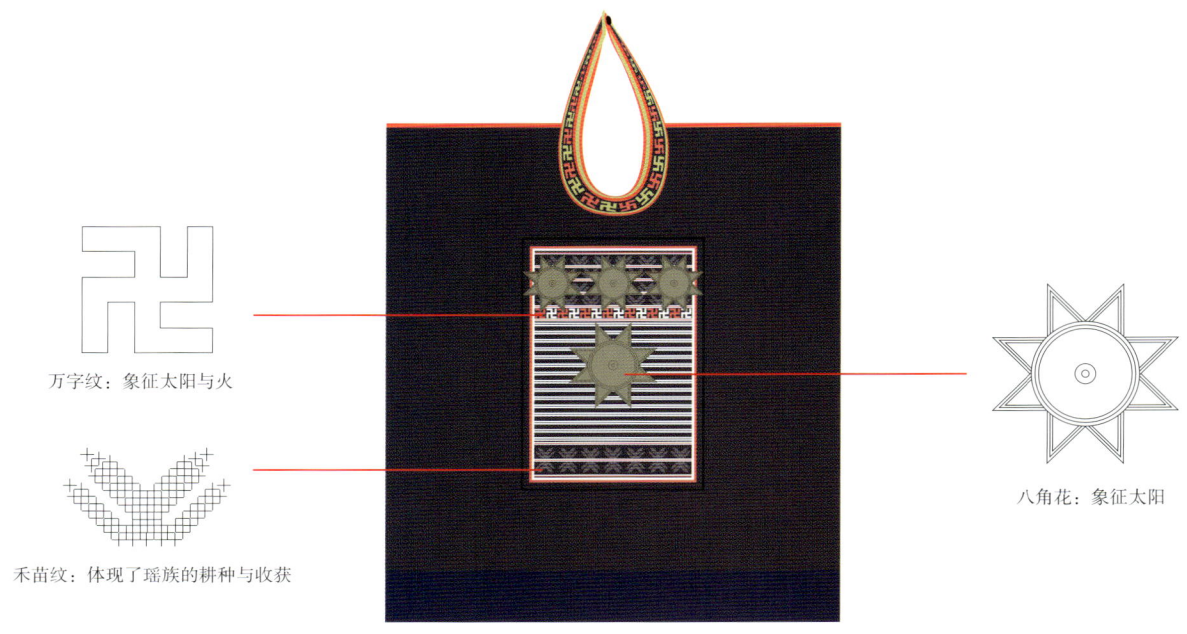

万字纹：象征太阳与火

禾苗纹：体现了瑶族的耕种与收获

八角花：象征太阳

图五 花头瑶女子胸围局部纹样分析图

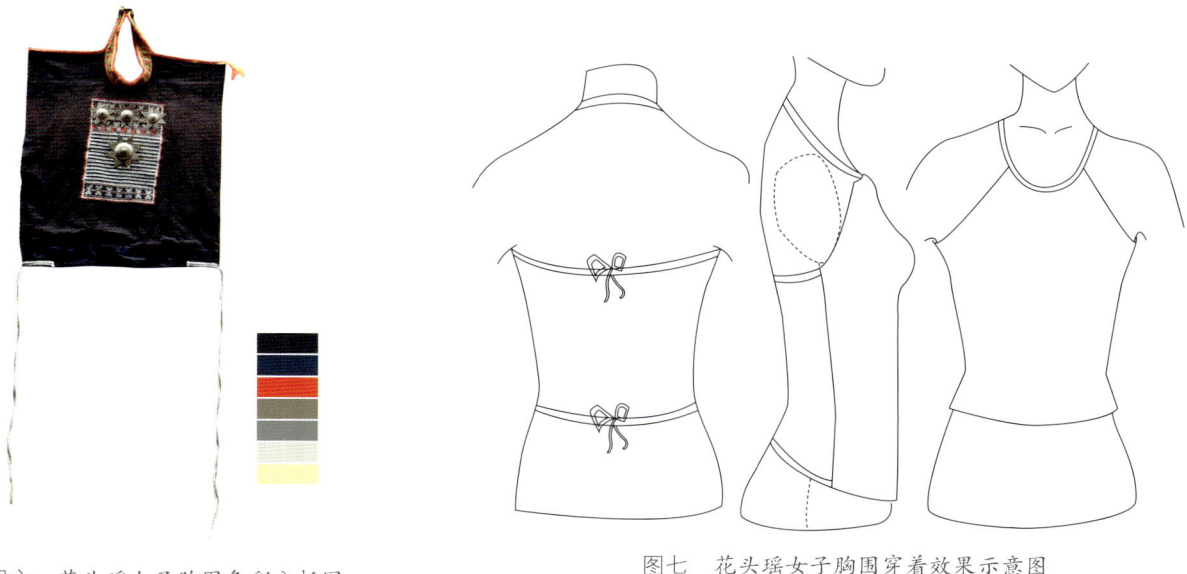

图六 花头瑶女子胸围色彩分析图

图七 花头瑶女子胸围穿着效果示意图

排瑶黑色土布刺绣女裙

图一　排瑶黑色土布刺绣女裙主图

排瑶习惯聚族而居，依山建房，其房屋排排相叠，形成山寨，故而有"瑶排"之称，又被称呼为"排瑶"。排瑶主要分布在广东省连南瑶族自治县、阳山县，湖南宜章县莽山也分布了一小部分。

排瑶在漫长的发展过程中，创造了丰富多彩的文化艺术，五彩斑斓的服饰，便是其文化艺术的一部分。早在汉代，就有对其先民"好色衣裳"和"衣裳斑斓"的记载。千百年来，尽管排瑶经历了许多变迁，但其服饰仍然保持款式繁多、色彩夺目、图案古朴、工艺精美的鲜明特点。

排瑶黑色土布刺绣女裙由三片黑色土布缝制而成，为了使裙子臀部位置更为合体，在裙后腰处做了三个捏褶处理。裙片的中下部位绣满了粗细相间的金色锯齿状、波浪状几何纹样，错落分布，秩序感强，且做工十分精细。这种服饰是用当地特制的粗纱棉布染上蓝靛色、咖啡色、棕黑色等色而成，布质坚实耐用，衣边贴上绣花或白布边，显得美观、纯朴，且独具瑶家风采。

在针法方面，瑶族挑花刺绣的针法大体分为六种，黑色土布刺绣女裙图案多用平挑，这种绣法按布料纱线的经线或纬线，用近似网绣的方法施针，反面挑花正面看，可以取得精致细密的效果，甚至可以取得正反两面都完美的效果。接着是结绳，这种绣法一般和锁边一起用，起装饰作用，用在绣花袋、小孩绣花帽的边缘上。最后是绳边，在绣花裙的末端绳上蓝、红、白、黑边，起装饰、加固作用。短裙穿着时开口向前，在前腹部重叠交搭，在裙腰处用粗线系扎，既可防止走路时不慎走光，还可以增大活动幅度。

瑶族的挑花刺绣工艺精致细巧，女孩大至七岁就习作挑花，长大成人时，已成为刺绣的能手。瑶绣花纹图案的取材主要有表现树木花草、飞禽走兽的，有表现云霞水纹、城堞齿轮的，也有表现文字以及人物的。刺绣用的布大多采用布纹纵横分明、布眼清晰的布料，布色呈黑色、蓝色、白色。排瑶服饰上精美的传统刺绣艺术，沉淀着丰富的排瑶文化底蕴，是排瑶文化的形象象征。

排瑶黑色土布刺绣女裙通过排瑶传统刺绣将其魅力展现出来，刺绣图案的形式元素在构图中通常不变化，通过纹样的重复来形成韵律感的变化，整个排瑶黑色土布刺绣女裙统一中又富有变化，既高度抽象又不失浓郁的山区气息和独有的民族特色，是我国民族艺术中的一朵奇葩。

图片来源

图一至图六　项李　制图

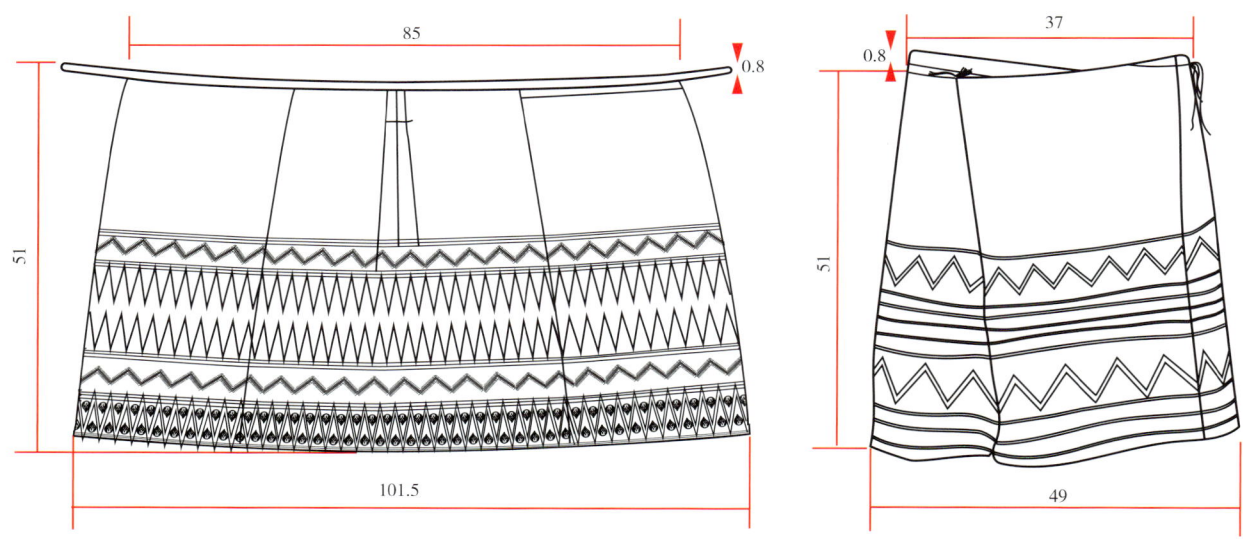

图二　排瑶黑色土布刺绣女裙尺寸图（单位：cm）

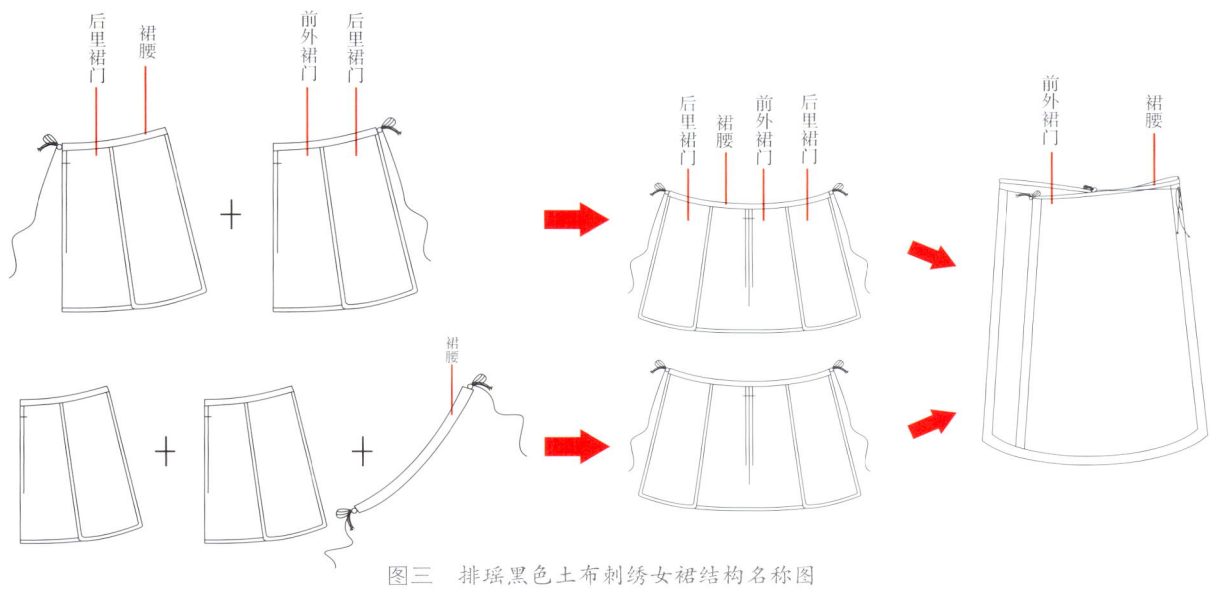

图三　排瑶黑色土布刺绣女裙结构名称图

图四　排瑶黑色土布刺绣女裙色彩分析图

第二章　瑶族传统服饰

	银齿
	波浪
	水纹
	花卉
	三角形

图五　排瑶黑色土布刺绣女裙纹样分析图

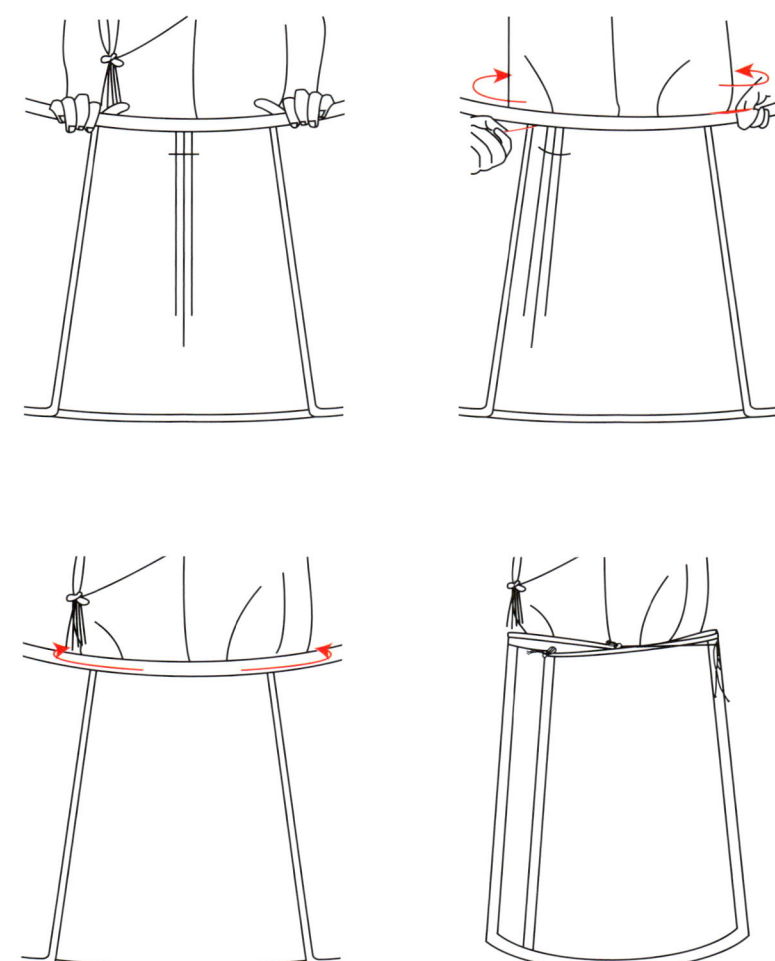

图六　排瑶黑色土布刺绣女裙穿着示意图

过山瑶黑色土布刺绣小围裙

图一　过山瑶黑色土布刺绣小围裙主图

本案例选自广东省连南瑶族自治县，裙长85厘米，腰围45厘米，下摆围95厘米，材质为黑色土布，为连南县过山瑶日常穿着的围裙。

围裙上端有一块类似腰封的蓝色土布，下片裙摆为黑色土布织成。整个围裙平铺呈梯形，下摆有弧度。围裙的外沿有彩色包边，下半部饰有刺绣，其中外沿三边缝有连续的六道包边，主要由红色、米白色、灰色相间组成；围裙下摆的刺绣图案分为三部分，每一部分由一组相同的凹字形花纹为间隔，凹字形的凹窝中间平铺纹样，整体拼成一个完整的矩形。从下往上数，第一层和第二层凹陷部位的花纹是一样的，为数层平行线段、几何锯齿纹和水波纹的叠加组合。第三层为过山瑶很具有代表性的花纹——龙头花纹，龙头花纹为同心的双层菱形，菱形上面两边部分没边，而是各有五道短线段，象征着龙角；菱形中间有一个竖直的椭圆形，象征着龙的眼珠，龙角加上龙眼珠组合形成了龙头的纹样。

过山瑶黑色土布刺绣小围裙造型简洁流畅、色彩古朴，以大块黑色为底，配上米白、黄、橘、红四个由浅至深的渐变暖色，色彩层次丰富且不杂乱。用整块纯色的蓝土布为腰带，层次丰富且纹样多变的橘色调刺绣修饰裙摆，蓝、橘两色为互补色，位置一上一下、装饰一简一繁、色调一冷一暖，再用中间大片沉稳的黑色加以调节，边缘有同色系包边加以过渡，使得整条围裙达到了较好的视觉效果。

图片来源

图一　葛芳　摄影

图二至图四　卞华磊　制图

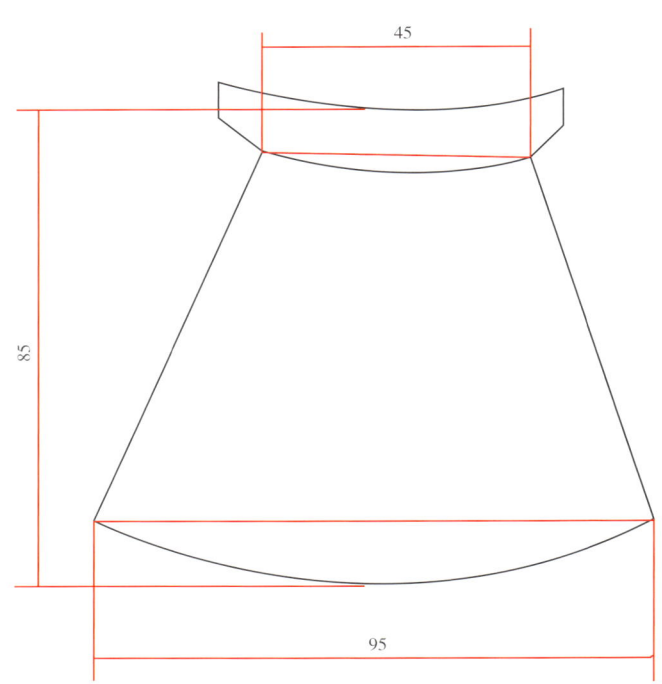

图二　过山瑶黑色土布刺绣小围裙尺寸图（单位：cm）

图三　过山瑶黑色土布刺绣小围裙色彩分析图

图四　过山瑶黑色土布刺绣小围裙穿着效果示意图

白裤瑶粘膏染百褶裙

图一　白裤瑶粘膏染百褶裙主图

百褶裙通常是指裙身由许多细密、垂直的皱褶构成的裙子，此类裙子裙身饱满，且纵向挺直、横向富有弹性和张力，平时劳作穿着也很方便。长至膝盖的粘膏染百褶裙是白裤瑶支系妇女普遍流行的着装。本案例采选自广西南丹县里湖白裤瑶生态博物馆，裙体展开为128厘米，裙幅45厘米。着裙时，裙前习惯再围一条比褶裙稍长的黑底镶蓝边的面裙。面裙长47厘米、宽20厘米。裙身从顶端起环绕着深蓝、浅蓝、橘红、大红等色彩。

白裤瑶粘膏染百褶裙面料主要为自纺的粗布，裙身门幅很大，似一张围裙，穿时围合身体，在腰间系带即可。裙面有蜡绘花纹，纹线经蓝靛染分深浅。裙脚饰有红色刺绣花纹，多为几何形花卉，宽约10厘米。

制作百褶裙的褶皱比较复杂，通常是先将染好的土布平铺于地面，喷水以便布料更好定型，之后便可开始折叠宽窄一致的褶皱了。每叠一次，可以在布的两头插针固定，之后再喷水，分几个部分用棉线将褶皱串连，使之更好的固定。也可以将布包裹在一个圆桶似的竹筐上，好比现在服装设计用的人台，之后开始折叠褶皱，每叠一圈，便用宽绳子将其绑在竹筐上固定，类似现在的立体裁剪，这种做法的好处是，由腰头到裙脚可以依次得到由密到疏的褶皱效果。裙上的粘膏染是白裤瑶特有的防染剂工艺，原料源自粘膏树的树脂，经过采集、煮制、染色等工序之后，用自制染刀蘸取树液绘制纹样，这样染布时便可以利用树脂保护所绘花纹的颜色不被蓝靛混色。

白裤瑶妇女的百褶裙，其层层叠叠的样式背后是瑶族人民对于先人着装方式的延续。百褶裙层次鲜明、细节精致、文饰质朴，巧妙地利用了当地自然资源，既满足了日常劳作的需求，也实现了使用功能与美学的统一。

图片来源
图一　葛芳　摄影
图二至图五　陈璐　制图

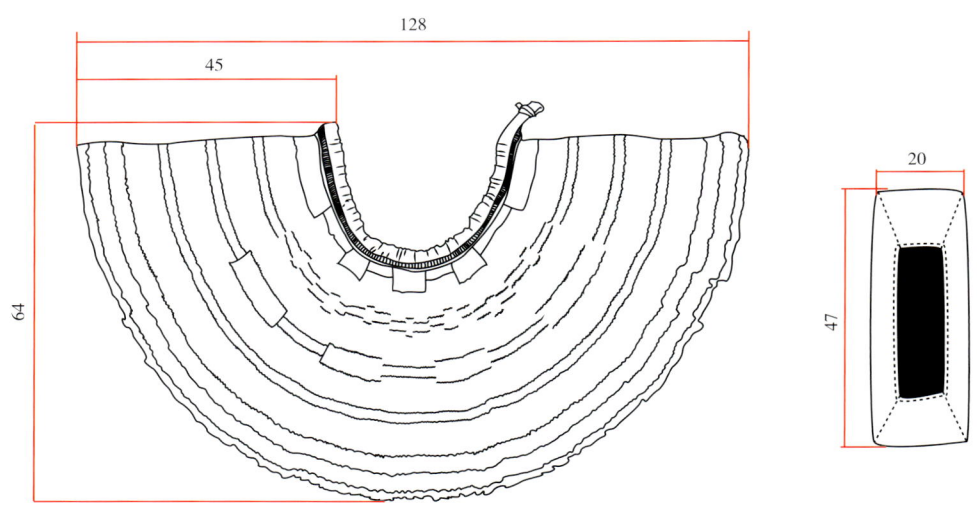

图二　白裤瑶粘膏染百褶裙尺寸图（单位：cm）

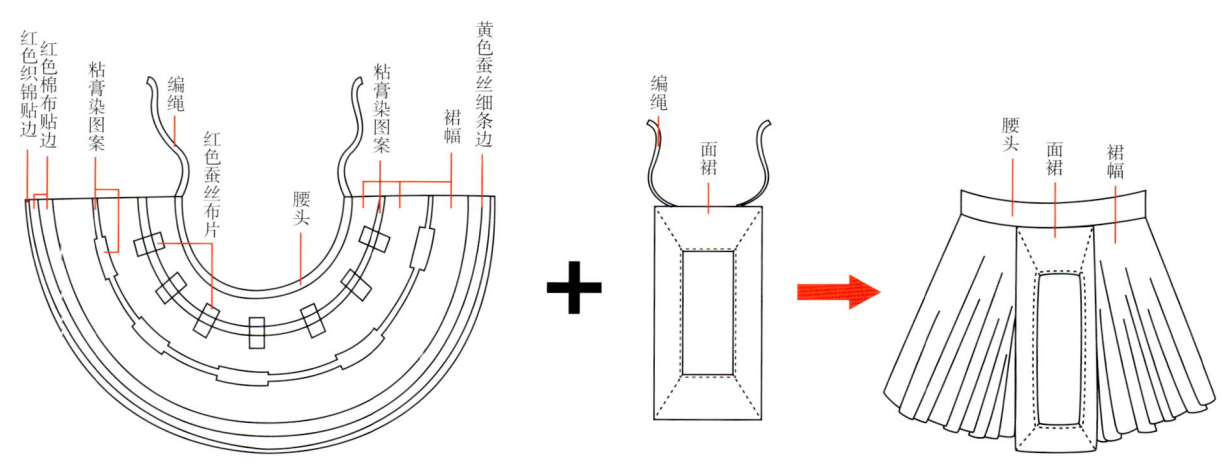

图三　白裤瑶粘膏染百褶裙结构名称图

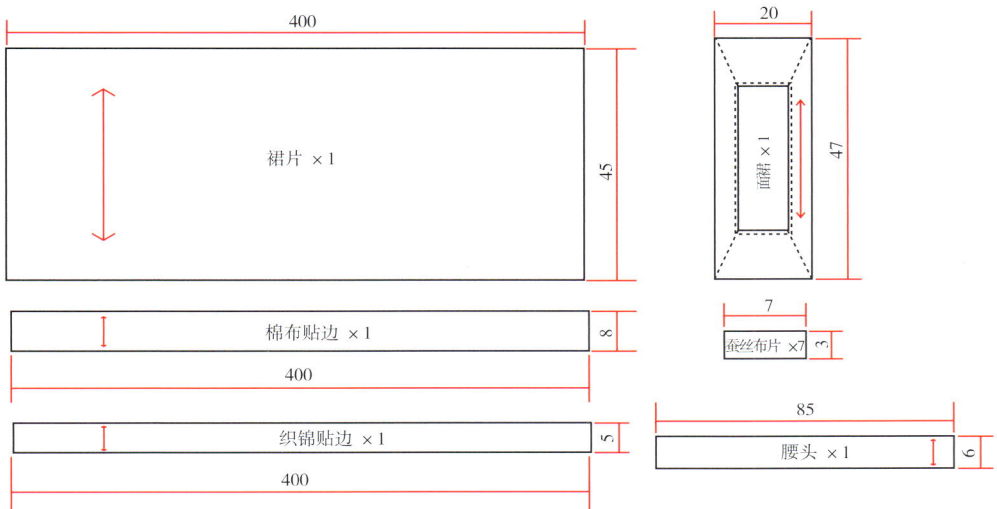

图四 白裤瑶粘膏染百褶裙开片、尺寸图（单位：cm）

图五 白裤瑶粘膏染百褶裙色彩分析图

第二章 瑶族传统服饰

瑶族狗尾衫套装之黑色土布百褶短裙

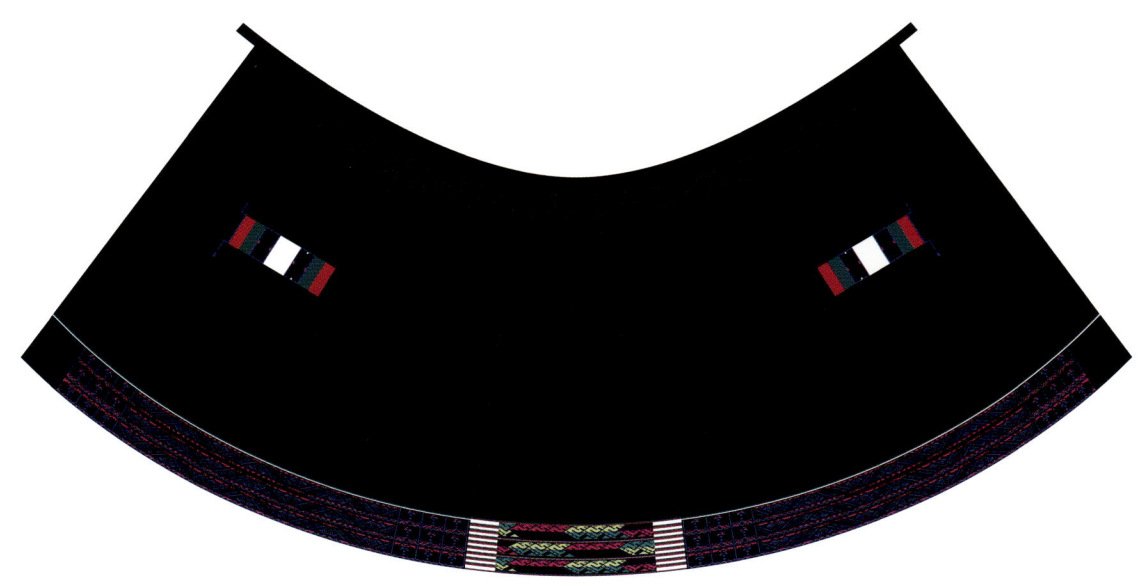

图一　瑶族狗尾衫套装之黑色土布百褶短裙主图

百褶短裙广泛流行于贵州从江地区，是瑶族妇女普遍喜爱的日常着装之一。本案例采集自贵州从江，属于瑶族狗尾衫套装。裙体由当地土棉布制作而成，裙长为54.1厘米，腰头宽1.6厘米，裙腰围度约为95.2厘米，裙摆围度约为169厘米，下有三组宽为7.5厘米的彩色绣片镶边。

短裙打开平铺后呈扇形，裙身整体呈黑色，裙腰四周均匀地折有约1厘米宽的细褶，并且五褶为一组在裙中段捏为大褶，呈发散状延伸至裙摆后方。裙身下摆中段为彩色几何纹样，左右两侧各有三组白色、红色、绿色布片拼贴而成的条形图案，三色对比醒目，互为区隔，三组贴布之间用红、白色彩线刺绣几何方形作为呼应。裙摆外围两侧随着裙褶的起伏绣有玫红色、蓝色相间的几何纹样。

除此之外，短裙缝有贴补绣，它被当地瑶族妇女称为"贴布绣"或"补花"，主要是将其他布料剪贴缝绣在绣底上的刺绣形式。此件黑色土布百褶短裙所用的装饰即是此法，以红、绿、黑、白四色并列拼贴而成的绣片，分别绣于短裙两侧，简单大方的配色不仅增添了视觉吸引力，在一定程度上也提升了衣料的利用率，与衣身袖口的其他贴布装饰遥相呼应。

瑶族妇女在日常活动中，身着百褶短裙，体态轻盈自在、行动轻松便捷，短裙于黑色土布的统一之中暗含层叠的装饰细节，点缀其间的彩色绣片为我们展示了一个开放包容的民族性格。

图片来源
图一至图六　戈珊珊　制图

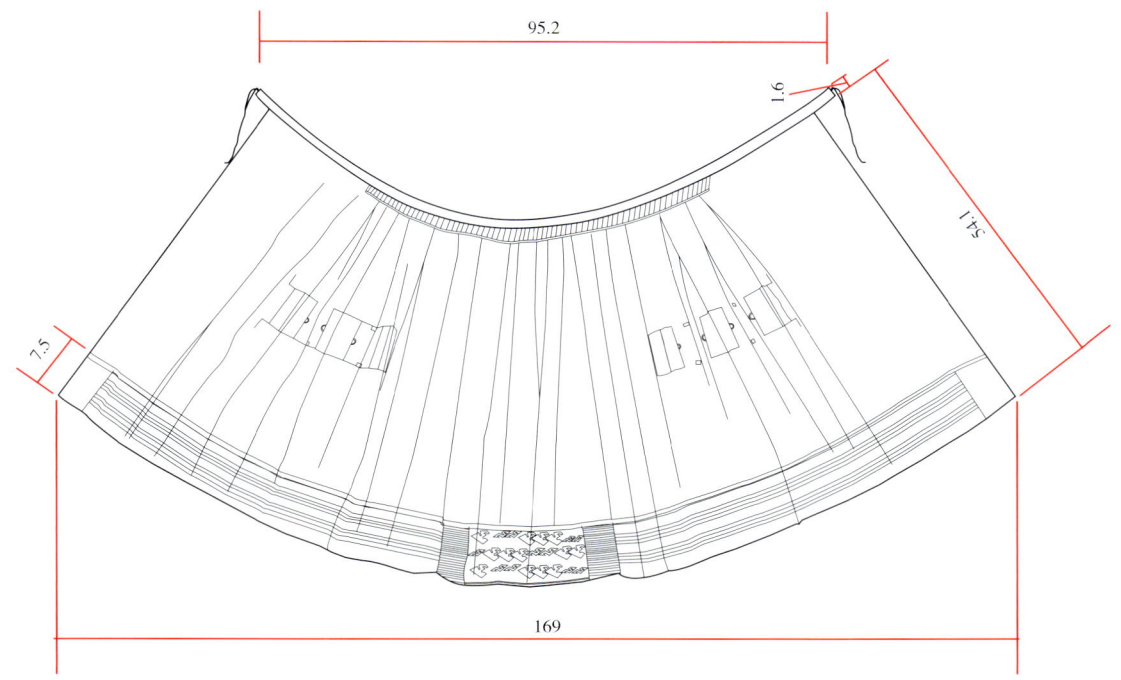

图二　瑶族狗尾衫套装之黑色土布百褶短裙尺寸图（单位：cm）

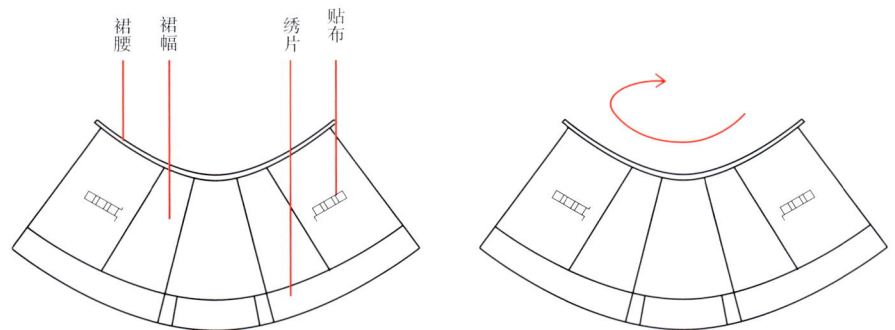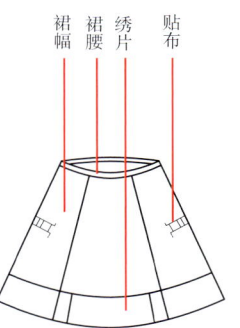

图三　瑶族狗尾衫套装之黑色土布百褶短裙结构名称图

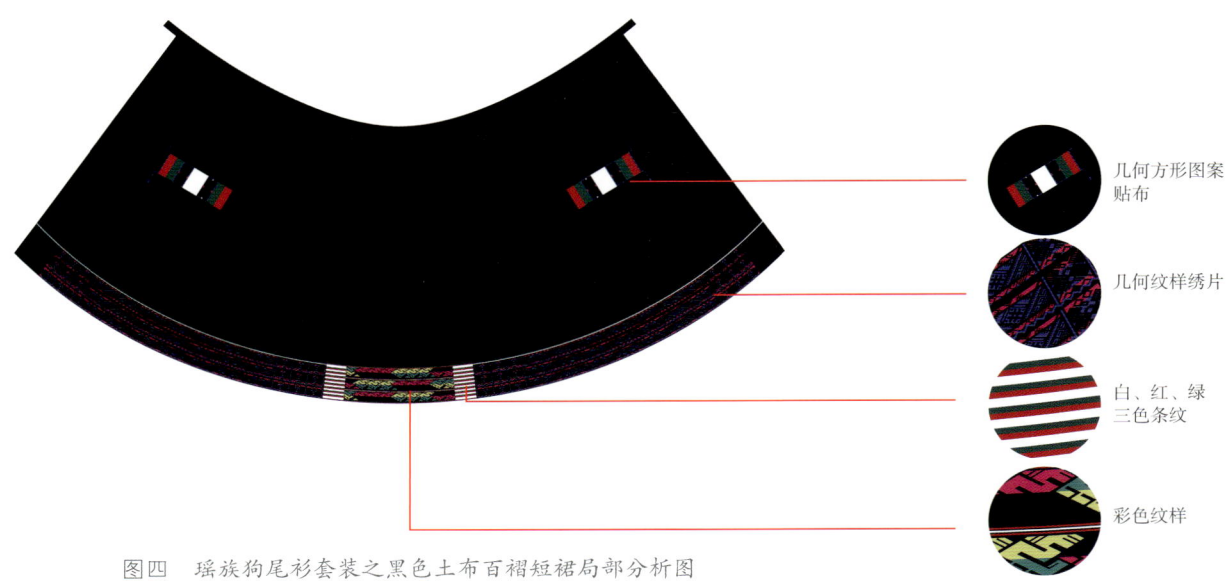

图四　瑶族狗尾衫套装之黑色土布百褶短裙局部分析图

几何方形图案贴布

几何纹样绣片

白、红、绿三色条纹

彩色纹样

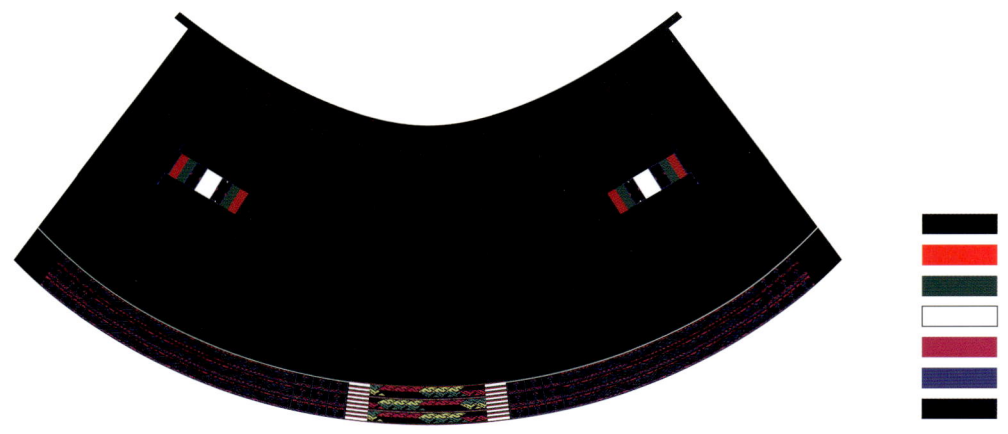

图五　瑶族狗尾衫套装之黑色土布百褶短裙色彩分析图

图六 瑶族狗尾衫套装之黑色土布百褶短裙穿着效果示意图

白裤瑶对襟窄袖男上衣

图一　白裤瑶对襟窄袖男上衣主图

白裤瑶属于我国瑶族四大支系中布努瑶的分支，因其支系的男子穿搭及膝的白裤而得名。白裤瑶祖先大约是隋唐时期开始迁徙到广西丹池一带的，随后又由丹池迁徙至贵州。

本案例选自广西壮族自治区河池市南丹县，由黑色土布制成，长51厘米、宽133厘米，袖口宽12厘米，下摆宽57厘米。衣身为黑色，背面衣摆处有刺绣。

白裤瑶的服装较于其他瑶族支系服装更为独特，以蓝色、黑色为主，搭配橘色、红色的刺绣，内敛而又不失活泼。上衣由三件同款单衣缝合后套穿，袖口处有三层12厘米宽蓝色土布镶边装饰，呈阶梯状叠加。松身窄袖，两襟对开无扣，穿戴时搭配相同刺绣式样的腰带，于腰间固定整件上衣。衣领似立领，背面衣脚中间剪开的"燕尾"外翘2厘米。衣摆用橘黄、红色丝线绣出斑斓夺目的方形几何图案和6个米字纹，米字纹又称为"蜘蛛纹"，来源于当地人民对蜘蛛的崇拜。制作工艺主要分为纺织、蜡染和刺绣三个部分，人们用织布机织出白色土布，然后再进行蜡染上色，之后根据衣服的款式裁剪缝纫，最后用色彩明亮的彩线绣出代表瑶族特色的纹样。上衣前片与后片装饰在色彩上有着鲜明的对比，为整体服装增添了一种神秘感。

白裤瑶男上衣采用了平面的蜡染与立体的刺绣，结合了前片色彩的深沉与后片彩线的活跃，侧面地将瑶族人民情感上的含蓄与个性上的热情精准地表达出来，在满足民族文化内涵的同时又不失装饰性，是民族服饰创作中一件独具风格的作品。

图片来源
图一至图六　赵思颖　制图

图二　白裤瑶对襟窄袖男上衣背面图

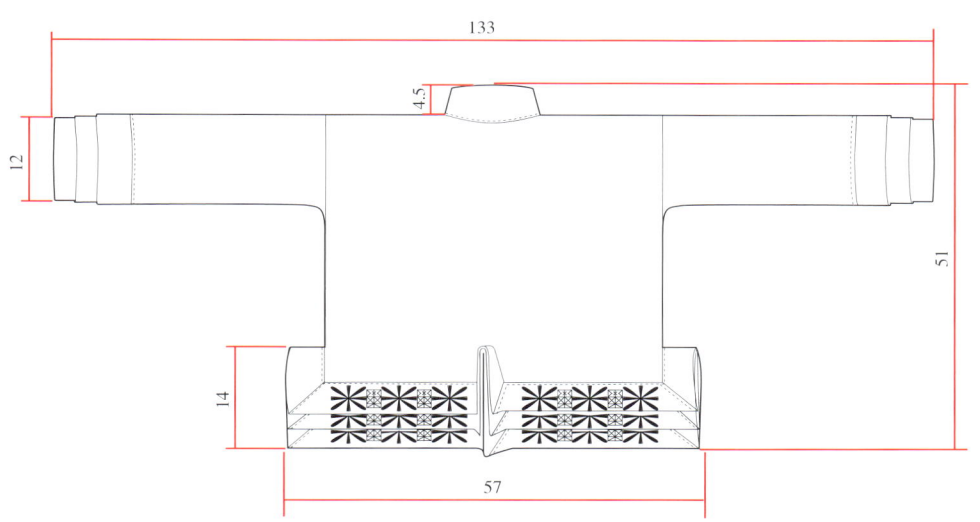

图三　白裤瑶对襟窄袖男上衣尺寸图（单位：cm）

第二章　瑶族传统服饰

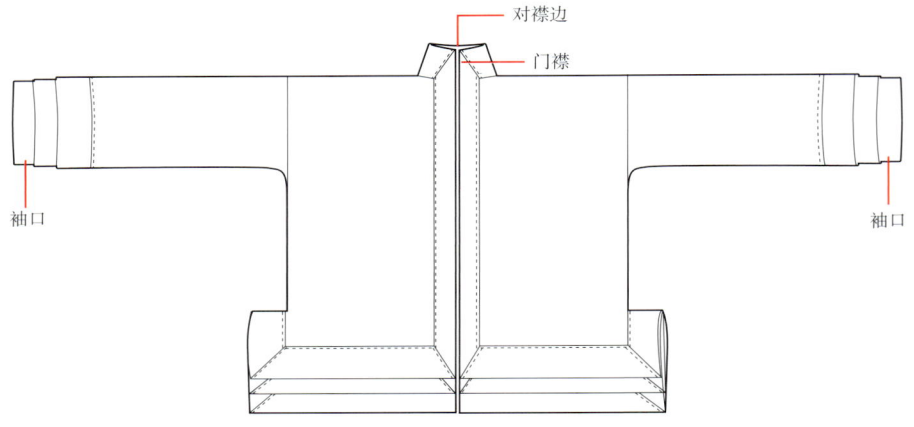

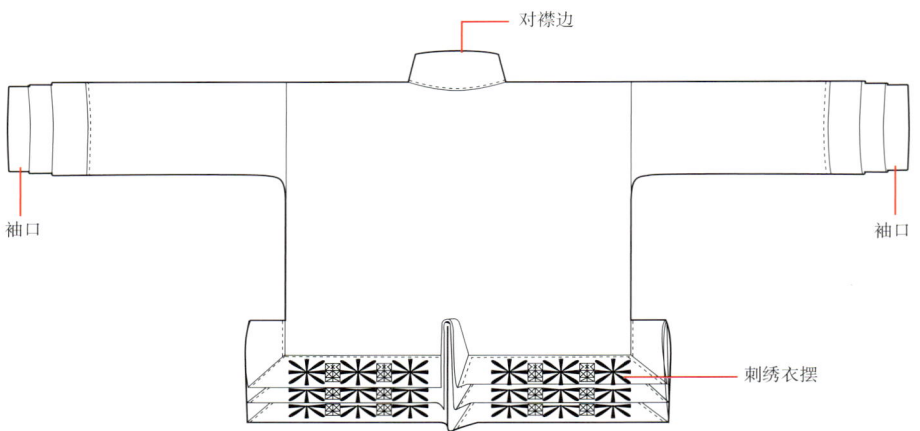

图四　白裤瑶对襟窄袖男上衣结构名称图

图五 白裤瑶对襟窄袖男上衣色彩分析图

图六 白裤瑶对襟窄袖男上衣局部纹样效果示意图

白裤瑶五指纹男短裤

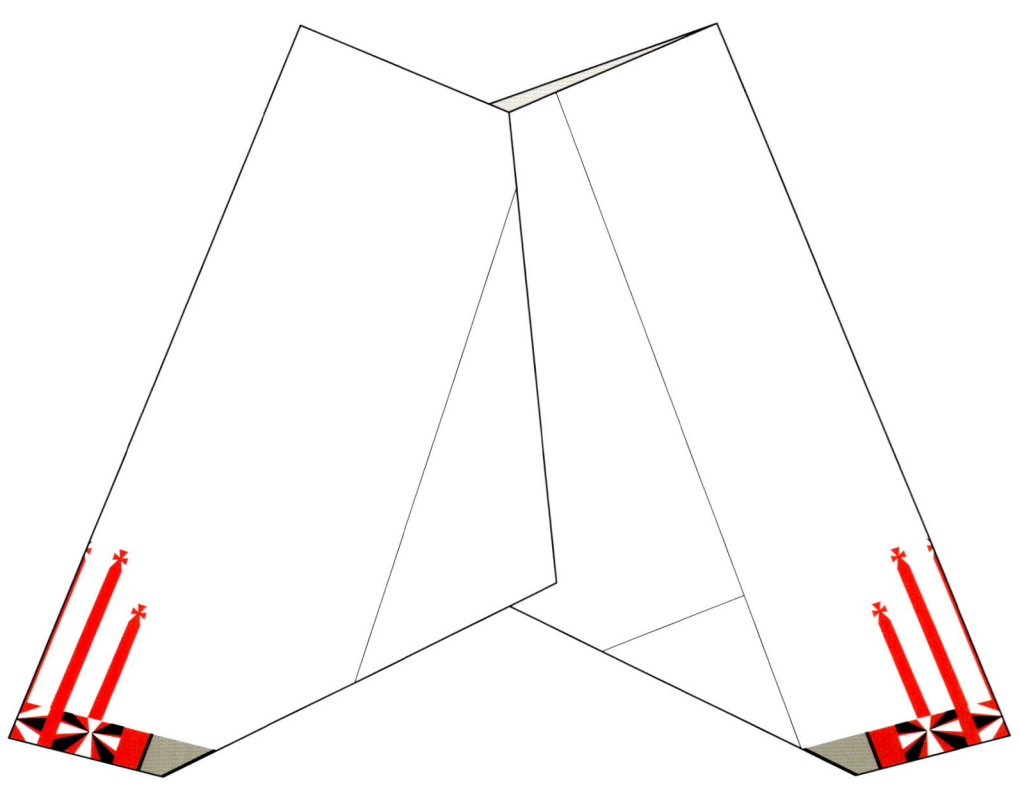

图一 白裤瑶五指纹男短裤主图

白裤瑶是我国瑶族的重要支系之一，主要聚居在广西西北的南丹县八圩、里湖瑶族乡以及贵州省荔波县朝阳区瑶山乡一带。因该族男子皆穿长至膝盖的白色短裤、包白色头巾，故得名"白裤瑶"。

本案例采集于广西壮族自治区河池市南丹白裤瑶生态博物馆，裤长68厘米，腰围90厘米，裤脚宽16.5厘米。短裤用白色土布织造而成，为了适应各项生产活动，特在裆部加缝一片布，在裤脚收口处作收紧处理，所以整体裤型裤头略大，裤裆较宽，裤裆长度可以包裹住膝盖，且紧贴膝腿。

白裤瑶是山地居民，早期多狩猎，紧腿的短裤更适合山地行走，裤裆较大也适合狩猎时蹲、跑、跨等动作；天冷或到山里作业时配绑腿，在丛林中穿行也可以保护小腿皮肤不受植物的刮伤。裤腿两侧分别有宽约3厘米的米字形纹样镶边，不仅具有装饰作用，又可增加裤脚收口处的紧固度。在米字形纹样上又绣有5条宽约1厘米的橘红色线，中间长两边依次递减，称为"五指印"。五指印纹样据说是为了纪念先祖瑶王，先祖瑶王为了反抗土司的残酷统治，带领本民族勇士浴血奋战，战斗到最后，瑶王单膝跪地将沾满鲜血的手印印于裤膝之上，后人遂把象征着五指的图案绣于短裤之上，以寄托对英雄瑶王的追思。时至今日，也可以将它当作一个族系的图腾。

白裤瑶男短裤展示出了本族女子挑绣技艺的高超，不仅图案细腻精美、配色醒目，而且寓意深远、风格古朴，极好地反映了该族系人民在应对自然环境的同时，不断完善自身的着装方式。

图片来源

图一至图五　刘翔宇　制图

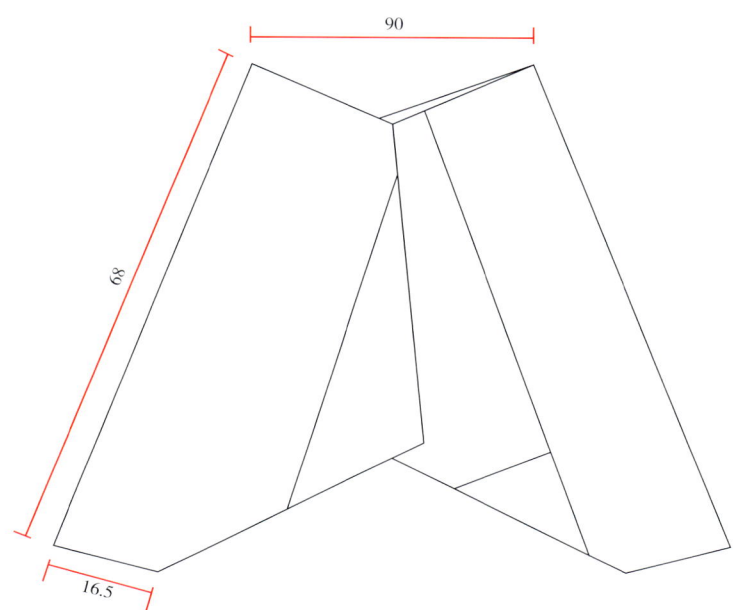

图二　白裤瑶五指纹男短裤尺寸图（单位：cm）

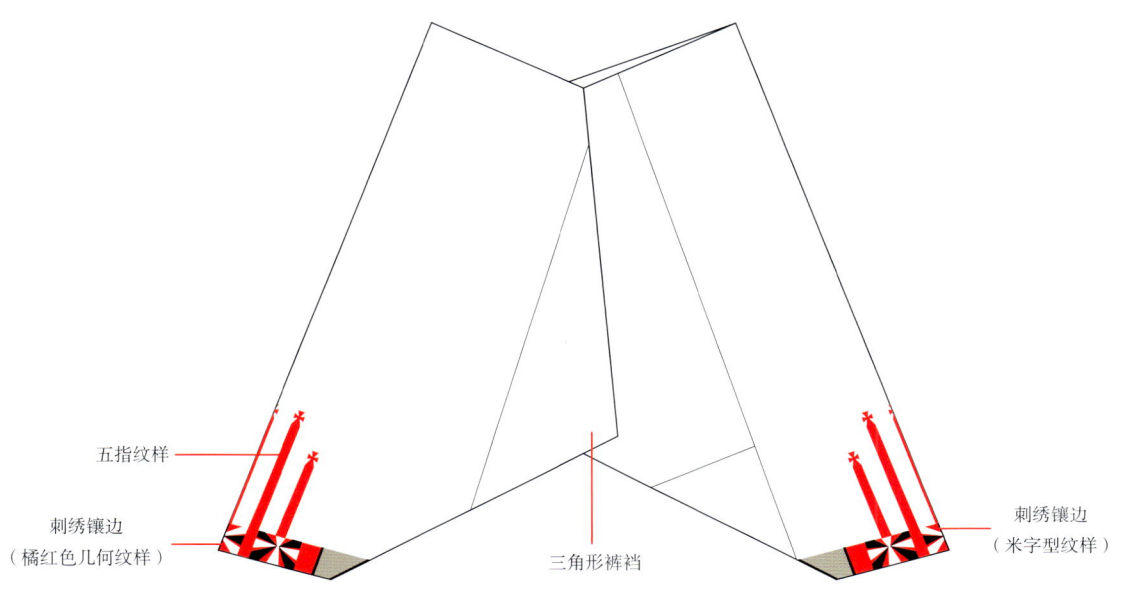

图三　白裤瑶五指纹男短裤结构名称图

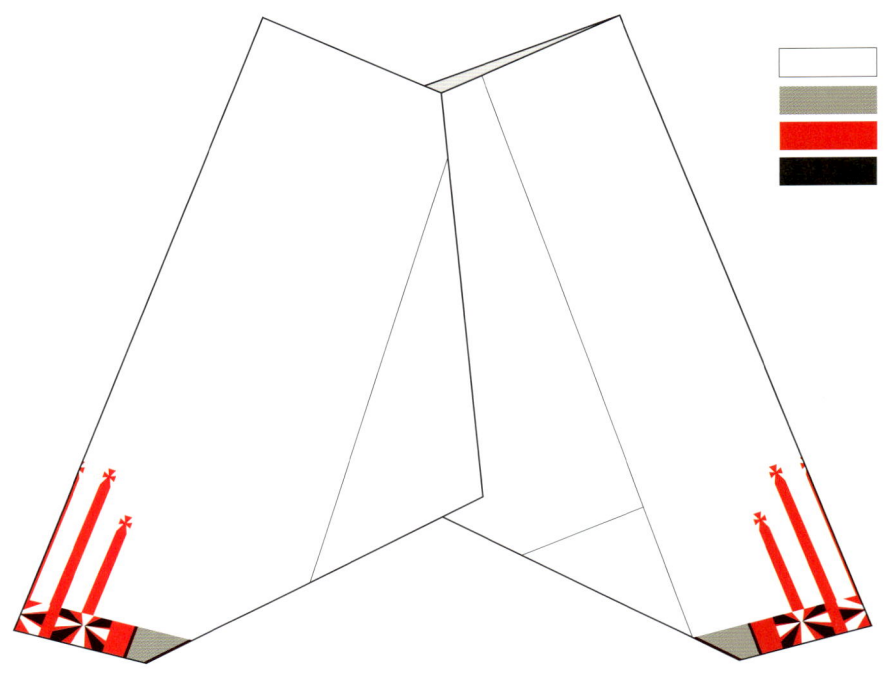

图四　白裤瑶五指纹男短裤色彩分析图

图五　白裤瑶五指纹男短裤纹样效果示意图

顶板瑶绣花鞋

图一　顶板瑶绣花鞋主图

　　湖南省郴州市桂阳顶板瑶是地处湘南的一个瑶族分支，因其头饰衬有顶板，有别于其他瑶族支系，故而称之为顶板瑶。顶板瑶的女性十分善于刺绣，每个顶板瑶姑娘从六七岁时就开始练习刺绣，一直绣到出嫁。

　　本案例中的绣花鞋长24厘米、宽8.8厘米、高10厘米。鞋面多采用锁绣工艺，行针流畅、立体感强。所谓锁绣，就是指刺绣的针脚如同锁链，环环相扣地盘绕着，是瑶族常用的刺绣方法。鞋的内衬为红色，与鞋身的红色和蓝色形成呼应。和汉族一样，红色在瑶族人民心中也是具有吉祥纳福的喜庆之意，同时红色在瑶族也象征着他们的祖先在奋勇杀敌时所留下的鲜血。带着这种承载着吉祥和民族自豪感的双重含义，红色广泛地出现在瑶族的各种绣品中。鞋面上运用的蓝色能够很好地中和红色所给人带来的艳俗感，使得整双鞋既有热烈的暖色又有沉静的冷色，从视觉方面增添了整双鞋的厚重感，充满协调之美。

　　顶板瑶的绣花题材多反映其所处的环境，其中主要以山川草木、花鸟鱼虫、日月星辰为主。她们通过敏锐地观察生活，并结合自身生产生活的实践，运用自己勤劳的双手，创造出一件件具有本民族特色的刺绣作品。在重视发扬本民族文化的今天，这些刺绣作品无疑是顶板瑶宝贵的物质财富，对深挖瑶族设计文化有着十分重要的价值。

图片来源

图一　葛芳　摄影

图二至图五　何卓嫔　制图

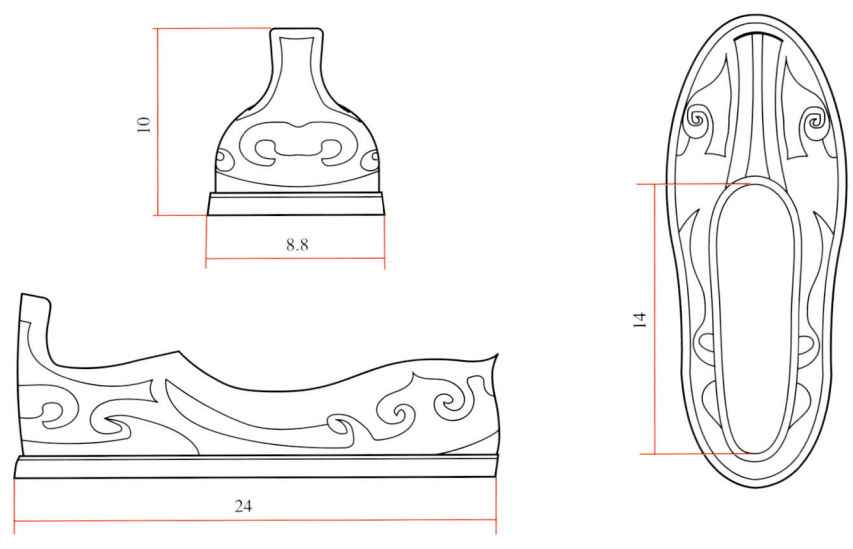

图二　顶板瑶绣花鞋尺寸图（单位：cm）

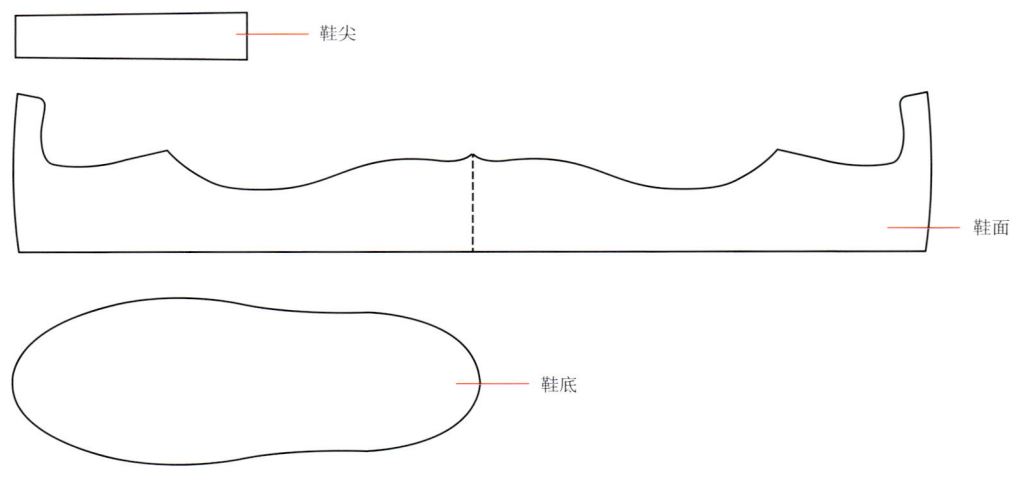

图三　顶板瑶绣花鞋开片图

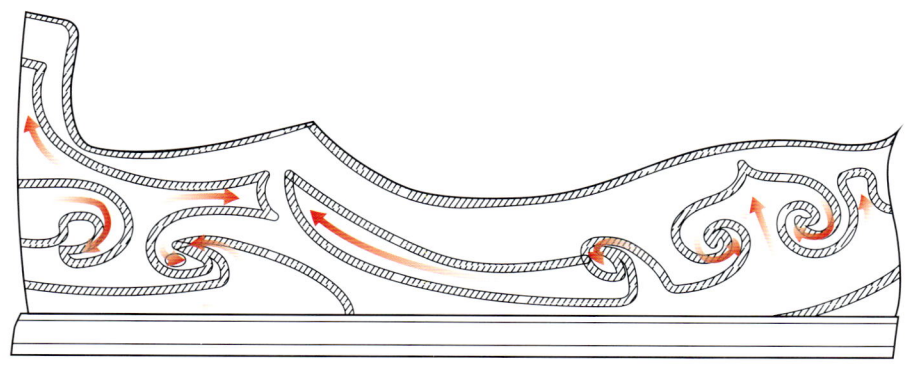

图四　顶板瑶绣花鞋纹样分析图

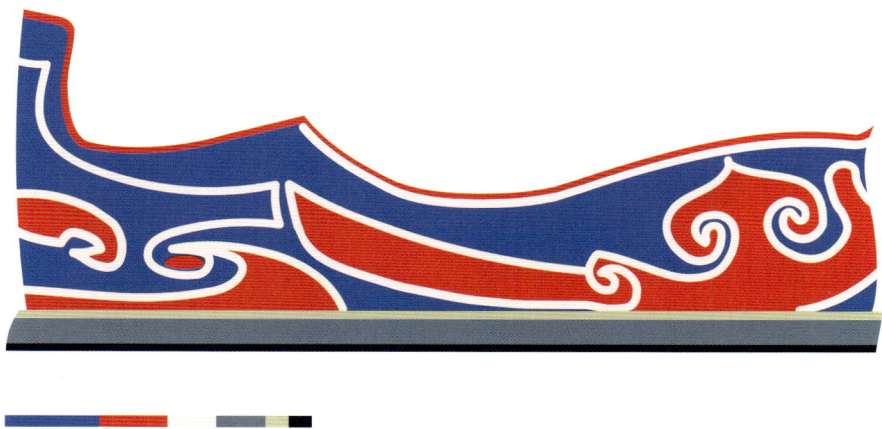

图五　顶板瑶绣花鞋色彩分析图

展，金秀瑶族的刺绣工艺也面临着传承与发展的危机。

图片来源
图一　葛芳　摄影
图二至图六　陈璐　制图

图二　盘瑶新娘绣花头帕尺寸图（单位：cm）

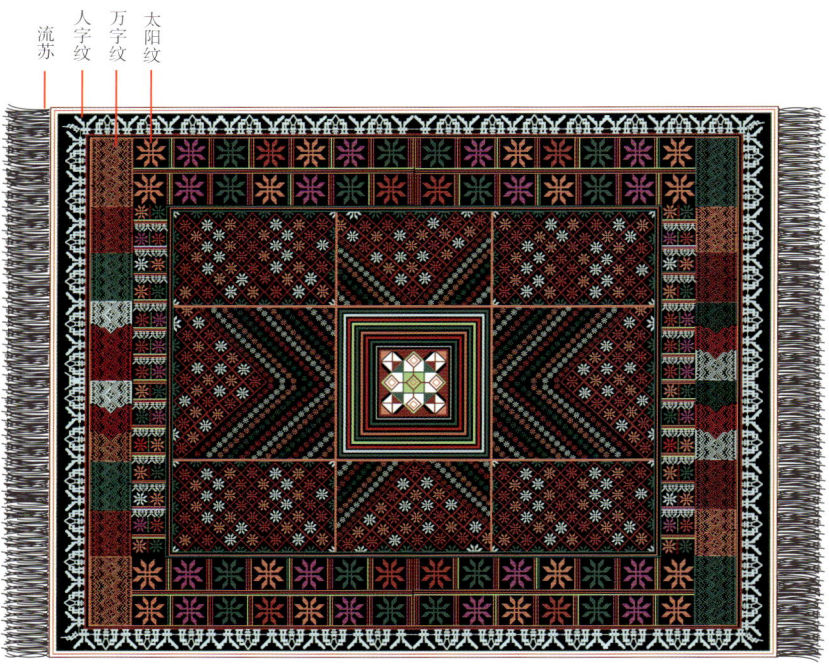

图三　盘瑶新娘绣花头帕装饰、纹样名称图

（标注：流苏　人字纹　万字纹　太阳纹）

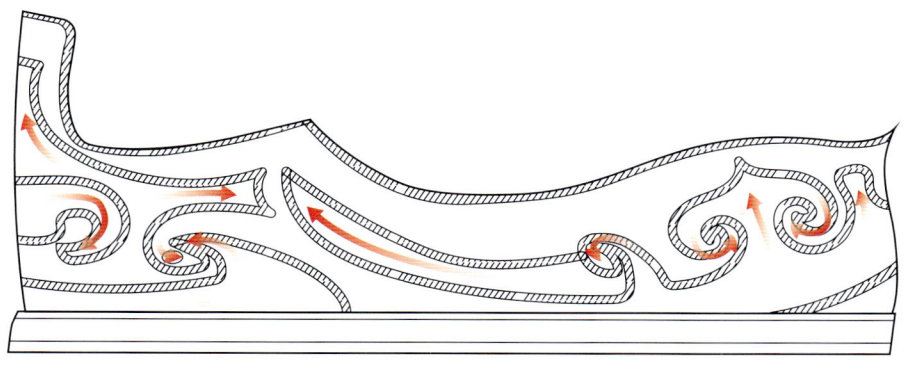

图四　顶板瑶绣花鞋纹样分析图

图五　顶板瑶绣花鞋色彩分析图

第二章　瑶族传统服饰

茶山瑶银顶板

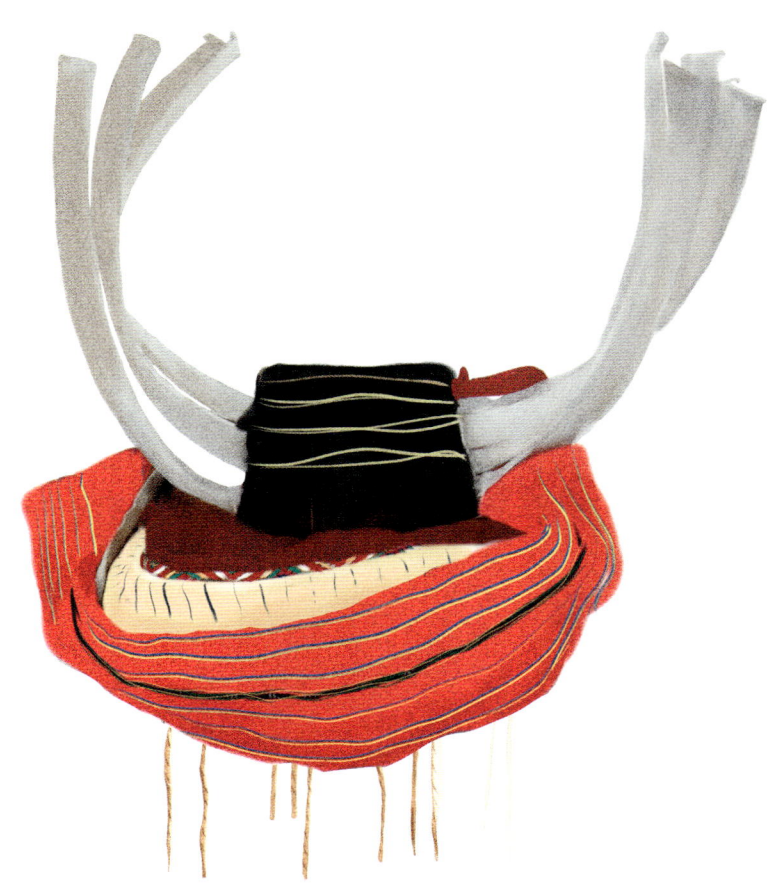

图一　茶山瑶银顶板主图

纵观民族服饰的搭配，头饰历来是各民族的重要标志之一，茶山瑶妇女的头饰造型奇特，帽冠上三对翘翘的大银板宛若麋鹿的双角，在阳光下熠熠生辉，银顶板主要流行于广西金秀瑶族自治县。

茶山瑶妇女的头饰大致有四种样式：第一种是银钗样式，是成年妇女的头饰，用三块长方圆弧线的银板装饰于帽冠上。第二种银簪样式，是在发髻后插上一支雕有花卉图案的长方形四齿大银簪，瑶语称"宾彩"。第三种竹篾样式，是在发髻上罩一个用竹篾制成的圆圈。第四种絮帽样式，是在发簪上罩有头巾，头巾的一端接有棉纱絮絮，包头时叠成帽状（少数民族编：《中华民族服饰结构图考》[M]，中国纺织出版社，2013）。

本案例征集于中央民族大学民族博物馆，属于第一种银钗样式。此头饰由三块银翘板拼成半圆形，每块板束腰，其材质为光亮的银板。银顶板宽 7 厘米、直径 40 厘米、高 13.5 厘米、重约 1 千克，无图案，三块并列于托板上。佩戴方式是先将头发盘于头顶上，然后用红色锦带盘绕，接着用混有花边的白头巾包头，之后再将银顶板横向固定于头顶上。

茶山瑶九至十四岁的女童戴"平头"头饰，头饰与成人不同之处在于顶板不是弧形而是直线条，银板上通常可有龙凤花草等图案装饰。

图片来源
图一至图二　徐芷璇　翟丽娟　制图
图三　李丽　制图
图四至图五　侯亮　制图

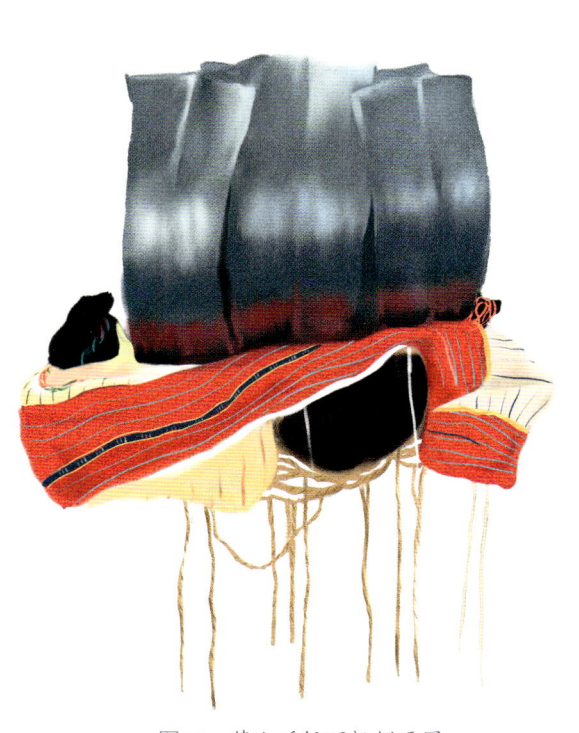

图二　茶山瑶银顶板侧面图

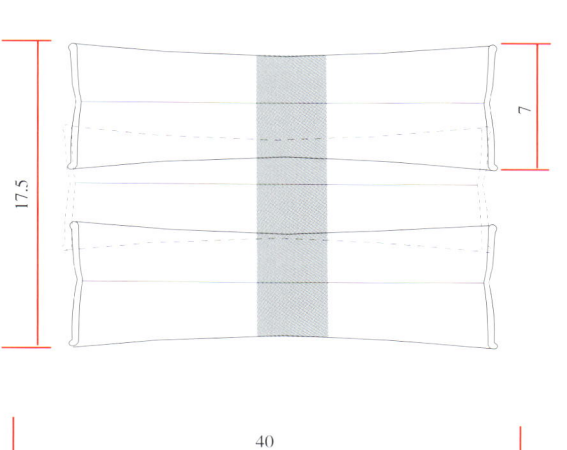

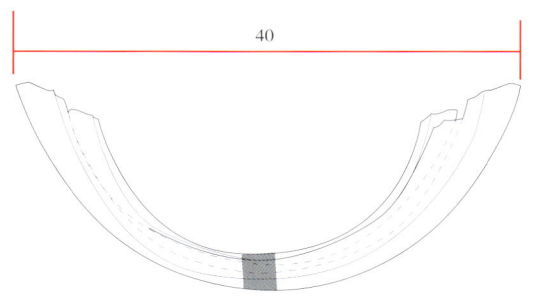

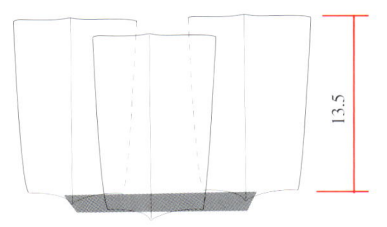

图三　茶山瑶银顶板尺寸图（单位：cm）

图四　茶山瑶银顶板佩戴效果示意图（正面）

图五　茶山瑶银顶板佩戴效果示意图（侧面）

顶板瑶峨冠帽

图一　顶板瑶峨冠帽主图

峨冠帽是瑶族头饰非常重要的一部分，由于瑶族支系众多，分布广阔，各支系的服饰也不尽相同，峨冠帽的造型也千差万别。顶板瑶妇女服饰造型、图案、色彩、样式一直保留了本民族最传统的特质，头饰作为服饰中一个重要的组成部分，其文化意义深远，艺术价值极高。影响顶板瑶服饰的因素有很多，年龄、性别、环境、季节等。本案例采集自湖南永州。

峨冠帽制作过程十分讲究，首先选用三根大约长66厘米的竹篾条，竹篾条要硬挺光滑、竹节要较长。其中一根比大拇指稍粗，另外两根与小指差不多粗细。选好以后，将这三根竹篾条劈成两半，将皮刨光，然后均匀地刷上黑漆，在通风处晒干，晒好后，取两条粗的、一条细的，以10厘米的间距，将其摆成三字形，再取出另外两根，相互交叉，插在三字形上，将竹篾撑成66厘米宽、20厘米高的梯形"顶板"。基础框架做好之后，撑起了帽子的形状，开始进行装饰。在帽形的外面，挂上事先装饰好的青布，青布上是姑娘们自己亲手绣的一些寓意吉祥的图案和花纹。有的顶板瑶姑娘也会在竹篾上挂上两条长大约84厘米的珠链，珠链由同黄豆一样大小的珠子串在一起，另外有的顶板上还会挂上彩穗、银牌、银花以及铜钱等装饰物，这样具有浓郁顶板瑶风格的峨冠帽就做成了。

峨冠帽的头饰造型很夸张，色彩拼接和刺绣纹样也是重点装饰的细节。青蓝色的家织土布在头帕的两端，高纯度、高明度的红、蓝色块拼接，冷暖之间的对比，碰撞在一起，起到很好的点缀作用。在竹篾上，系扎的丝穗有红色、紫色等色彩鲜艳的颜色，红色系之间的搭配，不至于破坏了主体碰撞的效果，退而求其次地进行了色彩上的点缀。在头饰的拼接处，有二方连续的挑花图案装饰，图案精致小巧，多选择明亮的色系丝线进行挑绣，大多是在白、蓝、红、黑四种颜色，挑花线路粗细均匀。顶板瑶女子成年后就要佩戴这种顶板，也标志着姑娘们到了谈婚论嫁的年纪。一般在结婚满一周年之后，就可以取下峨冠，将头顶的头发用花帕包缠，表示已经成家立业，开始新的生活。

图片来源
图一　侯亮　摄影
图二至图六　侯亮　制图

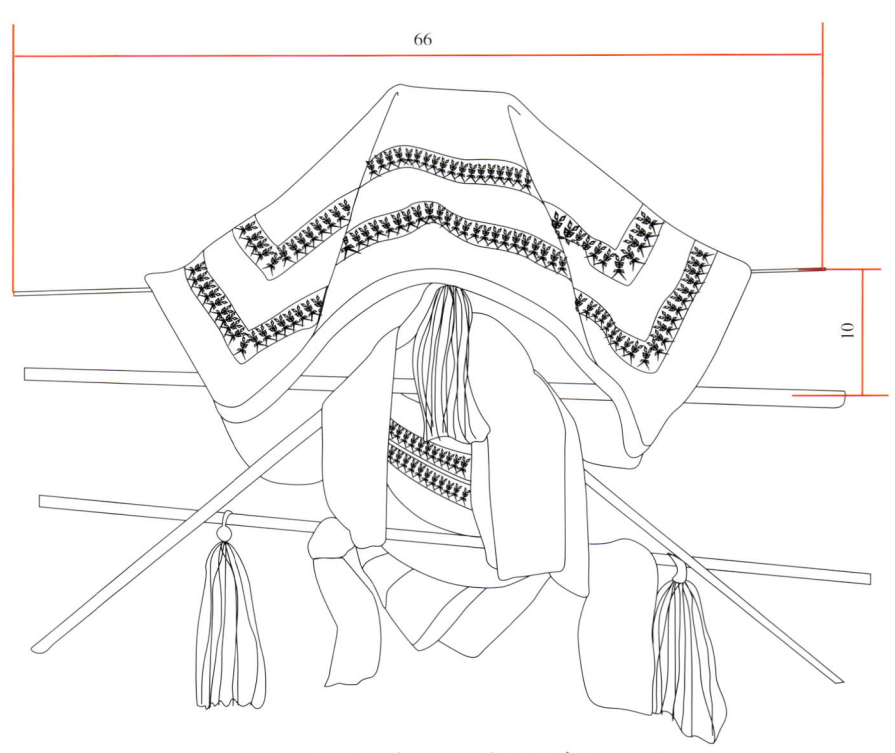

图二　顶板瑶峨冠帽尺寸图（单位：cm）

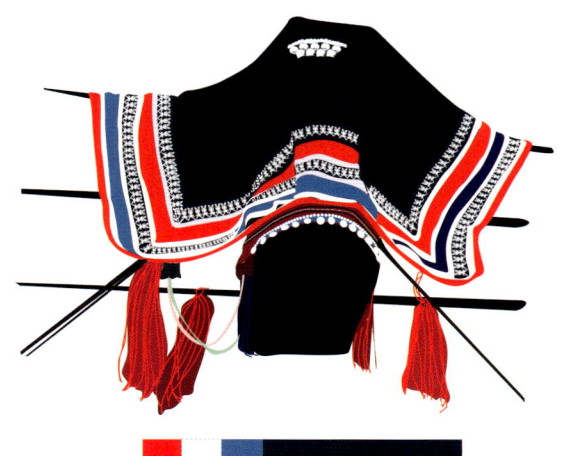

图三　顶板瑶峨冠帽色彩分析图

图四　顶板瑶峨冠帽展示图

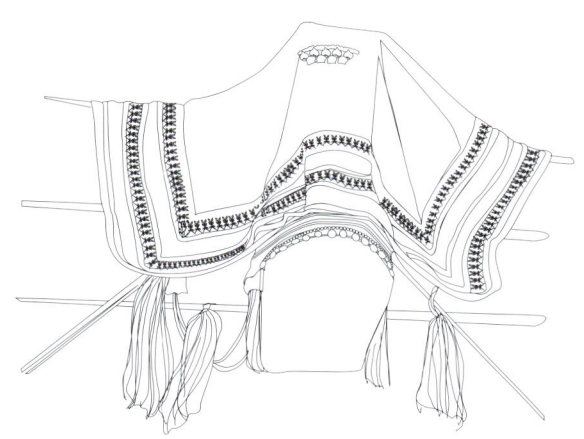

图五　顶板瑶峨冠帽线描图

图六　顶板瑶峨冠帽佩戴情境图

第二章　瑶族传统服饰

花头瑶女子方头巾

图一 花头瑶女子方头巾主图

花头瑶是瑶族的一个支系，本案例采集于广东瑶族博物馆，该方头巾以红、黑色为主，对称两角缀有玫红色长流苏，艳丽抢眼，花头瑶的名字也是由此而来。花头瑶女子服饰由头饰、长褂上衣、短裤、绑腿等部分组成，整体以黑色、红色为主。

花头瑶妇女头饰较为考究，在盘制过程中，先将头发扎起，绕于头顶盘成发髻，侧面看头发蓬松自然，并不追求紧致的效果；然后戴一个发罩盖住发髻，该发罩似黑色大碗倒扣于发顶，发罩正中间镶一银片，银片为太阳纹，周边挂着两圈圆形银片，每圈十五个；之后用玫红色线缠绕头部七八圈，将发罩与头发箍牢；最后用一块绣有花纹的方形头巾盖住发罩。该头巾纹饰以几何纹样为主，骨骼格式是固定的，但上面绣的文字不限，以祝福的话语为主；头巾四边缀彩珠，垂对角两边分别有两股一米多长的丝线，以玫红色为主，点缀黄、蓝等颜色，丝线交错地固定在头顶，多余的部分垂于两耳长至胸前。

图片来源
图一、图六　侯亮　摄影
图二至图五　戈珊珊　制图

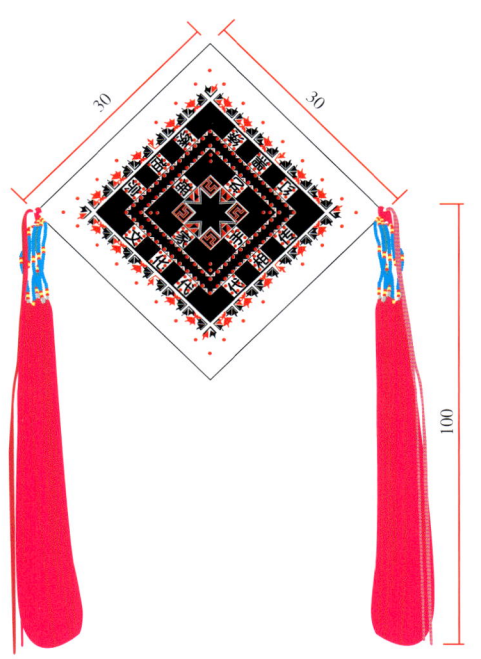

图二　花头瑶女子方头巾尺寸图（单位：cm）

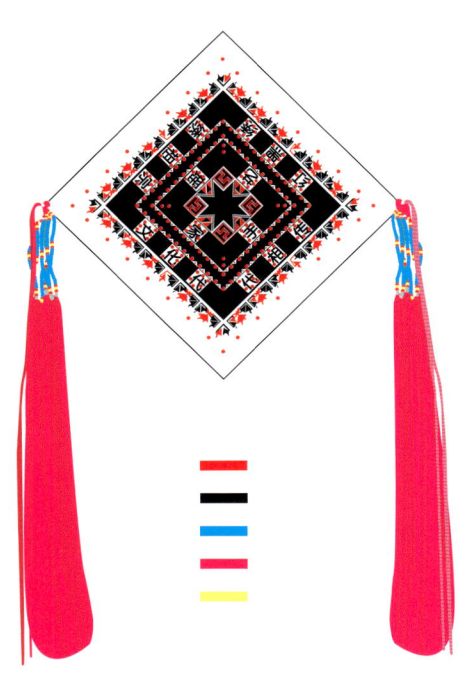

图三　花头瑶女子方头巾色彩分析图

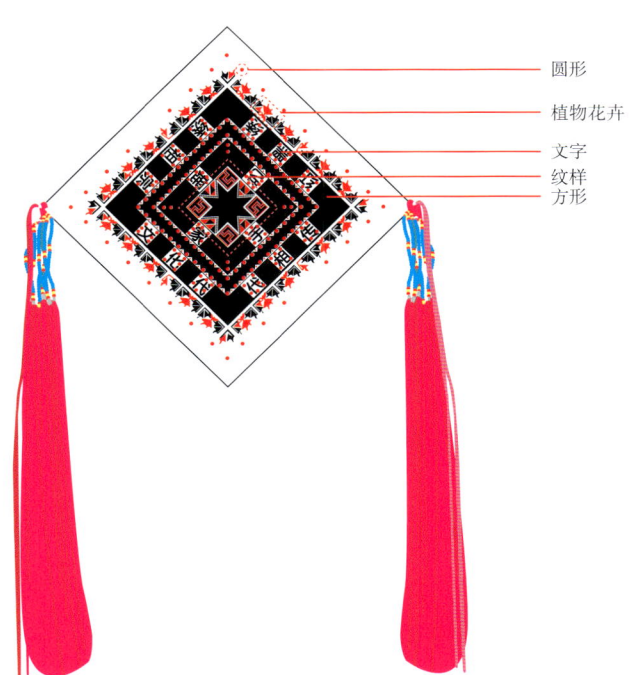

圆形
植物花卉
文字
纹样
方形

图四　花头瑶女子方头巾图案分析图

第二章　瑶族传统服饰

149

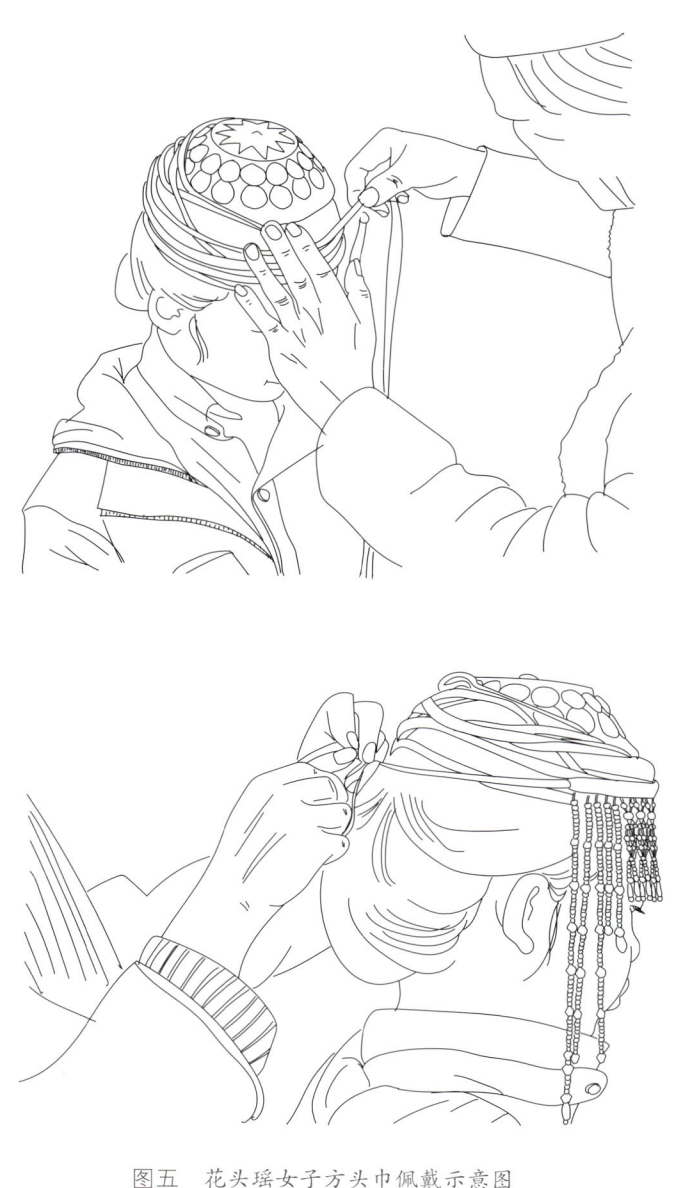

图五　花头瑶女子方头巾佩戴示意图

图六　花头瑶女子方头巾佩戴效果示意图

排瑶男式红布包头

图一　排瑶男式红布包头主图

男式红布包头是广东连南排瑶男士的头部装饰，类似一个大圆盘，通常由 3 米多长的红布盘绕于头部，并在脑后插 1 至 3 支雉鸡尾羽或白色鸡毛。

瑶族服饰华丽繁复，其不仅起到装饰自身的作用，更主要的是装饰形式承载了该族系特殊的历史痕迹，排瑶头饰上的雉鸡尾羽或白色鸡毛象征利剑，是为了纪念当地的英雄豆腐八王。这种将历史事件记录在本族服饰上的装饰方式，还出现在白裤瑶男子裤装"血手掌印"的装饰纹样，以及女子无领无袖贯头衣背部"盘王印"等装饰上。

本案例红布包头为方便佩戴也做了改良，将红布对折成需要的宽度，以头围为圆心，层层围绕，每层缝合固定，可当帽子直接佩戴，避免了在活动中包头散开的不便。改良后的包头比传统的包头看起来更工整且体量更大。

复杂的制作工艺和繁复的穿戴是传统服饰面临萎缩和消失的制约因素。瑶族人民在适应简单方便的现代服饰的同时，不断改良本民族传统服饰，使得服饰文化不断相传。

图片来源
图一　侯亮　摄影
图二至图三　侯亮　制图

第二章　瑶族传统服饰

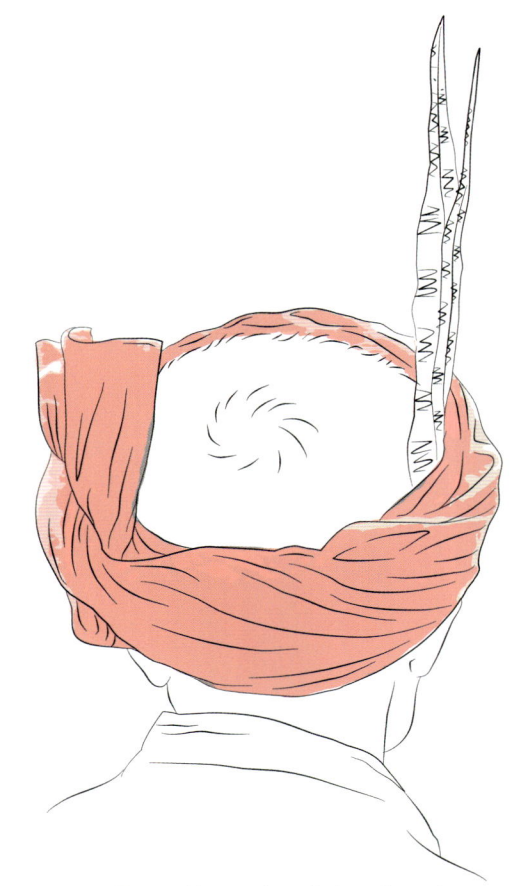

图二 排瑶男式红布包头背面图

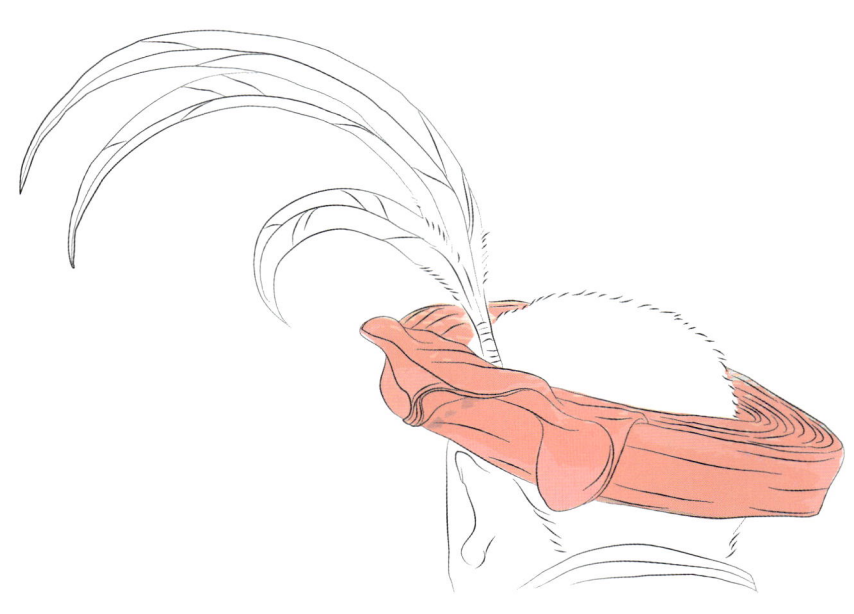

图三 排瑶男式红布包头鸡毛装饰图

盘瑶新娘绣花头帕

图一 盘瑶新娘绣花头帕主图

本案例采集自广西金秀，通长 104 厘米，通宽 71 厘米。据记载瑶族的刺绣艺术宋代时就已经非常发达，刺绣是瑶族重要的手工艺之一，是瑶族文化的重要象征。

瑶族对自然的崇拜也表现在了刺绣上，他们将对自然的信仰转化成不同的图案，通过刺绣表现在服饰上面，以庇护保佑使用者。瑶族的刺绣虽丰富多样，但多为几何形纹样，以点、线、面、正方形、三角形、菱形为元素，组成锯齿纹、万字纹、八角纹、盘王印、回纹、云雷纹等纹样。本案例中的纹样主要为八角纹、锯齿纹狗牙边，头帕中心位置绣有"盘王印"。每一种纹样都具有象征意义，八角纹象征太阳，体现了瑶族作为一个农耕民族对太阳的崇拜；锯齿纹狗牙边反映了瑶族的犬图腾崇拜；"盘王印"源于盘王的传说，

将盘王印绣于服饰之上，不仅是对先祖的感恩，还是以"盘王印"护身。

瑶族的妇女外出都会将刺绣随身携带，金秀地区的瑶族女孩长大后都要为自己绣嫁妆中的饰物，头帕则是这其中的代表性饰物。瑶族刺绣的针法较多，本案例主要运用了十字挑花的绣法。十字挑花非常适用于以几何图案为主的瑶族，工整对称，因此绣制时一般不做底稿，黑、白色线按布纹绣出等大方框，再于方格中根据布的经纬交织，运用针法绣入几何图形。

由于金秀位于大瑶山的主体山脉上，这里聚居着盘瑶、山子瑶、坳瑶、花蓝瑶、茶山瑶五大支系，交通的闭塞与长久的聚居，使得金秀地区的瑶族传统刺绣文化有了良好的传承与延续，但随着金秀地区的发

展，金秀瑶族的刺绣工艺也面临着传承与发展的危机。

图片来源
图一　葛芳　摄影
图二至图六　陈璐　制图

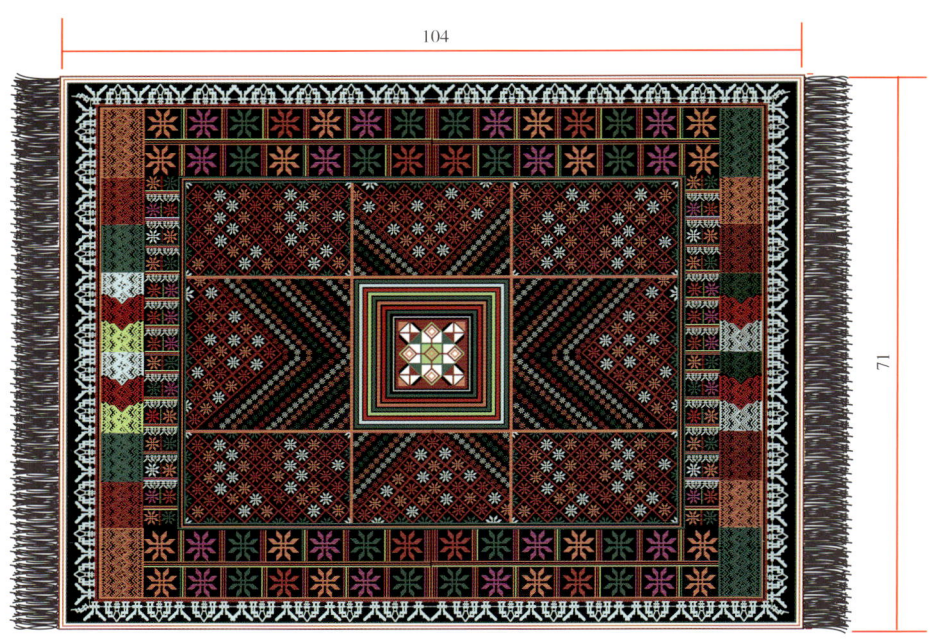

图二　盘瑶新娘绣花头帕尺寸图（单位：cm）

图三　盘瑶新娘绣花头帕装饰、纹样名称图

图四 盘瑶新娘绣花头帕色彩分析图

图五 盘瑶新娘绣花头帕佩戴效果示意图（正面）

图六 盘瑶新娘绣花头帕佩戴效果示意图（背面）

第二章 瑶族传统服饰

红瑶童帽

图一　红瑶童帽主图

瑶族头饰种类丰富多样，且随着服饰的变化而变化，它包括头发的样式、头饰的种类和配件，儿童帽也是众多头饰中的一支。本案例征集于广西龙胜黄洛红瑶寨，是当地常见的儿童配饰，直径约18厘米、高约10厘米，以黑色绒布为基本材料，内壁为红色棉布，且夹有薄棉。帽子装饰纹样骨骼对称，帽檐口镶嵌九尊立体金属佛像；正面中间镶嵌一面金属兽面纹，兽面纹上有一对铃铛触角；帽子顶部有一条装饰性红布条；左右两边似兽耳。

瑶族在童帽的装饰上可谓下足了功夫，它既是一件舒适便捷的实用品，又是一件艳丽精美的艺术品。首先它具备头部保暖的作用，厚实的外盖和棉柔的内衬，皆考虑到孩童的需求。帽子上的铃铛既起到装饰作用，又在孩童行动时可发出声响，方便看护人注意。加长的后盖，能在冬天为脖子提供相应的挡风保暖的作用。帽子上的装饰纹样虽骨骼对称，但填入的花布却不拘泥，色彩活泼。

自古，繁衍生命就是大事，自"有喜"开始，母辈就开始操执一切用品，美好愿望都融入其中。红瑶童帽绣有天神、山神、雷神、兽头、佛像、平安牌等图案，这皆是他们对子孙的浓浓爱意，也是他们对自然崇拜的延续，表达了他们对图腾崇拜与多元服饰审美的趋同性。

图片来源
图一至图三　侯亮　摄影
图四　王玉银　制图
图五　侯亮　制图

图二　红瑶童帽侧面图

图三　红瑶童帽背面图

第二章　瑶族传统服饰

157

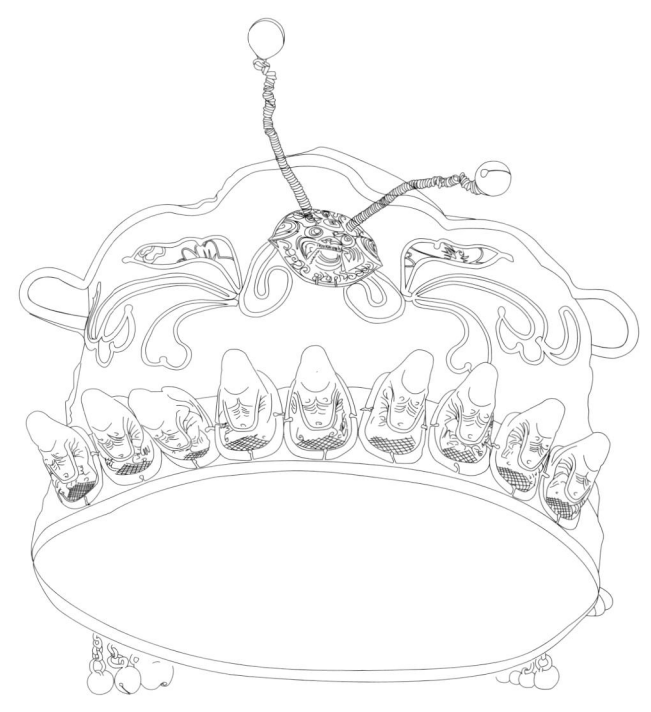

图四 红瑶童帽正面纹样效果示意图

图五 红瑶童帽帽顶纹样效果示意图

瑶族传统婴儿背带

图一　瑶族传统婴儿背带主图

婴儿背带可将幼儿固定于监护人的背部或胸前，是传统的育婴工具之一，至今还普遍存在于瑶族的日常生活中。背带常见的形制有一片式和"T"字形，由一片大块布幅及两条或四条布条组成。它分冬、夏两个季节，冬季面料厚实，夏季轻薄，背带后中有多层贴布固定，既保暖又美观。"幅八寸，长一丈二尺"是背带的常见尺寸，背带通常是自家手工制作，所以可根据具体需要调节尺寸。

背婴的方式通常有两类：后背式与前胸式。背婴的扎系方式基本相同，以后背式为例，先将婴儿放在大片布幅中间，头部露出的高度首先要参考孩童颈部骨骼的发育；交叉两边布条并掐紧左右两端布料，接着猫腰将婴儿放置背部固定；将两根布条垂放于胸前并交叉绕于背后，在幼儿的臀部绑结，并绕过幼儿的腿部再将布条牢牢地绑结固定于前腰上。

婴儿背带既是便捷、耐用的实用品，也是精致、漂亮的工艺品。它将孩童固定于监护人的背部，腾出了双手操持家务，看护与劳作两不误；婴儿背带的中心部位常常挑绣各种寓意祝福、吉祥的装饰纹样，凝结了长辈的诸多美好祝愿。瑶族传统婴儿背带上常见的纹饰题材有两类：一种是麒麟、福禄、团花等传统吉祥图案，另一种则是"盘王印"。可见，一件小小的婴儿背带，由对称、均衡的装饰纹样，到平绣、挑绣、十字绣等多样的刺绣手法，从多个侧面反映了瑶族妇女的心灵手巧和对美好生活的向往。

图片来源
图一　侯亮　摄影
图二至图三、图五至图六　侯亮　制图
图四　李丽　制图

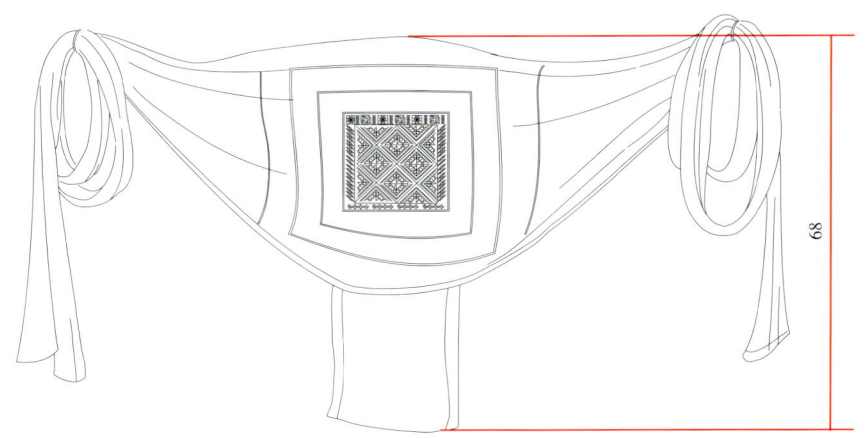

图二　瑶族传统婴儿背带尺寸图（单位：cm）

图三　瑶族传统婴儿背带纹样线描图

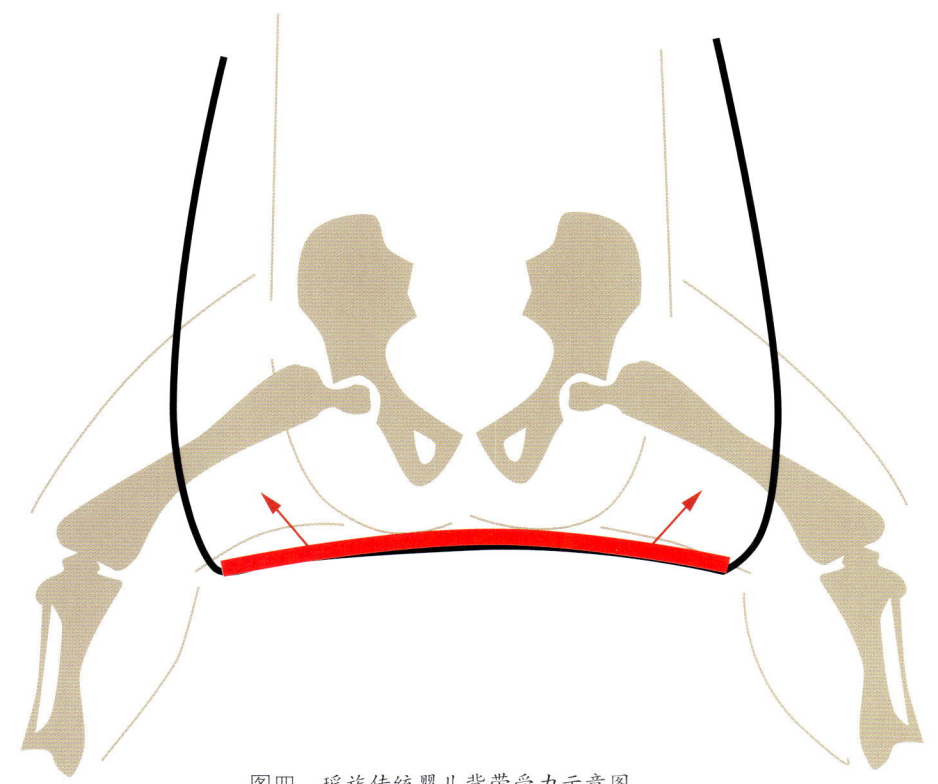

图四　瑶族传统婴儿背带受力示意图

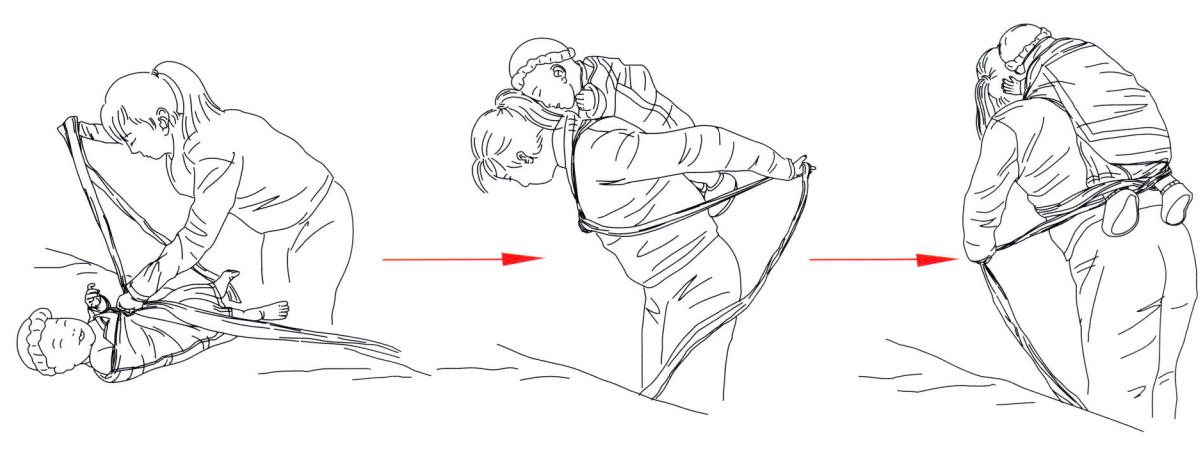

图五　瑶族传统婴儿背带后背式操作示意图

图六 瑶族传统婴儿背带使用情境图

排瑶绣花袋

图一　排瑶绣花袋主图

广东连南境内瑶族分为排瑶、过山瑶两大支系，是全国最大的排瑶聚居地。分布在连南香坪、金坑、大坪、盘石等地的瑶族支系主要为排瑶。排瑶因其聚落房屋排排相叠，依山傍水，故称排瑶。按照习俗，瑶族女子在十岁开始学习刺绣，在婚前，要把一生所需的挑花裙全部做好以做陪嫁。

绣花袋为香坪排瑶青年男女的定情信物，也被称为"种袋"或"龙种袋"，恋爱中的女子将刺绣精美的绣袋赠给心仪的男子，表达自己的情愫和贤淑。每年农历十月十六瑶族最盛大的"盘古王节"，青年男子将背着对方送的绣花袋，跳长鼓舞对唱山歌。这时哪个男子背的绣花袋最为精巧，则说明他的心上人最为心灵手巧，将备受称赞。

该案例拍摄于广东瑶族博物馆，以靛蓝色土布为底，以双花图案对称而成复合花纹，花中套花，中部十字挑盘王印。整个绣花袋做工精细，整体纹样枝繁叶茂，繁而不乱。绣花袋色彩采用红、黄、紫、白、绿五种色彩，以红、黄、紫等暖色调为主，以白、绿等冷色调为辅，整体色彩华丽，又不失层次。绣袋下角包有天蓝色衬布，起到打破平衡的装饰作用，同时又起到耐磨的实用作用。

刺绣前将绣布撑平折叠成合适的尺寸，然后在清水中清洗，以洗净绣布的残余染料，晾干后再进行刺绣。绣花袋的刺绣纹样因人而异，大多纹样师法自然，大多选择花纹、几何纹、动物纹、人形纹等。刺绣工艺常采用挑花技法，即在绣布上挑刺，反面挑花正面看，纹样没有束缚，可自由发挥。绣布一般采用特制的靛蓝色、白色、红色的棉麻土布，还要讲究绣布的纹理，不同的纹理会影响刺绣的线条效果。

绣花袋现虽为广东连南香坪排瑶的居家常用物品，但其手工缝制的特性和纹样体现的文化、宗教传承性却为平凡中增添了几分不凡。

图片来源
图一至图五　张亚堃　制图

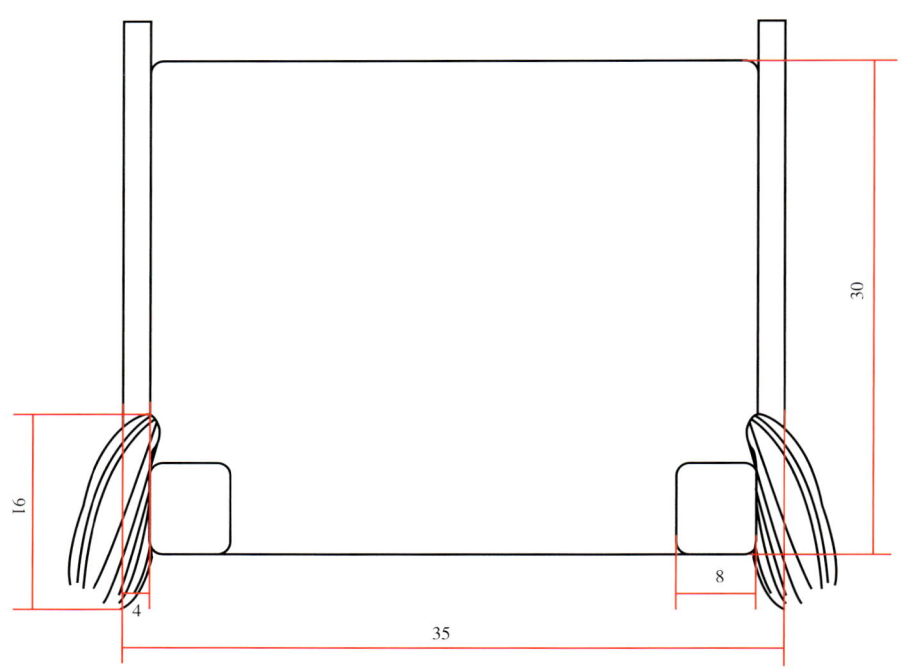

图二　排瑶绣花袋尺寸图（单位：cm）

图三 排瑶绣花袋色彩分析图

图四 排瑶绣花袋细节纹样效果示意图

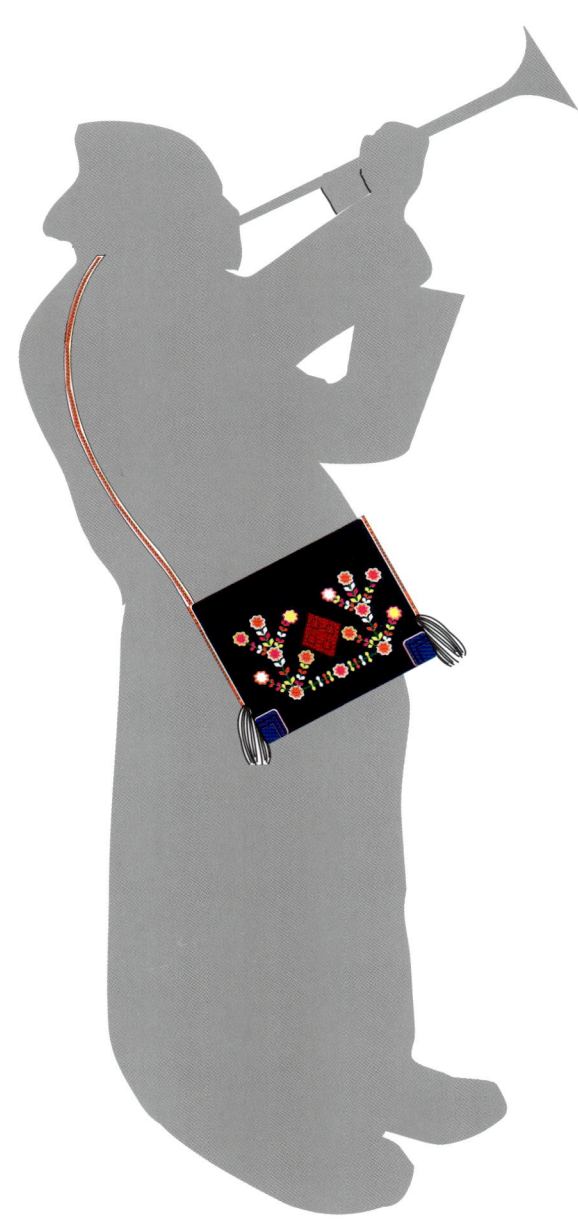

图五　排瑶绣花袋佩戴效果示意图

第三章 瑶族传统餐饮

蓝靛瑶花饭

图一　蓝靛瑶花饭主图

花饭是广西壮族自治区瑶族地区最具特色的传统美食之一，也是瑶族人民每逢祭祀或重大节日的传统美食。花饭是通过天然植物汁染出黑、红、黄、白、紫等颜色，从染色到蒸煮流程都极为讲究。同时经过植物染色的花饭也有强身健体、排毒养颜之功效。

广西蓝靛瑶处于祖国南疆，地属亚热带季风气候，雨水充沛、气候湿润，所处的地理环境为农作物提供了很好的气候条件，其农作物均为一年三熟。广西蓝靛瑶花饭的主要原材料就是当地所产的糯米。花饭的糯米在选材、染色以及制作方面都有严格要求，糯米需要新米，颗粒要饱满、颜色要白。只有上好的糯米制作出来的花饭才会更黏，口感更好。其次就是制作花饭关键性的一步——染色，将染色植物捣碎放到锅里煮沸，然后将白色糯米放入其中进行染色，待颜色浸透米质，糯米颜色改变后，用泉水将其清洗，最后放入阴凉处晾干。花饭颜色主要有黑、红、黄、白、紫，其中黑色染料是嫩枫叶，红色与紫色染料均为红蓝草，黄色染料为密蒙花。花饭的染料均为纯天然植物，植物本身具有各种医药功效，浸泡染出的米饭不仅口感好，同时也有清热降火等功效。将染好色的花饭置于木甑（木甑可以最大限度保存花饭饭香）中蒸煮40分钟。蒸好的花饭在日常生活中放置保存多日依旧可以保持色香味俱全。

蓝靛瑶人民通常在每年的三月初三祭祀祖先时制作花饭，其色彩寓意则是为了让祖先看到他们现如今五彩的生活。花饭在蓝靛瑶人心中有着不可替代、根深蒂固的地位。

图片来源

图一　翟丽娟　制图

图二至图五　王英　制图

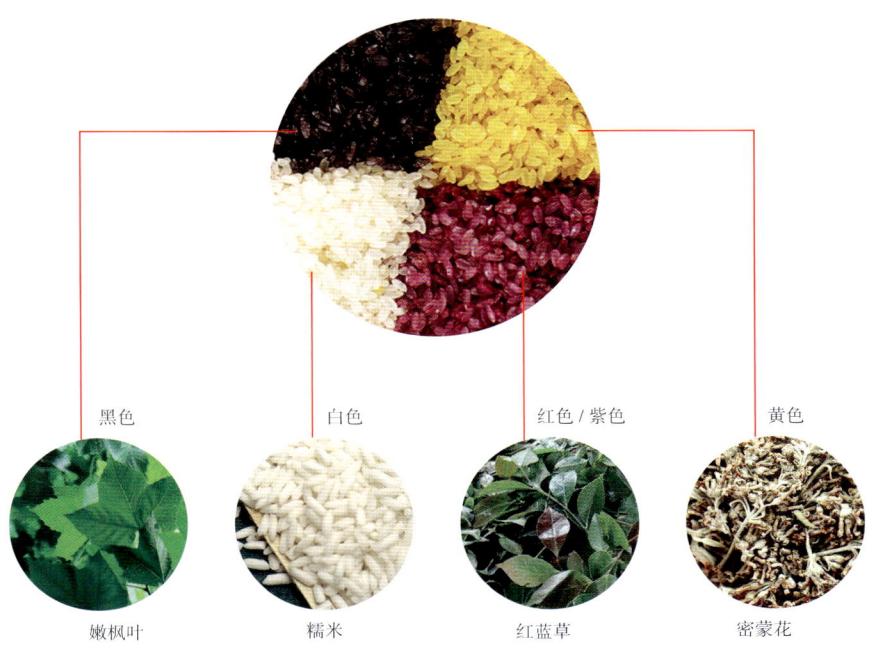

黑色　白色　红色/紫色　黄色

嫩枫叶　糯米　红蓝草　密蒙花

图二　蓝靛瑶花饭食材图

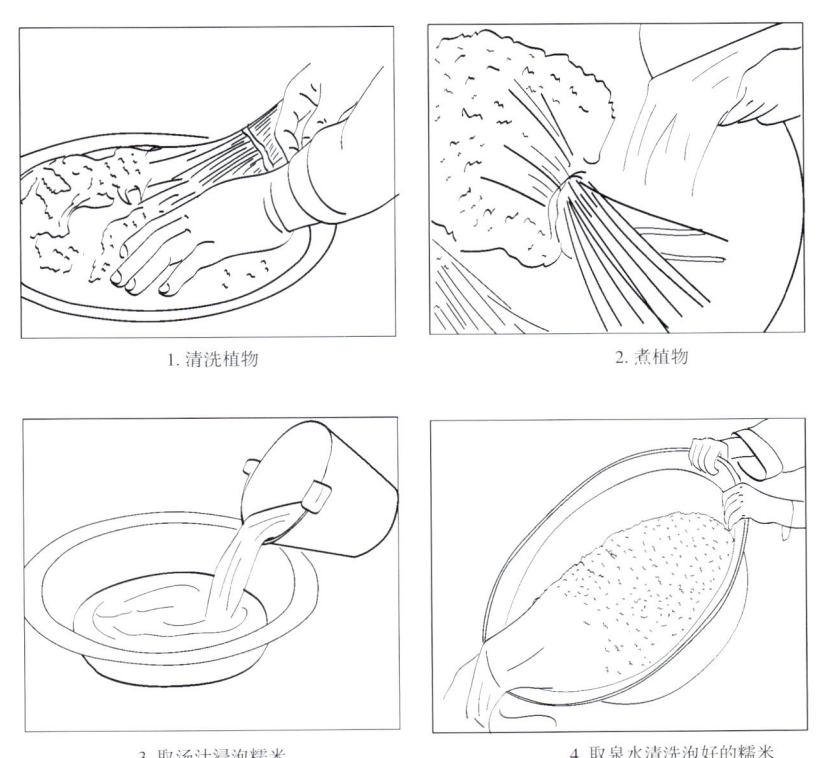

1. 清洗植物　　2. 煮植物

3. 取汤汁浸泡糯米　　4. 取泉水清洗泡好的糯米

图三　蓝靛瑶花饭染色流程图

第三章　瑶族传统餐饮

169

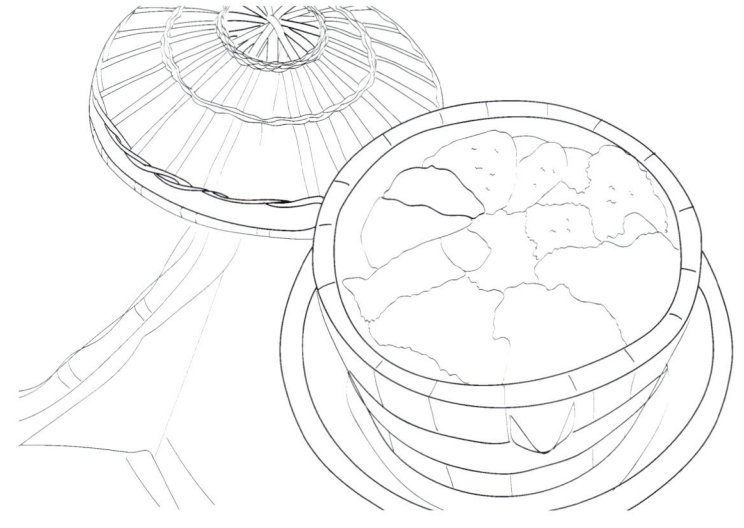

图四 蓝靛瑶花饭蒸煮示意图

图五 蓝靛瑶花饭食用情境图

红瑶竹筒饭

图一　红瑶竹筒饭主图

本案例采集自广西龙胜金坑红瑶，是红瑶最有特色的食物之一，入口松软、甜糯鲜香，更有竹子特有的清甜。过去是为了方便在野外就餐，而今则是每逢佳节红瑶人餐桌上必会出现的一道美食。

瑶族人民常在大山里活动，有时候几天都不能回到居所，炊具又不能时刻带在身边，广西不但竹子种类繁多，民族竹文化也极为丰富，于是红瑶人发明了竹筒饭。竹筒饭，顾名思义自然是以竹筒代替铁锅做饭。红瑶人喜爱用竹筒来做饭，作为在野外耕作或伐木时的午饭。制作竹筒饭的用料有粳米、烤肉、酸咸菜等。制作过程比较简单，一般是把刚砍来的新竹截成一端留节做底的竹筒，然后在竹身横向三分之一处横截出一块做盖，用水洗净竹筒，然后把充分浸泡的粳米和烤肉、酸咸菜等放入竹筒内，以竹盖封口，最后放进明火堆煨至熟，取出竹筒，饭不仅软而且还略带新竹的芬芳。

竹筒饭是一种珍贵的民族文化遗产，具有广阔的开发前景。粳米做饭的方法有焖或蒸，单食口感较为粗糙，也不如白米香甜，广西红瑶竹筒饭将烤肉与酸咸菜加入粳米中，使粳米的味道与口感都得到了提升。红瑶的竹筒饭在保留传统制作方式的同时，也给现代人呈上红瑶最经典的味觉。

图片来源
图一　翟丽娟　樊振杰　制图
图二至图五　樊振杰　制图

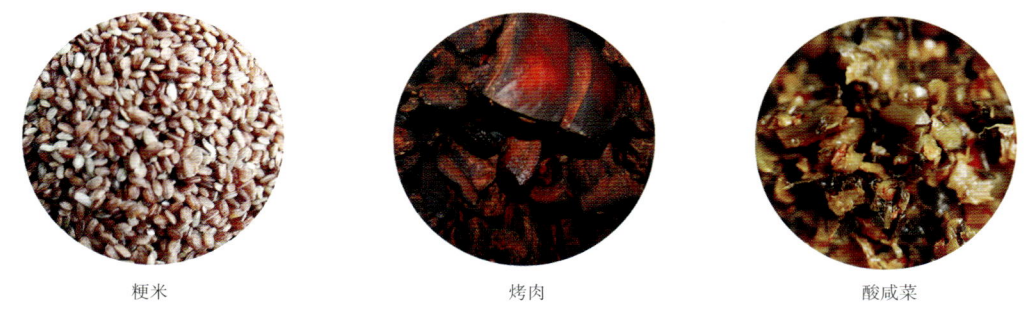

粳米　　　　　　　烤肉　　　　　　　酸咸菜

图二　红瑶竹筒饭食材图

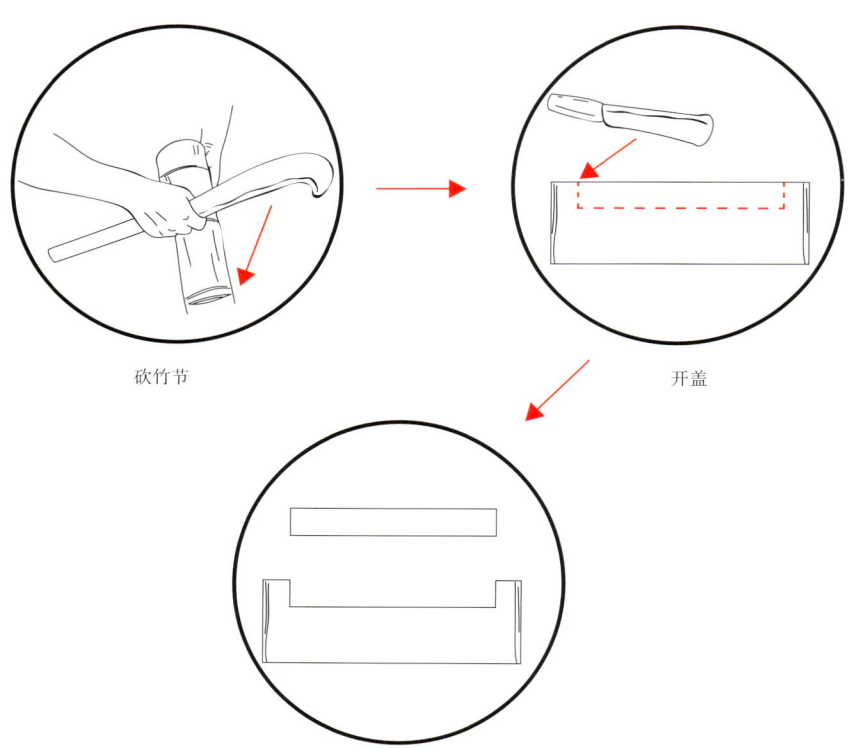

砍竹节　　　　　　　　　　　开盖

图三　红瑶竹筒饭竹筒制作流程图

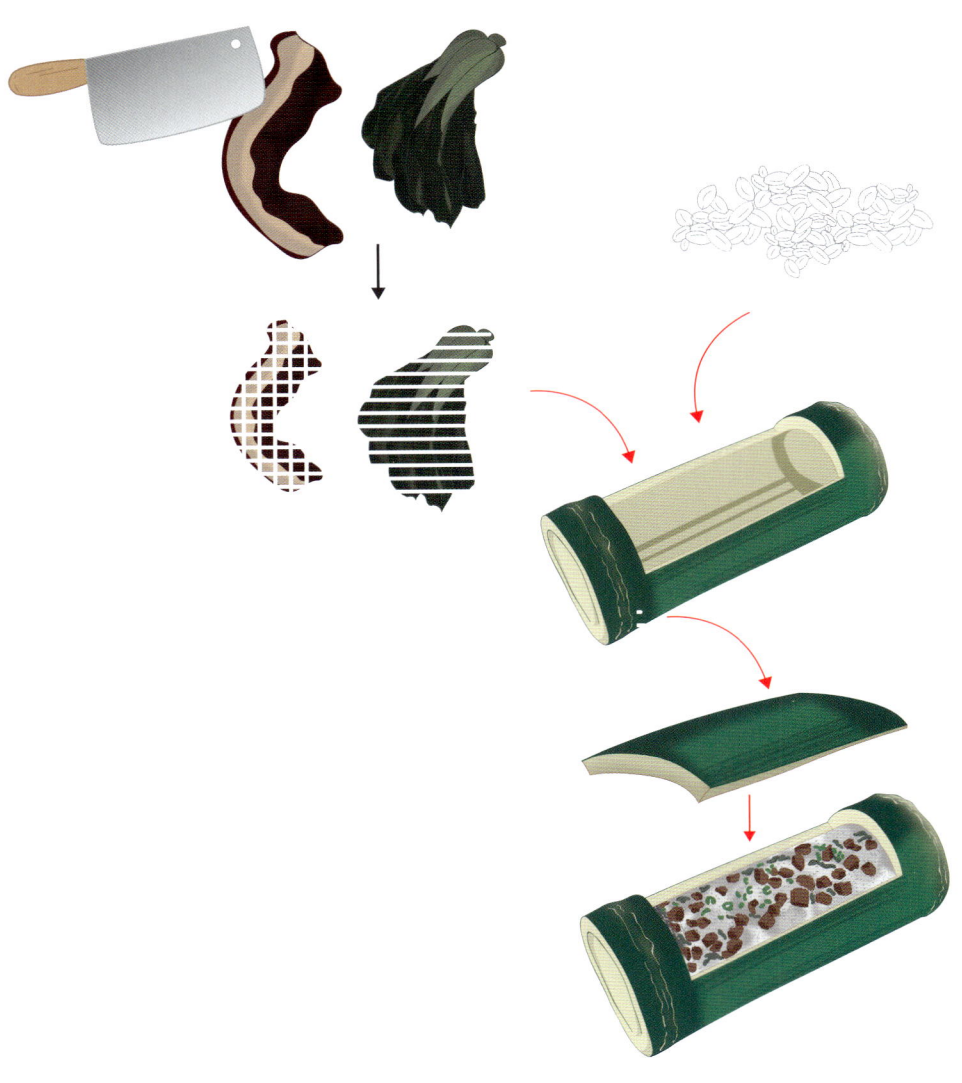

图四　红瑶竹筒饭制作流程图

图五　红瑶竹筒饭烹饪示意图

瑶族枕头粽

图一　瑶族枕头粽主图

　　枕头粽是瑶族人民极其喜爱的民间小吃，是以糯米和肉馅为原料，粽叶包制，文火熬煮而成。因其形似枕头，故得名"枕头粽"，又称"肉粽粑"。本案例采集于湖南省怀化市辰溪县黄溪口镇，枕头粽长约20厘米、宽约6.5厘米，整体呈长条状。煮熟的枕头粽，米肉充分融合，口感软糯黏牙，香味扑鼻。因为糯米用碱水浸泡过，所以粽子不易变质，即使天气炎热，也可保存一周。

　　制作枕头粽的主要原料有糯米、新鲜猪肉、粽叶等。糯米是制作黏性小吃的最佳原料，含有蛋白质、脂肪、淀粉、糖类、钙、铁、维生素等营养物质，具有补中益气、健胃养脾、提振食欲等功效。新鲜猪肉要选用当地自家养殖的土猪肉，其营养成分比普通猪肉更为丰富。常食土猪肉能滋阴润肺、补益肝肾。粽叶品种选用箬竹叶，其含有大量对人体有益的氨基酸和叶绿素，据现代医学研究发现表明，服用箬竹叶汁能抑制肿瘤生长，甚至对多种癌症有治疗作用。

　　制作枕头粽分为备料、包粽、熬煮三个步骤。备料，将糯米投入黄色碱水中泡软，碱水是稻草烧灰后过滤而来的。猪肉切成长约5厘米的条状放入大碗，加入腊肉、胡椒粉、五香粉等搅拌均匀，制成肉馅。包粽，从洗净的箬竹叶中挑选六片大小相当的叶片，同方向交错叠加摆放，叶底垫四根细绳；先放泡好的糯米，再添加肉馅，最后压实成条；

向内卷起箬竹叶两侧并拽绳系紧，其他两端也同样包裹、系牢。熬煮，瑶族人民一般用土灶大锅熬煮枕头粽，以树蔸为燃料，文火长炖，直至箬竹叶煮成黄褐色，粽体软化且有香气溢出，便可出锅食用。

枕头粽形态饱满，腹部鼓起，给人稳定满足之感。箬竹叶的颜色随着熬煮从碧绿变为黄褐，黄褐色属于暖色，在视觉上有刺激食欲的作用。颜色变化的同时也暗含四季的更替，让人产生关于成熟的联想。

瑶族人民一般在端午节期间包制枕头粽，它与划龙舟、挂菖蒲、点雄黄一样，都属于端午文化的一部分。枕头粽作为溪口瑶族的代表性小吃之一，既有食用功能又有文化功能，它的设计代表了物质和精神两个层面的和谐统一。

图片来源
图一　翟丽娟　制图
图二至图五　徐芷璇　制图

糯米

粽叶

新鲜猪肉

图二　瑶族枕头粽食材图

腊肉

胡椒粉

五香粉

图三　瑶族枕头粽配料图

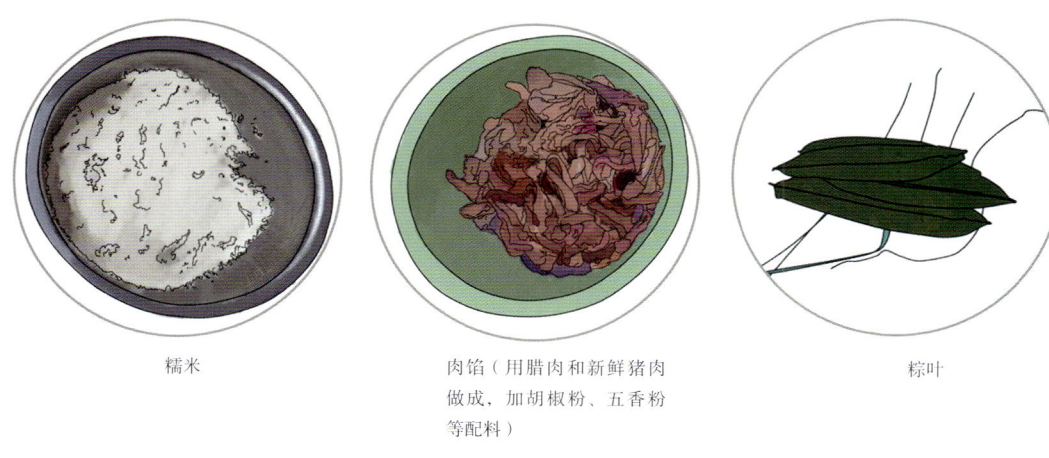

| 糯米 | 肉馅（用腊肉和新鲜猪肉做成，加胡椒粉、五香粉等配料） | 粽叶 |

图四　瑶族枕头粽准备食材流程图

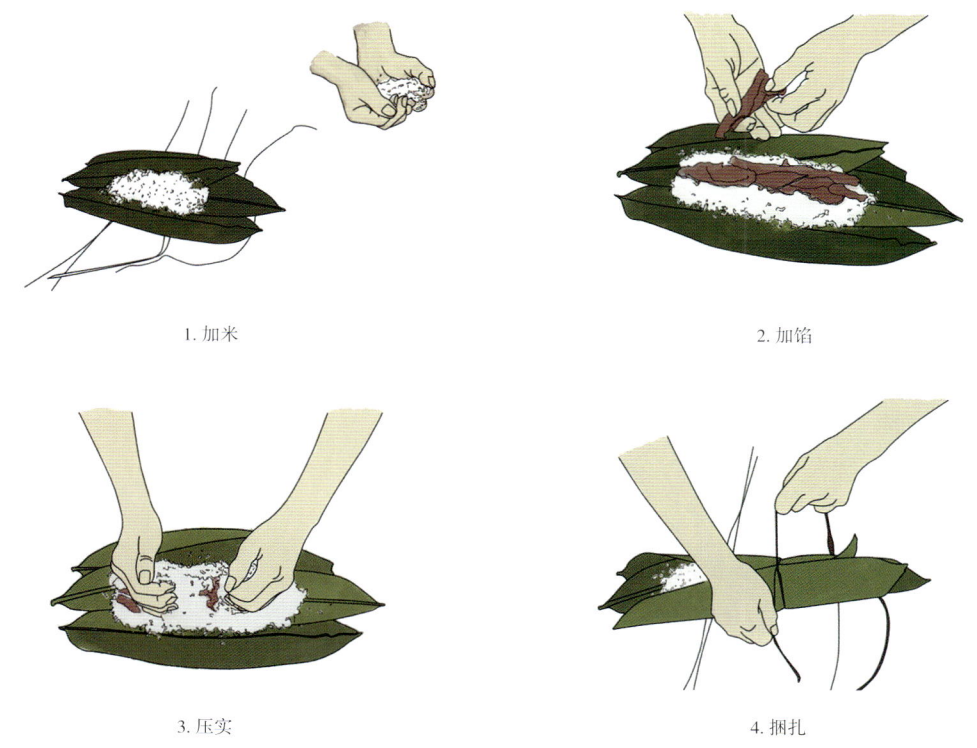

| 1. 加米 | 2. 加馅 |
| 3. 压实 | 4. 捆扎 |

图五　瑶族枕头粽包粽流程图

第三章　瑶族传统餐饮

瑶族油茶

图一　瑶族油茶主图

居住在云南、贵州、湖南、广西毗邻地区的瑶族人民，他们十分好客，因此，凡在喜庆佳节，或亲朋贵客进门，总喜欢用做法讲究、佐料精选的油茶款待客人。

做油茶，当地称之为打油茶。制作油茶的茶具主要有三件：茶锅、茶杵和茶滤。茶锅是由生铁铸造，重约1千克，呈半圆瓢形，分别有一嘴形小口和茶把；茶杵为木制，选木质坚硬细密的呈"7"字形的老茶树蔸削制而成；茶滤大多为竹篾或藤条编制成的瓢勺。

油茶的原料也很讲究，首先要选上好的茶叶，这样经加工后色泽青黄嫩绿，闻之清香，嚼之微苦中带清凉，打出来的油茶色泽橙黄纯净，食之清香四溢，满口生津。打油茶的生姜也有所讲究，要选山区岭坡产的老黄姜，这样的姜辛辣清香味纯，能驱水中异味。打油茶对水的要求也颇高，最好是流动的山溪水、清泉水和井水，这样打出的油茶色泽纯净幽香，食之韵味十足。喝油茶时还需加些香料植物和香炸食物，常见的有葱花、蒜白、芫荽等植物，以及用主粮、杂粮或番薯类、豆类精心制作成的香炸食物，如油炸黄豆、油炸花生、炒玉米，以及用糯米和面粉做的爆米花、酥排散、麻蛋果，等等。

有这样一句顺口溜："一杯苦，二杯

夹（方言，意为涩），三杯、四杯好油茶。"由于该地区湿度大，喝"油茶"便成为当地百姓的饮食习惯，亦是他们用来待客的一种方式。特别是在人觉得非常劳累的时候，如果能喝上那么一两碗油茶，过不了多久，满身的疲惫便会在不知不觉中烟消云散了，同时迎来的便是一份难得的好心情。

图片来源

图一　翟丽娟　制图

图二至图四　徐芷璇　制图

图五　葛芳　摄影

图二　瑶族油茶食材图

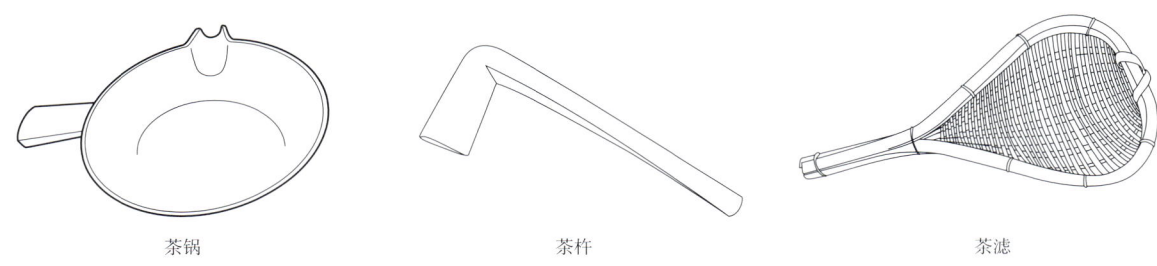

图三　瑶族油茶制作工具图

1. 放食材　　2. 反复捶打

3. 加水　　4. 盛油茶

图四　瑶族油茶制作流程图

图五　瑶族油茶制作场景图

过山瑶蕨根糍粑

图一　过山瑶蕨根糍粑主图

蕨根糍粑是以蕨根粉为主材,经过捶打、过滤、加热搅拌、裹粉等步骤制成的一道过山瑶传统糕点类食品。每到清明节前过山瑶家家户户都要制作蕨根糍粑,品食蕨根糍粑特有的甘香。

以前过山瑶人以粗放的垦山种植为生,地力消失后就举家迁徙,寻找新的耕地。因为耕种水平低下,粮食产量有限,所以需要其他食物作为补充。人们砍山烧地后产生的火灰覆盖在土地上,为蕨菜的生长提供了有机肥料。冬末春初是挖蕨根的好时节,高海拔的蕨根结多饱满,出粉量大,品质更好。蕨根含有丰富的淀粉、矿物质和类黄酮等抗氧化成分。根据欧洲考古发现表明,最古老的面包就是使用蕨类植物中提取的淀粉制作而成的。

制作蕨根糍粑工艺复杂,首先用山泉水洗净蕨根,然后放在石板上用木槌捣烂,加水融化后形成浆液,顺着石板豁口流入大木桶。沉淀一天后,拔掉桶身上出水的木塞子,放掉清水,蕨粉沉淀在木桶底部,细密紧实,颜色粉白。绷好过滤纱布后,再次冲洗去除杂质,然后把浆汁倒入锅内加热起糊,期间不停搅拌,直到形成团状凝胶。再用木棒把黏稠状的蕨根糍粑支出,放入撒有淀粉的竹箕内裹粉,即完成蕨根糍粑的制作。食用蕨根糍粑方法多样,既可揪团直接食用,也可烹制后食用。烹制手法繁多，或煮，或炒，或煎，或蒸。最常见的是糖煮蕨根糍粑，先将蕨根糍粑切片，然后放入锅中加糖、加水煮至熟后铲出摆盘，最后撒上芝麻，这样的蕨根糍粑口感细嫩爽滑，带有蕨根淡淡的甘味。

过山瑶人喜爱蕨根糍粑不仅是对美味的留恋，更是祖辈对后辈的叮咛，不忘昔日艰难，感恩自然馈赠。

图片来源

图一　翟丽娟　制图
图二至图五　徐芷璇　制图

蕨根　　　　　　芝麻　　　　　　白糖　　　　　　淀粉

图二　过山瑶蕨根糍粑食材图

1. 捶打　　　　　　　　　　　　2. 过滤

 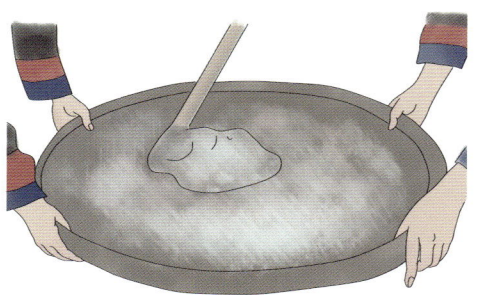

3. 加热搅拌　　　　　　　　　　4. 裹粉

图三　过山瑶蕨根糍粑制作流程图

图四　过山瑶蕨根糍粑加热过程示意图

图五　过山瑶蕨根糍粑成品示意图

瑶族白糍粑

图一　瑶族白糍粑主图

白糍粑又称"年糍粑",是瑶族人民用蒸熟的糯米捣烂后揉制而成的饼状食品。糍粑在我国多个地区都有制作,加工过程大同小异,但食用方法多种多样。本案例采集于广西镇圩,是采用新鲜糯米作为原料,历经浸泡、蒸煮、舂打、揉压、晾晒、浸泡、再加工等多个步骤制成。

糯米制成的糍粑营养丰富,能够快速补充体力,不仅供自家食用,还用来款待宾客、馈赠亲友,还可以外出携带充饥。春节和重阳节是瑶族家家户户打糍粑的时节,糍粑和过年有着密不可分的联系。

糯米是糯稻碾出的米,也称"江米",分为粳糯米和籼糯米两类,均属于栽培稻种中米质黏性较强的类型。米粒呈不透明的乳白色,具有吸水快、易蒸煮、黏性强的特点。糯米含有大量的淀粉和蛋白质,具有温胃补中、安定神志、益气止汗的功效。制作白糍粑的方法简单,先将洗净的糯米放在水中浸泡整夜,漂至白净后捞出晾干,再放入木甑蒸煮半小时,趁热倒入木质或石质打粑槽内,由两名青壮年男子一组,分两组,用木杵轮番舂打糯米直至成为无颗粒的胶状后撬出。揪成二两重的小团,将小团搓圆后放在案板上压成饼状,然后摆放在撒有糯米粉的木板上或竹箕内晾晒,至表面稍有裂纹后放入水缸或水桶内浸泡保存,每隔半个月换一次水,糍粑可以久藏不坏。糍粑烹制方法多样,煎、煮、烤、油炸均可。瑶家人喜爱将煎糍粑和油茶并食,也喜爱把糍粑放在炭火上烘烤,烤至膨胀焦黄、香气扑鼻时食用，烤糍粑口感甜脆宜人，带有淡淡的米香。

瑶族糍粑的起源已不可考，但和过年有着紧密联系。有诗云："糯米做糍圆又圆，香麻拌糍甜黏黏。""黏"和"年"谐音，说明糍粑的"黏"和过年的"年"有着寓意上的关联，象征生活的幸福美满。此外，糍粑外形的圆，象征着瑶家人的阖家团圆。由此可见，白糍粑已不仅仅是瑶家人喜爱的一种食品，更是瑶家人吉祥文化的载体。

图片来源

图一　翟丽娟　制图
图二　侯亮　制图
图三　侯亮　赵思颖　制图
图四　赵思颖　制图

1. 取锅，煮米

2. 取出适量米饭，放入石臼中

3. 用木杵上下舂打

4. 两人配合提高效率

5. 舂打至糯米黏稠，无颗粒

6. 从木杵上取下

图二　瑶族白糍粑制作流程图

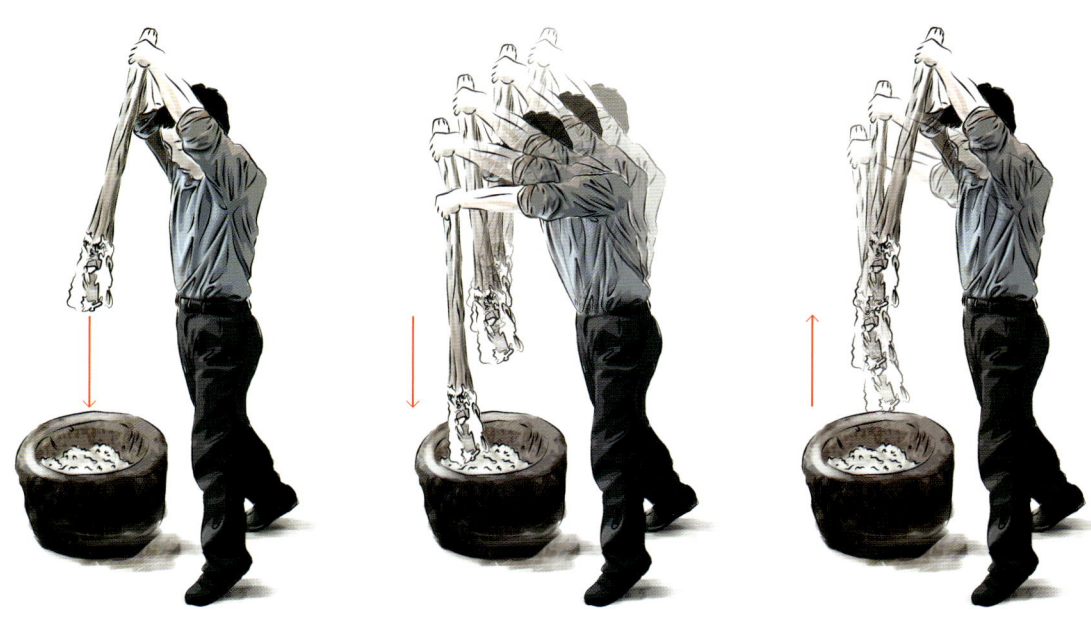

图三　瑶族白糍粑舂打示意图

图四　瑶族白糍粑成品示意图

花蓝瑶簸箕肉

图一　花蓝瑶簸箕肉主图

簸箕肉是一道瑶族传统美食，本案例采集于广西壮族自治区来宾市金秀瑶族自治县花蓝瑶。

簸箕肉的制作需要5位厨师耗时一天一夜，其特点在于大和重。直径约60厘米的簸箕里堆满了熟肉，形似鼓起的小山包，重达40~50斤，需要两人抬上餐桌，一般用于招待重要宾客或外家亲戚。制作簸箕肉的主要材料是肥瘦猪肉和猪下水。制作步骤分为切块、煮制、码放。首先将原料清洗干净，瘦肉和内脏切成小块，肥肉切成长薄片。其次，将原料分类放入沸水中，加盐煮至表面呈白色，且用筷子可以捅穿，即可出锅。再次，在竹制簸箕上垫上干净的芭蕉叶，将煮好的猪肉和猪下水铺在底层，然后在居中位置放一块长约13厘米、宽约10厘米、厚约3厘米的带皮肉块，最后在四周铺满肥肉片即可。趁着簸箕肉散发着热气，人们围坐在摆有碗筷和酱碟的桌前，夹肉蘸酱，享用这道美食。

圆形的簸箕给人饱满、完满的感觉。簸箕肉以中央方形肉块为圆心，以条形的肥肉构成向外扩散的射线，使整道菜品形似太阳。白中泛红的肉片和翠绿的芭蕉叶构成补色关系，丰富了食客的视觉体验。

一道簸箕肉集中了整头猪的精华，层层堆砌的肉块体现了花蓝瑶人民的淳朴和热情。

图片来源

图一　耿欣佳　制图

图二至图四　徐芷璇　制图

 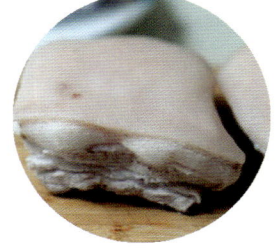  

猪肉片　　　　　　　猪肉块　　　　　　　猪下水（内脏）　　　　　　盐

图二　花蓝瑶簸箕肉食材图

1. 在簸箕上铺上芭蕉叶　　　　　　　　2. 将煮好的猪肉、猪下水铺在芭蕉叶上

3. 在中间放上像新华字典那么大的肉块　　　　4. 在周围铺满肥肉片

图三　花蓝瑶簸箕肉制作流程图

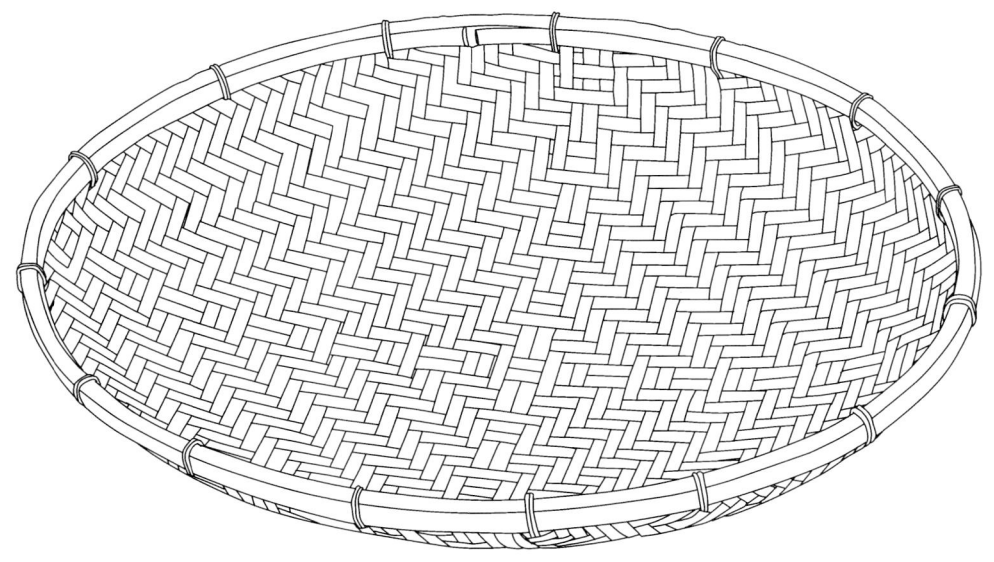

图四 花蓝瑶籖箕肉盛放工具籖箕线描图

瑶族腊肉

图一　瑶族腊肉主图

　　腊肉是瑶家人日常食用和款待宾客的传统美食，本案例采集于广东韶关乳源瑶族自治县。广东乳源瑶族属于过山瑶支系，村寨多分布在崇山峻岭之中，其自然资源丰富，境内森林覆盖率高，动植物品种繁多，为当地土猪的生长提供了良好的食物来源和开阔的活动场地。乳源地处中亚热带山地，海拔较高，气候干燥，水和空气质量达标率远高于国家标准，是腊肉风干的绝佳地点。

　　瑶族有"无腊不成席"的说法，可见腊味在瑶族餐桌上的重要地位。要制作上好的烟熏腊肉，原料的选择特别重要，当地的土猪肉因其水分足、肉质紧实，是上好的腊肉原料。为了使土猪肉保持新鲜，不受任何污染，新杀的猪肉不用水冲洗，之后将肉切成四五斤的长条，趁鲜抹上盐，每一块猪肉都要经过充分的按摩，保证盐粒的均匀。然后将猪肉分层装入大缸内，洒上自己酿的米酒，防腐增香。三天后翻动猪肉一次，可以使猪肉更加入味。腌制期为五天左右，盐和酒充分浸渍到肉里，初期发酵基本完成。将猪肉条搭挂在屋檐下的竹竿上，在冬末春初时自然风干，如果山风大，约十天左右，猪皮变硬即完成风干。在熏制过程中，将肉条悬挂在火塘上，在燃烧的柴火中可以放入松柏树叶、松果、茶壳、谷壳、干橘皮，熏出的腊肉带有淡淡的果香味，表面覆盖一层厚厚的草木灰。黝黑的腊肉切开，肥肉如凝脂白玉，瘦肉兼具鲜肉的成色和腊肉的口感。瑶族人民在食用腊肉时，还喜爱饮用自制的小锅米酒，两者搭配具有浓郁的瑶族饮食特色。腊肉具有丰富的营养价值，不仅钾、钙含量丰富，还含有蛋白质、脂肪和碳水化合物等人体必需的营养元素。

瑶族腊肉不仅是简单的美食，其背后蕴含着劳动者的智慧。由于冬季万物皆休，人们获取食物困难，因此发明了可以长期保存、不易变质的腊肉，和金华火腿、广东腊肠一样，都是当地人为了更好地生活，激发出强大创造力的产物。腊肉是宴请待客和日常享用的上乘菜肴，体现了瑶族人民的淳朴、热情和浓浓的乡土情怀。

图片来源
图一　翟丽娟　制图
图二　王英　制图
图三　李丽　制图
图四至图六　侯亮　制图

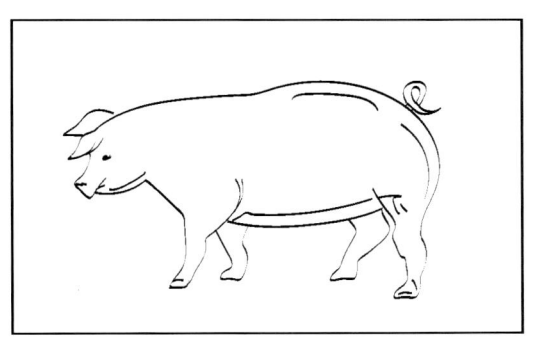
1. 精选散养土猪

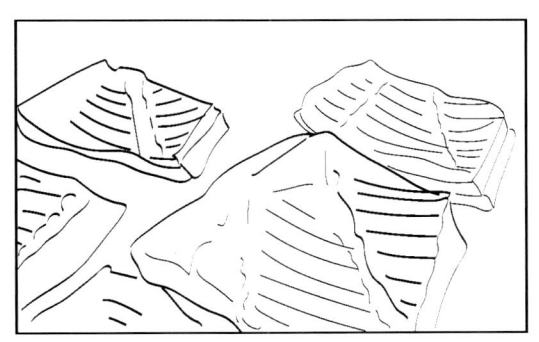
2. 精挑细选五花肉

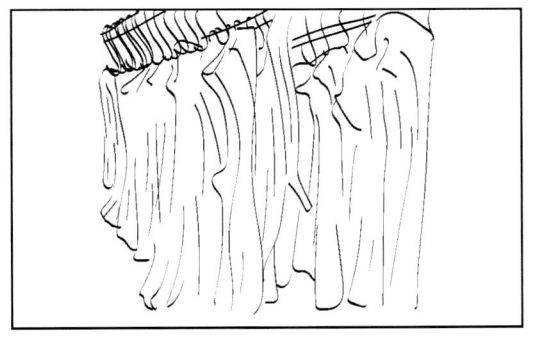
3. 挂在木架上风干

4. 挂在屋顶，室内柴火熏制

图二　瑶族腊肉熏制过程图

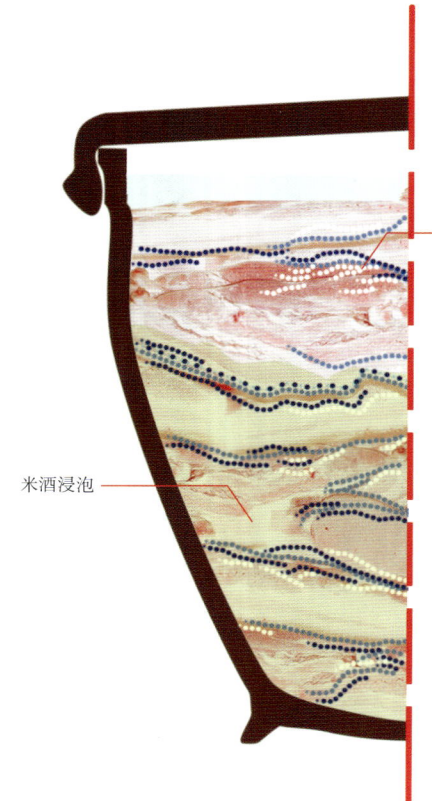

食盐、五香粉等佐料

米酒浸泡

图三　瑶族腊肉腌制鲜肉原理分析图

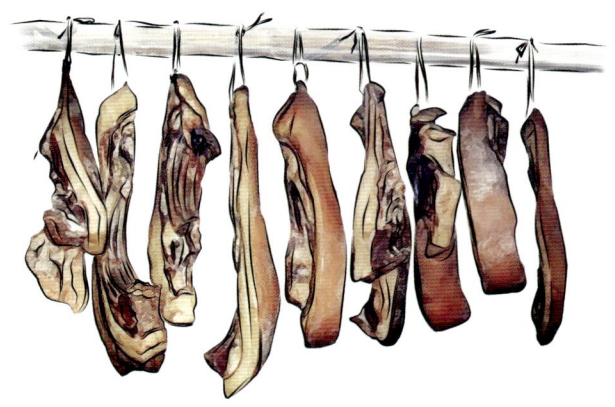

图四　瑶族腊肉熏制环境示意图

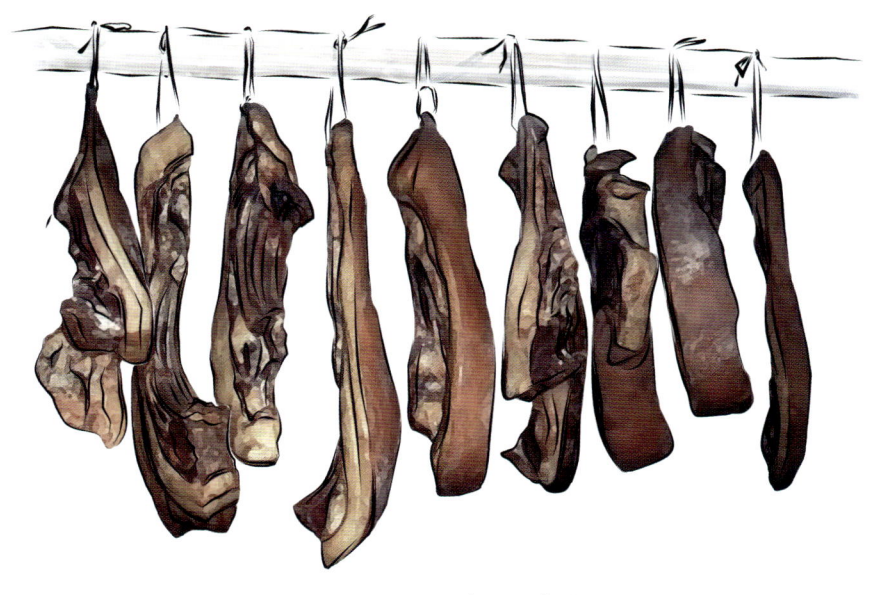

图五　瑶族腊肉成品示意图

图六　瑶族腊肉食用情境图

瑶族荷叶粉蒸肉

图一　瑶族荷叶粉蒸肉主图

荷叶粉蒸肉是瑶族的一道传统美食，用荷叶包裹沾有米粉的肉块蒸制而成。荷叶粉蒸肉既有肉的鲜香，又有米粉的甜糯，还有荷叶的清香。它具有健脾养胃、升清降浊、降血脂的功效。本案例采集于湖南永州江华瑶族自治县。

荷叶粉蒸肉所用的主料为带皮五花肉，配料为炒米粉、鲜荷叶，调料为酱油、料酒、胡椒粉、八角、白糖、精盐等。猪肉，又名豚肉，含有丰富的蛋白质、脂肪、碳水化合物、钙、磷、铁等营养成分，具有补虚强身、滋阴润燥的作用。荷叶粉蒸肉多使用肥瘦间隔、肉嫩汁多的五花肉。永州多塘，塘中多种莲养藕，夏季是采摘荷叶的最好时节。荷叶带有微微的清香，味淡微涩，有清热解暑、健脾升阳、散淤止血的功效。制作米粉先将粳米、籼米淘洗干净，晒干燥，把八角、丁香、桂皮和米一起放入锅里，用小火慢炒，等变成金黄色后，冷却磨粉待用。炒米的时候要注意火候，防止烧焦。磨成的粉也不能太细，否则容易发糊。制作荷叶粉蒸肉的工序：先把猪肉去毛，切成方块，放入碗中，加料酒、酱油、糖腌半小时，再放入炒米粉、老抽、胡椒粉、白糖、精盐等，搅拌均匀后静置十分钟。把洗净的荷叶裁好后放到开水里稍微烫一下，在荷叶中央放入肉块包紧，叶口朝下放入蒸锅，大约蒸两个小时后，即可起锅，冷却后食用。除了直接蒸熟外，还可以先把肉块放入锅中炒至出油，再拌上米粉，用荷叶包好，放入蒸锅用旺火蒸到半熟，再改用文火继续蒸至软烂出锅。刚出锅的荷叶粉蒸肉，颜色墨绿透亮，清香扑鼻。由于高温的作用，肉油浸入米粉，肥而不腻，软糯可口。

荷叶粉蒸肉是瑶族饮食文化上的创新之作，结合时令采摘的荷叶，精心腌制的肉块，细心炒制的米粉，以及恰到好处的火候，使荷叶粉蒸肉达到了色香味俱全的高度，成为瑶族人民夏季的一道经典宴食菜肴。

图片来源
图一　翟丽娟　制图
图二至图五　徐芷璇　制图

图二　瑶族荷叶粉蒸肉食材图

图三　瑶族荷叶粉蒸肉腌制流程图

第三章　瑶族传统餐饮

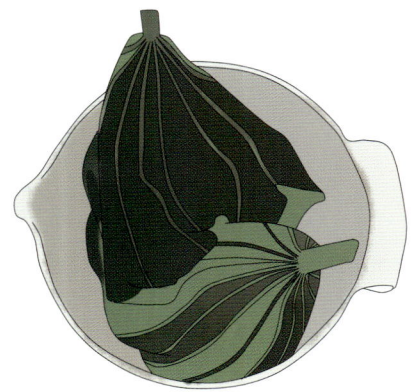
1. 取新鲜荷叶用热水稍烫

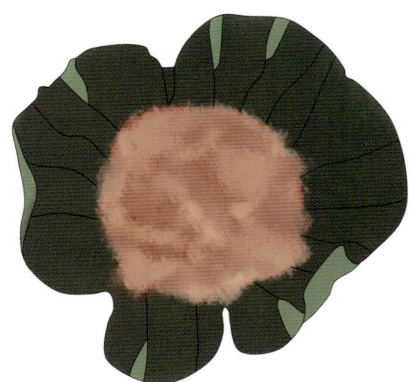
2. 放入拌好的肉和米粉

3. 口朝下包好

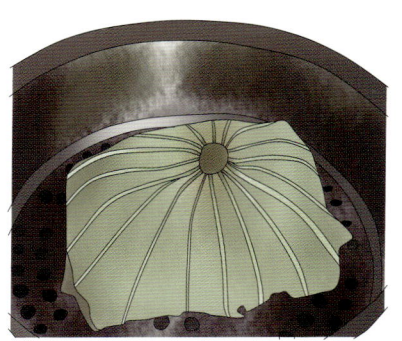
4. 放入蒸锅蒸煮约 20 分钟，完成

图四　瑶族荷叶粉蒸肉制作流程图

图五　瑶族荷叶粉蒸肉成品示意图

瑶族鸟鲊

图一　瑶族鸟鲊主图

本案例为瑶族的传统美食鲊食，所谓鲊食是指一种特殊的腌制发酵食物。在民间流传着"侗不离酸，瑶不离鲊"的说法，可见瑶族人民十分爱吃鲊食。

制作鲊食要严格遵照时令规律，一般在每年立冬之后到次年的立春之前才是制作鲊食的最好时机，因为需要密封发酵所以气温不宜太高，否则容易导致食材的发霉变质。制作鲊食的原料十分多样，常见的有猪肉、鱼肉和鸟肉，其中最具盛名的就是瑶族的鸟鲊。制作鸟鲊的原料是雪鸟，是一种每年都会飞进大瑶山的候鸟。制作鸟鲊的过程简单，首先将雪鸟的腹部清洗干净后，将炒制的大米磨成粉末拌上盐巴后塞入雪鸟的腹部；然后将处理好的雪鸟一层一层地放入坛中，在每层之间撒上盐、五香粉等调料；最后将坛口防水密封，腌制数月至一年即可食用了。随着现代环保意识的增强，这种鸟鲊已经鲜有人制作了。

我国一直保有食鲊食的传统，北魏时期贾思勰所著的《齐民要术》中有对鱼鲊做法的专门介绍。唐诗中也有描绘鲊食的诗歌，例如在李频的《及第后还家过岘岭》中写道："石斑鱼鲊香冲鼻，浅水沙田饭绕牙。"时至今日，地处山区的金秀瑶族依然还保有这种古老的保存食物的方式。这种方式制作出来的食物成为瑶族人家款待贵宾的佳肴，并逐渐演化成独具瑶族特色的山林美味。

图片来源
图一　翟丽娟　制图
图二　赵娅清　制图
图三至图四　李丽　制图

雪鸟　　　　　　　大米　　　　　　　食盐

图二　瑶族鸟鲊食材图

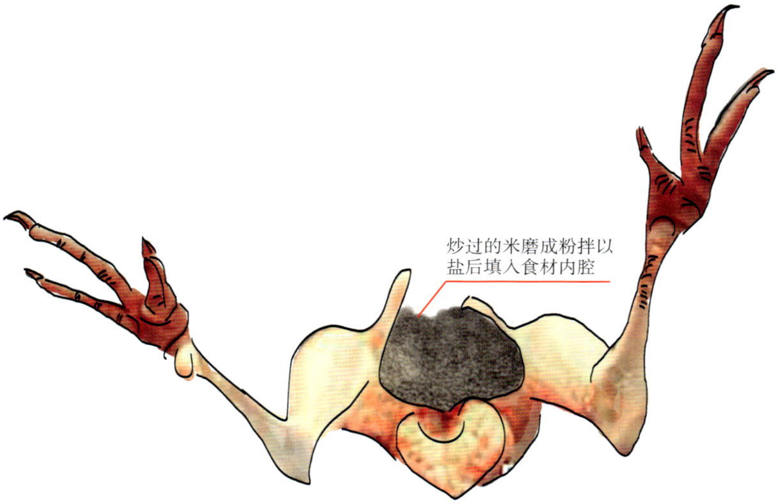

炒过的米磨成粉拌以盐后填入食材内腔

图三　瑶族鸟鲊腹部填料示意图

图四　瑶族鸟鲊腌制效果示意图

瑶族桑叶烧肉

图一　瑶族桑叶烧肉主图

　　桑叶烧肉是瑶族的一道传统美食，本案例采集于广东连南瑶族自治县。桑叶烧肉采用新鲜桑叶包裹手工制作的肉馅煎制而成，其外形为圆柱体，肉馅藏于其中，桑叶色泽暗绿，隐约透出肉的鲜嫩。煎过的桑叶鲜脆可口，中和了肉的油腻，荤素巧妙的搭配让人耳目一新，既考虑了食品营养的均衡，又给人带来不一样的味觉体验。

　　桑叶具有散风除热、清肝明目、清肺润燥的功效，对于头晕头疼、目赤肿痛有明显的改善作用，所以桑叶做菜具有食疗作用。瑶族桑叶烧肉的主要原料桑叶一般在3月到8月采摘为最佳，桑树的品种是"良种桑"，这种桑树叶子大，不易破碎，更耐食。烹制桑叶烧肉首先要备好洗净去柄的桑叶、五花肉、胡萝卜丁、马蹄丁、玉米粒等。其次，将手工剁碎的五花肉放入碗里，加入胡萝卜末、马蹄丁、玉米粒、盐、胡椒粉、淀粉、生抽、糖，搅拌均匀。再次，在桑叶包肉的一面拍上生粉，有助于叶和肉黏合，然后将肉馅包卷。最后，锅烧热，放少许油，将桑叶烧肉卷依次下锅，双面煎香后放入水和糖，烧至收汁即可出锅摆盘。饱满诱人的桑叶烧肉让人忍不住大快朵颐，食用时用筷子夹起一个桑叶烧肉卷，先闻其味，刺激嗅觉神经，激发食欲，后送入口中慢慢咀嚼，品尝肉和叶融合的香味，让人沉浸在美食给人带来的幸福感和满足感之中。

桑叶烧肉是瑶族饮食文化上的创新之作，结合时令采摘的桑叶和精心加工的肉馅，配以细心的煎制，使桑叶烧肉这道菜达到了色香味俱全的高度，给瑶族餐桌上增添了一道富有民族特色的美食。

图片来源

图一　翟丽娟　制图

图二至图四　孙寒　制图

图二　瑶族桑叶烧肉食材图

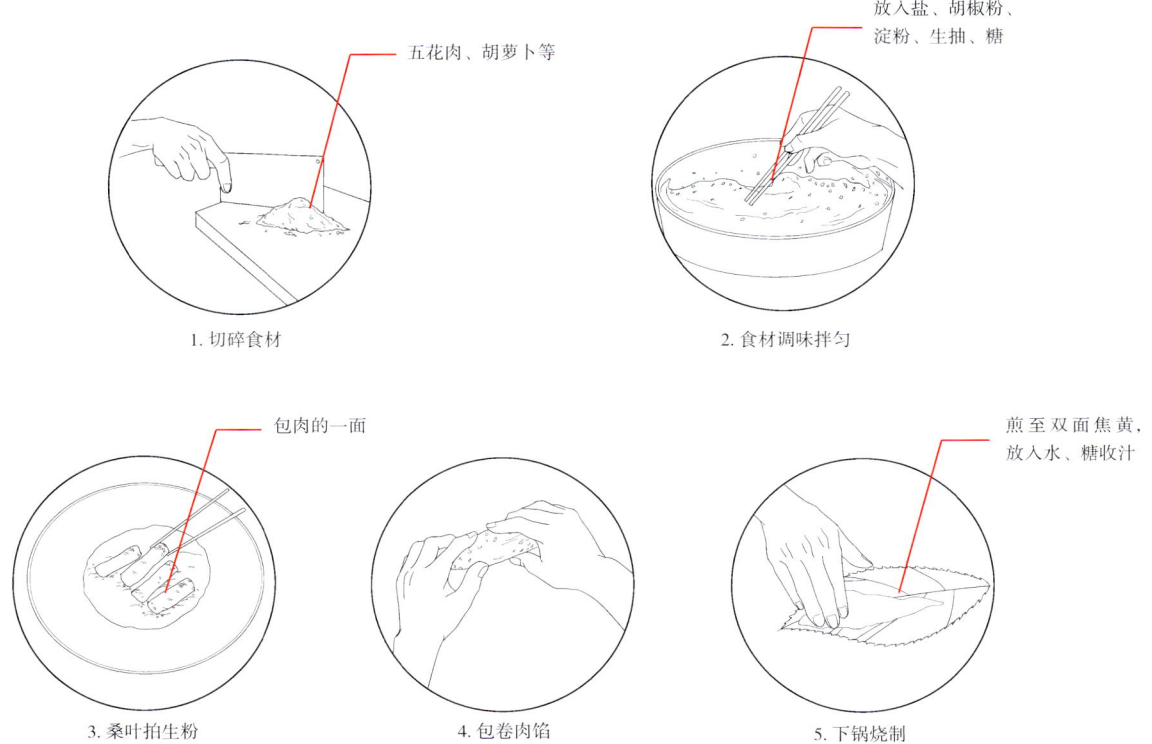

图三　瑶族桑叶烧肉制作流程图

图四　瑶族桑叶烧肉食用情境图

第三章　瑶族传统餐饮

瑶族豆腐圆

图一　瑶族豆腐圆主图

　　本案例采集于广西巴马瑶族自治县。豆制品是当地常备的食品,豆腐圆是瑶族同胞对于豆制品深加工而产生的新的食品。

　　豆腐圆的原料以大豆为主,其呈鼓形,由水豆腐包裹内馅制成。水豆腐采用自种的青豆或黄豆为原料,以专用石膏为凝固剂,制作工序与其他地区无异,首先将原料去壳筛净,洗净后放进水缸内浸泡,使其充分膨胀,接着再磨豆滤浆之后煮浆点浆。制作豆腐圆的水豆腐必须为手工制作,机器制作的水豆腐无法做出优质的豆腐圆。将制作好的水豆腐取数块,控干水后放入干净的盆中抓成泥状,放置待用。然后制作馅料部分,其内馅根据喜好可荤可素,再以香葱、香油、味精、胡椒粉等调拌。内馅嵌入的方法很灵活,取已制作好的豆腐泥平摊于手掌中,放入适量内馅置于其中后,将带有馅料的豆腐泥合拢搓至圆丸。烹饪豆腐圆的方法有很多,可蒸、可煎、可炸,瑶族传统的烹饪方法多采用油炸,将豆腐圆炸至金黄即可食用。

　　豆腐圆鼓胀又不露馅儿,加以其他新鲜食材或煎或蒸或炸,一般采用口口相传的方式传承,既家中长辈传授于晚辈,是瑶族红白宴席中必备食物,且成为当地别具风味的特色食品。

图片来源

图一、图四至图五　侯亮　摄影

图二至图三　徐芷璇　制图

参考文献

潘琼阁. 中国瑶族. 银川：宁夏人民出版社，2012.

图二　瑶族豆腐圆食材图

1. 水豆腐滤干水分后，用手压碎，放鸡蛋清拌匀

2. 将五花肉、香菇、木耳、花生、葱花、荸荠等弄碎，用盐调味，加入鸡蛋黄拌匀，做馅

3. 将馅料拌匀

4. 取一团馅料，用步骤一的豆腐将其包好

图三　瑶族豆腐圆制作流程图

图四　瑶族豆腐圆内馅示意图

图五　瑶族豆腐圆单个示意图

瑶族酿食

茄子酿　　　　　冬瓜酿　　　　　螺蛳酿

苦瓜酿　　　　　香菇酿

图一　瑶族酿食主图

在湖南永州江华瑶族饮食中,酿食是当地一种特别的烹饪方法。常见的有螺蛳酿、柚皮酿、辣椒酿、苦瓜酿、猪血酿、瓜花酿、竹笋酿。"十八酿"是瑶族人民对此类酿制食品的统称。

无论是用什么材料做的酿壳,酿馅的制作流程大致相同:先把猪肉洗净,切剁成泥,之后放入料酒、酱油、淀粉、味精、白糖,拌入适量葱花、糯米,再加少量的水,用筷子拌匀备用。根据食材的造型特点,大致分为片状或筒状。片状酿有香菇酿、茄子酿、冬瓜酿。片状食材间肉泥不宜过多,每个结构之间要压实,否则蒸煮煎炸的过程容易散。筒状酿有苦瓜酿、辣椒酿、螺蛳酿等。筒状酿需要掏干净食材的内腔,之后塞入馅料。根据酿食外部食材的不同,每家都有各自的烹制方法,有的在蒸熟后,表面浇上耗油;有的直接在油锅炸成半成品后,再倒入芡汁烹制。

瑶家人有"无酿不成席"的传统,村寨里无论男女老少都能做一手好酿菜。酿食的荤素搭配有助于人体摄入更全面的营养。江华瑶族自治县境内以山地为主,早期经济条件差,经常遇到肉很少,杂粮又难吃的情况,于是,瑶家人发挥聪明才智,创造性地把肉"酿"进瓜果蔬菜里,这样制成的食材口感好,兼具肉的营养和菜的清香。

图片来源
图一　翟丽娟　侯亮　制图
图二至图三　张亚堃　制图
图四至图五　侯亮　制图

图二　瑶族酿食配料图

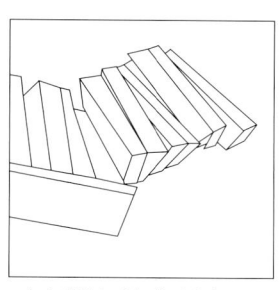
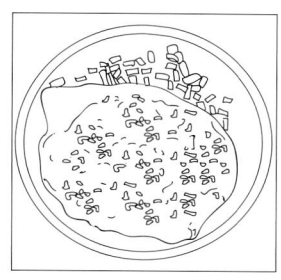
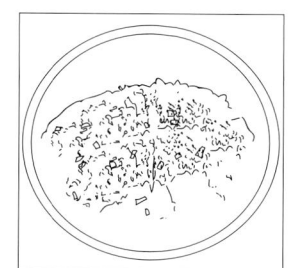

1. 去皮后的冬瓜切片两片为一组，底端勿断
2. 将猪肉泥和香葱末混到一起
3. 加盐、生粉、生抽搅拌均匀

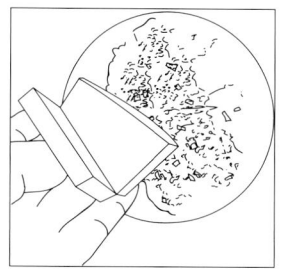
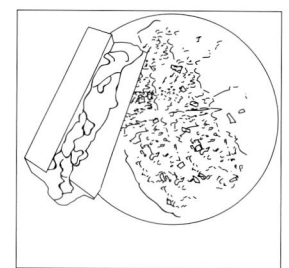
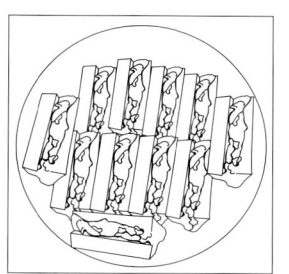

4. 取切好的冬瓜片
5. 酿进肉泥
6. 酿好肉泥之后，蒸熟

图三　瑶族片状酿食制作流程图

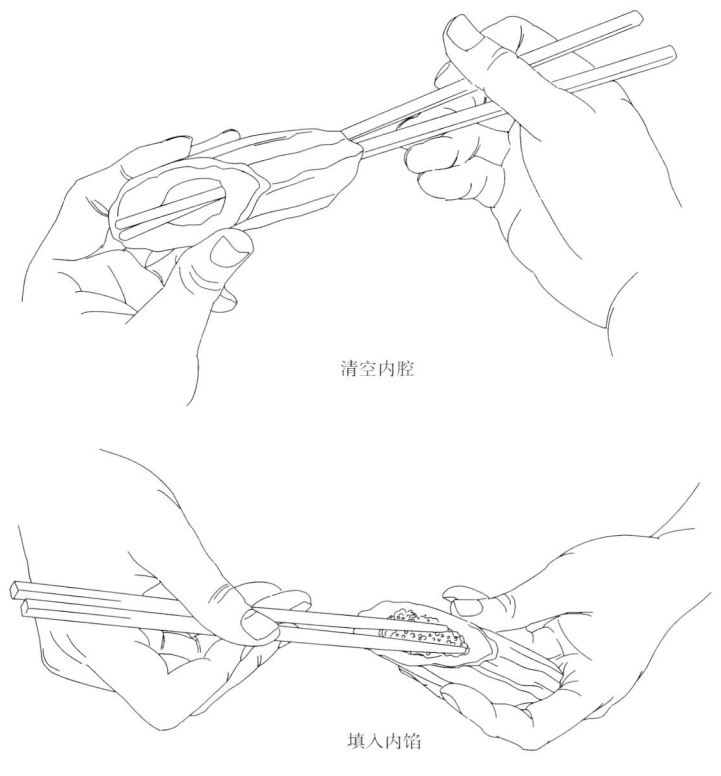

清空内腔

填入内馅

图四　瑶族酿食填馅流程图

图五　瑶族酿食制作情境图

瑶族八角油

图一　瑶族八角油主图

　　此案例为广西金秀瑶族传统生活中必不可少的一样烹饪辅料，用八角油制作的菜肴香味浓烈，深受瑶族人民的喜爱。

　　八角系多年生常绿乔木，原产于广西左江和右江流域海拔 200 ~ 500 米的热带雨林中。广西享有"八角之乡"的美誉，其中面积和产量均占全国 85% 以上，占世界 70% 以上。八角叶、鲜八角和干八角均可作为制作八角油的原料，每种原料的出油率也有所差异，八角叶为 0.3% ~ 0.5%，鲜八角果实为 1.78% ~ 5%，干八角果实为 8% ~ 12%。制作八角油的工艺并不复杂，自古以来便在瑶族村落之间流传。制作时，首先将八角树的叶子收集起来，青黄皆可（黄的虽然干枯了，但其油分并未随水蒸发）；之后把八角叶倒入锅里，开始加水蒸，在锅顶上再用支架架一个装有凉水的锅，煮水蒸发的水汽遇到上面的锅冷凝成液体，液体在锅底聚集，之后滴在竹片上，通过竹片流到透明玻璃瓶里，由于油轻水重，水会沉到玻璃瓶底，而油会漂浮在水面，自然分开。在玻璃瓶底有一个小孔，用一个竹管连通，将水通过竹管排出，剩下的便是八角油了。熬制过程要不停地加火，工具及方法都比较原始，保留了古法制作的工艺。

图片来源
图一　徐芷璇　樊振杰　制图
图二至图七　樊振杰　制图

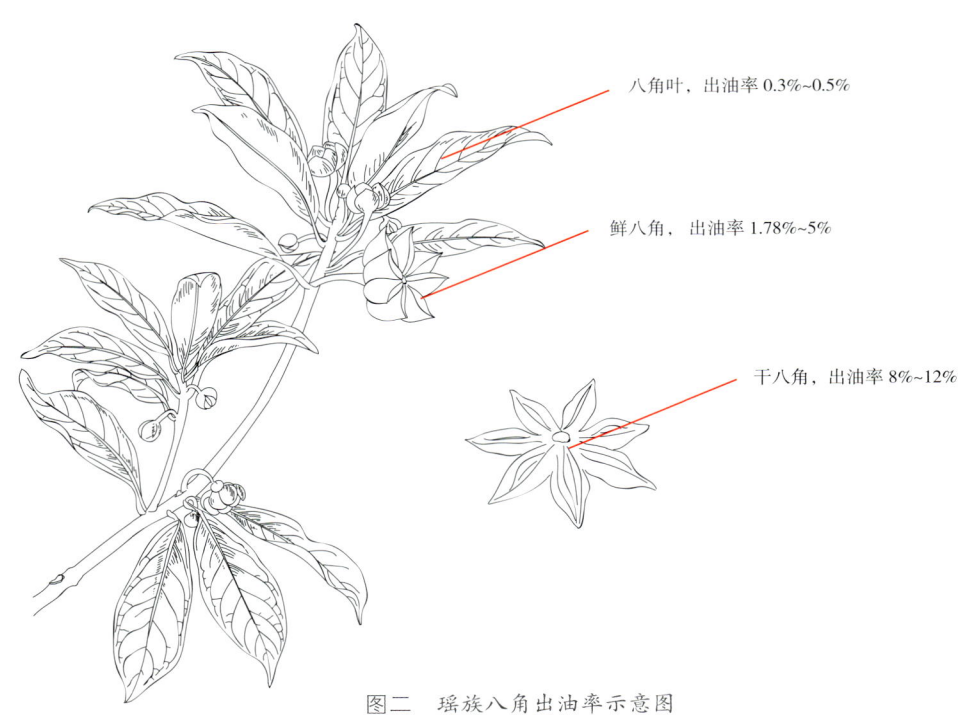

图二　瑶族八角出油率示意图

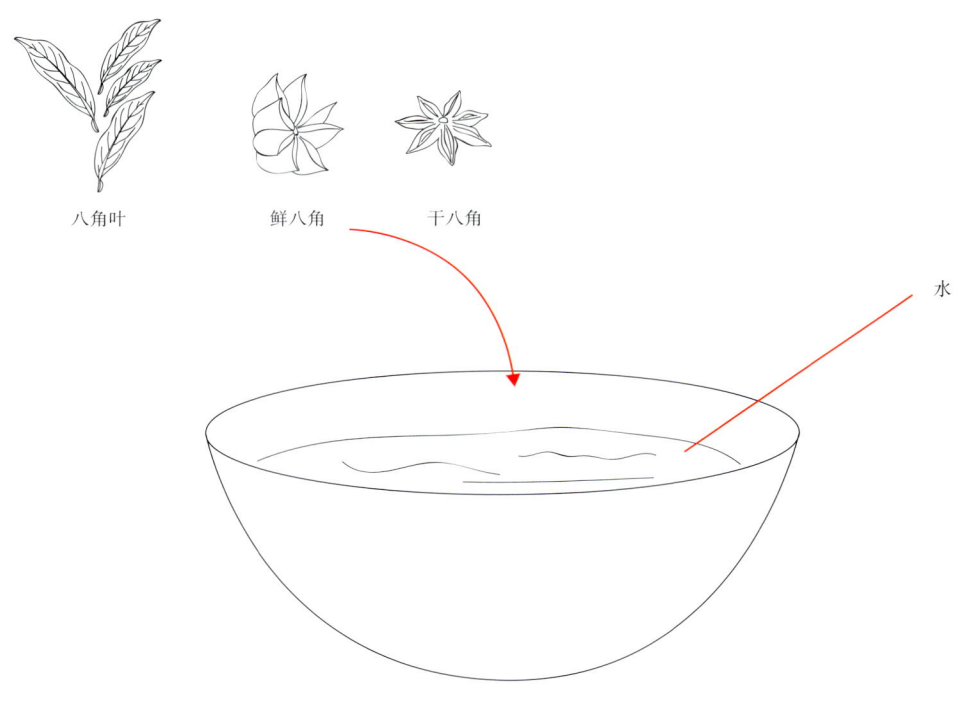

图三　瑶族八角油食材图

图四 瑶族八角油蒸煮示意图

图五 瑶族八角油加热示意图

图六 瑶族八角出油示意图

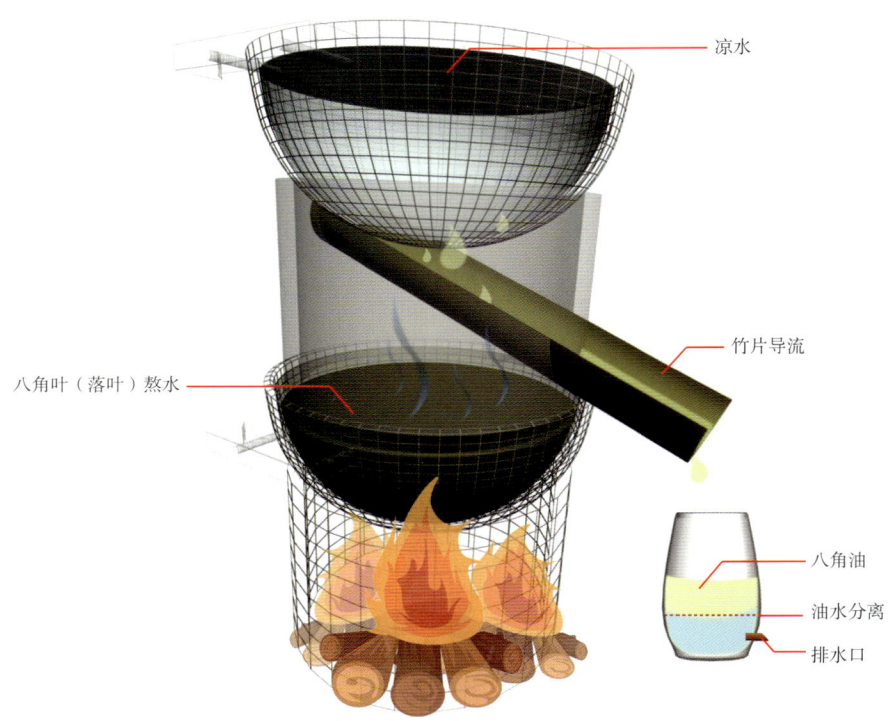

图七 瑶族八角油制作原理示意图

瑶族自酿酒

图一　瑶族自酿酒主图

连南瑶族大多住在山区，气候多寒冷潮湿，村民田间劳作体力消耗大，酒具有舒筋活络、祛湿驱寒、强身健体的功效，因此，酒成为瑶族人民生活中不可缺少的饮品。由于山区交通不便，经济落后，昂贵的商品酒在瑶族并不盛行，反而是自酿的酒更加受到瑶家人的欢迎。无论是宴请宾客、节日庆典，还是日常饮用都离不开自酿的美酒。

瑶家酒历史悠久、工艺考究，自酿的白酒一般在20度左右，色泽透明泛黄、口感醇正清甜。常见的酿酒原料有玉米、大米、木薯、高粱等。酿酒使用的工具主要有土灶、蒸桶、导流管、冷却锅、酒坛、竹席、芭蕉叶等。以常见的玉米酿酒为例，酿酒的工序分为煮玉米、蒸玉米、拌酒曲、发酵、蒸酒、封坛。煮玉米，将淘洗好的干玉米粒和山泉水按比例倒入木桶，放在土灶上煮一整夜。蒸玉米，把煮了一整夜的玉米放入蒸桶，将多余的水分蒸出。拌酒曲，把玉米平摊在竹席上自然冷却，其后撒上酒曲拌匀，再把玉米倒入底部有孔的木桶放置一天，沥出黄稠的汁水。发酵，把玉米放入木桶密封，发酵五六天。蒸酒，土灶上的铁锅盛水，把底部垫有芭蕉叶的蒸桶放在上面，倒入玉米，导流管居中摆放，蒸锅上顶着盛有凉水的冷却锅。随着火焰的加热，玉米的水蒸气遇冷却锅凝结，滴在导流管上，顺着管子美酒流入酒坛，酒坛上覆盖半湿的纱布，防止异物落入也避免酒的挥发。封坛，酒至八成满后用泥土封坛保存。蒸酒多余的酒糟可以制作酸汤菜，毫不浪费。90斤的玉米可以蒸出50~70斤的酒，出酒量多少取决于空气温度。

瑶族人有"无酒不成礼"的说法，美酒不仅是待客的基本礼仪，还是交际活动开展的重要媒介。瑶族人喝酒用碗，而不用杯，宽阔的碗口是瑶族人真诚、热情、豪爽的体现，碗中的美酒更是与土地、祖先、神灵沟通的语言。

图片来源
图一　侯亮　摄影
图二至图五　赵思颖　制图

糯米

酒曲

图二　瑶族自酿酒食材图

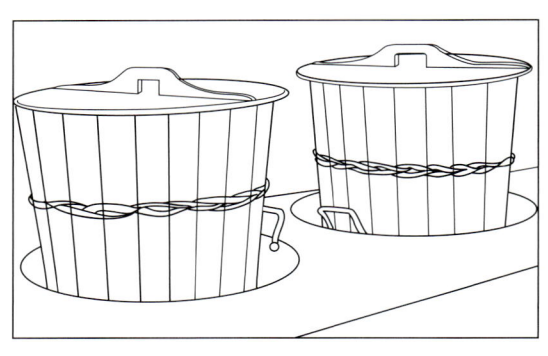
1. 蒸煮粮食

2. 冷却发酵

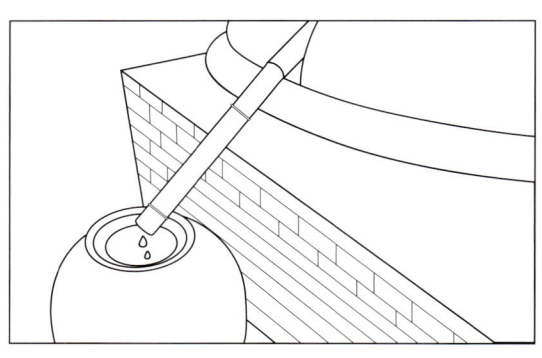
3. 蒸馏

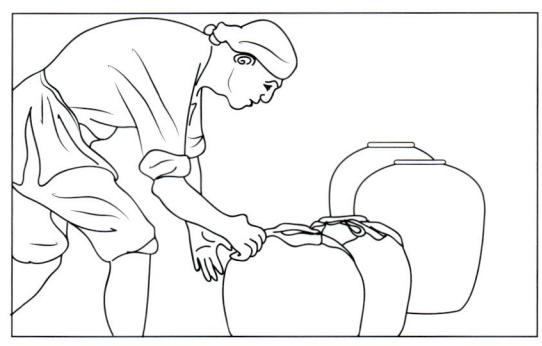
4. 封坛

图三　瑶族自酿酒制作流程图

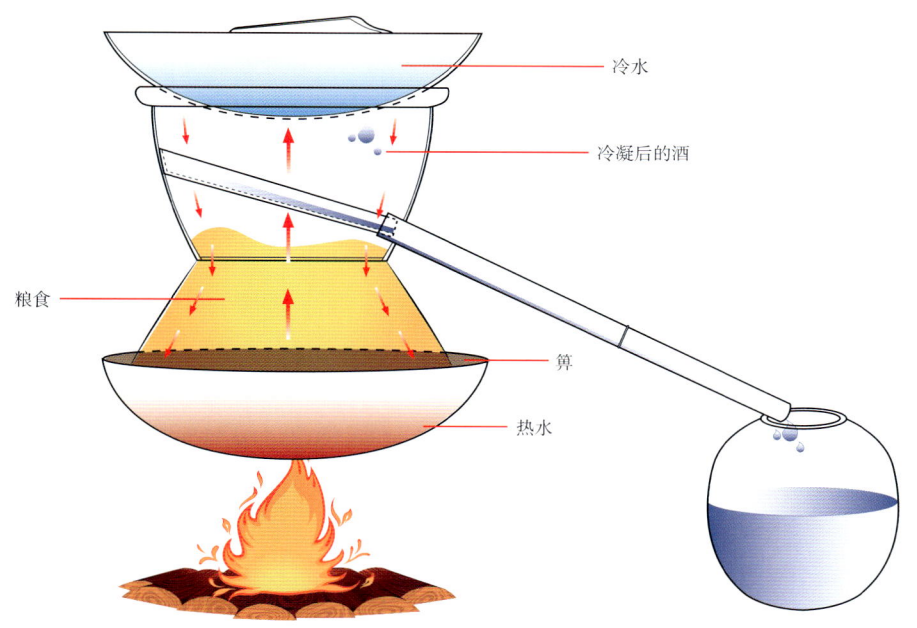

图四 瑶族自酿酒制作原理示意图

图五 瑶族自酿酒饮用情境图

瑶族藤茶

图一　瑶族藤茶主图

藤茶，学名显齿蛇葡萄，属于野生藤本植物，是目前发现的植物中含有黄酮量最高的植物，因此被誉为"黄酮之王"。研究表明，黄酮类化合物既是药理因子又是重要的营养因子，对人体具有重要的生理保健作用。黄酮类化合物是人体自身不可合成的，需要从食物中摄取，因此适当饮用藤茶有保健的功效。

瑶族人民早在南宋景定年间就有饮用藤茶的习惯。藤茶的制作过程十分简单，在家中就可以制作。将新鲜采摘的藤茶平铺晾干后放入锅中翻炒，初步去除茶中的水分；然后用手搓揉茶叶，能够有效地去除茶的苦涩味道；最后将茶加热烘焙，待其水分蒸发后即可长久保存。初品藤茶有种苦涩的口感，慢慢入口后口感由苦转甘，回味无穷。

藤茶可以起到降压减脂、平肝益血、消炎解毒等保健的作用，是名副其实的药食同源的珍贵植物资源。勤劳智慧的瑶族人民将藤茶这一古老的茶饮传统延续至今，不仅深得本民族人民的喜爱，而且藤茶中丰富的营养价值也得到了国内外的一致关注，如今藤茶作为瑶族地区的一张名片，逐渐走出大山走向世界。

图片来源
图一　翟丽娟　摄影
图二至图五　赵娅清　制图

图二 瑶族藤茶原植物形态示意图

图三 瑶族野生藤茶示意图

采青　　　　　炒青　　　　　捏揉　　　　　烘焙

图四　瑶族藤茶制作流程图

图五　瑶族藤茶野外烹煮示意图

第四章
瑶族传统生活用具

瑶族黄泥母鼓

图一　瑶族黄泥母鼓主图

黄泥鼓是瑶族膜鸣类乐器的统称，因演奏时鼓面需要涂抹当地特有的黄泥调音而得名。本案例征集于广东瑶族博物馆，案例中的这面黄泥母鼓特指演奏黄泥鼓舞时，鼓身两端似桶、中间细腰、较短的那只。该鼓通体长95厘米，鼓腰直径10厘米，两端口径基本相同，为23厘米，蒙皮处最宽27厘米。黄泥鼓多由当地常见的木质软韧而轻便的泡桐树木制成，表面未做髹饰。

与演奏公鼓时竖拿不同的是，演奏母鼓时，通常将其系带横挎于胸前，左右手分别垂放于两端鼓面，一边徒手敲击，一边执板敲击。其鼓点是整个舞曲的指导，公鼓配合做出相应的回应与舞步，因此母鼓通常由老鼓手演奏。黄泥鼓无固定音高，参加合奏的鼓均需要在鼓面中央粘上黄泥调音，使同时出演的鼓声音高保持一致，且音色嘹亮。

瑶族民间流传着黄泥鼓的传说：在古代，瑶族村寨有一位老人常带着儿子上山去打猎，一次在悬崖边被山羊挤下崖而身亡。为了悼念老人，儿子便剥下山羊皮蒙在一个掏空树心的枯木上敲打。此后，瑶寨里凡遇丧事，都要敲击这种鼓以示悼念。丈夫去世，妻子要在灵柩前打母鼓、儿子打公鼓；妻子去世，丈夫和儿子都要打公鼓，这已成为瑶家习俗，世代传承。

图片来源
图一　侯亮　摄影
图二至图三、图五至图六　侯亮　制图
图四　姜晓倩　制图

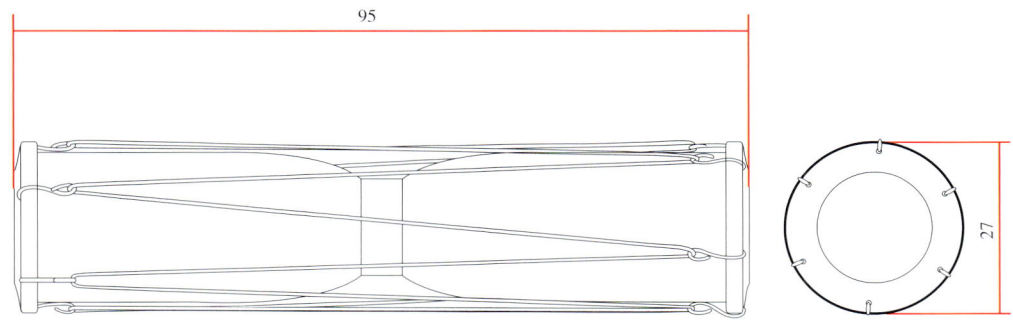

图二　瑶族黄泥母鼓尺寸图（单位：cm）

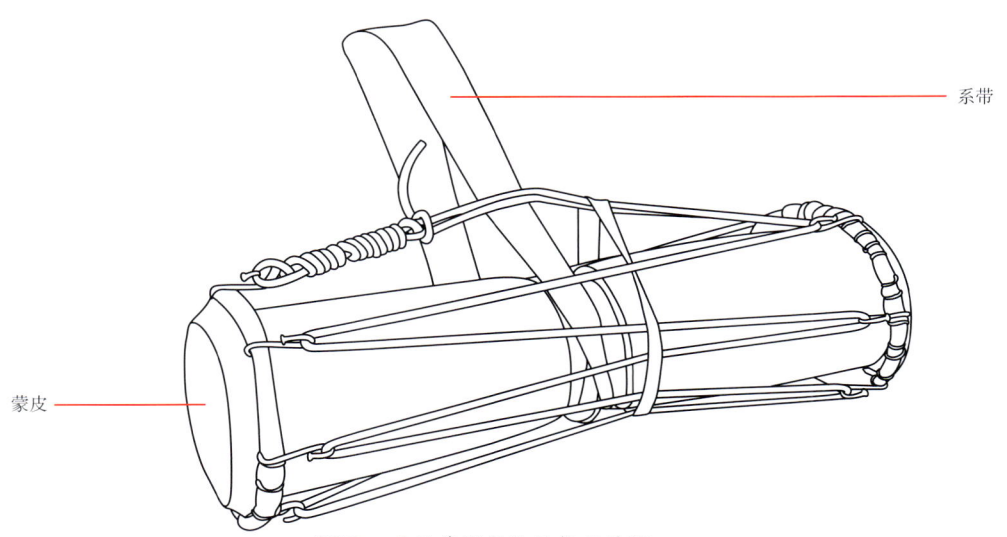

图三　瑶族黄泥母鼓结构名称图

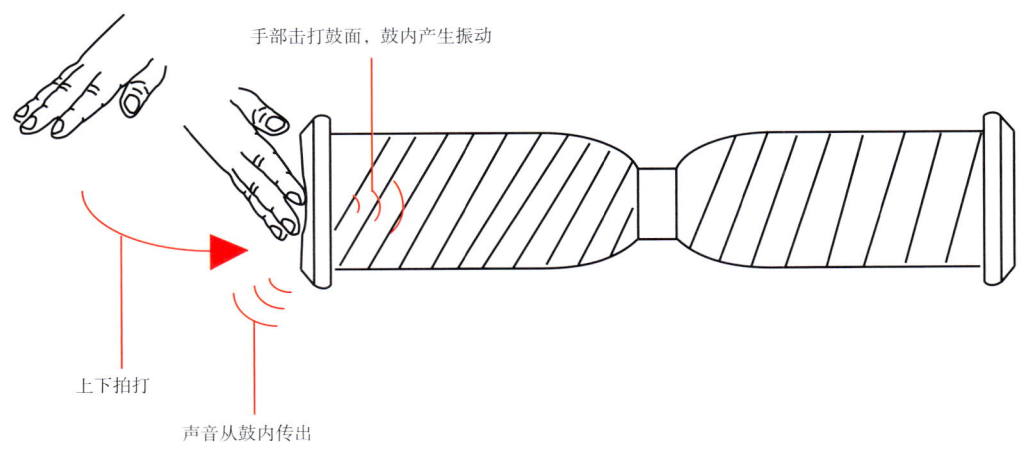

图四　瑶族黄泥母鼓发音原理示意图

第四章　瑶族传统生活用具

221

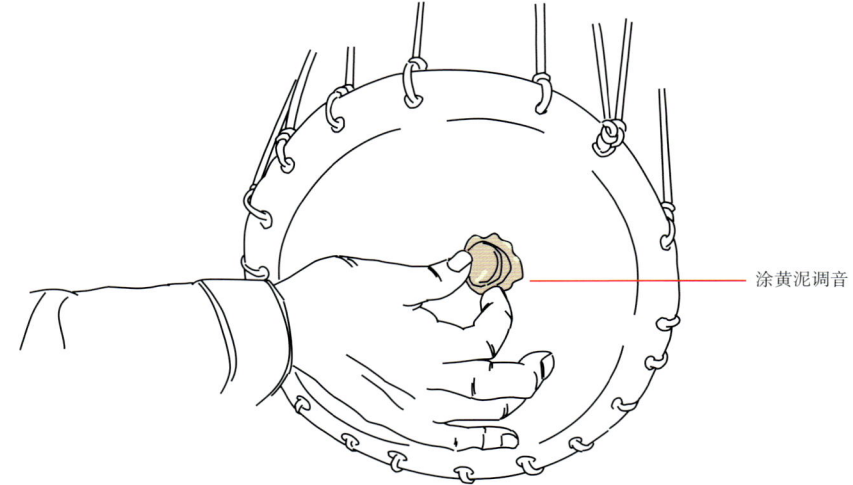

图五　瑶族黄泥母鼓黄泥调音示意图

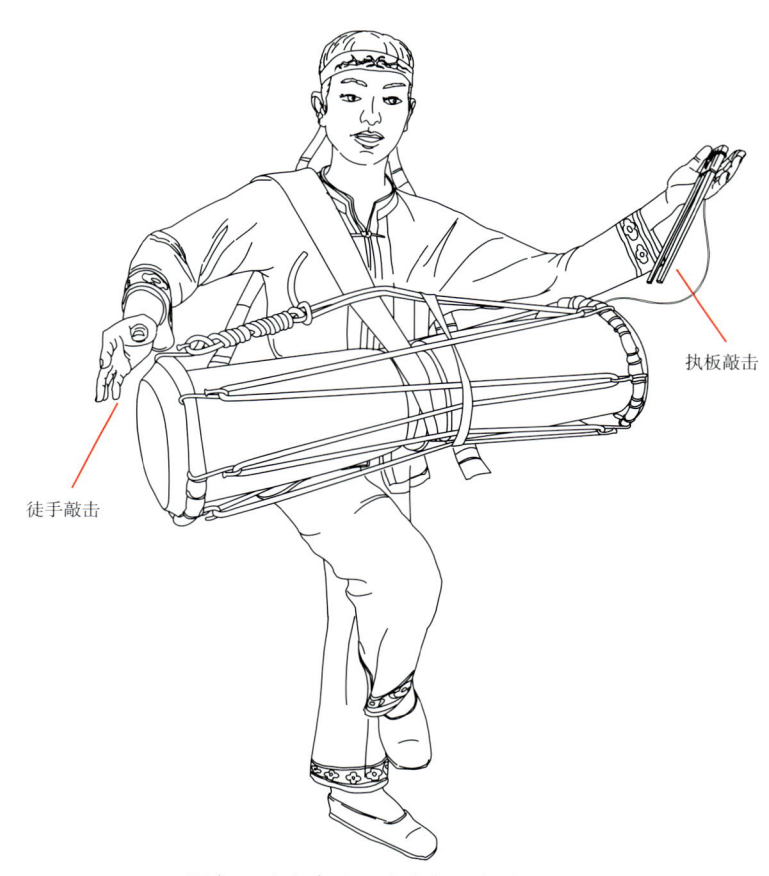

图六　瑶族黄泥母鼓演奏示意图

瑶族堂鼓

图一　瑶族堂鼓主图

　　堂鼓，一种打击乐器。本案例采集自广西贺州市博物馆，其整体形制呈上大底略小的桶形，鼓面直径约27厘米、鼓足直径约20厘米、鼓通高约45厘米。该堂鼓从其表面形态便可推知鼓身由一整个木桩凿空而成，表面略微刨平，再直接刷深褐色漆，并没有刮灰裱布等工艺。此类器具选料通常是当地常见硬杂木，鼓面是用牛皮材料制成，用金属泡钉固定。敲击时可以用手，也可以借助木质鼓槌。

　　堂鼓在演奏时将鼓放在木架上，用木头双槌敲击。堂鼓鼓面较大，从鼓心到鼓边可以发出不同的音高，一般是鼓心的音比较低，鼓边的音比较高。经由敲击鼓边、鼓心和控制敲击的力量，可以获得大幅度的音量和音色对比。音量能从很弱变到很强，力度变化也很大，通常还能演奏出复杂的花点，对渲染情绪及气氛有较大的作用。音色低沉厚实，常扮演激励人心、振奋士气的角色。

　　瑶族人将鼓视为神力的象征，鼓声能震慑一切未知的磨难，此类器乐频繁地使用于祭神活动中。在现代文明的洗礼下，敲打堂鼓等系列祭祀活动已成为民族文化，不断在延续。

图片来源
图一　侯亮　摄影
图二至图三、图六　侯亮　制图
图四至图五　李淑梅　制图

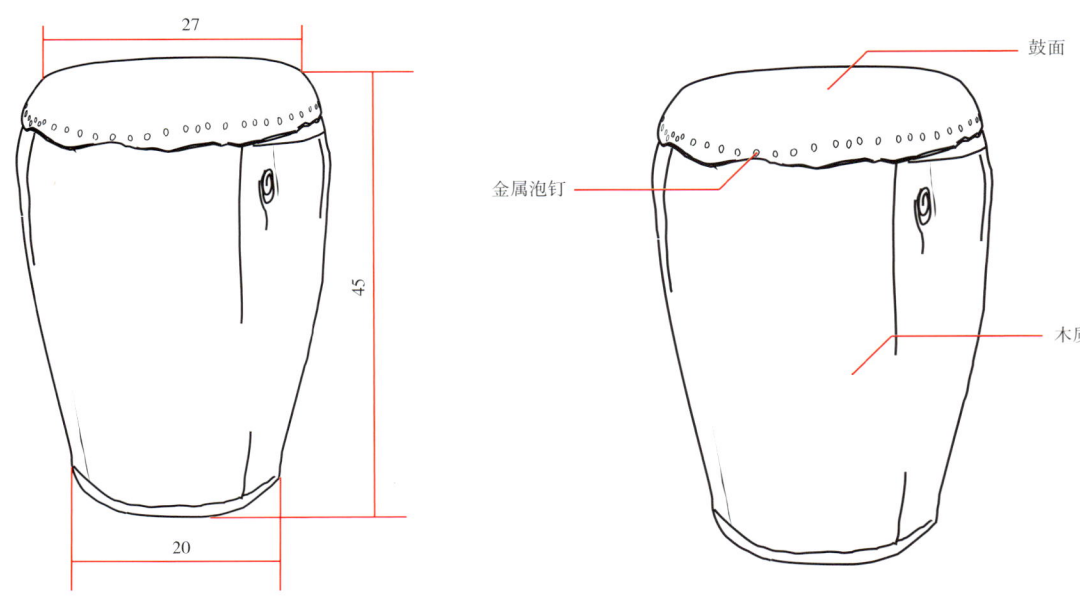

图二　瑶族堂鼓尺寸图（单位：cm）

图三　瑶族堂鼓结构名称图

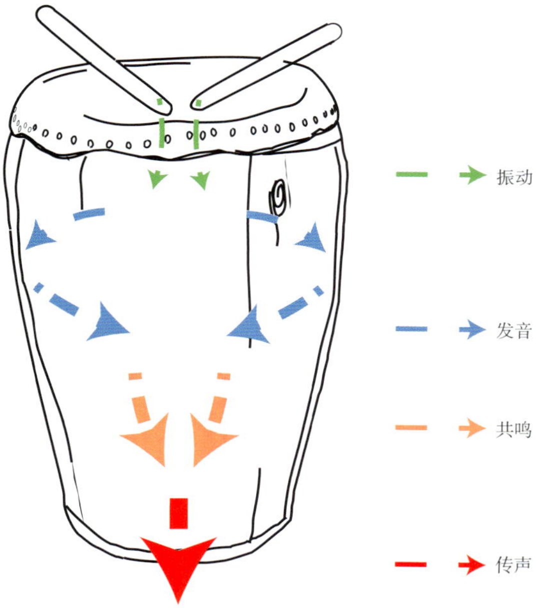

图四　瑶族堂鼓发声原理示意图

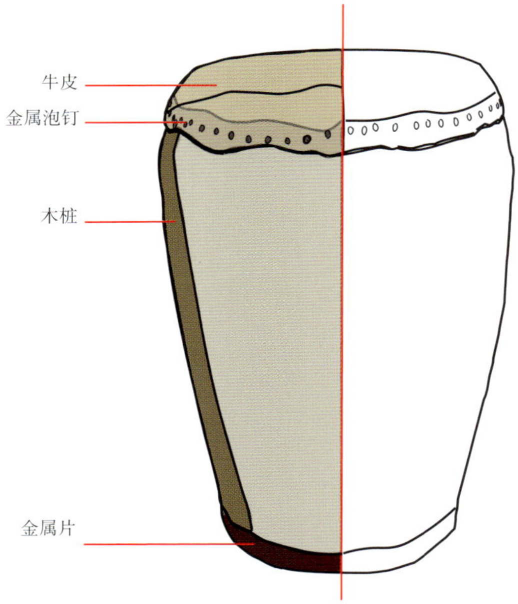

图五　瑶族堂鼓剖面图

图六　瑶族堂鼓演奏示意图

瑶族铜鼓

图一　瑶族铜鼓主图

本案例征集于广西民族博物馆，是清代的一面瑶族游旗纹铜鼓，高27.5厘米、鼓面口径47.5厘米，由鼓面、鼓耳、鼓胸、鼓腰、鼓足组成，造型特征是圆口、颈部微鼓、颈部下内收、胫部微突、胫部下内收、足部外撇。从鼓面及鼓身较为明显的纹样有：太阳纹、云纹、栉纹、回纹、游旗纹等。该鼓属于麻江型，体型较小、扁矮、鼓壁较薄、发音效果好，流行于瑶族众多支系中。

铜鼓主要金属成分是铜，但绝大部分铜鼓的成分都不是纯铜，而是铜与锡、铅等金属之类的合金。按照金属成分的不同，铜鼓可分为红铜、锡青铜、铅锡青铜三种类型。从麻阳出土的宋代铜鼓及相关史籍可知，瑶族先民于宋代前就使用铜鼓了。鼓面上常有太阳纹饰图案，表面装饰形象地反映了当地的社会生活、风俗习惯、宗教意识等。

古代铜鼓的制作工艺主要采用泥型合范法和失蜡法。泥型合范法：先制作鼓身的内范和外范，然后将其固定好后把炼好的铜水加注进模具中，再拆掉外范即可得到铜鼓，最后人工将铜鼓的边缘打磨平整圆润。失蜡法：先制作蜡膜，然后制作鼓模，最后加入金属溶液浇铸，蜡膜遇热流走后，既可得到铜鼓。制作好的铜鼓需要定音，经过反复试音后铜鼓才能达到预期的音响效果。现代学者通过研究推测铜鼓调音有三个步骤：药物淬火、冷锤敲打、刮削鼓壁。药物淬火是通过药物对鼓面进行处理，改变鼓面表面的成分和结构从而改变鼓的音频特性；冷锤敲打是从外部敲打鼓面的相应位置，主动消除内部应力；刮削鼓壁是通过改变其厚度而改变音频。

瑶族铜鼓演奏方式多样，参加人数不限。以白裤瑶演奏铜鼓为例：两人打铜鼓（一人打公鼓，一人打母鼓），两鼓同时发出"咚咚"的声音；再由两人各持一个小桶，分别站在铜鼓后，随着鼓点来回往鼓里扣压，造成"唔"音（铜鼓回音）。

铜鼓在瑶族既是乐器也是礼器，有娱乐的作用也有祝福、祈祷等作用，还是权力、地位和财富的象征，这也使得人们对它的保护和收藏也非同寻常。南丹县白裤瑶的铜鼓为宗族所有，平时由宗族里2~3名有威望的中年男子保管，使用铜鼓需要召集所有鼓主征求意见，大家同意方能启用。

图片来源
图一　侯亮　摄影
图二至图六　何卓嫔　制图
图七至图八　戈珊珊　制图
图九至图十一　侯亮　制图

参考文献
1. 李少梅.过山瑶的乡源：世界勉瑶（过山瑶）文化学术讨论文集.北京：民族出版社，2010.
2. 《瑶族简史》编写组.瑶族简史.北京：民族出版社，2008.
3. 于瑮.广西铜鼓文化.南京：广西人民出版社，2012.
4. 蒋廷瑜，廖明君.铜鼓文化.北京：文化艺术出版社，2011.

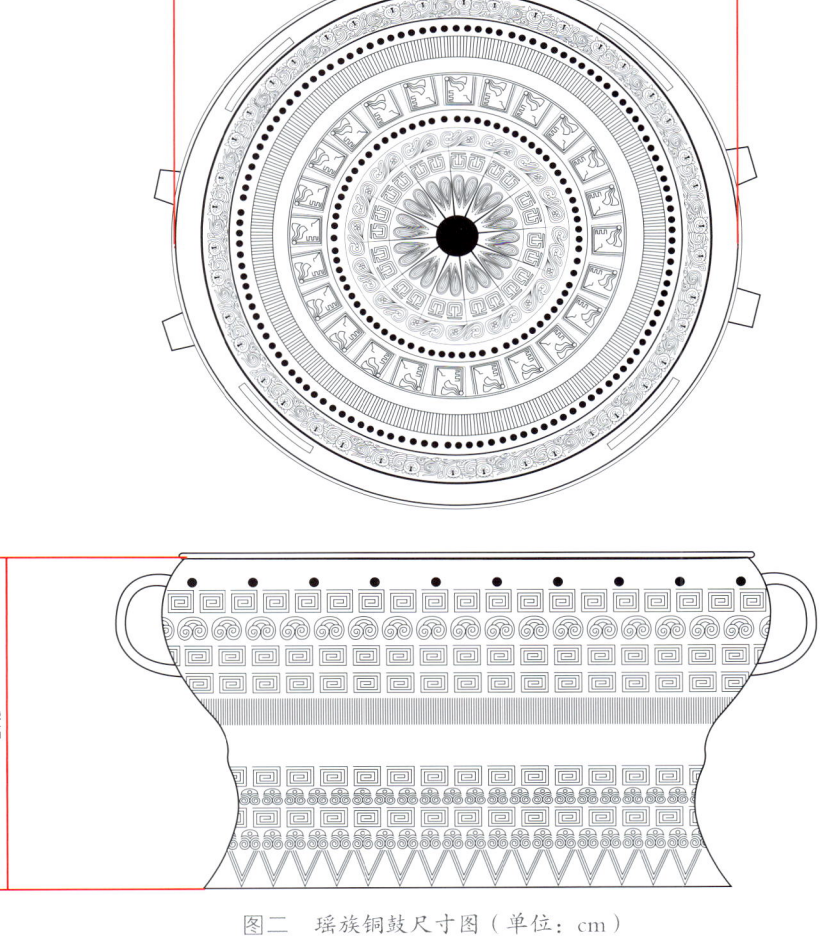

图二　瑶族铜鼓尺寸图（单位：cm）

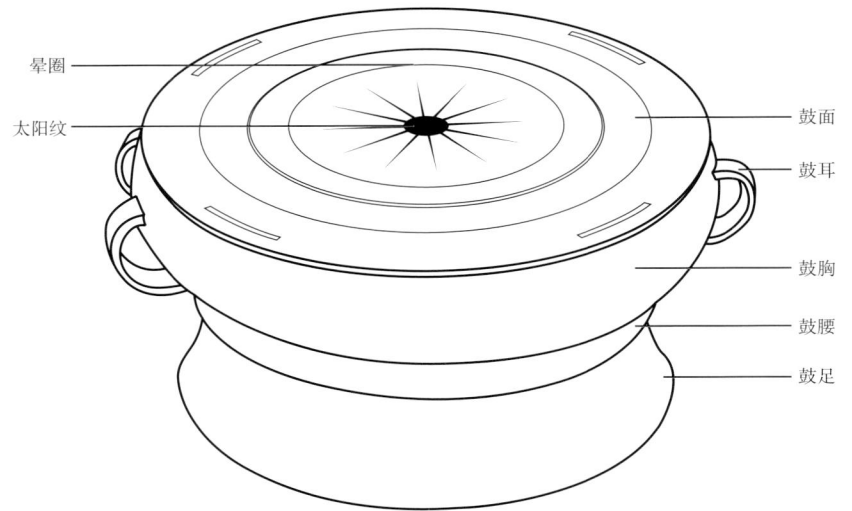

图三 瑶族铜鼓结构名称图

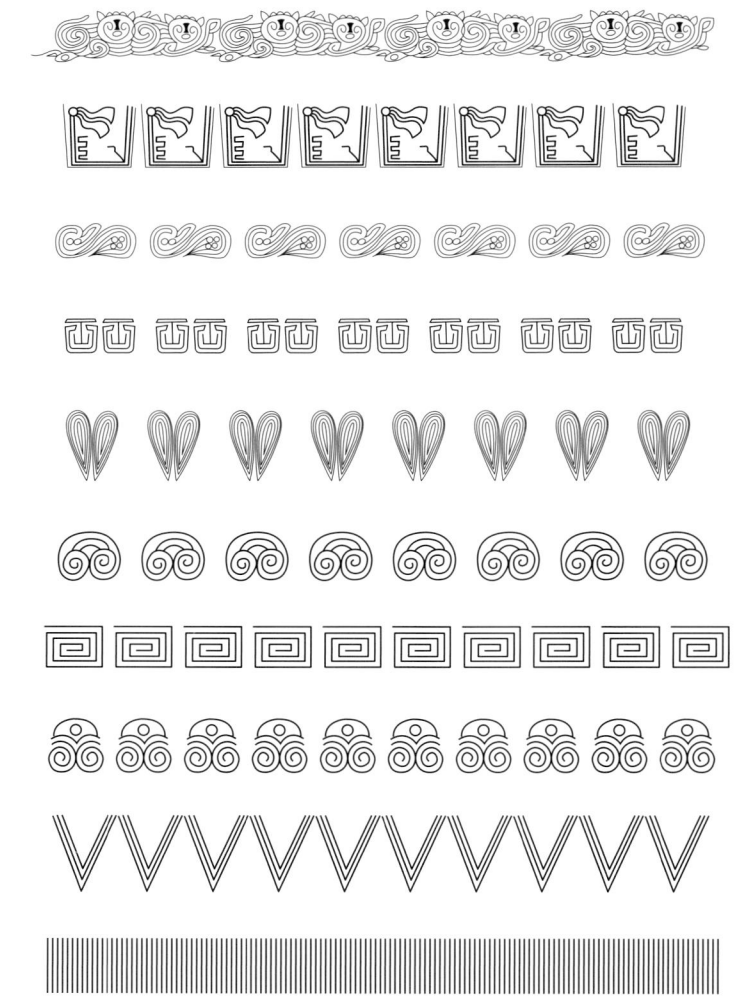

图四 瑶族铜鼓单元纹样效果示意图

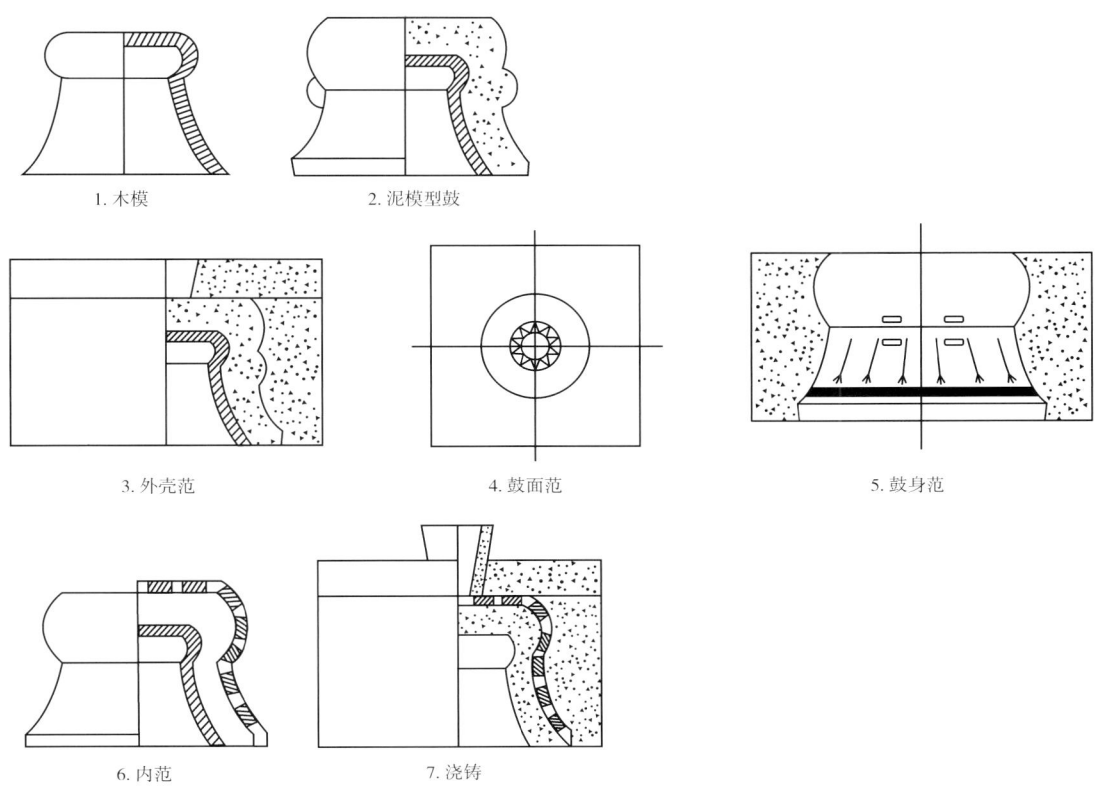

图五 瑶族铜鼓泥型合范法制作流程图

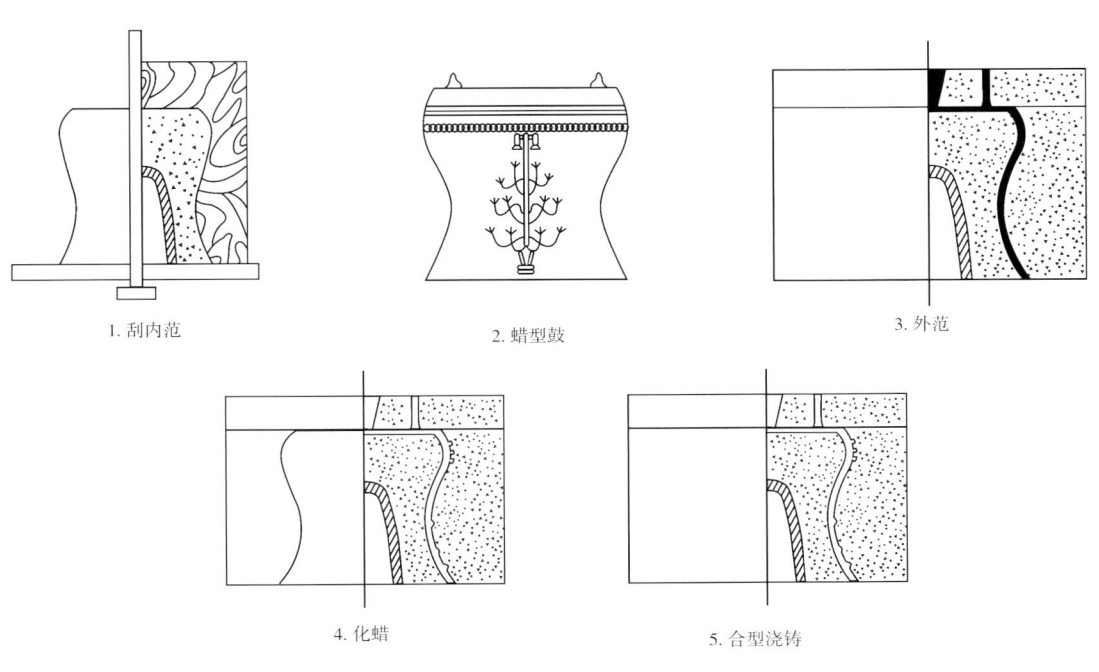

图六 瑶族铜鼓失蜡法制作流程图

图七 瑶族铜鼓正面敲打原理分析图

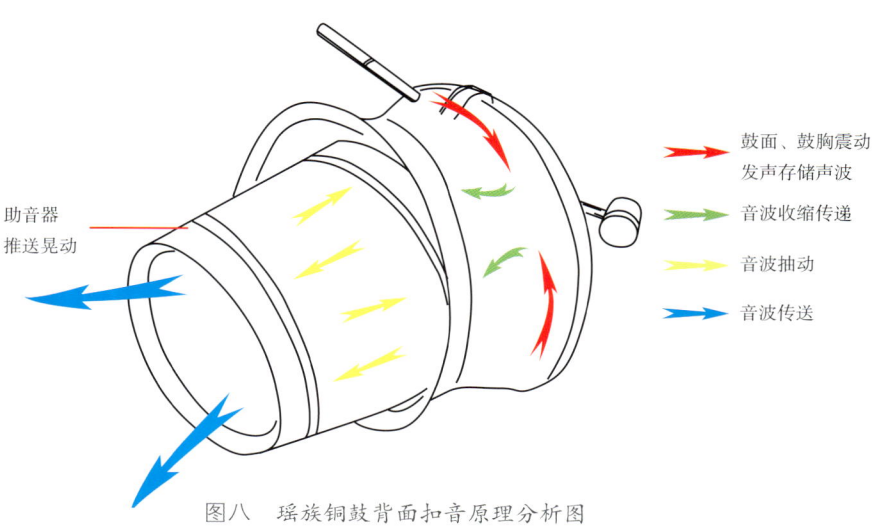

图八 瑶族铜鼓背面扣音原理分析图

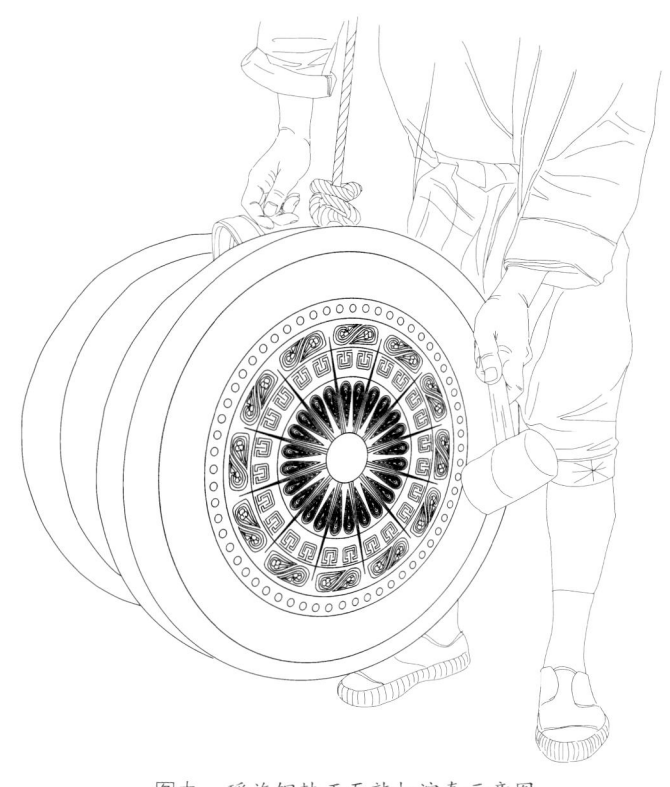

图九　瑶族铜鼓正面敲打演奏示意图

图十　瑶族铜鼓背面扣音操作示意图

图十一　瑶族铜鼓携带示意图

瑶族小长鼓

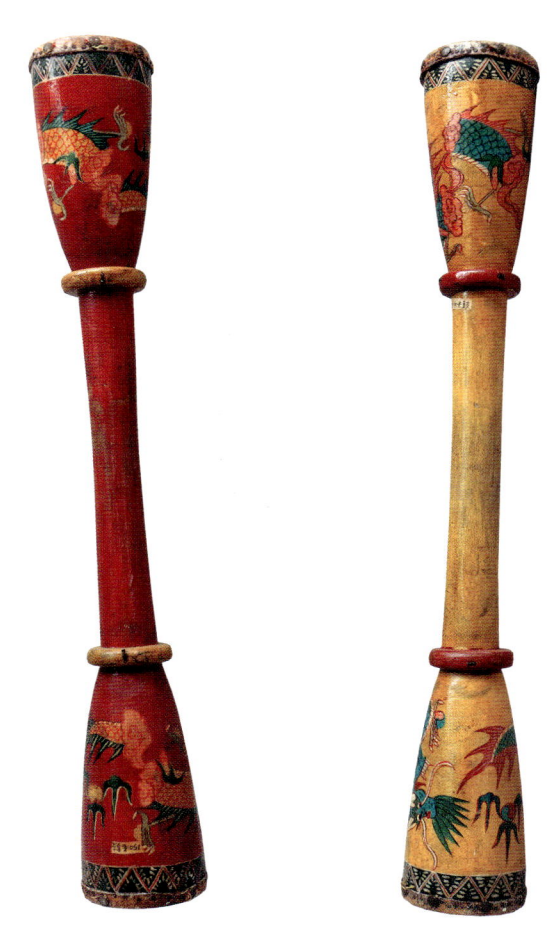

图一　瑶族小长鼓主图

本案例为木质，通体长约83厘米，两端鼓面直径约10厘米，蒙羊皮，通体髹漆，并在两端圆锥体部分绘有云龙纹。以其身上的装饰可以推知，该小长鼓应该是专门用于祭祀活动的师公道具之一，现收藏于广西贺州市博物馆。

在瑶族，体形修长的膜鸣类乐器统称为长鼓，为了与黄泥鼓舞中的公鼓区分，瑶族将此类体积较小的长鼓，称为小长鼓。与黄泥鼓舞中的公鼓不同的是，小长鼓的腰身细长，可用一手握持，鼓腰和两边的鼓侧有明显的结构区别，类似现在的玻璃高脚杯。在跳舞时，舞蹈者将鼓斜挂腰侧，双手拍击，或左手执鼓中部，用右手拍击，边击边舞。长鼓既是伴奏的乐器，又是舞蹈的道具。

最初，小长鼓是祭祀用的一种礼器，如今演变成了带有民族特色的大众休闲乐器。小长鼓舞一般以群舞的方式出现，人数不做过多限定，舞步与黄泥鼓舞类似，舞者往往是口不离曲、手不离舞、足不离蹈，并有唢呐、锣鼓伴奏。小长鼓的击鼓动作有72套，大多是表现生产、生活内容的，如建房造屋、犁田种地、模仿禽兽动作等，形象生动、富有生活气息。击鼓有文打武打之分，文打动作柔和缓慢，武打粗犷豪放；有二人对打、四人对打，也可大群人围成圆圈打，气氛热烈、鼓声洪亮。

瑶族打长鼓的活动大多在三月三、六月六、八月十五、十月十六举行，尤以十月十六"盘王节"最为盛行。"还盘王愿"三年一小愿，十二年一大愿；小愿打长鼓三天三夜，大愿则打七天七夜。

图片来源

图一　侯亮　摄影
图二、图四　侯亮　制图
图三、图五　李丽　制图

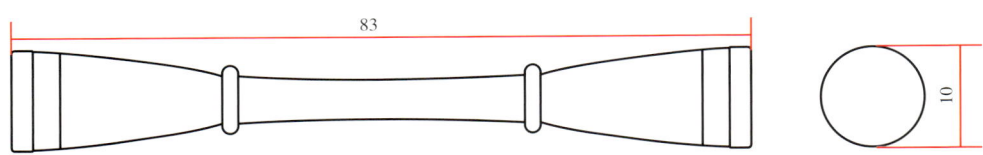

图二　瑶族小长鼓尺寸图（单位：cm）

图三　瑶族小长鼓纹样示意图

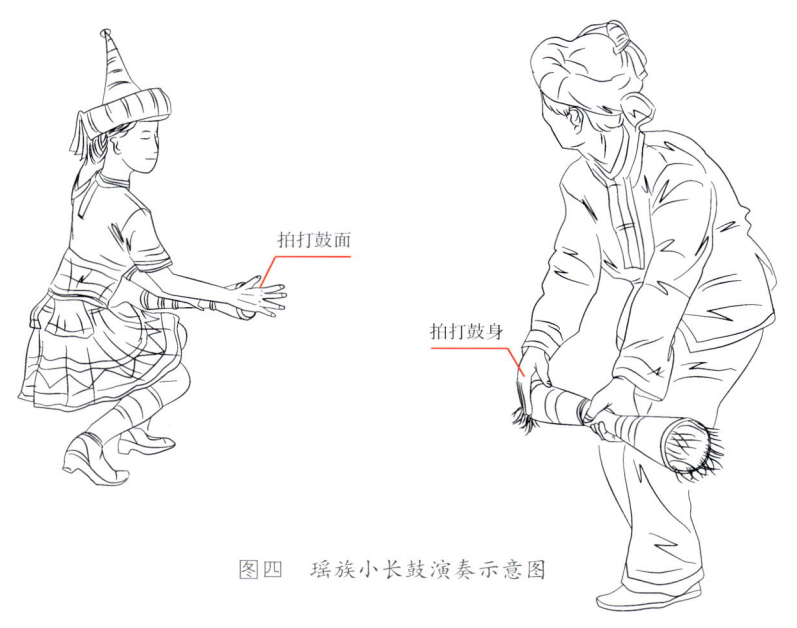

图四 瑶族小长鼓演奏示意图

图五 瑶族小长鼓桌上双人演奏示意图

瑶族石琴

图一　瑶族石琴主图

　　本案例采集于广东瑶族博物馆，是广西都安清代石琴，由 14 根青石条组成，从左至右依次由大渐小，呈梯形排列于木框中。石琴右侧有一木质方形提耳，琴面上雕刻有云龙纹样，左右两侧均有若干篆书铭文。

　　石琴的制作大致有选材、裁切、打磨、组装、调音等工序。每一道工序的制作均会影响石琴的最终演奏效果，各个环节的组装连接需要进行大量反复的试音，才能达到悦耳的听觉享受。石琴的发声原理是当石条受到敲击或其他外力作用时，振动发声产生共鸣，声音通过空气传播而刺激耳膜，使人感受到石头的声音。由于石琴构件的长短薄厚不同，打击时所产生的音质也就各不相同，由此可演化出各种各样的音调曲风。石头的材质同样也决定了石琴发音是否清脆响亮。它的形制构造使得其发音悠远动听。

　　与石磬悬于木架的摆放方式不同，石琴平放于木框架之上，使用石材作为琴键的石琴，只要将其放置于平稳的地方，就不会轻易地损坏，这对于文物的保护与传承有着很大的优势。根据放置的位置，击打者可站可坐，演奏自如。敲击过程中的轻重缓急等方式再结合石条自身的特点，产生较为丰富的正音、侧音，是民间较常见的祭祀辅助配乐。

图片来源
图一　侯亮　摄影
图二至图四、图六至图七　侯亮　制图
图五　姜晓倩　制图

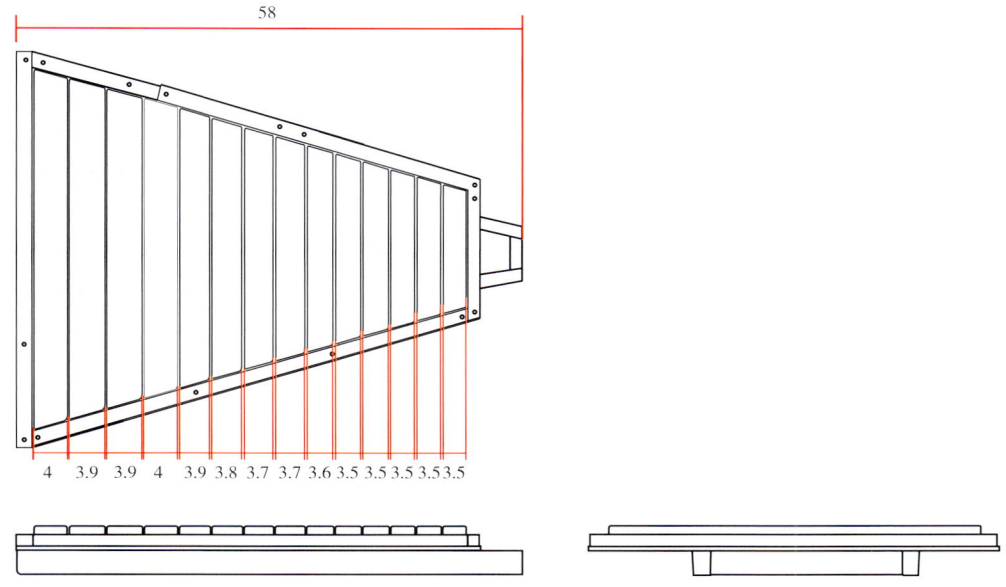

图二　瑶族石琴三视、尺寸图（图片：cm）

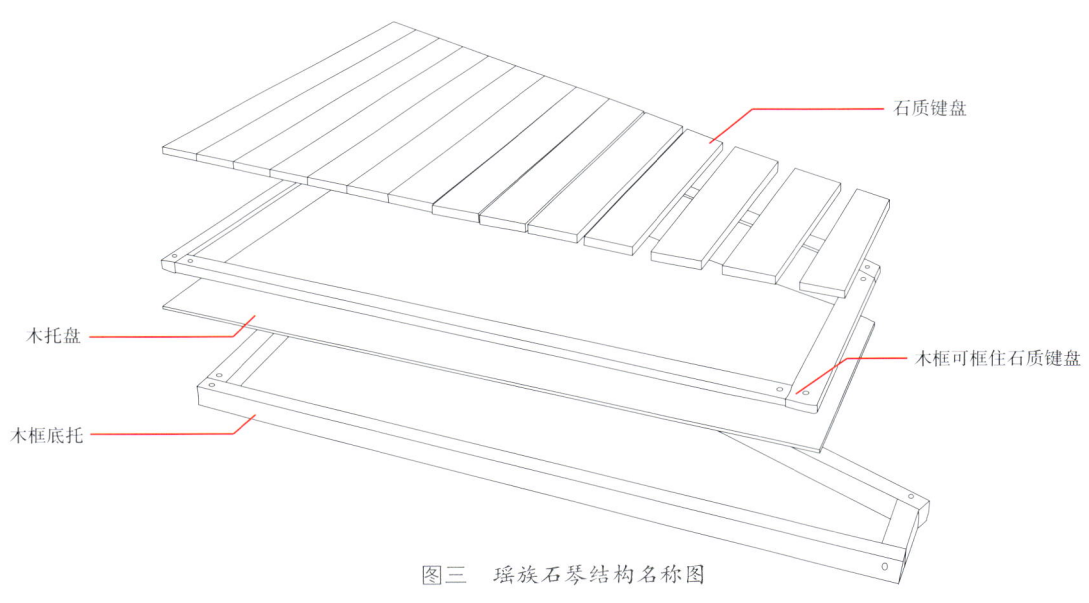

图三　瑶族石琴结构名称图

237

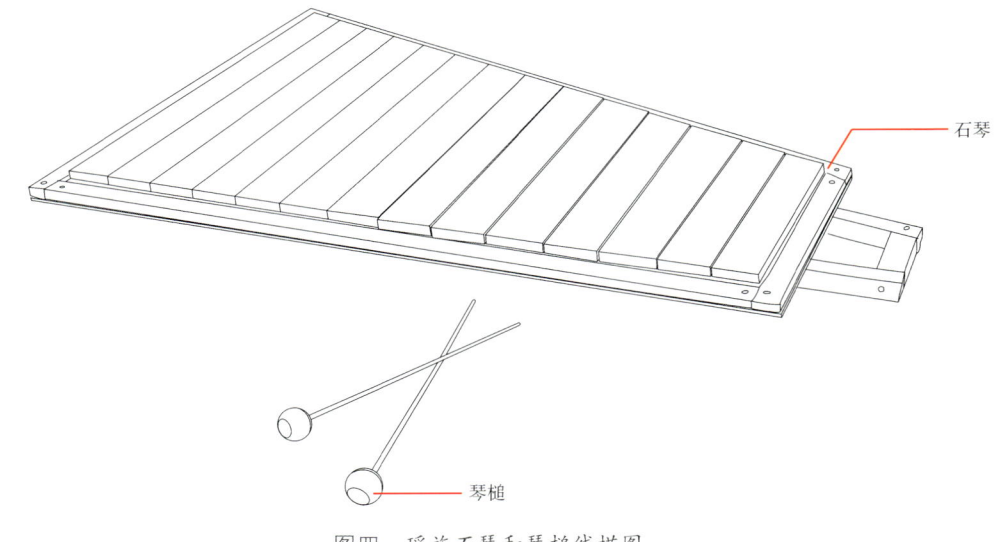

图四　瑶族石琴和琴槌线描图

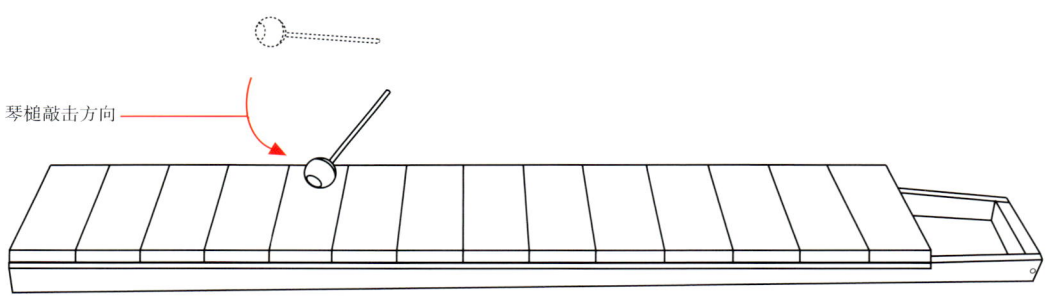

图五　瑶族石琴发音原理分析图

图六　瑶族石琴调音示意图

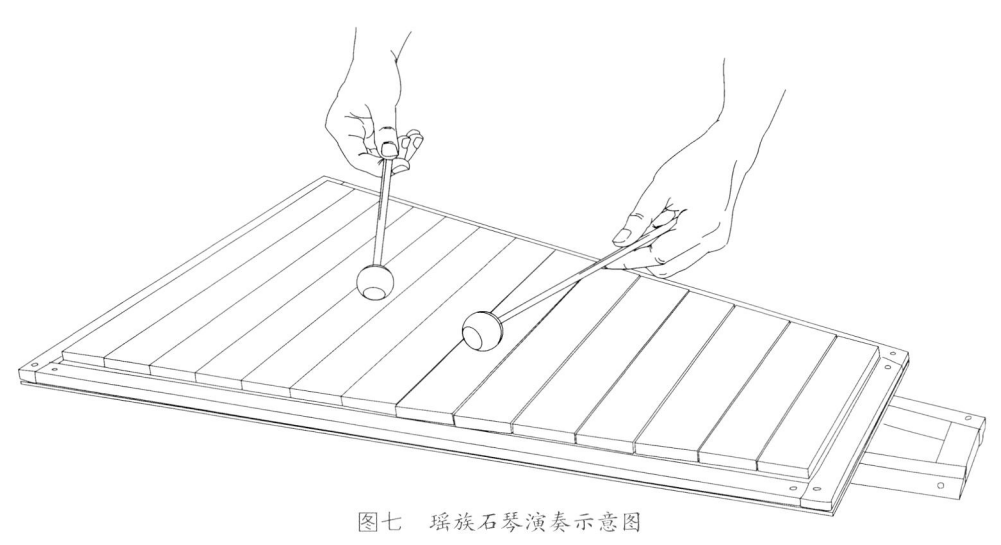

图七　瑶族石琴演奏示意图

瑶族芦笙

图一　瑶族芦笙主图

芦笙，也称卢沙，属于簧管乐器，是瑶族传统古老乐器之一。随着时代的变迁，现芦笙的形式逐渐多样化，可分为六管、十管、十二管等多种类型。

本案例采集自广东瑶族博物馆，为大管芦笙，通高52厘米，由吹口、笙斗、笙管、簧片和共鸣管构成。笙斗由杉木制作而成，一般选取长约35厘米、直径约4厘米的毛坯料，先将其修成修长的斗状，再从中破为两半，分别掏出内腔，随后装入笙管后再将其粘合起来，并用竹篾缠绕加以固定。笙斗细的这端接一根长约15厘米、外径1.5厘米的竹管为吹口。笙管多采用白竹作为原材料，将制作好的六根笙管分成两排，以75度角纵向插入笙斗中，每个笙管近斗处开有一个圆形按音孔，并在入斗处装有铜质簧片。在每二根或三根笙管上端合套竹管作为共鸣管，共鸣管可以使得音量增大，通常用毛竹制作而成，因音高低不同而长短不同。演奏时，笙管竖置，双手捧持笙斗下部，拇指、食指、中指分别按左右两排笙管音孔，嘴含吹口，吹吸均可发音，芦笙站、坐、走、跳均可吹奏。

在瑶族，芦笙经历了漫长的从"娱神"到"娱人"的发展，逢年过节、婚嫁喜庆之日，芦笙必不可少。芦笙在瑶族也是青年男女成婚的重要"媒介"，是瑶族男青年表白心意的工具之一。

图片来源
图一　侯亮　摄影
图二至图三　王英　制图
图四至图七　侯亮　制图

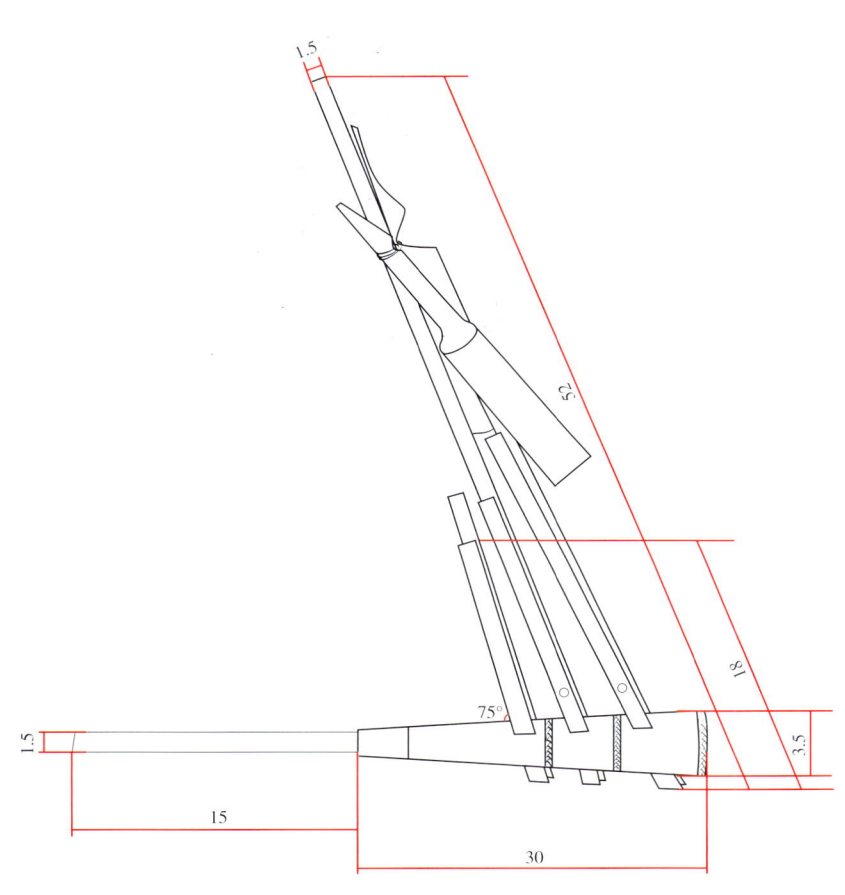

图二　瑶族芦笙尺寸图（单位：cm）

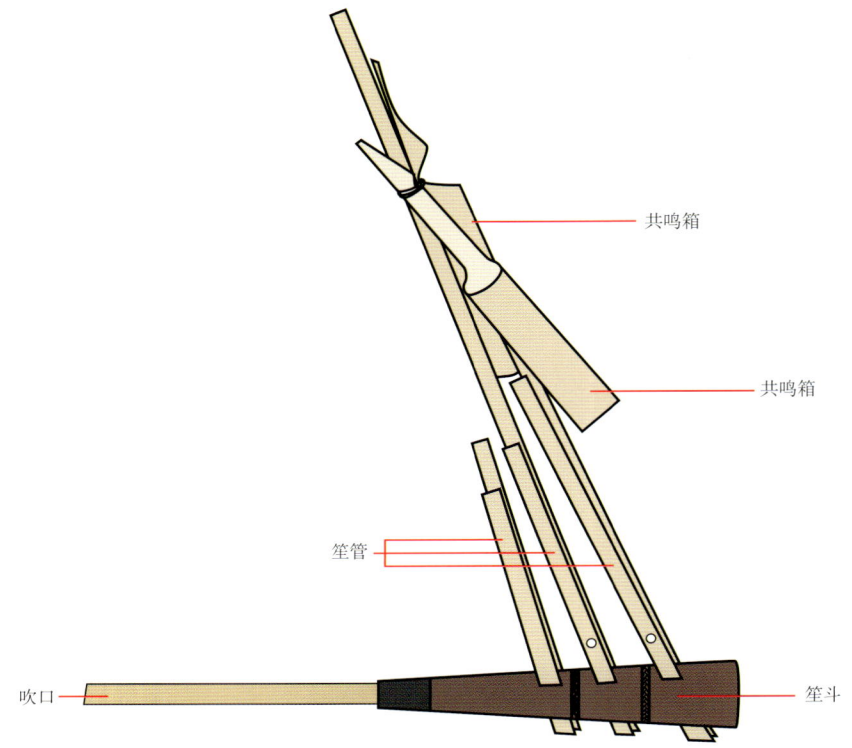

图三　瑶族芦笙结构名称图

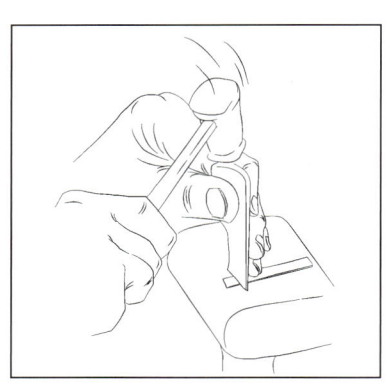 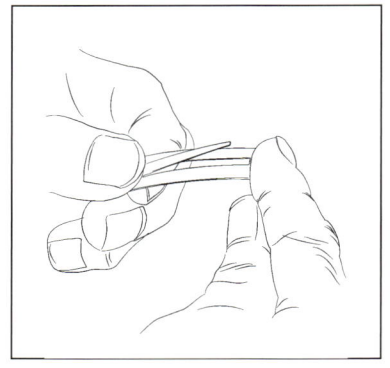 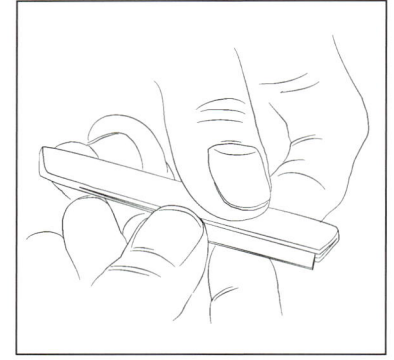

图四　瑶族芦笙簧片制作流程图

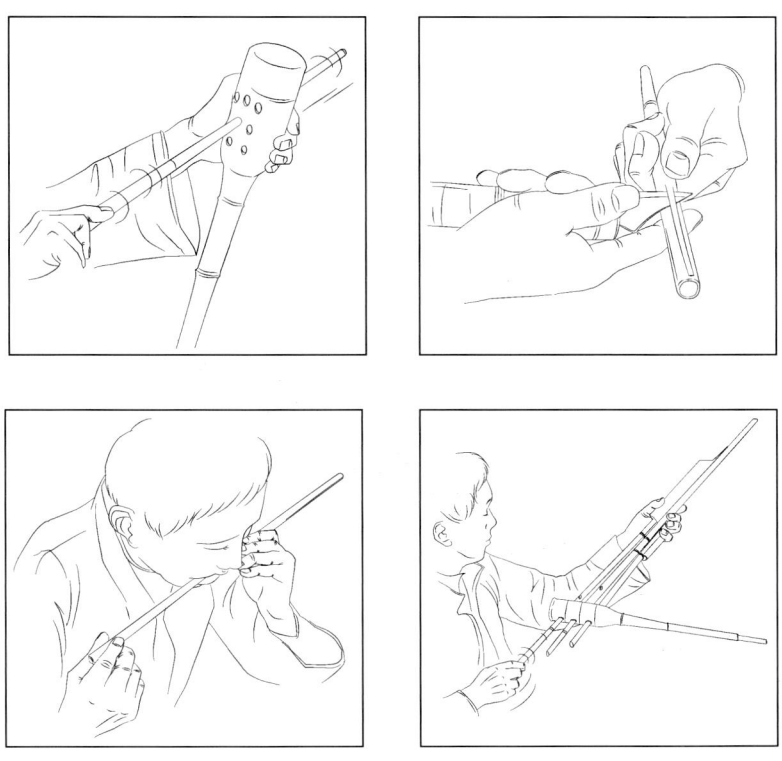

图五　瑶族芦笙笙管制作流程图

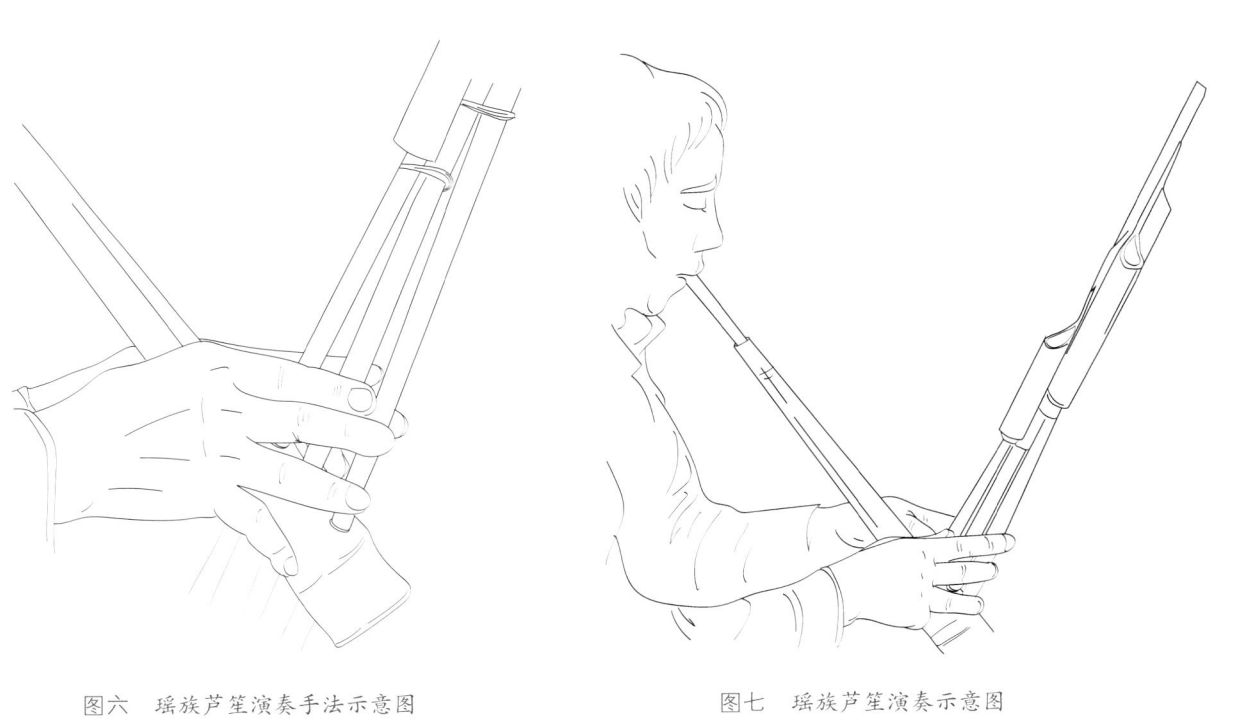

图六　瑶族芦笙演奏手法示意图　　　　图七　瑶族芦笙演奏示意图

瑶族金秀唢呐

图一 瑶族金秀唢呐主图

本案例征集于广西民族博物馆,由哨片、气盘、芯子、杆子和碗子五个部分组成,除芯子为铜质,其余各部分均由木料车削而成。该唢呐整体呈锥形,在杆子的正面开有七个孔,背面有一个孔。在广西金秀瑶族聚集地,吹奏唢呐是婚庆中必不可少的组成部分。

唢呐是晚清时随着瑶族的迁徙从中原地区流入并得到推广,瑶寨中的婚、丧、嫁、娶、礼、乐、典、祭及歌会等必有唢呐。在瑶族婚庆乐中唢呐至今还保留有与汉族相同的曲牌名,如:《将军令》《大开门》。瑶族唢呐与汉族唢呐的形制大致无异,仅是发音器——哨的制作材料有所不同,通常哨子由芦苇制成,但瑶族聚居地的芦苇不适合制作哨子,于是当地人便选择柔韧性很强的虫茧来代替。

唢呐的音色明亮、音量大,适合室外移动演奏,方便不同场合,且曲牌简短明了,口口相传,容易上手,是劳动人民用唢呐宣泄内心喜怒哀乐的理想表达工具。

图片来源
图一、图五 侯亮 摄影
图二至图四 李丽 制图

参考文献
刘勇.中国唢呐艺术研究[M].上海:上海音乐出版社,2006.

侯道辉.广西金秀县十八家瑶族唢呐婚庆音乐研究.中国音乐(季刊),2011(3).

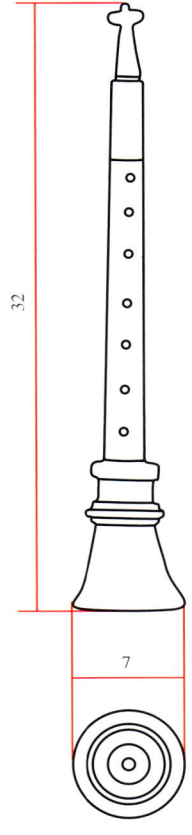

图二 瑶族金秀唢呐尺寸图（单位：cm）

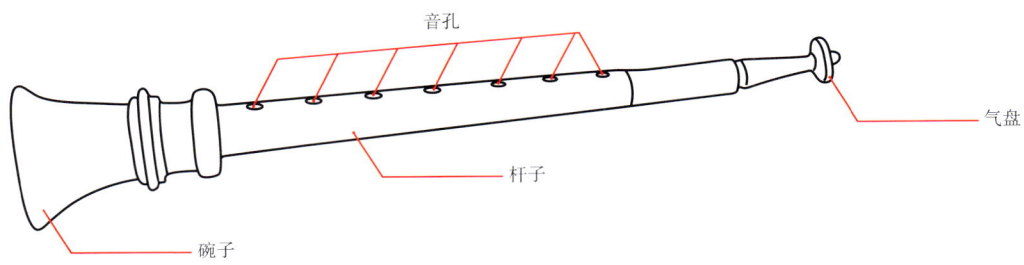

图三 瑶族金秀唢呐结构名称图

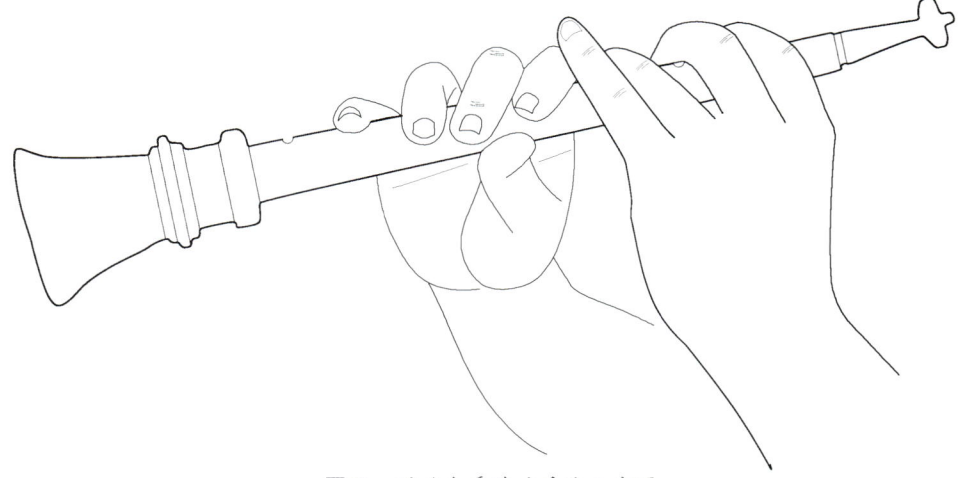

图四　瑶族金秀唢呐手法示意图

图五　瑶族金秀唢呐演奏示意图

白裤瑶牛角号

图一　白裤瑶牛角号主图

本案例现藏于广西民族博物馆，直径约69厘米、号口径约13厘米、吹口约2厘米，是瑶族传统器乐之一。

牛角号也称为角号，以水牛角或黄牛角为原材料。它的制作工艺大致是：先把牛角尖的一头锯成直径1~2厘米的口子，之后清理内壁并稍微削去粗糙表皮，最后在角尖部分插入桐木管为吹嘴。在内径两端拴绳子，便于背在身上。白裤瑶牛角号一般体形较大，本身没有按音孔，演奏时一手托抱号角于胸前，一手持吹口。牛角号是较原始的唇振气鸣乐器，无固定音高，依靠演奏者口形变化和气息控制吹奏出不同的音高。

牛角号流行于我国众多的少数民族中，最初是作为一种传递讯号的重要工具，如今已演化成神圣的礼器。广西南丹白裤瑶的牛号角唯有在重大节庆、祭祀、送葬之时，师公或者道公才可以使用，常与铜鼓、皮鼓一起合奏。

图片来源
图一　侯亮　摄影
图二至图五　侯亮　制图

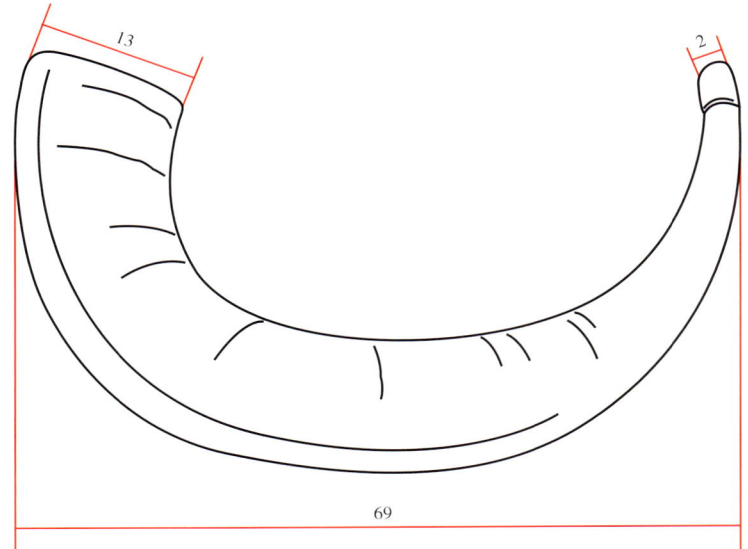

图二　白裤瑶牛角号尺寸图（单位：cm）

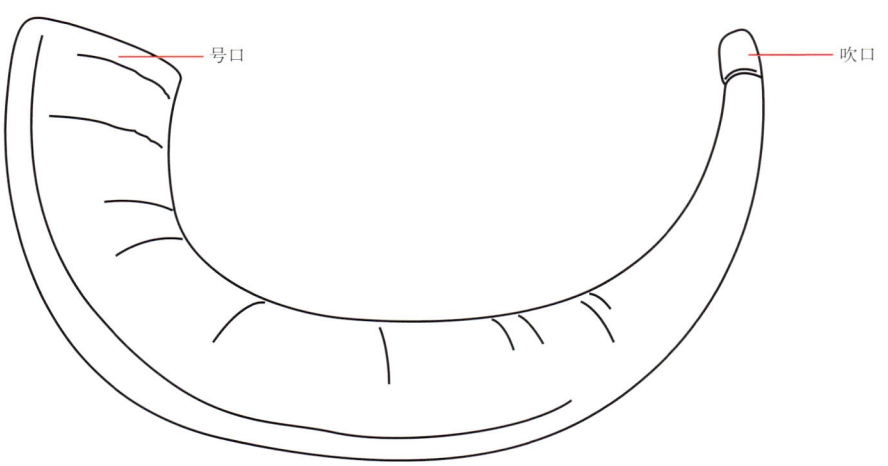

图三　白裤瑶牛角号结构名称图

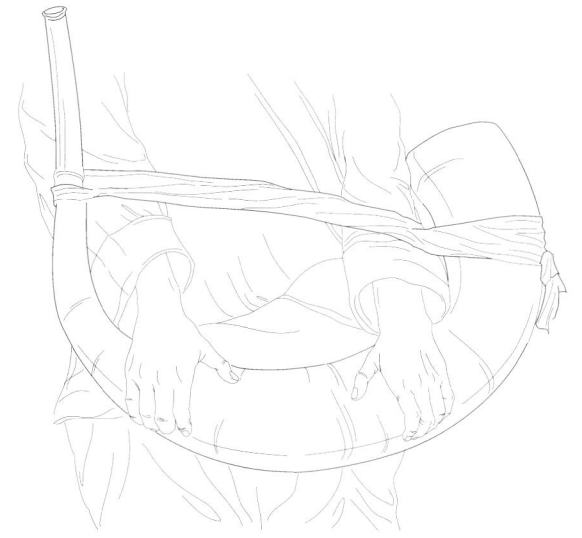

图四　白裤瑶牛角号手执示意图

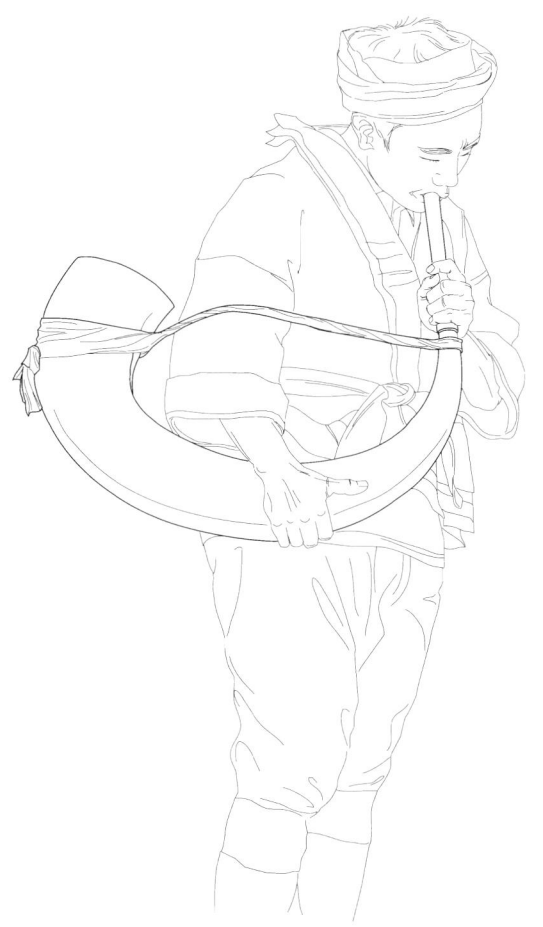

图五　白裤瑶牛角号演奏示意图

249

茶山瑶月亮床

图一　茶山瑶月亮床主图

本案例现藏于广西金秀瑶族博物馆，其通体长约 210 厘米、宽约 108 厘米、高约 245 厘米，床底配有四足，足高约 35 厘米。表面虽做髹漆，但未有裱布与刮泥子等工艺。此类型的床也叫架子床，是汉族床铺造型之一，民国初期，逐渐传入瑶族地区。

月亮床上端四面装横楣板；顶部有盖，俗名"承尘"；床身上有四柱；正面设有门罩，饰有花卉图案，是介于平雕和绘画之间的艺术表现形式；门罩两边分别有四根似竹节状圆柱体组成的栏杆；床身左侧及背面设有栏杆，床身右侧则是一整面密闭板。有了这四周的围栏，让睡觉靠近床边的人不会有落床的忧虑，也构成了一个相对私密的空间。

精美的茶山瑶月亮床采用榫卯结构，中式的榫卯结构经历了几千年的完善，所以结构非常稳定,无论多长时间都不会有松动的现象,并且床身的每一个部件都是可以拆卸的,组装起来也不麻烦,利于搬运。

随着各民族文化双向交流和互动,这种流行于汉族的床铺样式也在瑶族传开,并且融合了瑶族人民的智慧,逐渐形成了现在我们看到的茶山瑶月亮床。茶山瑶月亮床在条件富裕的家庭常是女儿家的陪嫁品之一,也是瑶族较为贵重的生活用品之一。

图片来源
图一 侯亮 摄影
图二至图五 侯亮 制图

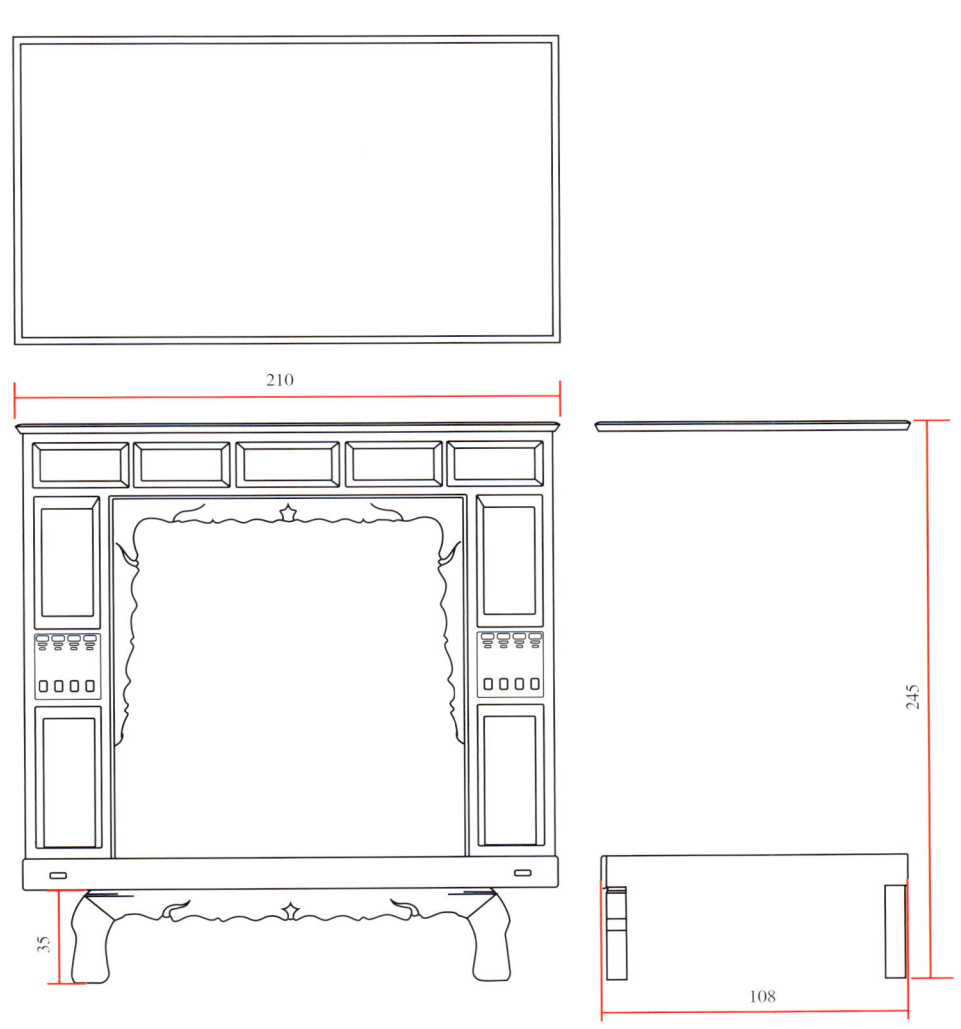

图二 茶山瑶月亮床尺寸图(单位:cm)

图三 茶山瑶月亮床结构名称图

图四 茶山瑶月亮床正面门罩纹样示意图

图五 茶山瑶月亮床正面门罩纹样线描图

瑶族厨柜

图一 瑶族厨柜主图

本案例采集于广东瑶族博物馆，为瑶族民间传统厨柜，通高 96 厘米、长 90 厘米、宽 40 厘米，合页柜门长 33 厘米，直条透棂长 17 厘米。厨柜整体呈长方形，以木材为原料制成，柜体呈斑驳的酱红色，髹漆的表面透出天然的木纹，古朴大方，浑然天成。厨柜分为柜身和柜腿两部分。柜身为矩形，分为上下层两块空间。上层隔出左右两块，左侧有两扇合页柜门，柜门上的方形开口，既能透气，又可用作拉手；右侧为封闭的闷仓，通过暗道存取物品。柜身下层内部贯通，外部为两块可移动的直条透棂。柜腿和立柱共用一木，前后两腿之间用木条相连，更加牢固。

厨柜的制作工序分为干燥、制料与拼接、打磨、髹漆。干燥，因为木材有收缩性，所以在制作前先要自然干燥，否则制成的厨柜容易开裂。制料与拼接，按照厨柜各构件的形状要求，对木块进行砍削刨光，然后相互拼接，常用的工具有斧、锯、锤、锥、凿子、推刨等。打磨，用工锉和砂石打磨掉厨柜表面的毛刺或棱角。髹漆，为了防止厨柜虫蛀或渗水，最后要在表面刷上一层生漆或清光漆。

厨柜的坚固耐用是依靠其合理的榫卯结构，榫卯是利用榫头和卯眼相互咬合的一种构件连接方式，常见的有直角榫、格肩榫、棕角榫等。厨柜的设计很好地考虑了功能性：镂空的柜门和透棂设计，使食器更易干燥；大小不同的储藏空间，既考虑了食具外形的差异，也照顾了拿取的便捷；顶部平坦的面板，可放置使用频率低且耐脏的物品，扩展使用面积。

瑶族厨柜简洁的外形和实用的功能体现了瑶族人民的审美观和物用观，正因为其拥有合理的构造、简洁的外形、便捷的功能，所以成为瑶族经典的生活用具之一。

图片来源
图一　葛芳　摄影
图二至图六　侯亮　制图

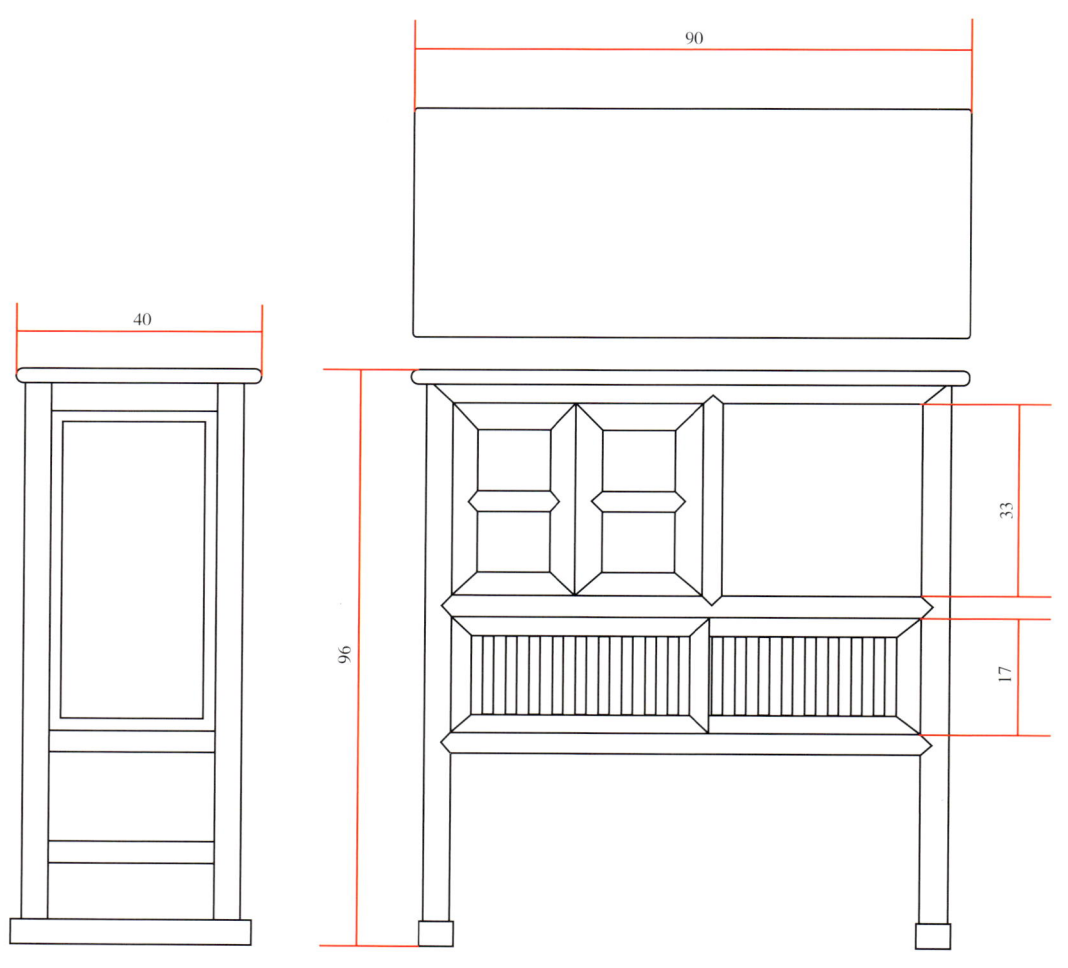

图二　瑶族厨柜尺寸图（单位：cm）

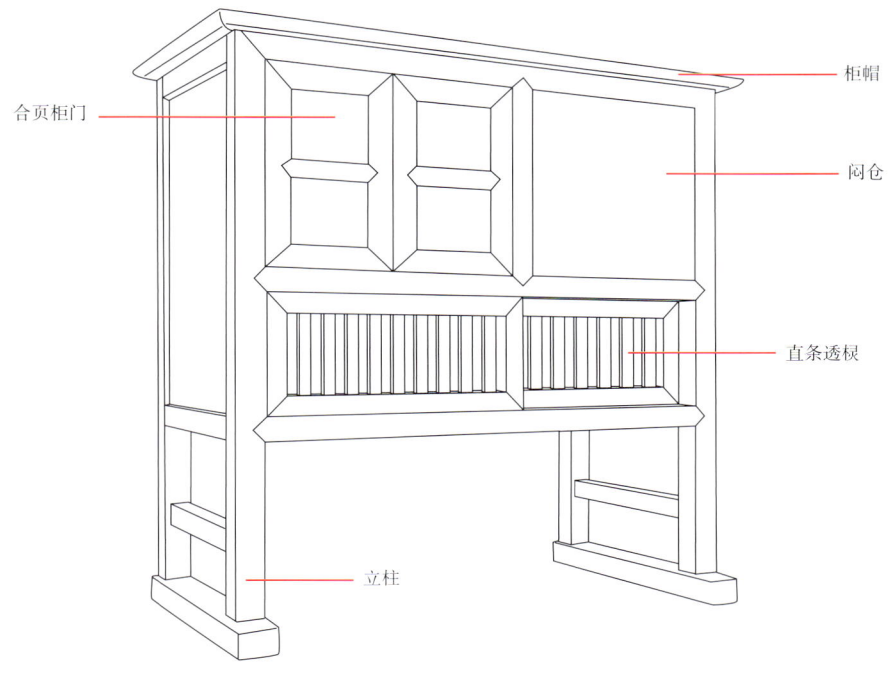

图三 瑶族厨柜结构名称图

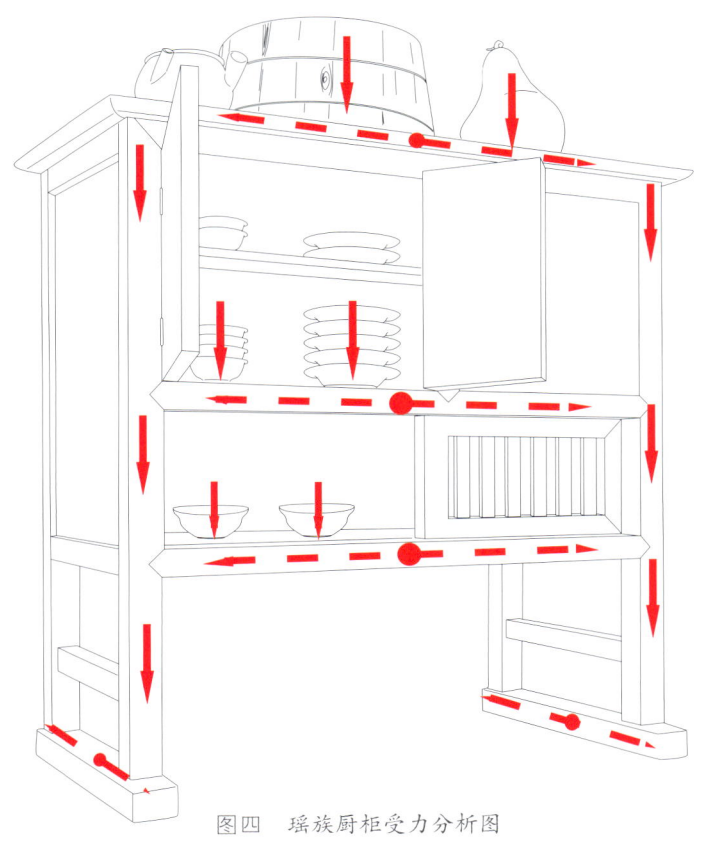

图四 瑶族厨柜受力分析图

图五 瑶族厨柜使用展示效果图

图六 瑶族厨柜线描图

瑶族置物架

图一　瑶族置物架主图

置物架是瑶族日常置物收纳的器物之一，一般放置于厨房，是当地常见的生活用具。本件置物架现收藏于广东瑶族博物馆，表面无多余的髹饰，是由原木切割成长短相应的木条，然后刨切去皮简单修整后纵横拼接而成。横向圆木条直径比纵向圆木条略长，设计好分段尺寸之后，在较长的原木条上凿出与短原木条相同的宽度，然后卯合在一起。

置物架分为上下两层，两层的造型均类似于横置的梯子形状，上层固定在架腿之上，下层并不固定，可取出临时作为上层的替代品或者另作他用。该置物架无底板的造型特点，一是为了省料；二是这样的造型更适合放置当地普遍使用的弧底铁锅，若有底板反而不利于放置锅体。厚实的木料具有耐高温作用，多格的空间设计，起到更好的隔热效果，防止人们触碰受到烫伤。这件看似普通的器具是瑶族人民生活智慧的结晶。

图片来源
图一、图五　侯亮　摄影
图二至图三　侯亮　制图
图四　李丽　制图

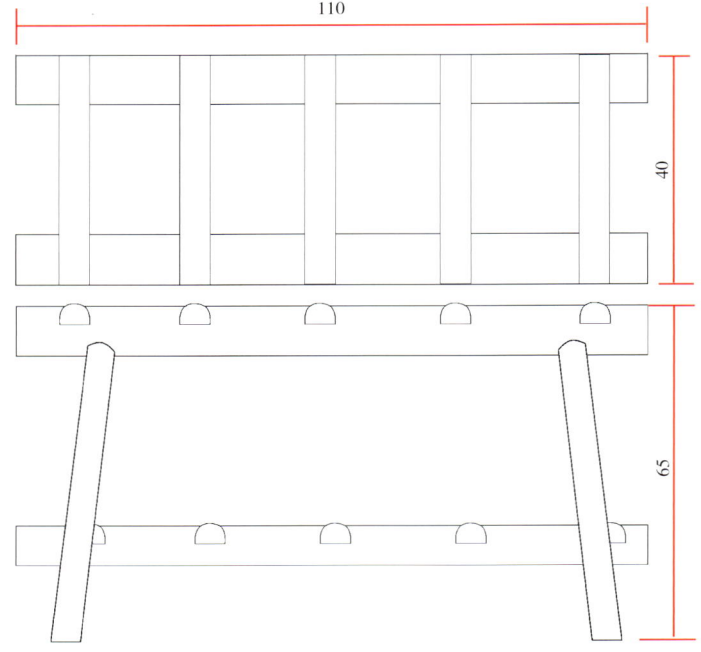

图二　瑶族置物架尺寸图（单位：cm）

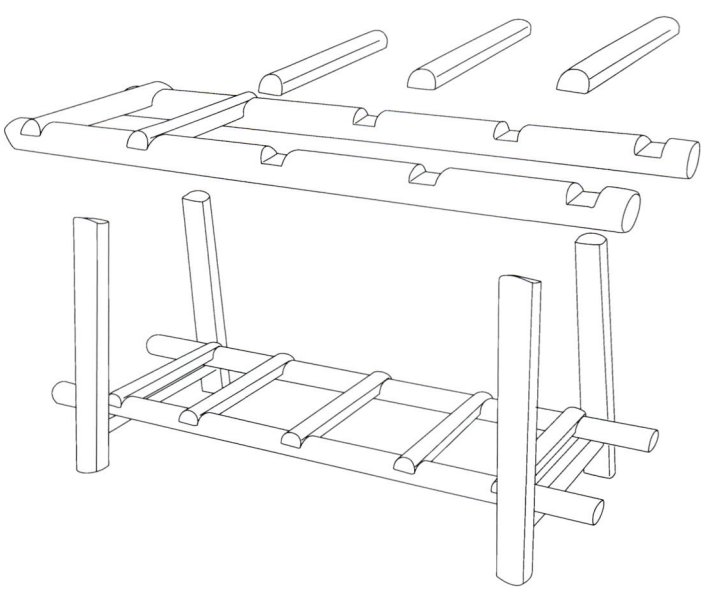

图三　瑶族置物架组装示意图

258

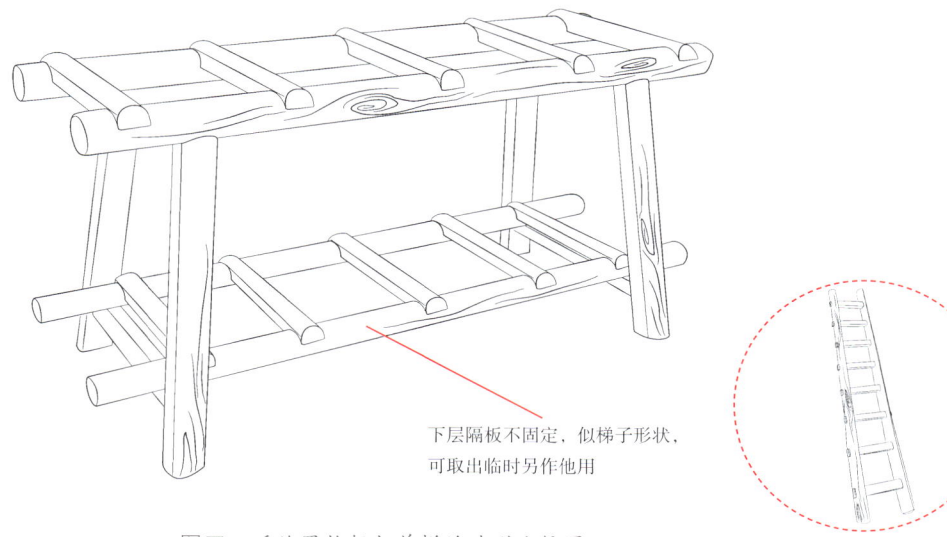

下层隔板不固定，似梯子形状，可取出临时另作他用

图四　瑶族置物架与单梯的造型比较图

图五　瑶族置物架使用情境图

瑶族木杈挂钩

瑶族传统生活用具木杈挂钩，是瑶族居家常见的挂置物件的必需品。本案例征集于广东瑶族博物馆，通体长约75厘米。

木杈挂钩根据树杈生长的方向，选择一个分叉捆绑麻绳，绕过屋梁便可使用。绑结时，只需注意两点：一是，绑在某一树杈的下方，当木杈挂钩受力时，树杈可以防止绑绳滑落；二是，绑结的方向与树杈生长方向相同，利用树杈向上的长势，与主枝构成三角形空间挂物。木杈挂钩不做任何多余的修饰，仅是修剪枝叶及杈枝长度，绑绳长度灵活调整使其更方便于挂、拿等操持。

木杈挂钩其功能与现代流行的挂钩无异，可单个使用，也可以两个或多个组合，中间悬挂一个木棍，便是简易的衣架。瑶族聚居山区，材料触手可及，日常砍柴便可根据需要筛选对象，对其进行功能的延展利用，使用坏了，也能作为柴火。其次，瑶族居住的房屋多是木构件的，屋梁的结构也提供了挂置的条件。

图片来源
图一、图四至图六　侯亮　摄影
图二至图三　侯亮　制图

图一　瑶族木杈挂钩主图

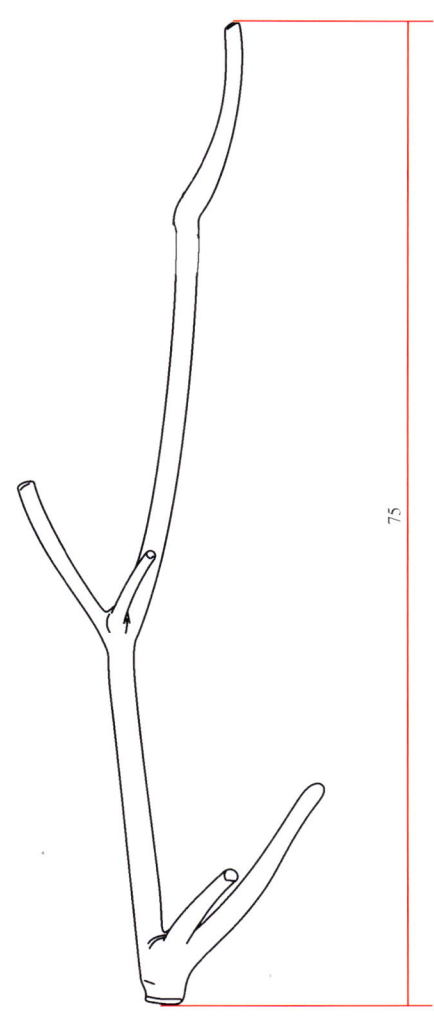

图二　瑶族木杈挂钩尺寸图（单位：cm）

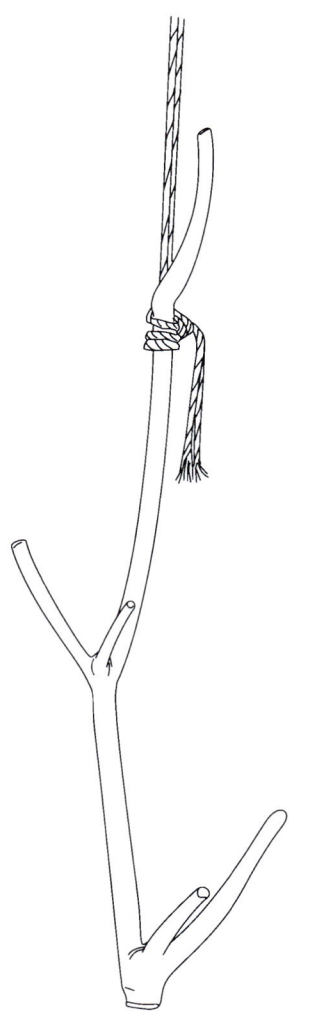

图三　瑶族木杈挂钩线描图

图四 瑶族木杈挂钩单个使用示意图1　　图五 瑶族木杈挂钩单个使用示意图2

图六 瑶族木杈挂钩组合使用情境图

瑶族背篓

图一　瑶族背篓主图

本案例采集于广西民族博物馆，为竹制品，呈上大下小的锥形，高约 52 厘米，口径约 70 厘米。背篓外壁左右及中部各有一个附耳，可以穿绳；中间的附耳在负重的时候用来固定绳子，使绳子不至于从背篓上脱离。

篓是盛东西的器具，常用劈成条的高粱秆皮、竹篾、苇篾儿等编成。作为背带的材料也很多，例如可以用竹子、棉布、麻绳等。一般用麻绳制作背带，背带与人手接触的部分则是用一片长约 10 厘米、宽约 4 厘米的编织竹片代替，以便增加受力面积。穿绳子的方式决定了背的形态，通常有三种形式：一种是绳子绕过背篓外侧，使用时将背带顶在头上，腾出双手，以便提拿其他东西；另一种是在驼移较重的东西时，需要将绳子绕于胸前并两手握拿，保持平衡；还有一种是绑结三个附耳，使背篓一面靠在背上，如同现在使用的书包背带，可根据篓子内的物品重量，调整背带的长短及位置，较为先进。

背篓在行动的过程中解放了双手，且根据编结工艺不同，背篓可盛放不同的物品，所以在瑶族它是一种被频繁使用的生活用具。

图片来源
图一、图四　侯亮　摄影
图二至图三、图五　李丽　制图

第四章　瑶族传统生活用具

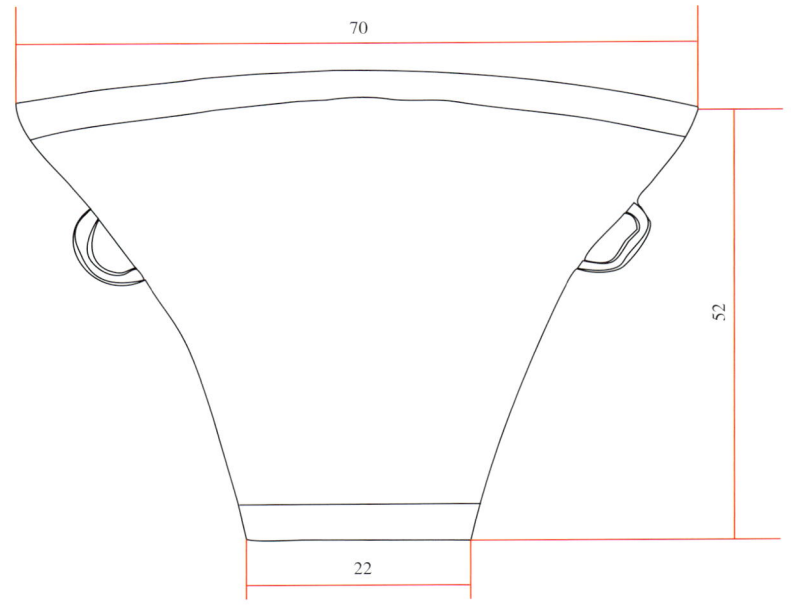

图二　瑶族背篓尺寸图（单位：cm）

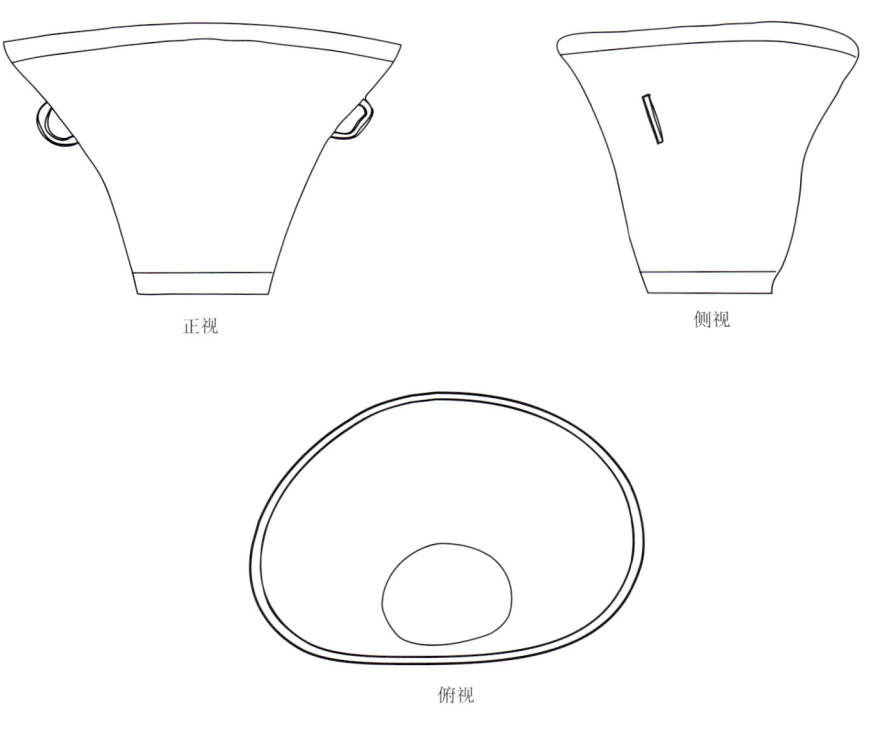

正视　　　　　　　侧视

俯视

图三　瑶族背篓三视图

活结可调节
肩带长短

图四　瑶族背篓背带细节分析图

图五　瑶族背篓操作示意图

第四章　瑶族传统生活用具

瑶族蓑衣

图一　瑶族蓑衣主图

蓑衣通常有两种形式：一种是分为上衣、下裳两个部分；另一种是仅有上衣。本案例属于后者，现收藏于广西金秀瑶族博物馆。案例中的蓑衣最宽处约90厘米、长约100厘米，是由棕树的棕皮毛制成，是生活中挡风避雨的传统雨具。

蓑衣穿戴非常方便，由于没有袖子，只要将其披在肩上，系好领口的棕绳即可。蓑衣要配合斗笠一起使用，这样才能达到全身防雨的目的。较雨伞，蓑衣可以很好地解放双手，方便下地干农活。

制作蓑衣首先需要割棕皮，割下棕皮用铁刷刷洗棕毛，使其干净且平顺；之后将清理好的棕皮晒干；然后将晒干的棕皮一片接一片缝制成裙状，坎肩和下摆的棕毛要自然垂下，领口与衣襟用嫩的棕皮包边缝制，领子是整件衣服的受力部位，其缝制的好坏是蓑衣舒适程度的关键；最后在领口两端点缀上系绳及背部的挂绳即可。

棕榈自身的气味可以保护使用者免受虫蛇的侵害。由于棕树皮的纹理细密且斜向交错，形成阻隔膜，因此雨水不易渗透蓑衣内部。通常一件蓑衣要由上百片的棕皮用棕绳缝制而成，由于它又大又重的局限性，所以逐渐退出了日常生活。

图片来源

图一至图二　侯亮　摄影
图三至图七　侯亮　制图

参考文献

王琥.中国传统器具设计研究.南京：江苏美术出版社，2010.

图二　瑶族蓑衣配件斗笠主图

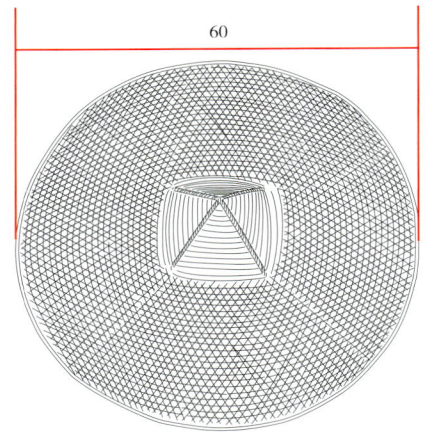

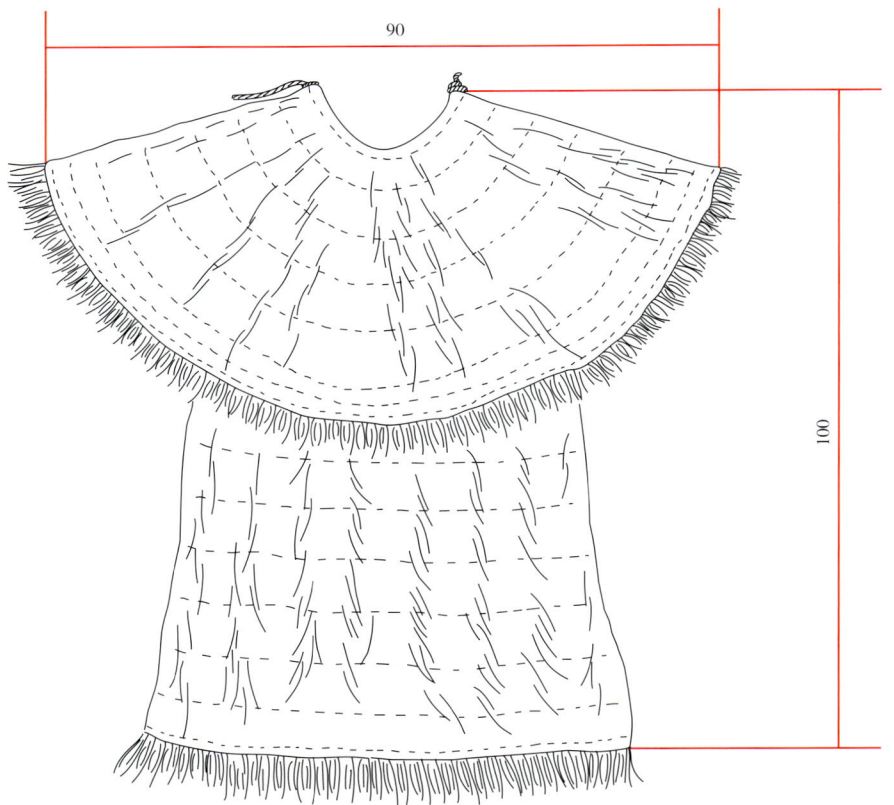

图三 瑶族斗笠及蓑衣尺寸图（单位：cm）

图四 瑶族蓑衣割取原料示意图

图五 瑶族蓑衣缝制示意图

图六　瑶族蓑衣背面效果示意图

图七　瑶族蓑衣使用情境图

瑶族玉米挑

图一 瑶族玉米挑主图

本案例采集于广西贺州市博物馆，由两个等大的竹筐组为一组，中间配一根尖头的挑子。竹筐由粗细不同的篾条组合而成，底部略呈锥形且加固，每个竹筐的左右两侧各有一块木条加固框体。

竹筐的原材料为水竹、金竹等。制作竹筐的工序大致是：一选择材料。二划篾撕篾。划篾是指将竹子用刀剖成均匀光滑的竹片，剖出来的篾片要粗细均匀、青白分明。撕篾是指将竹片剖成4~6层的篾片。三是打折做架。打折就是用纵横交错的手法编制笸箩的底席，根据编织手法的不同可以编成"升字底"或"扬叉花"；做架就是选用竹片编织用来固定筛席的底架，两者完成后拼合在一起。四是夹口锁边。夹口锁边是最后一道工序，就是将选取的两个竹片弯成圆圈，把拼合后的筛席和底架内外夹紧，用竹子最外层的青篾（一般都用水煮过，这样更加结实）绕上几圈，一件篾器就完成了。编结的手法多半考虑主要盛装的对象，如果装小颗粒的谷物，编结密度较高；若盛的物品体积较大，则编结孔眼较大。

这类材质的器具在民间普遍存在，一是其原料不但便宜且易得；二是其原料绿色健康、耐高温、耐水、导热性慢，等等；三是其制作工艺不复杂，可以通过闲暇时光口授相传。

图片来源
图一 侯亮 摄影
图二至图三、图五 侯亮 制图
图四、图六 项李 制图

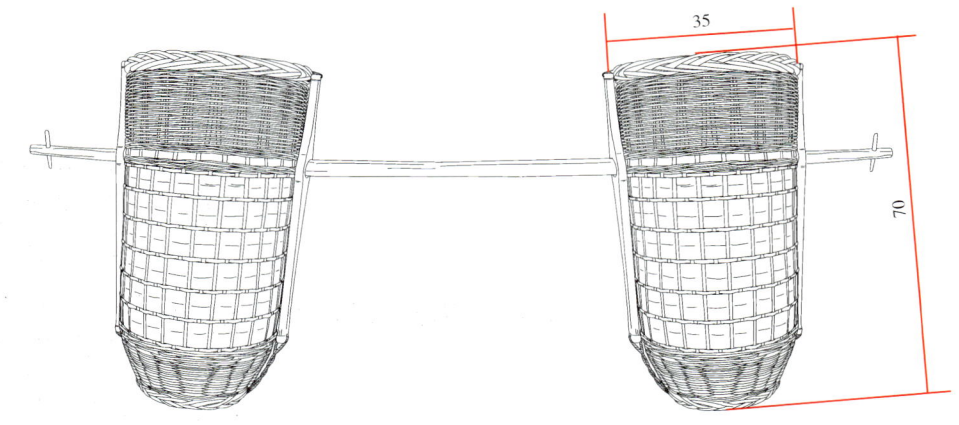

图二　瑶族玉米挑尺寸图（单位：cm）

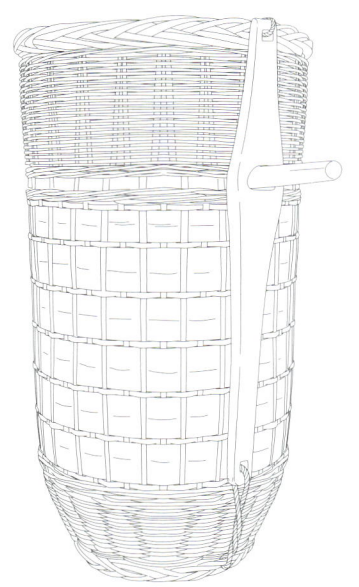

图三　瑶族玉米挑单筐线描图

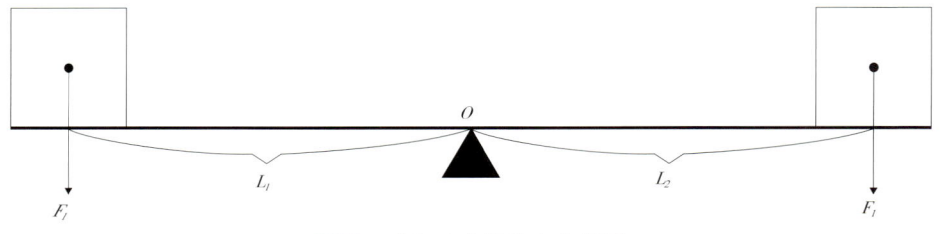

图四　瑶族玉米挑受力分析图

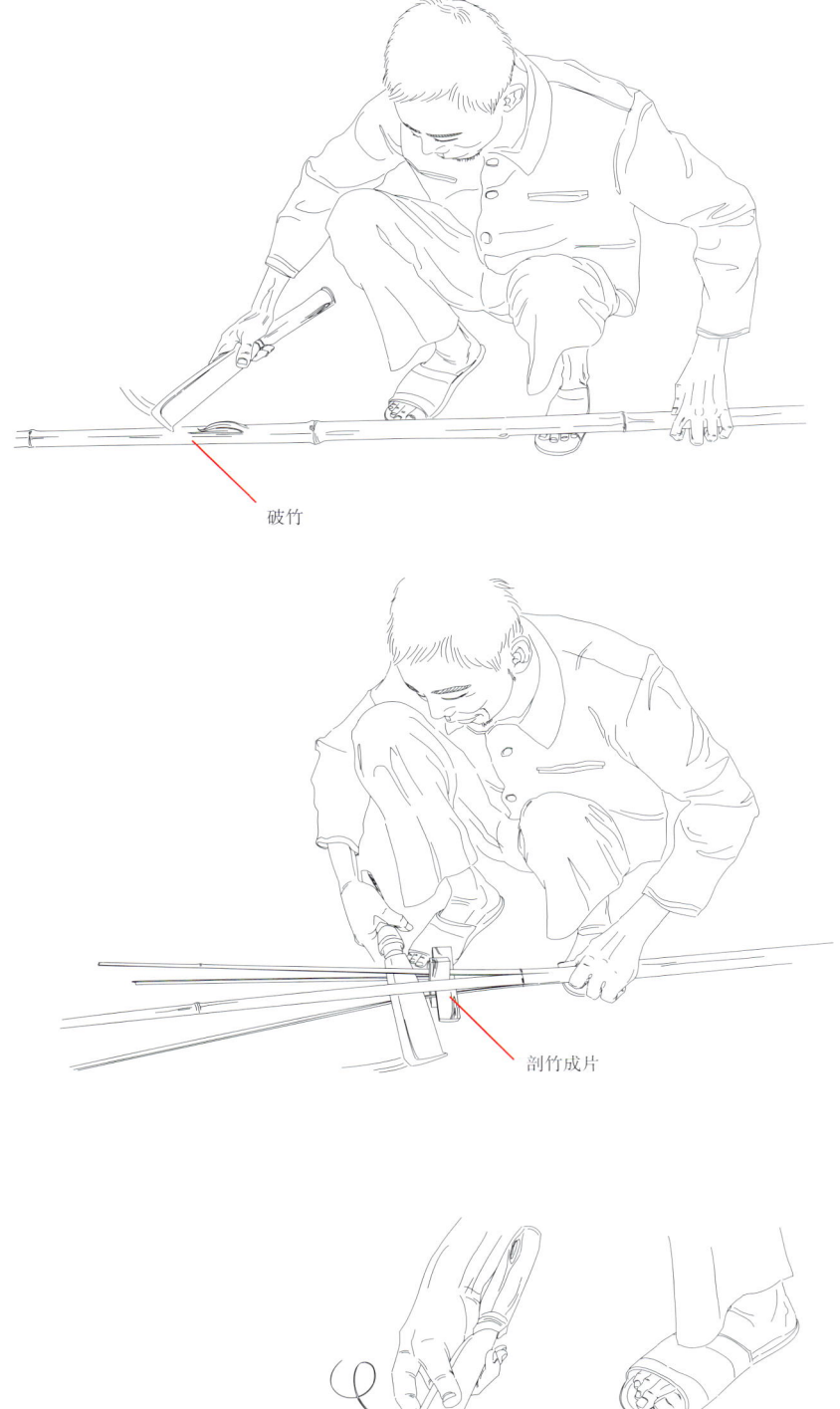

图五　瑶族玉米挑原材料加工流程图

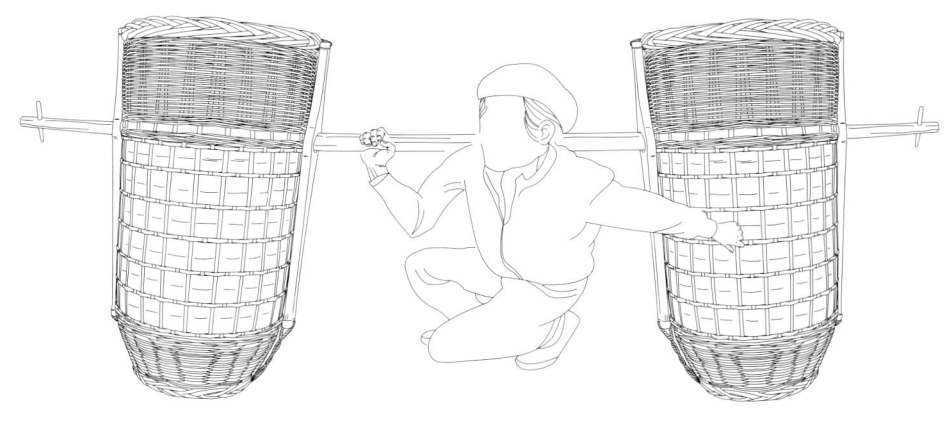

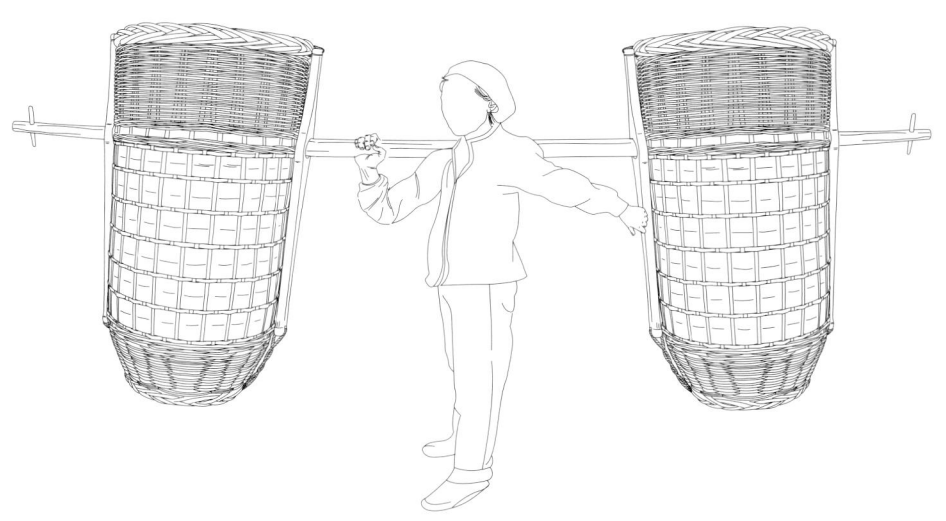

图六　瑶族玉米挑操作示意图

瑶族挑柴架

图一 瑶族挑柴架主图

本案例征集于广西南丹白裤瑶生态博物馆，由两个"Y"形树杈对靠，中间架一横木构成，是当地较为常见的原始运输工具，挑柴架通高约150厘米，横木长约90厘米。

瑶族聚居的地方山多树多，制作挑柴架的原料多为当地常见的成年树木的杈枝，通常选择直径5~8厘米的杈枝，因为太细的杈枝在挑挪重物时容易折断，过粗的杈枝会增加使用者的负担。挑柴架的制作工艺相对简单，选择两根杈口位置较相同的杈枝，刮去表皮，再将两根杈枝的两个分叉用竹篾条分别绑在一起，这样可以根据使用对象的肩宽，较随意地调整挑柴架的宽度；之后在绑结好的两个树杈中间横放一根木条作为肩靠。使用时，树杈的三角形空间就可以置放木料等长度较长的东西了，杈身部分可以手持，保持平衡。

挑柴架取自自然，不做任何浮夸的修

饰，即便使用坏了，也可作为柴火使用。它的出现，是对人肩膀功能的延伸。物体重量较大时，挑柴架可将重量平均分配于两肩膀之上，弥补了用一肩扛物行走吃力、不平衡等不足。

图片来源
图一　侯亮　摄影
图二至图三　侯亮　制图
图四至图五　魏溥均　制图

参考文献
王琥.中国传统器具设计研究·卷三.南京：江苏美术出版社，2010.

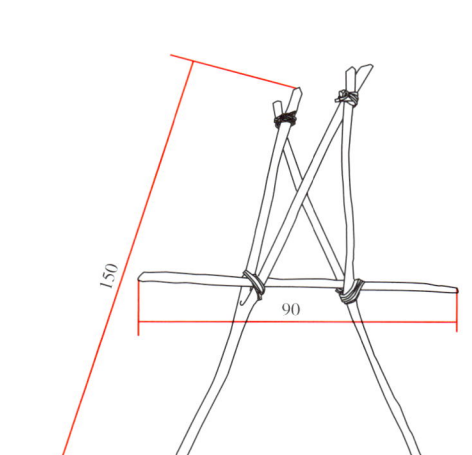

图二　瑶族挑柴架尺寸图（单位：cm）

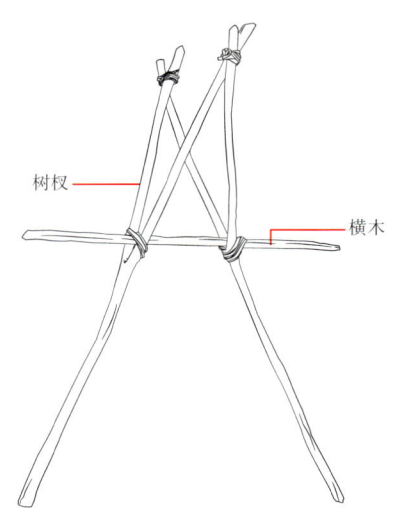

图三　瑶族挑柴架结构名称图

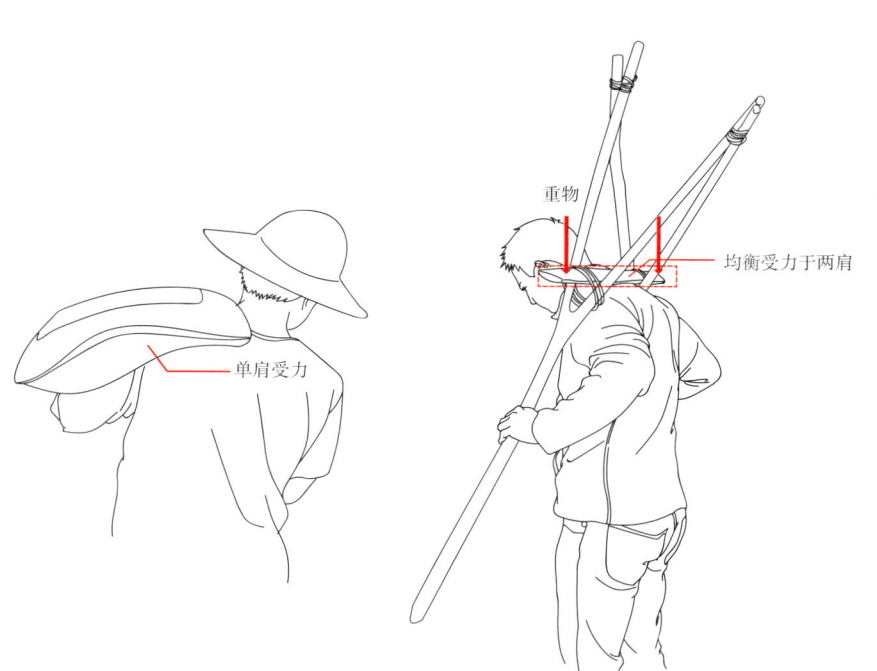

图四　瑶族挑柴架受力分析图

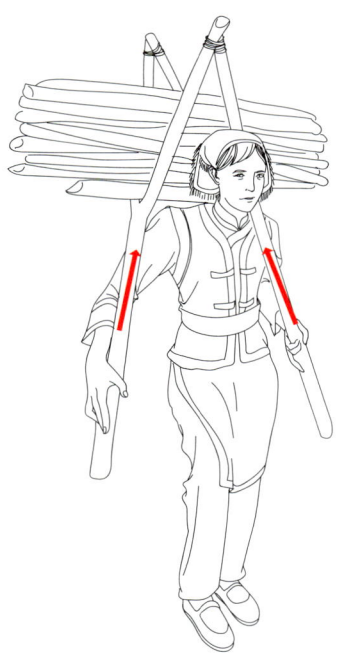

图五　瑶族挑柴架操作示意图

瑶族竹鸟笼

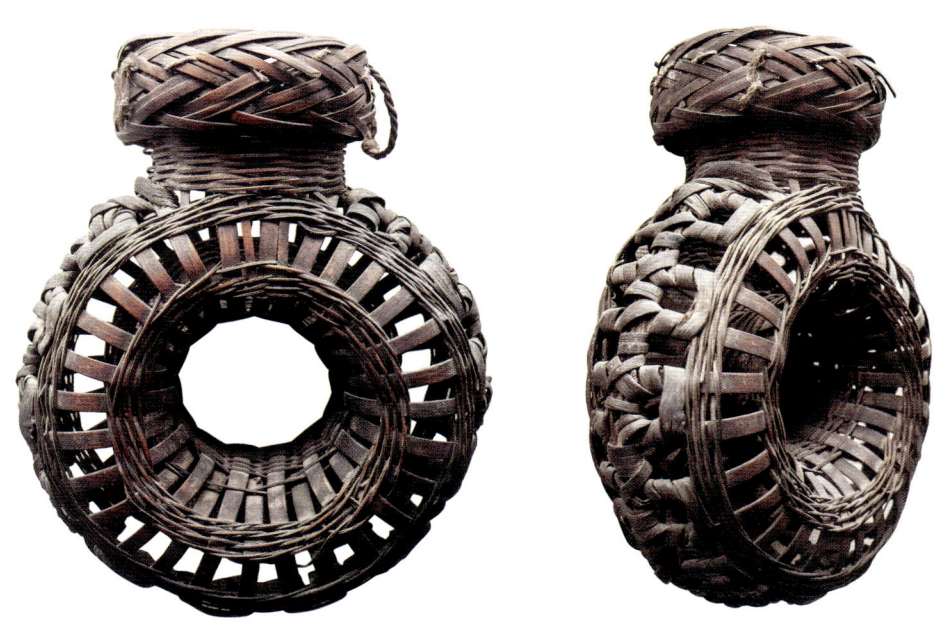

图一　瑶族竹鸟笼主图

瑶族众多支系都居住于深山中，捕鸟是以前获取食物的一个重要来源，竹鸟笼是瑶族人民捕鸟用的容器，由竹子编结而成。本案例征集于广西民族博物馆，其造型似中空的扁壶，笼口直径约10厘米，有绳子编结的网兜，网口可收缩，可防止在行动中内容物掉出；腹部扁圆，中间有一个直径约7厘米的空心圆；笼身最宽处约22厘米。鸟笼主体由宽约3厘米的竹篾条编结而成，外侧编结的网眼可够手指插入，方便手执；内侧由细小的篾条较细密地编结，呈现一字纹。

随着游耕生活的结束及保护自然生态意识的普及，捕鸟逐步退出了瑶族人民的日常生活，这类型的鸟笼也随之留在了历史的记忆中，但其制作的材料——竹篾条，以其材料廉价易得、编结工艺可口口相传，还活跃于日常生活中。竹子以其特性，成为民用器具中非常重要的组成部分，特别在瑶族，竹子取材相对方便，大到用竹子编织的白裤瑶谷仓，小到各种生活必备品。

图片来源
图一　侯亮　摄影
图二至图四　侯亮　制图
图五　李淑梅　制图

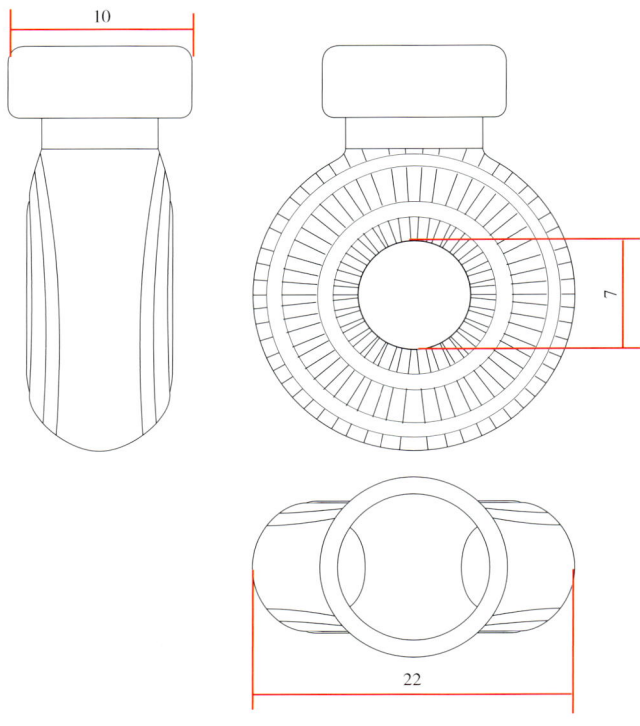

图二 瑶族竹鸟笼尺寸图（单位：cm）

图三 瑶族竹鸟笼三视线描图

中国少数民族设计全集·瑶族

278

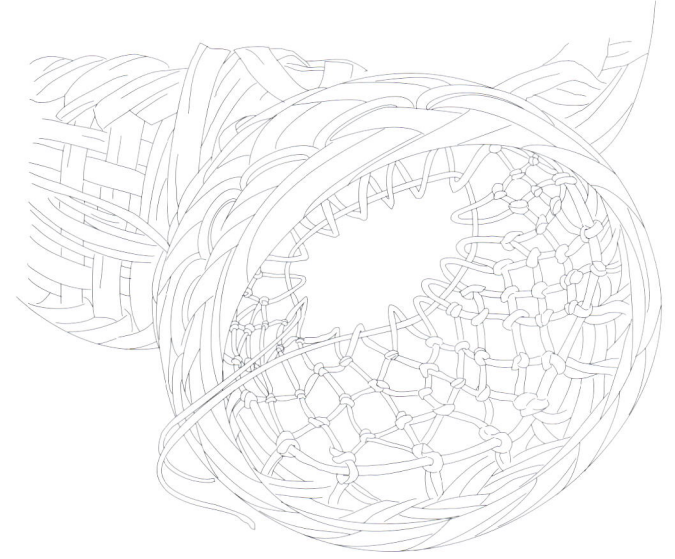

图四　瑶族竹鸟笼笼口内网细节图

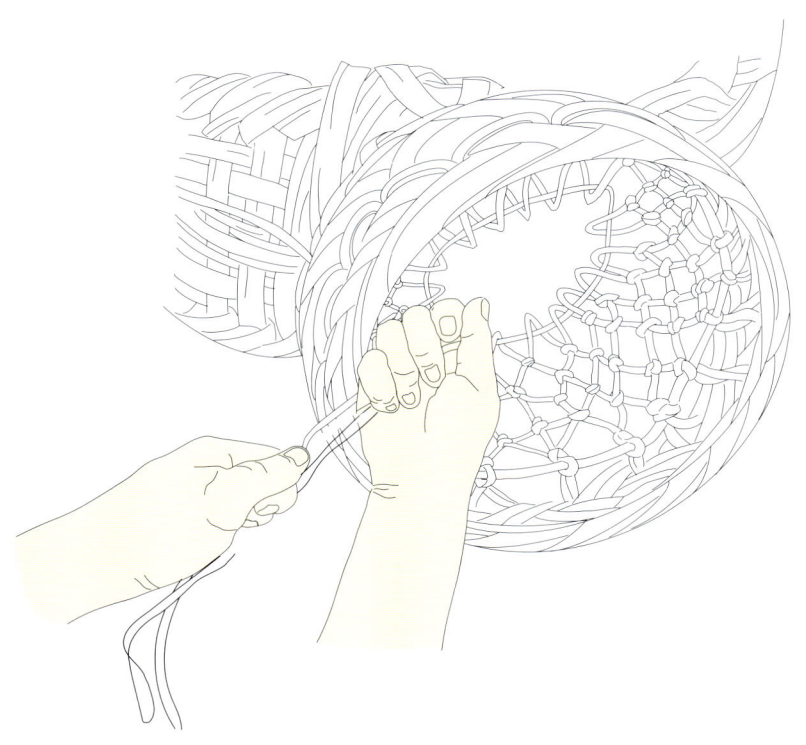

图五　瑶族竹鸟笼操作示意图

瑶族油灯

图一　瑶族油灯主图

本案例征集于广西贺州市博物馆，由铜灯头与带釉陶灯座两个部分组成，通体高17厘米，其中铜灯头高5厘米，带釉陶灯座高12厘米。与一般油灯一样，该油灯的铜灯头一侧有个旋钮，可将灯芯的高度进行调整，以控制灯的亮度，铜灯头与灯座相互卡合，灯芯为棉绳，棉绳的下方伸到灯座内，便可将灯座内的燃料吸附在绳子表面，用火柴点火即可。带釉陶灯座造型似上小下大的锥形茶杯状，口径3厘米，底座直径7.5厘米，一边有附耳，灯座上绘有蓝色植物花纹。

该油灯属于座灯，造型比较朴实、体积小巧、移动方便、照明空间有限，有可能是抽烟时的组合用具。瑶族油灯陶灯座表面通常都会有图案，以花卉，或是"福、禄、寿"等字样为主，表现了普通大众的审美爱好和功用要求。

油灯为电灯普及之前的主要照明工具，由开放式的盛放燃料的圆盘形容器逐步演变成密闭存放燃料的造型。它流行于清末民国初，在物资匮乏的年代，它属于家庭的贵重物品，不轻易使用。20世纪六七十年代它还是广大家庭的普通照明工具。

图片来源
图一　侯亮　摄影
图二至图六　侯亮　制图

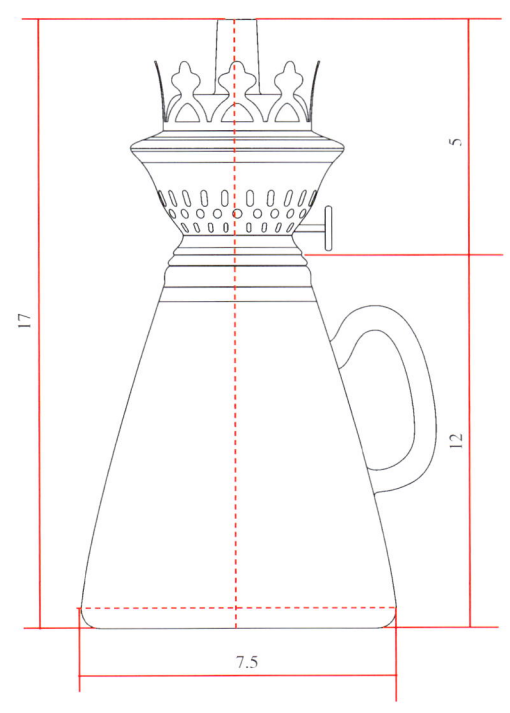

图二　瑶族油灯尺寸图（单位：cm）

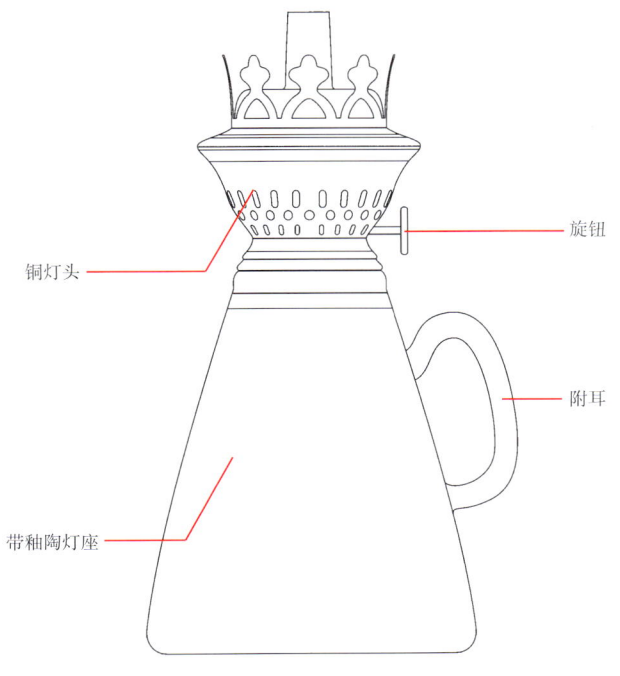

图三　瑶族油灯结构名称图

第四章　瑶族传统生活用具

图四　瑶族油灯灯座常见纹样效果示意图

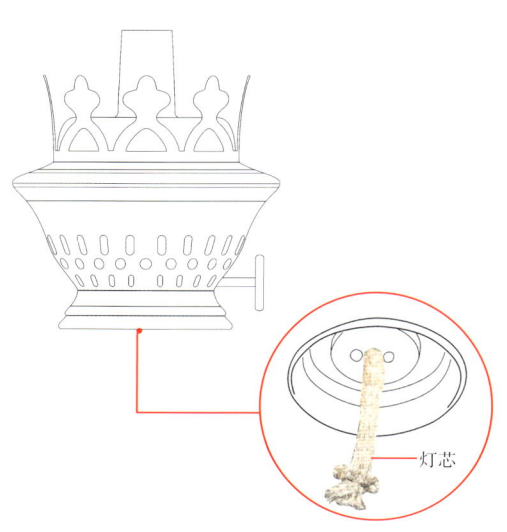

图五　瑶族油灯灯头结构示意图

图六　瑶族油灯操持示意图

瑶族骨杆厘钱秤

图一　瑶族骨杆厘钱秤主图

骨杆厘钱秤，也称为戥秤、等子，是专门用来称金、银、贵重药品和香料等的精密衡器，其工作原理与杆秤相同，但它弥补了杆秤只能精确到"钱"的不足。

本案例征集于广东瑶族博物馆，由秤杆、秤砣、秤盘，以及秤盒组成。秤杆为骨料；秤砣、秤盘为金属质地；秤盒为木质，形如琵琶状。秤盒通常是先把一块木料加工成琵琶状后，再一劈为二，薄的为盒盖、厚的为盒体，之后根据骨杆厘钱秤各部分的结构大小，再凿出秤杆、秤砣、秤盘的槽。盒体尾部有一个铜钉将盒盖和盒体连接，以此为圆心，开合自如，使得化整为零，方便携带。

我国是世界上最早实行法制计量的文明古国，无论从古代计量精度上看，还是从计量单位和计量管理体制上看，都是非常先进的。厘钱秤这种计量精确的特有计量工具最早出现于宋代，满足了贵重物品的称量。瑶族骨杆厘钱秤一钱约为3克，一厘约合0.3克，这样的精确度量衡的应用正是民族之间互相融合的表现。

图片来源
图一　侯亮　摄影
图二至图七　侯亮　制图

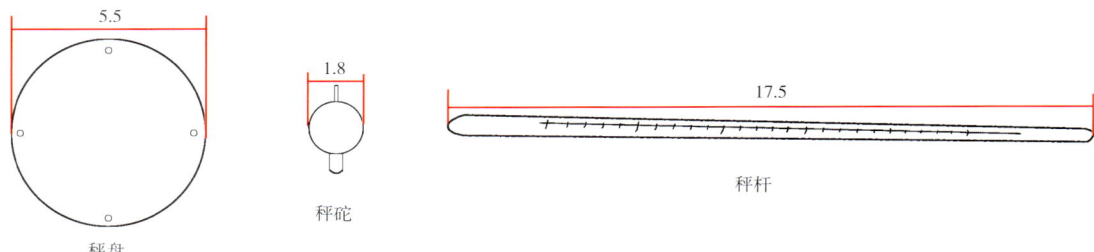

图二　瑶族骨杆厘钱秤尺寸图（单位：cm）

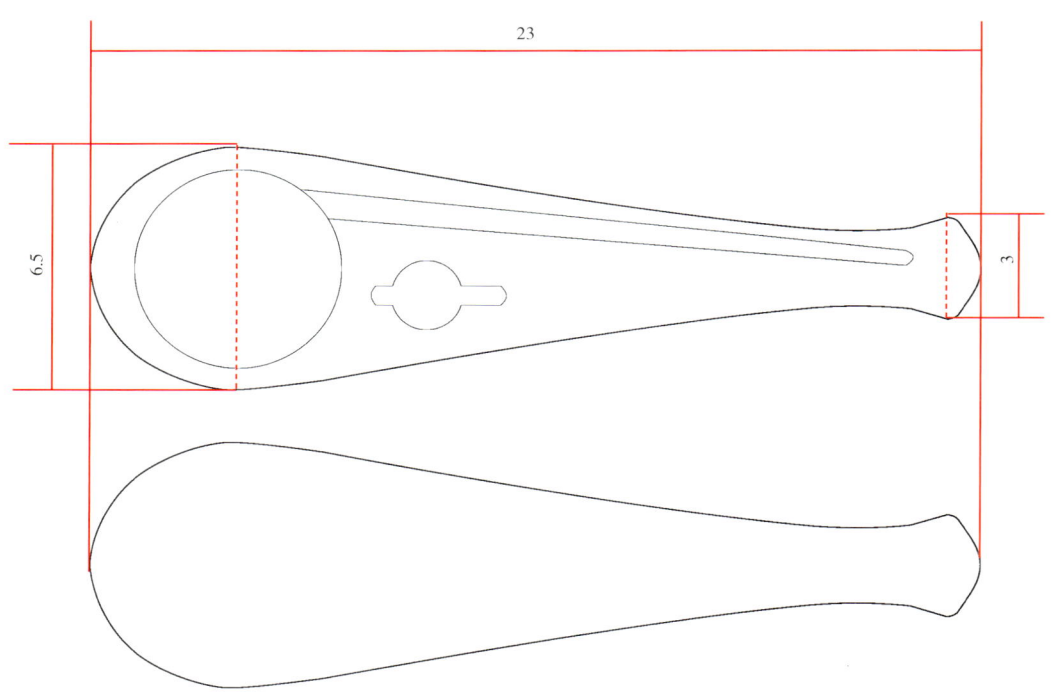

图三　瑶族骨杆厘钱秤秤盒尺寸图（单位：cm）

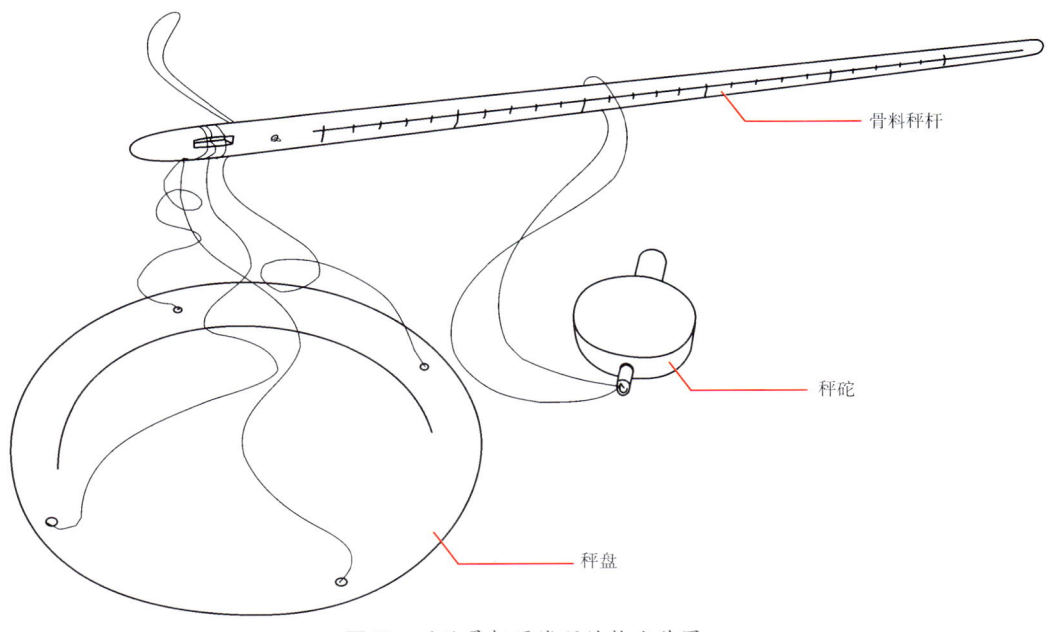

图四　瑶族骨杆厘钱秤结构名称图

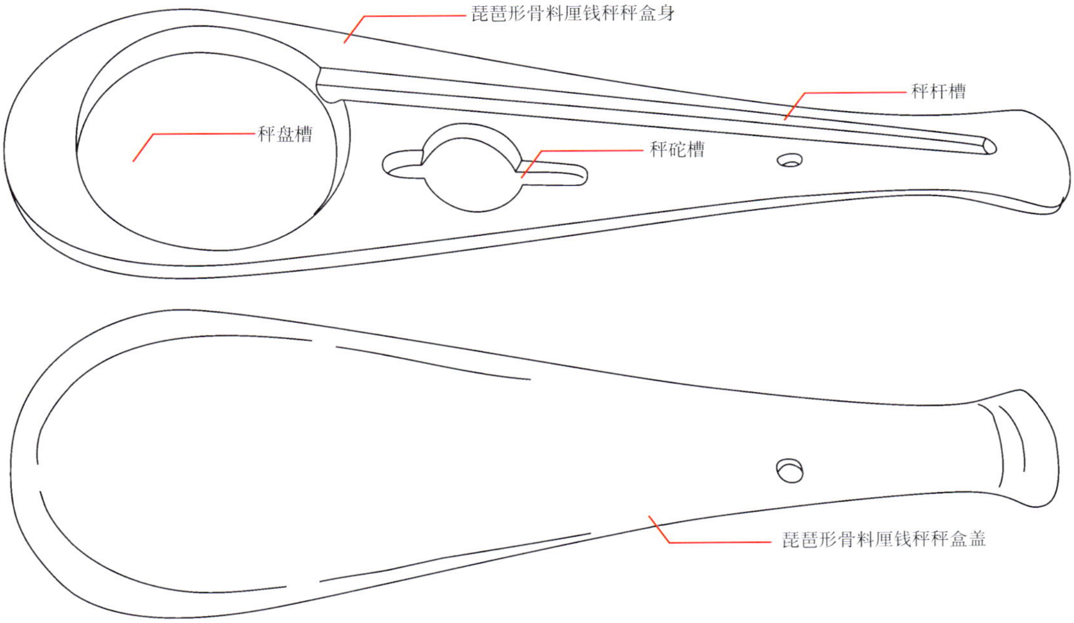

图五　瑶族骨杆厘钱秤秤盒内部结构名称图

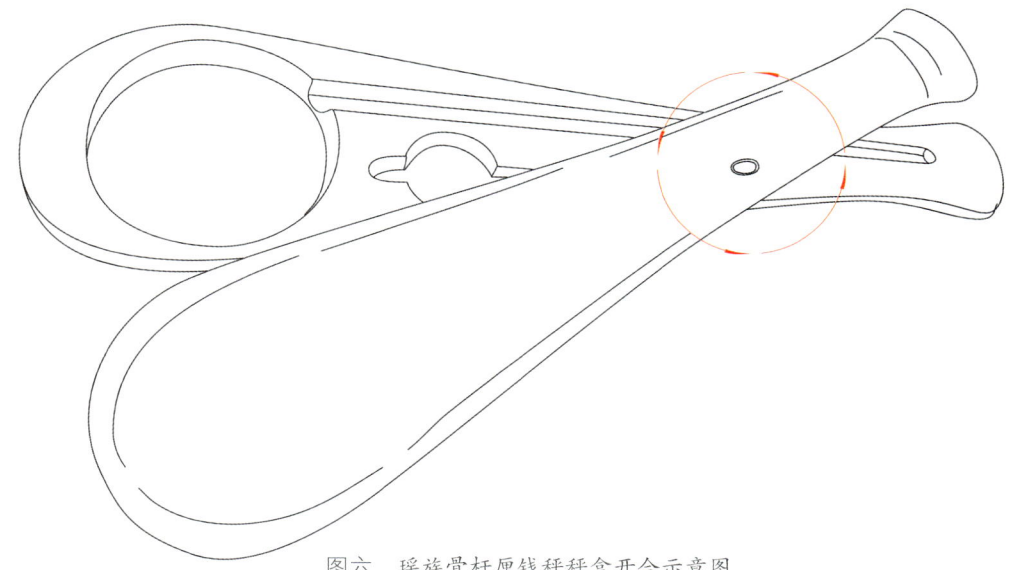

图六　瑶族骨杆厘钱秤秤盒开合示意图

图七　瑶族骨杆厘钱秤操作示意图

瑶族量米筒

图一　瑶族量米筒主图

本案例征集于广西南丹白裤瑶生态博物馆，截竹而成，可以容纳一斤粮食，直径为8厘米，高约15厘米，筒身一侧的中央有一个小孔，以方便手执。

瑶族量米筒是较为原始的计量工具，通常是瑶族同胞赶圩的时候，置换粮食必备的工具。常备的容积计量通常有三种：两斤重、一斤重、半斤量。两斤以下容积的量米筒，可以直接截取合适的竹子；两斤以上的就需要以制作类似木桶的方式，选择木料，进行制作。量米筒人性化之处在于，通常筒身一侧有一个圆洞，圆洞和筒底的距离适合大拇指和手掌的配合拿取，也可以系绳。

南丹白裤瑶所处的地理位置受亚热带季风气候影响，属于亚热带常叶阔叶林带，竹林遍布，因此制作量米筒的原料取材十分方便。量米筒造型简洁，色彩朴素，制作流程简单、方便。因此，在制作过程中，制作者可以根据个人的不同喜好和使用习惯做出适当的调整，所以其使用起来十分人性化。

图片来源
图一　侯亮　摄影
图二至图五　侯亮　制图

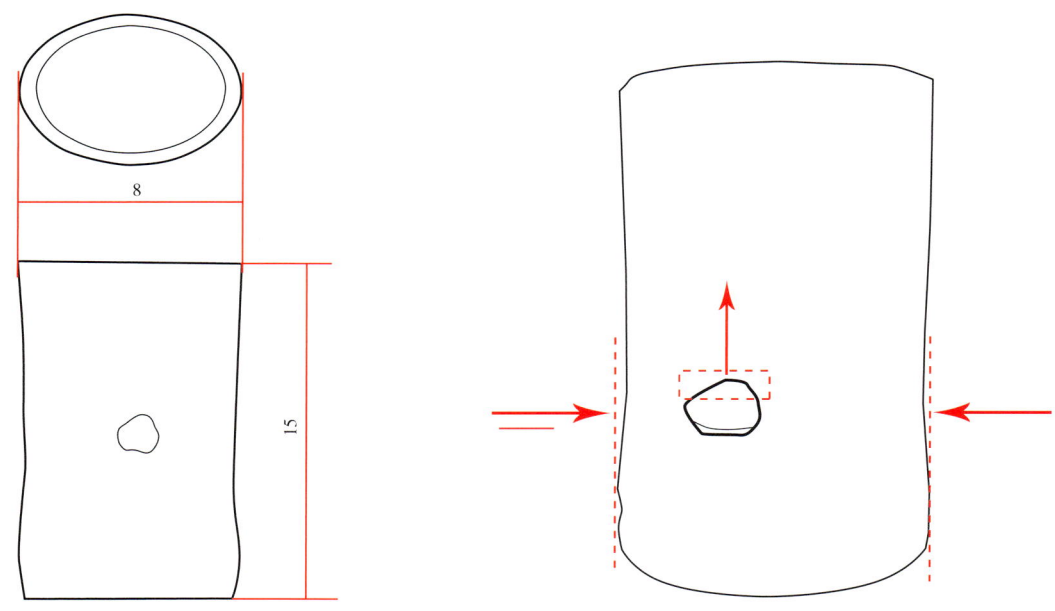

图二　瑶族量米筒尺寸图（单位：cm）　　　　图三　瑶族量米筒辅助受力孔示意图

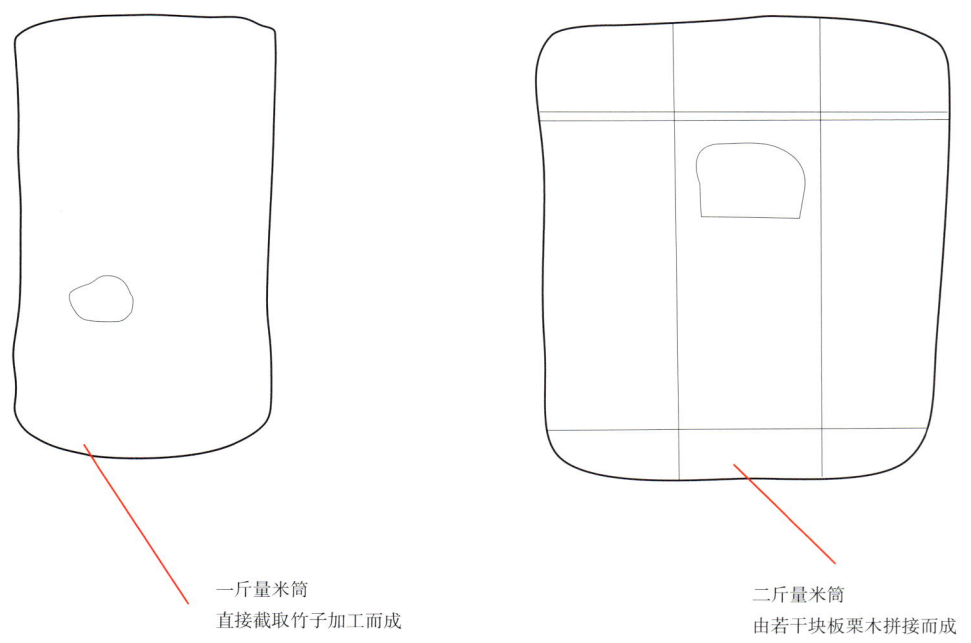

一斤量米筒
直接截取竹子加工而成

二斤量米筒
由若干块板栗木拼接而成

图四　瑶族量米筒不同大小对比示意图

图五　瑶族量米筒操作示意图

瑶族竹木筒

图一 瑶族竹木筒主图

本案例现藏于广西南丹白裤瑶博物馆，该竹木筒是由筒身和手柄组成，筒身直接伐竹而制，手柄为木质，二者的结合并没有使用钉子或是其他辅助材料固定，而是在筒外壁一侧开凿出一个与手柄直径同等的凹槽，将两个部件严丝合缝地卡合在一起。筒身和手柄呈现"T"字造型。此竹木筒通体长约47厘米，筒口直径约16厘米，是常备居家取水用具。

竹子由于其自身中空的特性，每节之间有膜分隔，成了民具中比较常见的加工材料，特别是长期居住在山区的瑶族同胞，竹子更是廉价易得且加工方便的原材料。瑶族同胞充分利用竹子自身的特性，稍加改良的生活器具比比皆是，如水杯、量米桶、盛饭容器，等等。

瑶族人民因地制宜地将所处生存环境中的材料充分利用，设计制作出智慧巧妙的生活用具，不仅提高了生产效率，而且提升了生活品质。

图片来源
图一、图三 侯亮 摄影
图二、图四 侯亮 制图

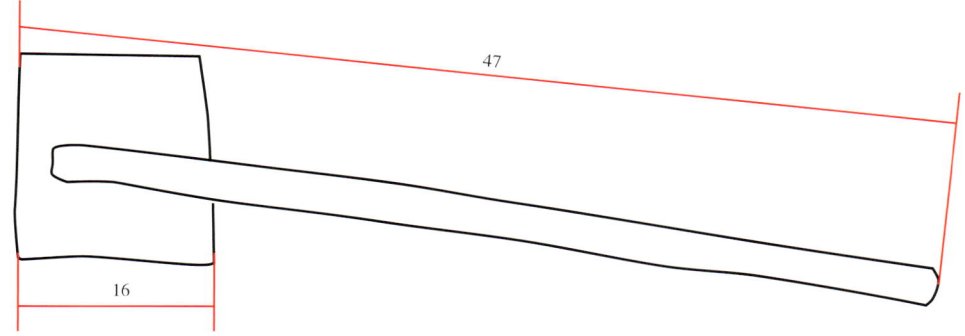

图二 瑶族竹木筒尺寸图（单位：cm）

图三 瑶族竹木筒内部细节图

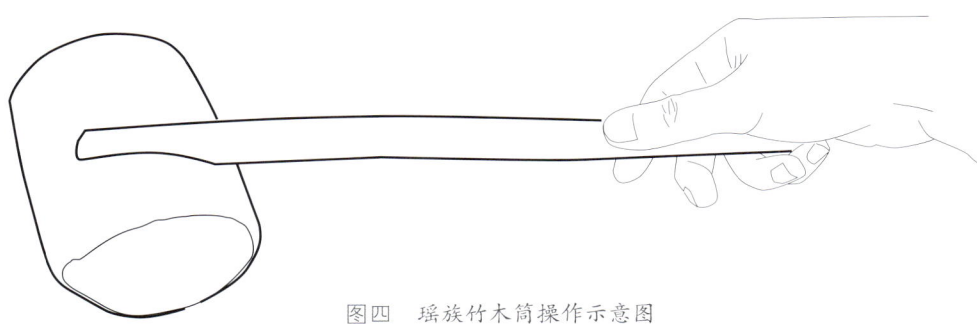

图四 瑶族竹木筒操作示意图

第四章 瑶族传统生活用具

瑶族铜烫斗

图一　瑶族铜烫斗主图

烫斗又称"熨斗",俗称"烙铁",是一种用于平整服装的生活器具。中国是世界上第一个发明熨斗的国家,熨斗的历史可追溯至商代,最初作为刑具用于熨烫犯人的皮肤,直到汉代才开始用于熨衣服。本案例采集于广东连南瑶族博物馆,由斗身和手柄两部分组成,通高15厘米,长31.2厘米,柄长14.8厘米,柄端直径6厘米,熨面直径16.2厘米。

本案例烫斗由青铜铸成,青铜是指铜、锡为主的合金,其具有出色的铸造性、耐磨性、化学稳定性,适合制作各种器具。烫斗是生活常用品,需求量大,要求易于铸造;熨面长期和布料摩擦,需要材料耐磨;烫斗需盛装高温木炭,容器的化学性质要求稳定,青铜材料恰好满足以上三个要求。

铜烫斗采用整体铸造,斗身和斗柄之间没有接缝,铸造工艺为范铸法,又称模铸法。制作铜烫斗的工序是:先用泥制成烫斗模型,阴干后烧制,称为母范;其次用泥敷在母范表面,同样阴干烧制成外范;再次用泥做烫斗内腔,称为内范;最后内外范套合,向中间空隙注入铜液,待冷却后除去内外范即得烫斗。

铜烫斗造型由圆柱体构成,无盖,宽口沿,口沿两侧有扇形护挡,斜直边斗身,厚平底,空心圆短柄。斗身纹饰采用浅浮雕形式,用细腻、准确的手法描绘了龙纹和棱形底纹。烫斗的工作原理是在斗内放入加热的木炭,其热量传导至熨面,使熨面保持一定温度，再通过按压烫斗熨平褶皱。烫斗的造型设计很好地满足了功能性需求，相对于弧形熨面而言，平底熨面的接触面更大，熨烫效率更高。空心的手柄减轻了熨斗的重量，在熨烫轻薄面料时，可以轻松地悬空熨烫，手持更加省力，而且空心手柄散热更快，无须在柄端包裹隔热织物。烫斗高度较深，炭火不易溅出，口沿两侧的护挡也有效地保障了布料的安全。

瑶族铜烫斗不仅满足了人们日常生活的需要，还凝聚着制造者朴素的造物思想和精湛的铸造技艺。随着时代的进步，铜烫斗逐渐退出历史舞台，但它所遵循的造物规律和设计思想仍值得当代设计师研究和借鉴。

图片来源
图一　葛芳　摄影
图二至图五　王冠力　制图

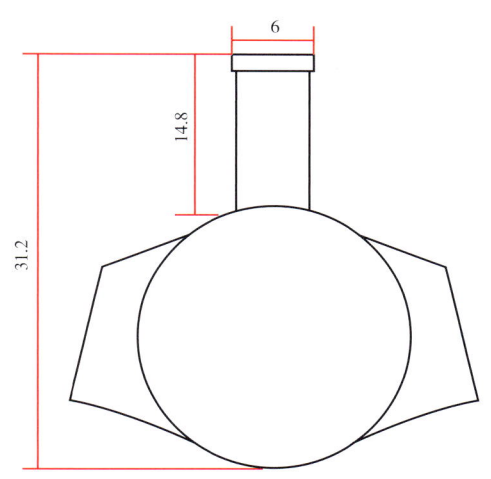

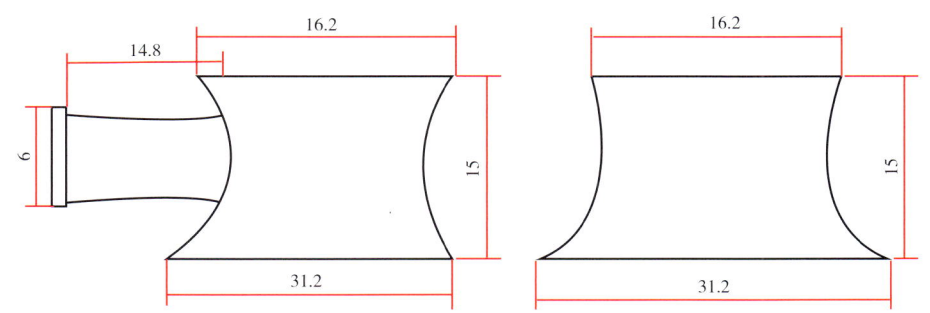

图二　瑶族铜烫斗尺寸图（单位：cm）

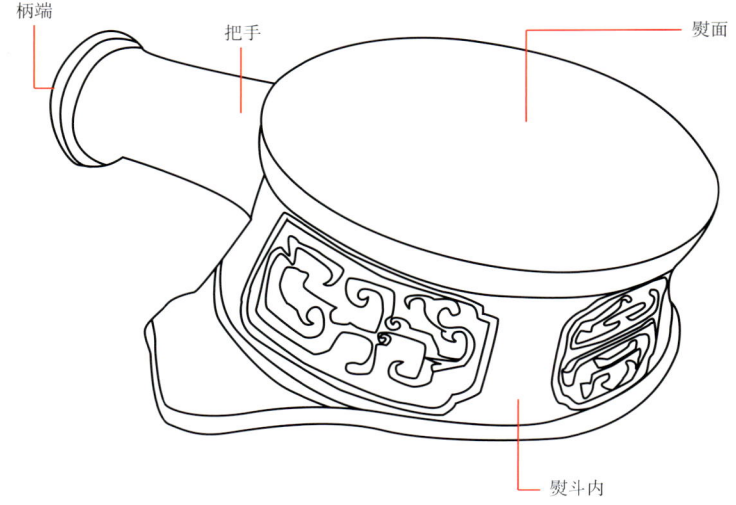

图三　瑶族铜烫斗结构名称图

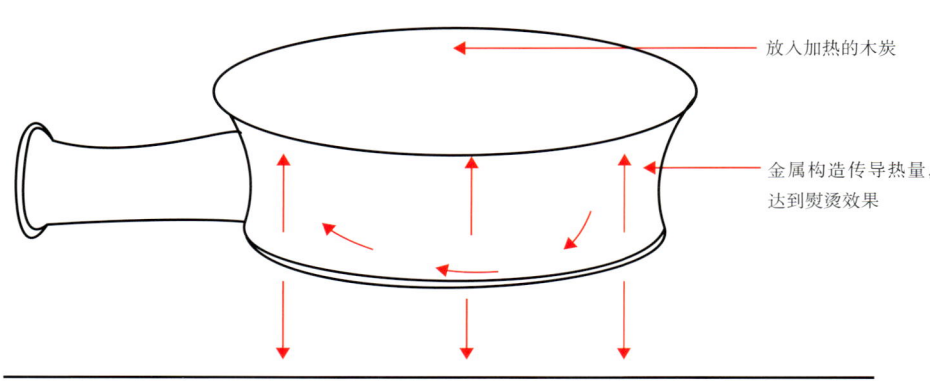

图四　瑶族铜烫斗使用原理分析图

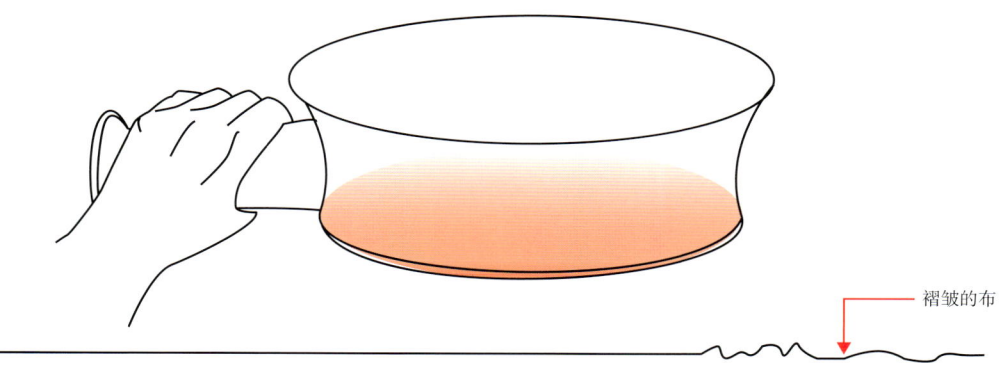

图五　瑶族铜烫斗操作示意图

瑶族木钻

图一　瑶族木钻主图

本案例是民国时期的木钻，现藏于广东瑶族博物馆。该木钻呈十字造型，由钻杆、横杆、轴承、绳子组成。自上而下分别是：一根长约40厘米的横木，也就是横杆；一块长约18厘米、直径约8厘米的圆柱形木料，也就是轴承。它们由一根长约55厘米的木棍（也就是钻杆）贯穿在一起。钻杆的顶端有一孔洞，孔洞穿着一根绳子，穿绳两端分别绑于横杆两端；钻杆的尾部镶嵌一根长约6厘米的金属细棍。此类木钻是木作中的穿孔工具。

木钻的工作原理是：横向的抽拉力可以转换为连续的旋转力，对对象进行穿孔。使用时定好钻心，左手抵住钻杆，绳子套横绕在钻杆上，两头连在横杆的两头，要求横杆垂直靠着钻杆，绳子拉直，右手抽送那个横杆就开始钻木。绳子的缠绕方向需按照一个方向，至于顺时针或逆时针都可，软绳在钻头上缠几圈，整个力往下压，软绳带动钻头钻动。

随着现代化科技的发展，瑶族木钻应用越来越少，现在想看到这种技术的机会也越来越少，希望我们能够以崭新的形式把这项技术传承下去。

图片来源

图一　侯亮　摄影
图二至图五　侯亮　制图
图六至图七　何卓嫔　制图

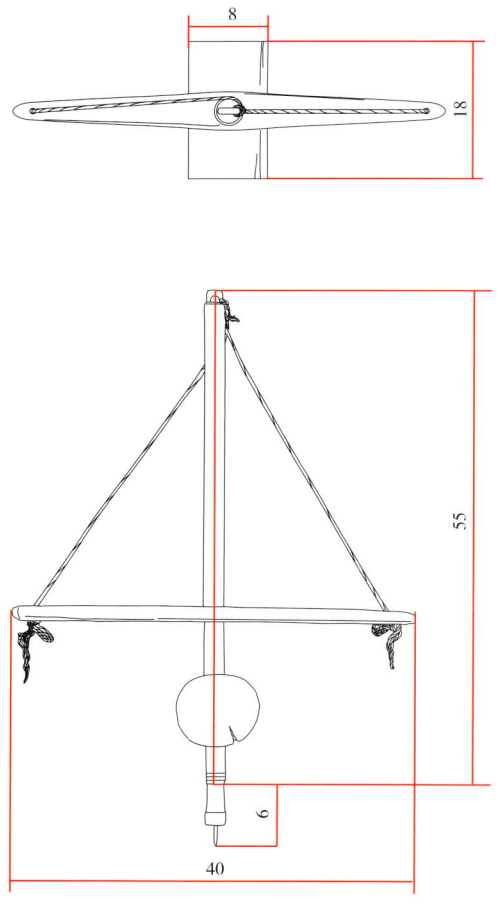

图二　瑶族木钻尺寸图（单位：cm）

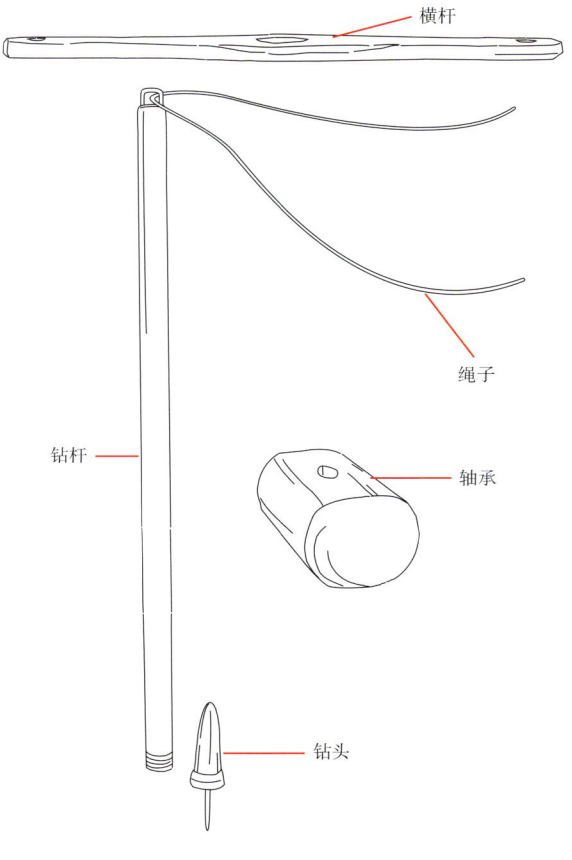

图三　瑶族木钻结构名称图

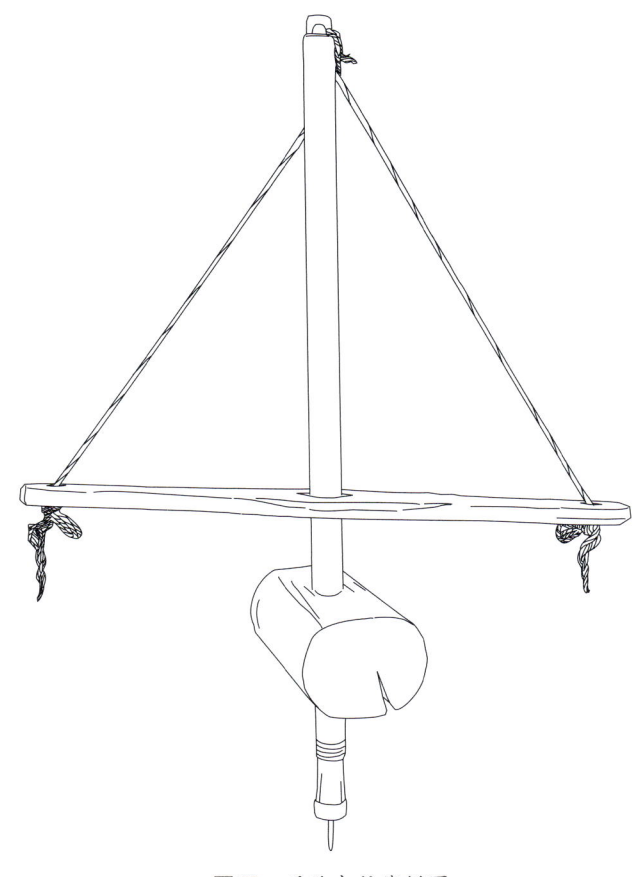

图四 瑶族木钻线描图

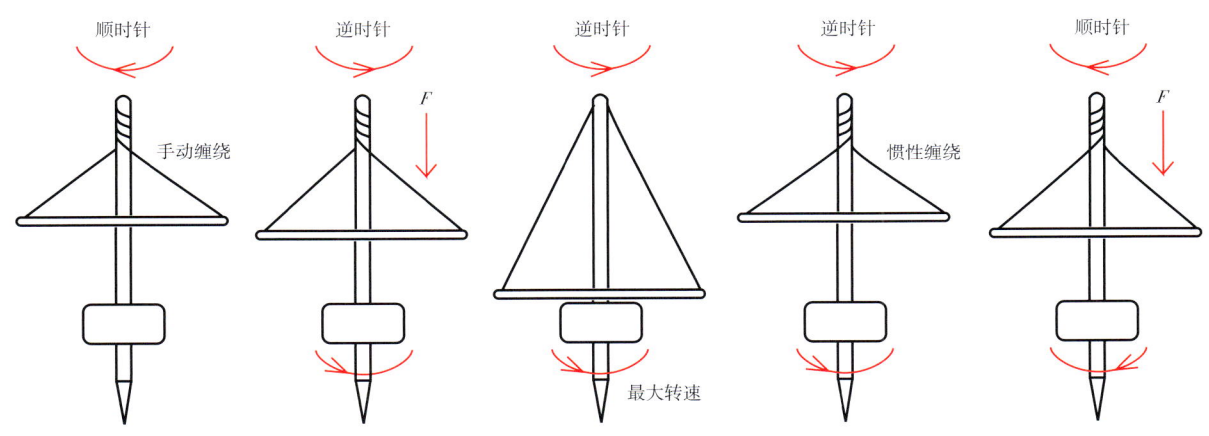

图五 瑶族木钻工作原理分析图

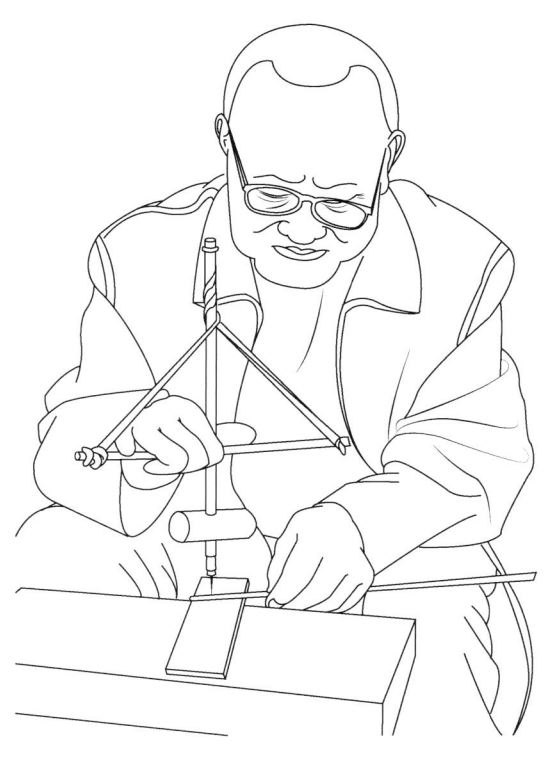

图六　瑶族木钻操作示意图 1

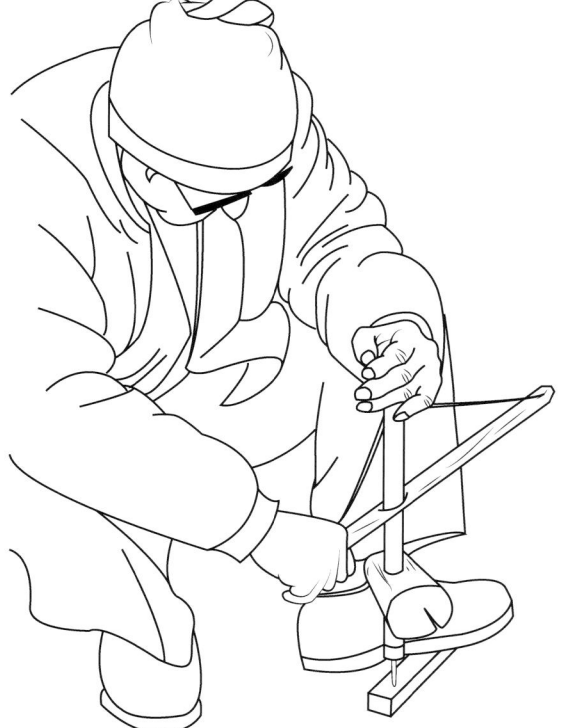

图七　瑶族木钻操作示意图 2

瑶族小铁锅

图一　瑶族小铁锅主图

本案例征集于广西南丹白裤瑶生态博物馆，为生铁铸造而成，是我国饮食文化中所产生的特有炊具。该铁锅锅体呈圆形、圆口、鼓腹、底座与口直径相同，锅身中部有一个高度约 12 厘米的铁线提耳，利于手握操持。锅口直径为 17 厘米，锅身高约 15 厘米，最宽处直径约 21 厘米，锅盖直径约 19 厘米。

小铁锅通常由生铁制成，是一种含碳量在 2%~4.3% 的合金，冶炼工艺为铸造而非锻造，泥范铸造是典型的铸铁锅工艺，经过制范、熔铁、浇铸等工序加工铸造而成。从考古资料可以知道，公元五六世纪之交我国已具备冶炼纯铁的技术，为后来铁制炊具广泛运用提供了条件。

"锅"的叫法是从唐代开始的，沿至宋辽并取代了之前一系列炊具的叫法。锅的发展在经历了古代中原炊具的发展后，传到了很多边远地区，并随着炊具的不断发展和演变，一直沿用至今。

图片来源
图一、图三至图五　侯亮　摄影
图二　侯亮　制图
图六　李丽　制图

参考文献
王仁湘.珍馐玉馔：古代饮食文化.南京：江苏古籍出版社，2002.
王琥.中国传统器具设计研究·卷四.南京：江苏美术出版社，2010.
田长浒.中国铸造技术史（古代卷）.北京：北京航空工业出版社，1995.
金维新，丁凤麟，吴少华.器物文化纪趣.上海：上海古籍出版社，1990.

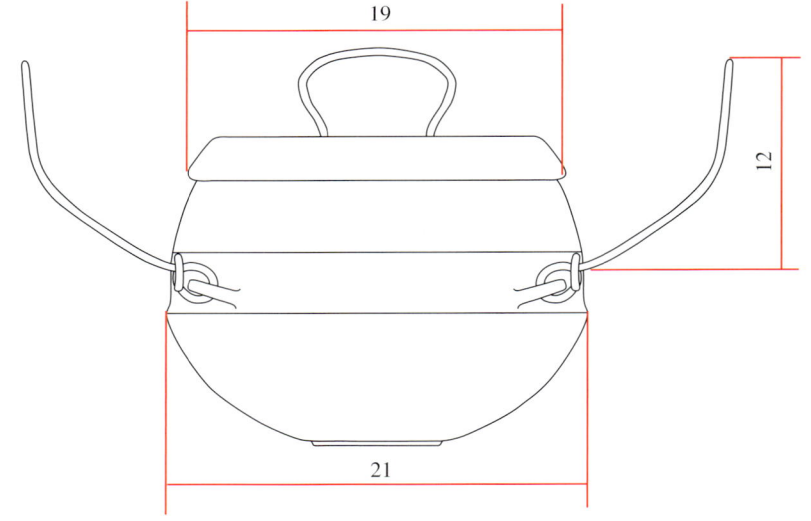

图二　瑶族小铁锅尺寸图（单位：cm）

图三　瑶族小铁锅顶视图

图四 瑶族小铁锅锅身图

图五 瑶族小铁锅锅盖细节图

图六 瑶族小铁锅操作示意图

瑶族葫芦茶壶

图一　瑶族葫芦茶壶主图

葫芦，爬藤植物，属于葫芦科的一种，果实也被称为葫芦。葫芦的果实可以在未成熟的时候收割作为蔬菜食用，也可以在成熟后天然风干之后收割，然后加工为容器，最常见的是用来装水的水壶或装酒的酒具。通常选用熟透了的老葫芦，质感发白、手感较硬。

本案例征集于广西金秀瑶族博物馆，该葫芦选用成年葫芦为外壳，葫芦口有一木塞，在葫芦下部一层竹编"外套"与之套合，并系红带。竹编"外套"类似一个安全网，保护葫芦在使用过程中磕碰而不易碎；另外，它的肌理能增加手持时的摩擦力，方便握、拿；竹编所形成的缝隙方便穿绳，便于系、挂。此类葫芦茶壶是瑶族人民必不可少的生活用具，材料普及、制作方便。制作时先将葫芦蒂割除，置于通风处，将内腔风干，再用棍子捣弄几次，便可把里面的纤维及籽倾倒干净。

葫芦制品自古就流行于我国社会各阶层，之所以能够流传至今，是由于其选材易得、造价低廉，制造简单、操作简捷，材质坚硬而耐久。

图片来源
图一　侯亮　摄影
图二至图五　侯亮　制图

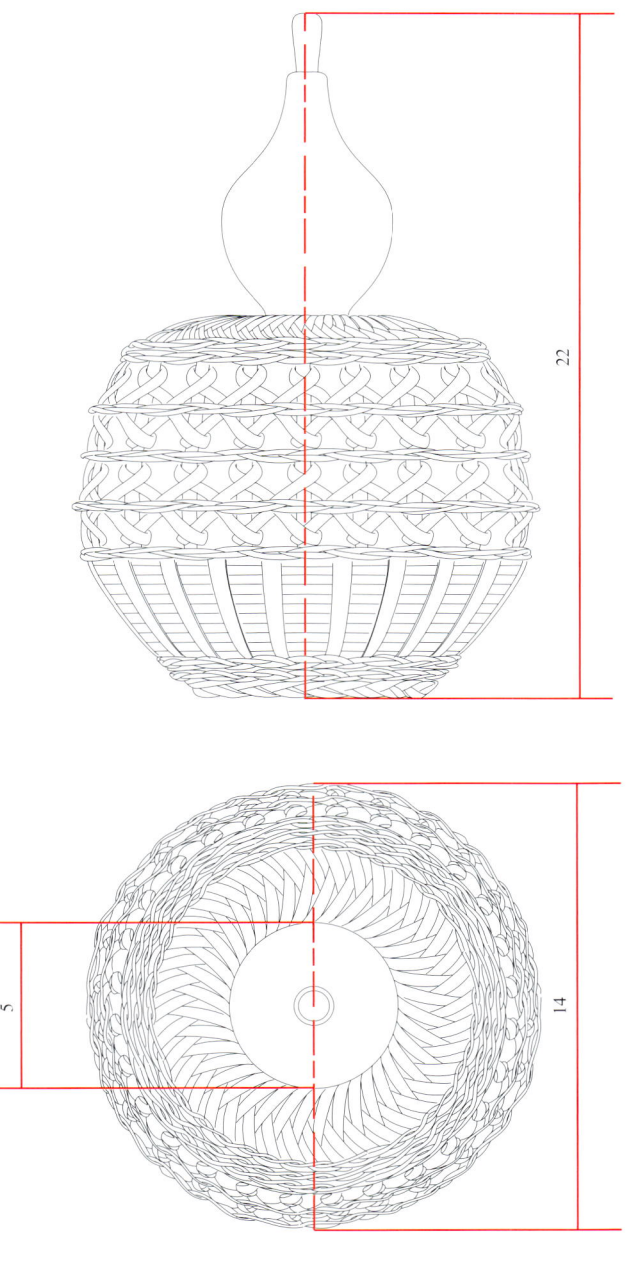

图二　瑶族葫芦茶壶尺寸图（单位：cm）

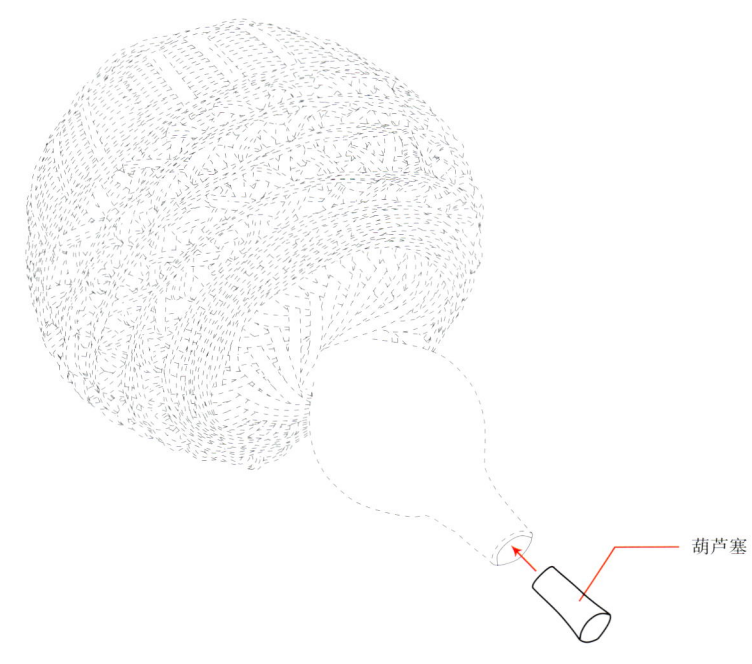

图三　瑶族葫芦茶壶壶塞操作示意图

图四　瑶族葫芦茶壶竹编纹样效果示意图

图五　瑶族葫芦茶壶携带示意图

瑶族辣椒钵

图一　瑶族辣椒钵主图

辣椒钵是瑶族传统厨事器具之一，是用来制作糊状佐料的加工工具，此类器具通常称为捣钵，因为当地喜食辣，它常用来加工辣味食物，所以当地称为辣椒钵。本案例征集于广西南丹白裤瑶生态博物馆。该辣椒钵为整块木料刨剖而成，表面未做任何漆髹，口比底座略宽，类似现代的啤酒杯造型，通体高约28厘米，口沿直径约10厘米，有一高约5厘米的底座，类似圈足。钵体一侧有一个类似把手的结构。

配合一把木质捣槌，辣椒钵便可工作，动力来源是人力。将辣椒等等待加工的食物放在钵内，握着槌用力敲击，直到成泥或碎末状。制作这类捣制工具的材料很多，有木、竹、金属等材质，因为瑶族聚居山林，木料较易获取，所以当地制作此器具以木制居多。

辣椒钵通常是自己动手，通过柞木胎得大概的造型，接着掏出内仓，再经过削、磨、细化造型等工序便可制作成型。与中国古代官具设计不同，这一类的民具设计，功能明确、就地选材、经久耐用、使用简易，真正体现了中国设计传统的主流价值。

图片来源
图一至图二、图六　侯亮　摄影
图三至图五、图七至图八　侯亮　制图

图二 瑶族辣椒钵配套捣槌主图

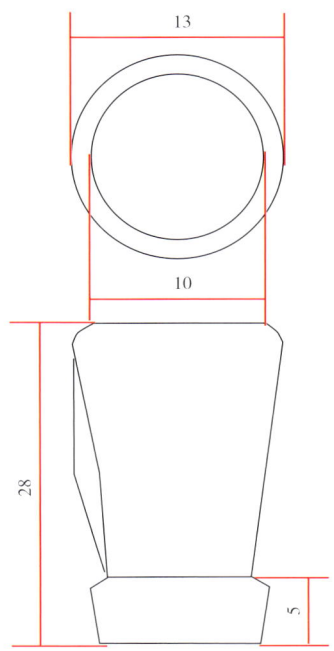

图三 瑶族辣椒钵尺寸图（单位：cm）

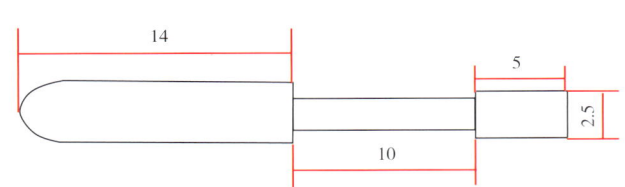

图四 瑶族辣椒钵配套捣槌尺寸图（单位：cm）

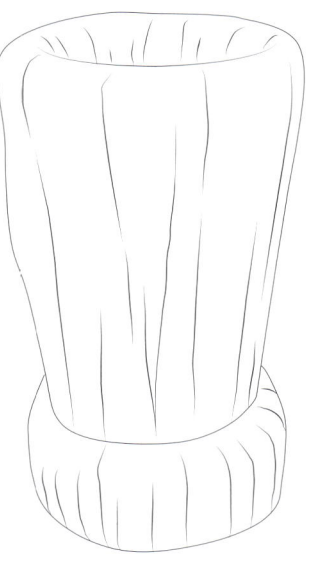

图五 瑶族辣椒钵线描图

图六 瑶族辣椒钵常见形制示意图

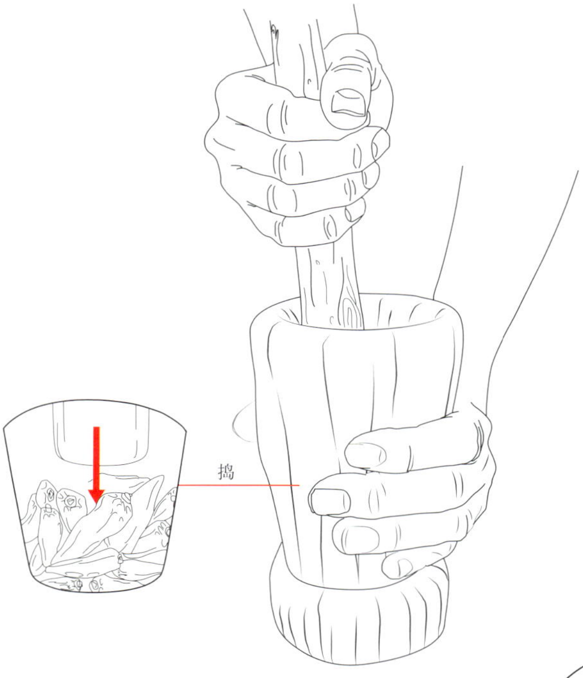

图七 瑶族辣椒钵、捣槌捣操作示意图

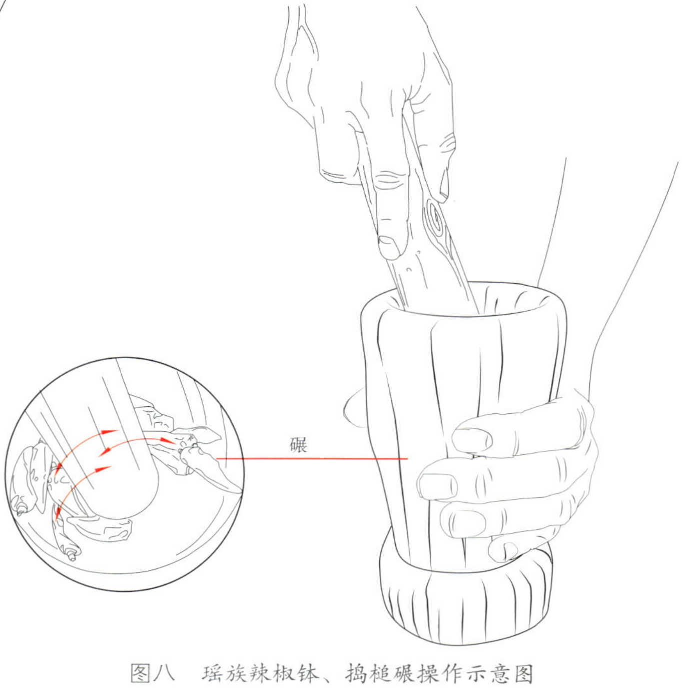

图八 瑶族辣椒钵、捣槌碾操作示意图

瑶族铁三脚

图一　瑶族铁三脚主图

铁三脚，即为锅架，由三根L形铁料长边作脚，并与一个铁圈在转角处焊接而成，形成一个火山口状支架，通常配合火塘使用。本案例采集于广西南丹白裤瑶生态博物馆，铁圈直径约35厘米，L形长边支脚高约25厘米，底部微向圈外倾斜以保证支架的稳定，L形短边长约11厘米，均倾斜向下指向铁圈圆心，这样的结构使铁三脚可以适应底座直径大于11厘米的大部分蒸煮容器。

瑶族的一日三餐多为粥饭交替，主食通常会将米粥、米饭与玉米、小米、红薯、木薯、鱼头、豆角等食材混合焖煮。铁鼎、铁锅等盛放主食的容器最初是放置在石块堆砌或泥筑的原生灶台——火塘之上加热，后由于铁器的流行，逐渐产生的三柱支撑的铁架替代了石块堆砌和泥筑的支架。

铁三脚通常由生铁铸成，相比传统灶台虽然热能传递有损失，但其稳定性高，经久耐用，更重要的是满足了瑶族人民在山区生活时对饮食烹饪的移动性和便携性的需求。瑶族人民除了在家准备主食，也习惯于在劳动场地就地蒸煮食物。铁三脚的优点在于可以在任何地点架设，只需要挖出较浅的火塘便可以架锅做饭，使得瑶族人在田间劳作时可以较为轻松地获取热腾腾的饭菜。

瑶族人忌讳用脚踩踏铁三脚，铁三脚在瑶族人民的生产生活中占据着重要地位。铁三脚的出现反映出瑶族人民在生活中不断根据自身需求提高器物使用价值的造物思想。

图片来源

图一　侯亮　摄影

图二至图五　侯亮　制图

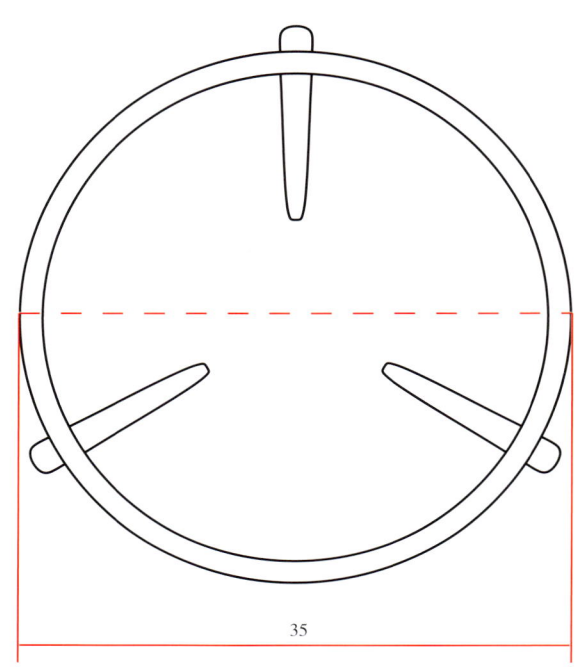

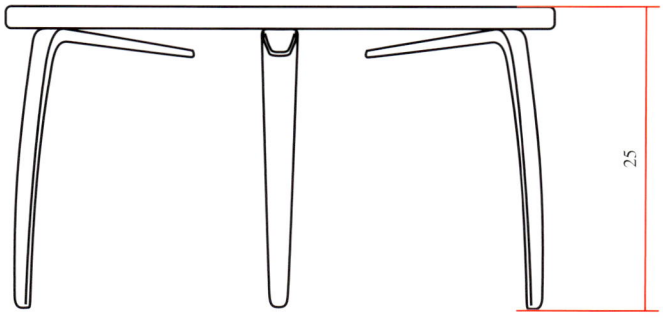

图二　瑶族铁三脚尺寸图（单位：cm）

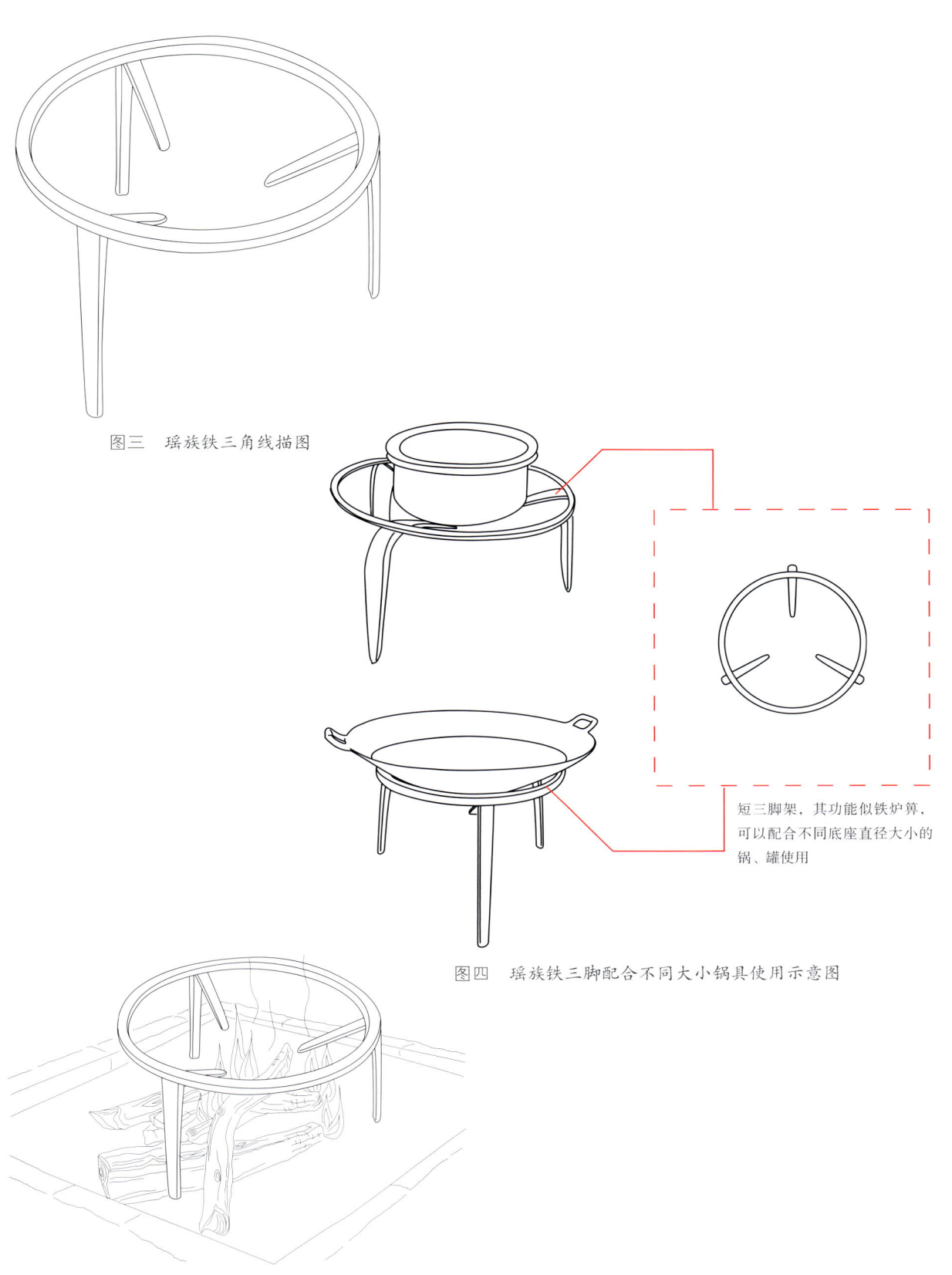

图三　瑶族铁三角线描图

图四　瑶族铁三脚配合不同大小锅具使用示意图

短三脚架，其功能似铁炉箅，可以配合不同底座直径大小的锅、罐使用

图五　瑶族铁三脚使用情境图

第四章　瑶族传统生活用具

瑶族水烟筒

本案例现藏于广西贺州市博物馆，为竹制，通体长约 70 厘米，直径约 10 厘米。水仓与吸管共为一体，在筒身中部切一斜口，插入一根直径约 2 厘米的细竹管，做成烟窝。

吸水烟是中国传统的吸烟方式之一。水烟筒是将烟气经过筒中的清水过滤后吸食，吸食时发出"咕……咕"的声音。烟嘴竹管插入筒身的位置是这只烟筒好不好抽的关键所在，插入的位置过高，则因入水较浅而翻不起水；插入过低，则因入水过深而翻不动水；深浅适当，使吸烟者抽起来不费力气。老竹是做水烟筒的最佳选择，它质硬、坚韧、轻重自如，经过多年的风吹日晒、季节变换，质地紧密、不易爆裂。所选老竹的粗细要适当，粗则显得臃肿，细则显得小气。

吸食水烟的工具，据《云南省烟草志》载："吸用刀烟和黄烟丝的吸用工具，有用铜铁皮制成的圆柱形水烟筒，有截竹为筒的水烟筒……"水烟筒的工作原理是，筒内灌清水，吸食者在吸气的过程中，使盛水仓产生负气压，烟气经过水过滤后被吸食。水烟筒的不足是体积大、分量重，不适合携带。

图片来源
图一　侯亮　摄影
图二至图七　侯亮　制图

参考文献
王安珠.中国烟具文化.天津：百花文艺出版社，2004.
王琥.中国传统器具设计研究·卷三.南京：江苏美术出版社，2010.

图一　瑶族水烟筒主图

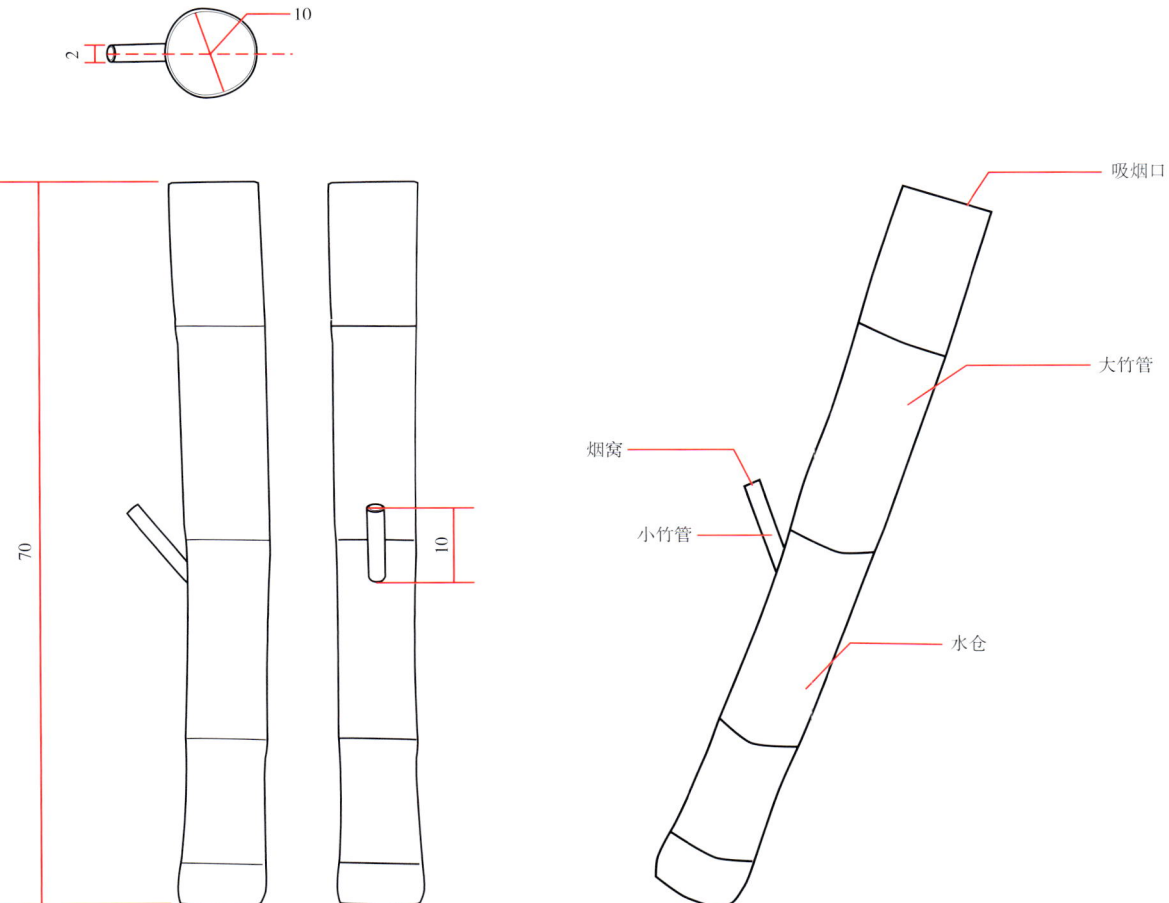

图二　瑶族水烟筒尺寸图（单位：cm）　　　　图三　瑶族水烟筒结构名称图

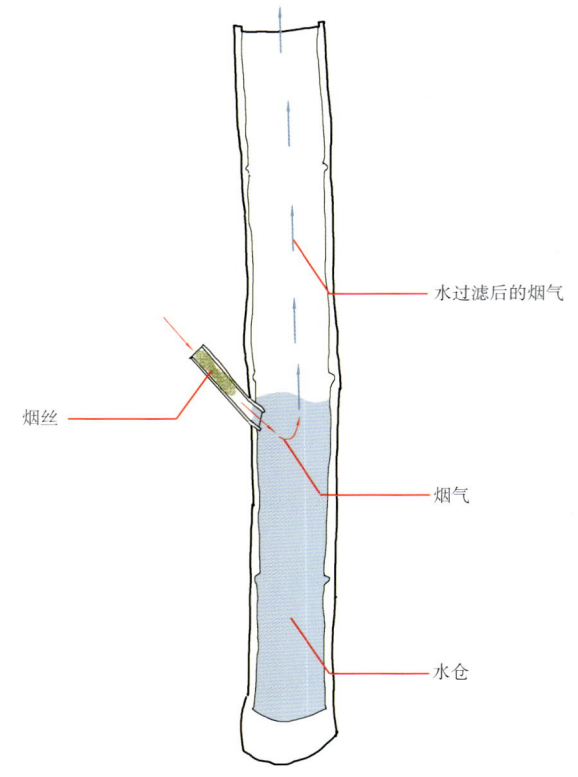

图四　瑶族水烟筒吸食原理示意图

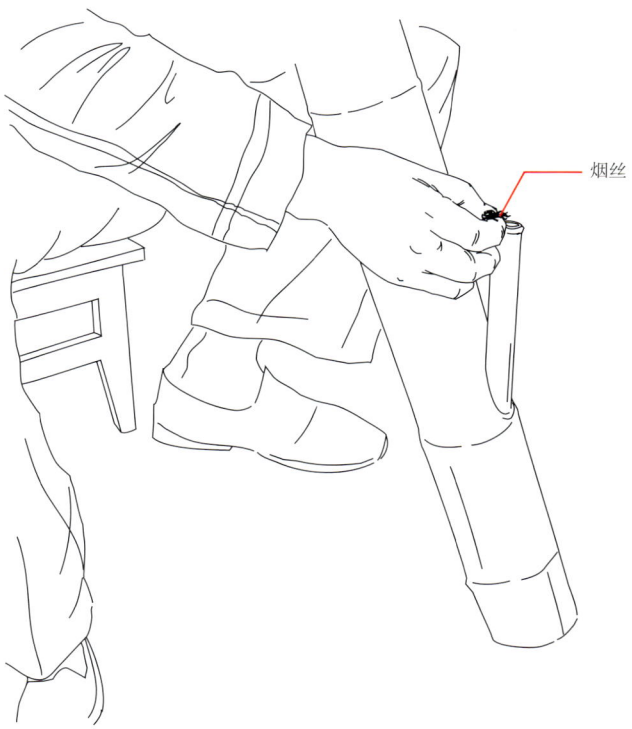

图五　瑶族水烟筒团烟丝入烟窝示意图

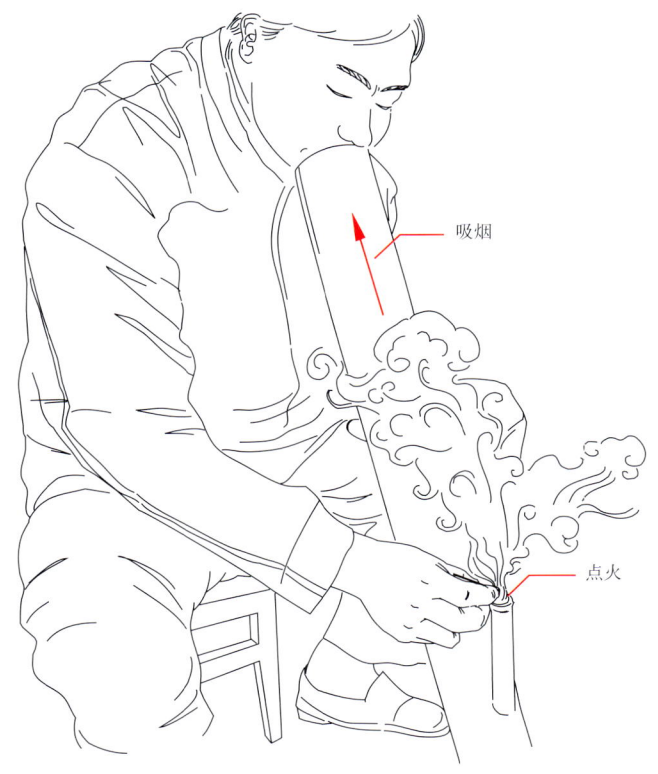

图六 瑶族水烟筒点火吸烟示意图

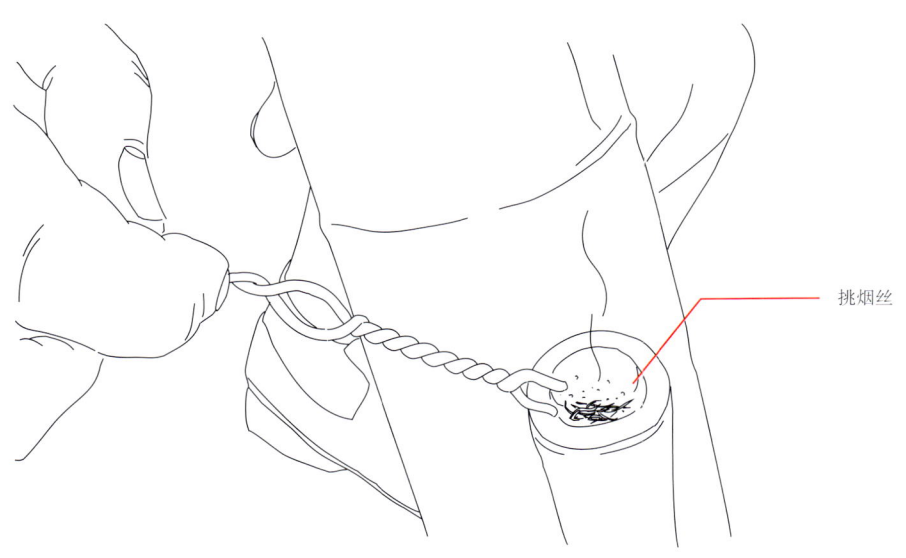

图七 瑶族水烟筒挑烟丝示意图

第四章 瑶族传统生活用具

瑶族旱烟具

图一 瑶族旱烟具主图

本案例征集于广西贺州市博物馆。该旱烟具通体长100厘米，由烟窝、烟杆及烟袋组成。烟窝为陶制品，仅外壁上釉；烟杆为竹制，烟杆与烟嘴连为一体，不独立制作烟嘴。

旱烟具相对于水烟具而言是我国流行时间最长、使用群体最广泛的传统烟具。一般情况下旱烟具的结构主要分为三个部分：烟窝，用以装烟丝；烟杆，用以连接烟窝与烟嘴，是烟气的主要通道；烟嘴，是吸食者含在口中吸烟的部分；烟袋，用以盛放烟丝的荷包。本案例是将烟杆和烟嘴合二为一。

旱烟具的烟杆选材为水竹或罗汉竹，此类竹质多就地取材，竹节紧密。制作时，一般将每个竹节打通，并在直径较粗的一端镶上烟窝，窝头上带一个脖子，与窝头连为一体,脖子与烟杆内部卡紧,这样一个联系着烟窝的通道便形成。旱烟具盛放烟丝的烟荷包亦称烟袋,通常由两层绸或布缝合而成,三面缝紧,留口接绳,用来盛储烟丝。抽紧绳口,烟丝不漏;松开绳口,伸进两指,可取烟丝装锅。平时携带,系于腰间或吊在烟杆上。在瑶族烟荷包也是青年男女定情的信物,女方答应求婚了,就赠送男方烟荷包,男方如回赠银手镯,这门亲事就算成功了。

长烟杆的使用者在点烟时往往采用两种方法:一是将烟杆伸到有火源的地方直接点火;二是由他人协助点火。旱烟具主要依靠烟杆内壁吸附尼古丁、焦油等物质,细长的烟杆清理起来颇为麻烦,通常需要一根细铁丝往烟杆里伸拉来回摩擦几下,透透心,不然烟杆会被油烟堵死的。

旱烟具不但是吸烟者的常用工具,同时也是一种礼仪符号,更是一种权威的象征。一般一家之主,或是族中长老,在给人调解、说理时,旱烟杆便成了一种道具;同时也能成为教育晚辈的"武器"。

图片来源
图一 侯亮 摄影
图二至图六 侯亮 制图

参考文献
王安珠.中国烟具文化.天津:百花文艺出版社,2004.
王琥.中国传统器具设计研究·卷三.南京:江苏美术出版社,2010.

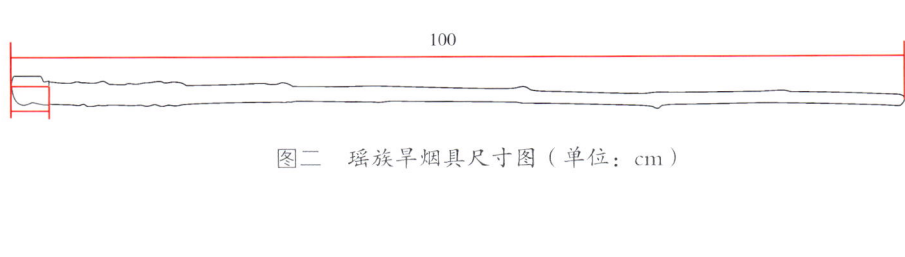

图二 瑶族旱烟具尺寸图(单位:cm)

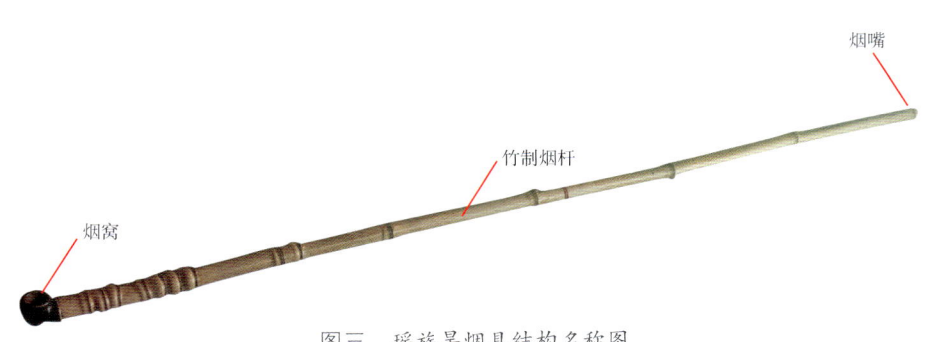

图三 瑶族旱烟具结构名称图

图四　瑶族旱烟具烟窝与烟杆卡合示意图

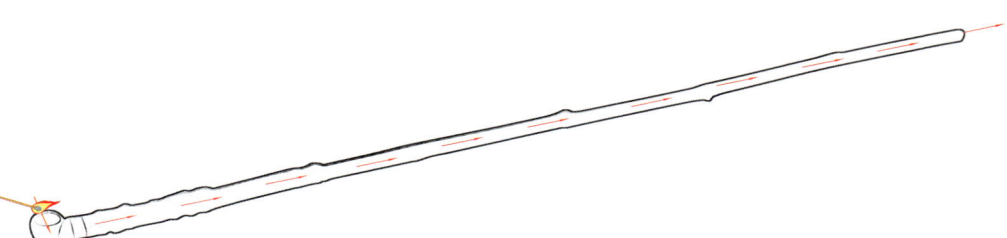

图五　瑶族旱烟具吸食分析图

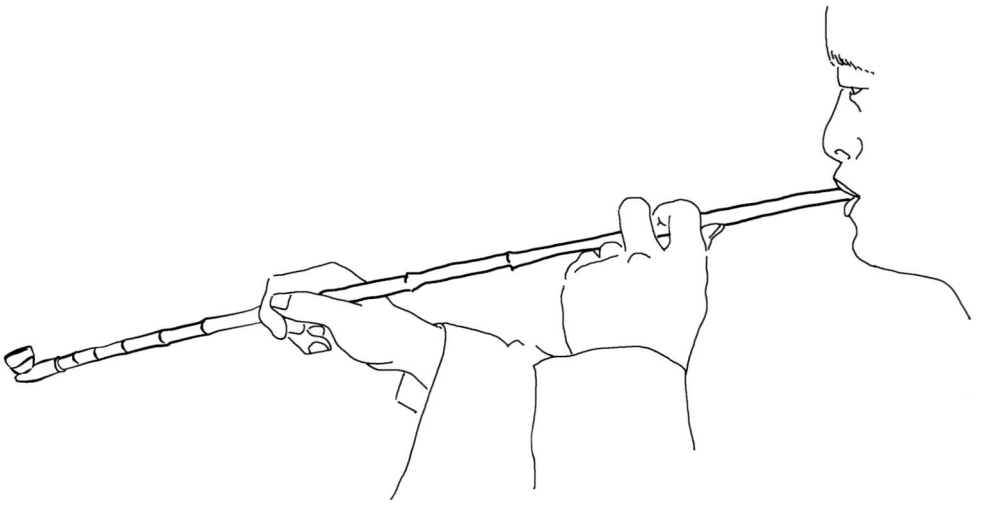

图六　瑶族旱烟具吸烟示意图

第五章 瑶族传统生产工具

瑶族铁嘴踏犁

图一 瑶族铁嘴踏犁主图

犁是古代从耒耜衍化而来的翻土农具，汉代称跖铧，唐代称长镵，踏犁之名始见于宋代文献，后世也称脚犁。踏犁顶端有犁柄，中间设有踏脚，下端装有金属犁刀，使用时用脚踩踏脚，使犁刀插入土中，然后向下扳压犁柄，利用杠杆原理将犁刀上方的土翻出。相比其他形制的犁，踏犁较为小巧轻便，只需足踏，无须借用畜力牵引，因此在生产中更为常见。

瑶族铁嘴踏犁是单人操作的犁田工具，整体造型呈"T"字形。本案例现收藏于广西民族博物馆，结构简单，主要由犁柄、犁身、踏脚、犁刀构成。犁身高约65厘米，整体为木质，一般是以山野间自然弯曲的杂木加工而成。犁身顶部垂直装有长约45厘米的犁柄，打磨光滑，便于人手操持。犁身中间树枝分叉结构为转折点，是整个犁身最粗的地方，转折处以榫卯拼接的方式装有长约13厘米的踏脚，与犁柄平行。犁刀位于犁身尾部，长约30厘米，整体为中空剑形铁壳套剑状木犁尾的构造，这样可以增强踏犁的坚固性和耐用性。

瑶族铁嘴踏犁的使用方法是：劳动者双手抓住犁柄，一只脚踩地支撑，另一只脚踩在踏脚上，发力将铁嘴踏犁的犁刀以15度～30度的角度插入土中，再用双手向下压犁柄，使犁刀撬土而出。踏犁充分利用了力学原理，在缺少畜力的情况下实现了省力高效的生产方式，是古老农业文明的遗存，具有极大的考古价值和农业文化研究价值。

图片来源

图一　侯亮　摄影

图二至图六　卞华磊　制图

参考文献

刘兴林. 汉代铁犁安装和使用中的相关问题[J]. 考古与文物, 2010（4）:59—62.

张传玺. 两汉大铁犁研究[J]. 北京大学学报（哲学社会科学版）, 1985（1）:78—91.

杨振红. 两汉时期铁犁和牛耕的推广[J]. 农业考古, 1988（1）:166—173.

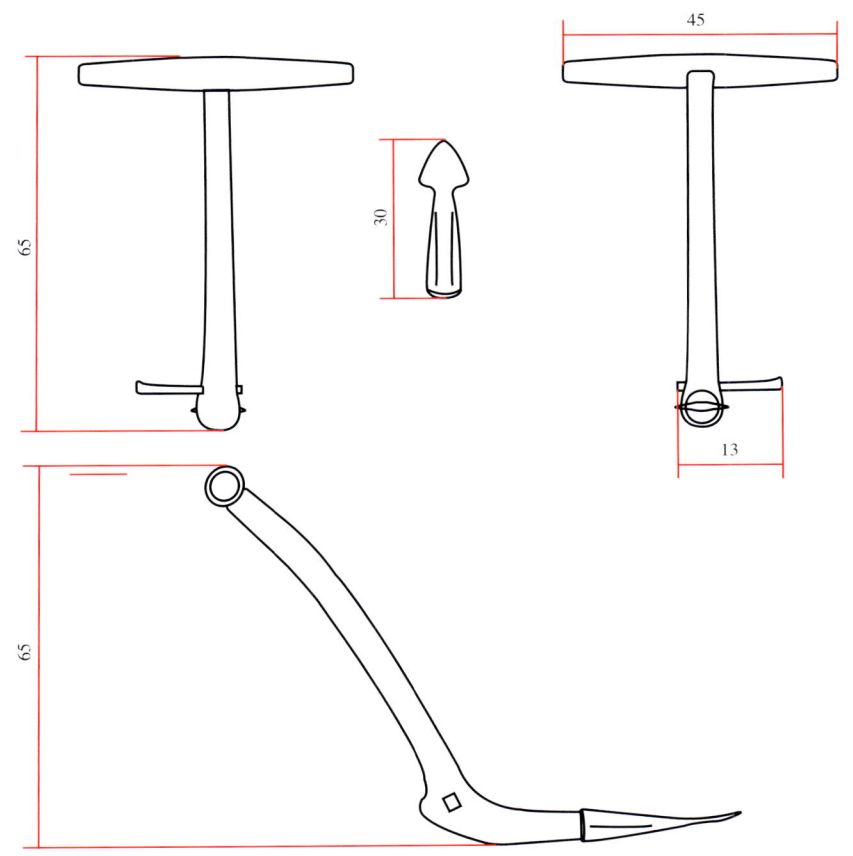

图二　瑶族铁嘴踏犁尺寸图（单位：cm）

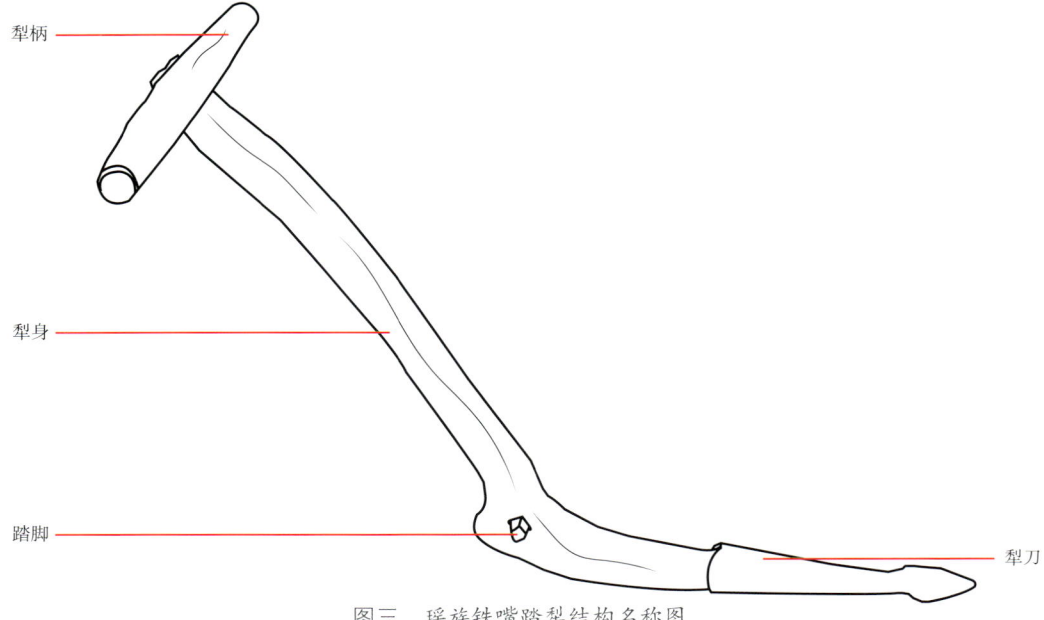

图三　瑶族铁嘴踏犁结构名称图

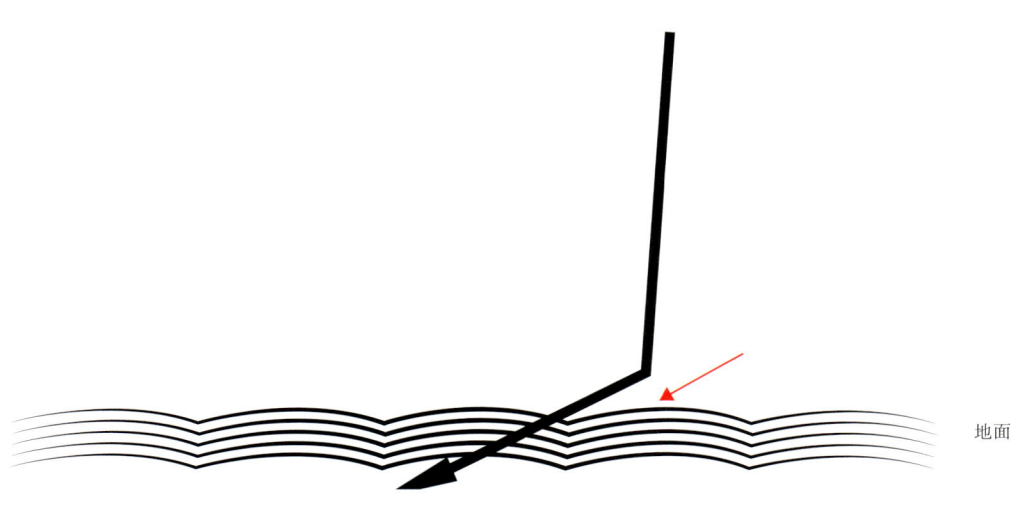

图四　瑶族铁嘴踏犁施力示意图

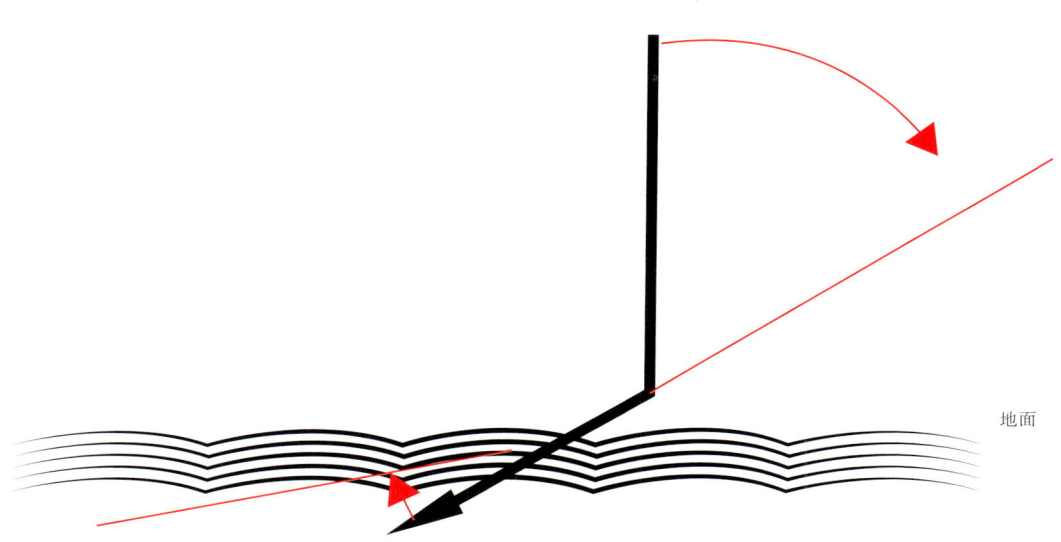

图五 瑶族铁嘴踏犁使用原理示意图

图六 瑶族铁嘴踏犁操作示意图

第五章 瑶族传统生产工具

瑶族人拉犁

图一 瑶族人拉犁主图

无山不瑶，瑶族是以山为主要居住环境的山地民族，由于瑶族多在石山和半石山地区居住，土地以旱地为主，九分石头一分土，人均耕地仅半亩左右，且三分之二是在石缝里，山地零碎的特点造成牛耕困难，除了平地上少许的土地可用牛耕外，大多数耕地都使用人力推拖犁。人拉犁历史较长，过去不少家庭养不起耕牛，无法使用牛拉犁来耕作，聪明的瑶族人民通过探索和实践，尝试采取人代替牛的方式来进行耕作，于是，人拉犁就应时而生了。

瑶族人拉犁因需要女拉男扶，男女两人很好地配合，所以俗称"公婆犁"，一般由硬木材料制成，在平坦或较平坦的耕地使用。用人拉犁耕作时，需要拉扶，由女人在前面用肩膀牵着绳子微弯着腰拖犁前行，男人在后面负责扶犁，把握方向，一拉一扶，缓慢破土前行。人拉犁一般用于冬耕春种，主要在播种开穴、玉米培土时使用。

人拉犁碎土效率较差，一般入土只有几厘米深，且耕作效率较差，但较为适合耕地资源较为贫乏的山地地区。现在，瑶族地区仍有不少农民还沿用这一耕作方法。人拉犁的生产方式是瑶族对山地农耕的一种生存适应，是瑶族人民居山游耕的智慧结晶。

图片来源

图一 侯亮 摄影

图二至图三、图五 侯亮 制图

图四 李丽 制图

参考文献

廖建夏.生态与文化的选择——近代瑶族农具的生态与社会文化研究.民族论坛，2013（12）：32—38.

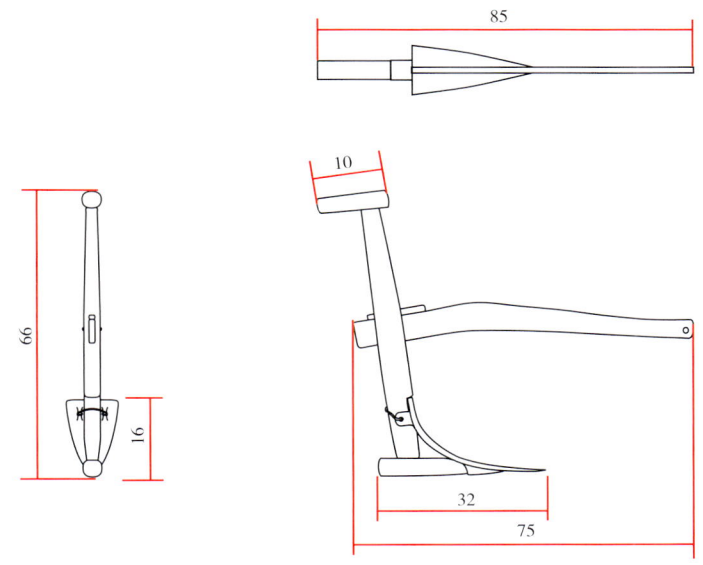

图二 瑶族人拉犁尺寸图（单位：cm）

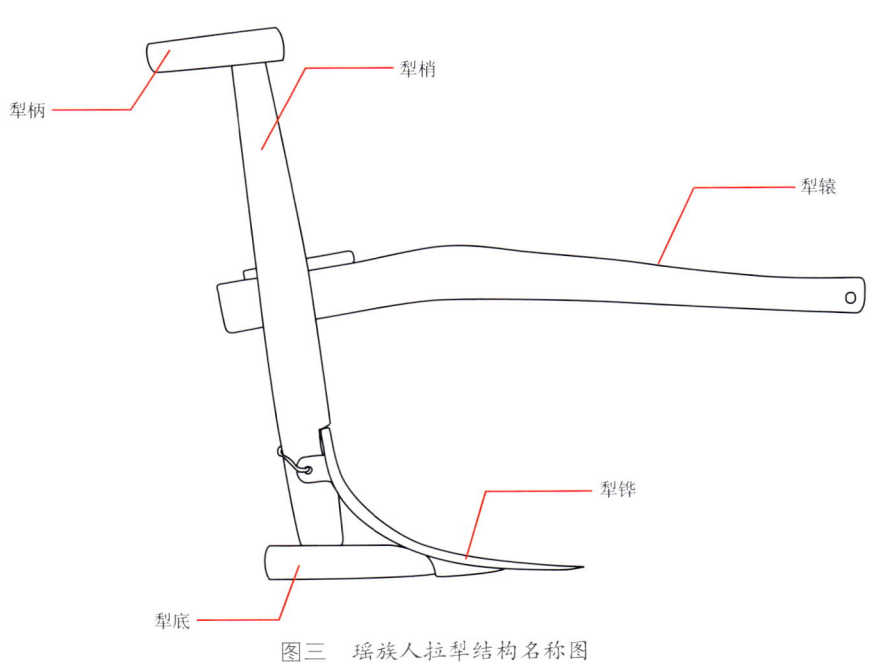

图三 瑶族人拉犁结构名称图

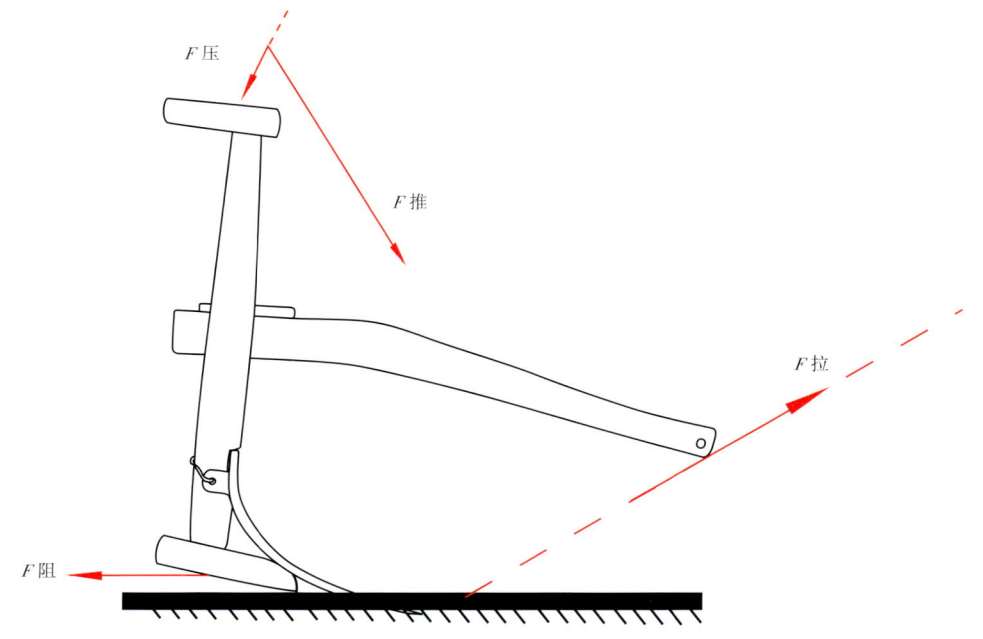

图四 瑶族人拉犁受力分析图

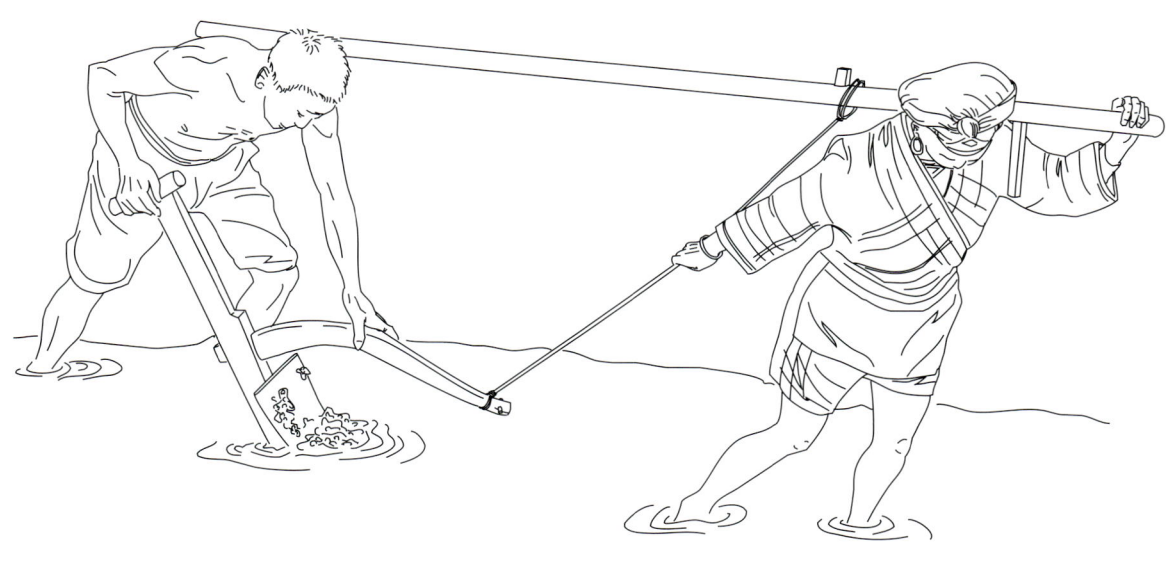

图五 瑶族人拉犁操作示意图

瑶族金秀木耙

图一　瑶族金秀木耙主图

木耙是播种时用来开沟挖渠兼可除草的简易翻土农具，具有良好的松土、碎土能力，是传统农耕生活中不可或缺的生产工具之一。本案例现收藏于广西金秀瑶族博物馆，通体皆为木质，由扶手、扶手支架、耙梁、耙齿、牛轭拉杆组成。扶手长185厘米，扶手支架长168厘米，耙梁长221厘米。以耙梁为轴心，耙梁的一端接有两根横木（称为"牛轭拉杆"），用来系绳套住耕牛以拖动木耙；另一端为框架式的操作杆（包括扶手、扶手支架），方便耕作的人扶住横档保持平衡和把握方向。耙梁的下面安有7个形似矛头的尖锥状木条组成的耙齿，耙齿间距为10厘米，耙齿入土的一端较为尖利。

金秀木耙大多由当地所产的一种木质坚韧的黄桑木制成，一般可用七八年，多则可用二十年。每年春耕伊始，需先排尽田中积水，再用木耙将湿润的泥土翻松耕平。耕作时，由人力或耕牛前方牵引木耙。人力耕田时操作者双手扶住扶手，以便控制力道、速度、方向和平衡；耕牛耕田时，拖动木耙，耙齿插入土中，一排耙齿梳过，土壤便跟着翻松，轮翻两次，一块田就能变得平整松软，适宜播种。由于山区田底多石崖，铁齿耙易损坏，不如木齿耙经久耐用；其次，木耙本身轻巧，在耕牛不足的情况下，人力也容易拖拉，且木质可就地取材自制，制作和维修的成本较低，因而木耙在金秀瑶族地区广为应用。

金秀木耙的形制虽较为简陋原始，但其实用性和功能性却十分优越，在不利于机械农耕推广的狭长梯田地带，一人一耙一牛或两人一耙便是最为灵活方便的农作形式，其历史渊源之深、应用地区之广，足以证明了其设计的先进性、合理性，也是我们研究传统农耕社会和民间器物设计的重要证物。

图片来源
图一　侯亮　摄影
图二至图六　刘翔宇　制图

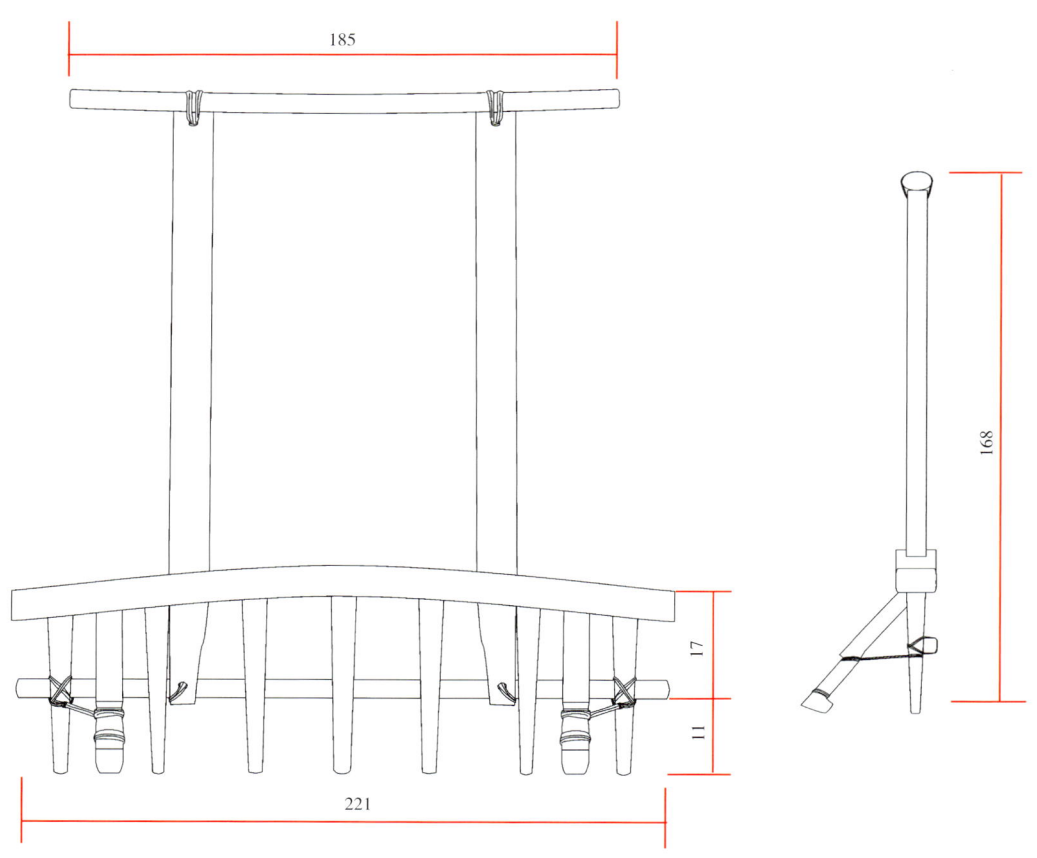

图二　瑶族金秀木耙尺寸图（单位：cm）

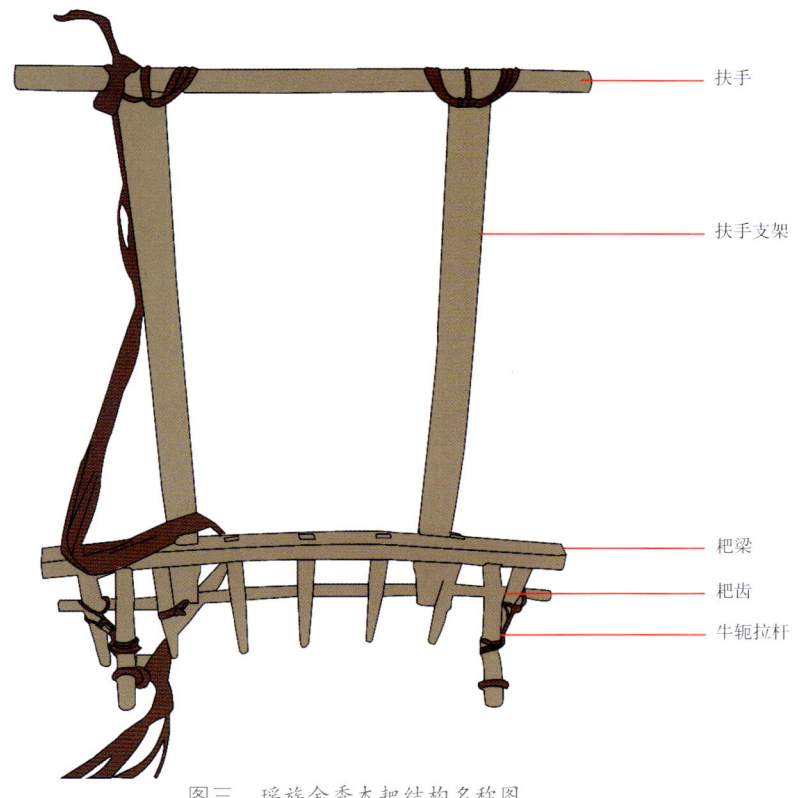

图三 瑶族金秀木耙结构名称图

扶手
扶手支架
耙梁
耙齿
牛轭拉杆

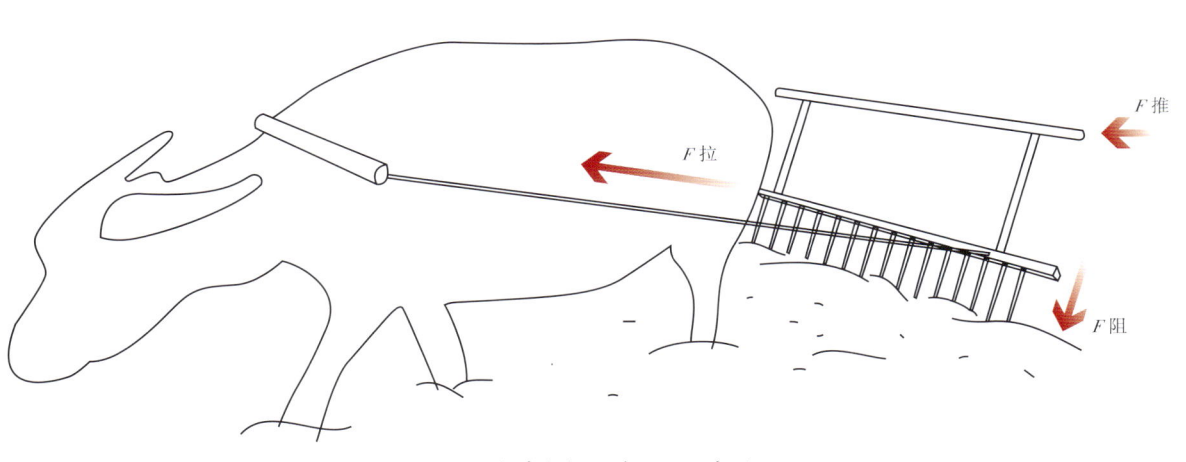

图四 瑶族金秀木耙工作原理示意图

图五　瑶族金秀木耙牛力耕田操作示意图

图六　瑶族金秀木耙人力耕田操作示意图

瑶族点种工具

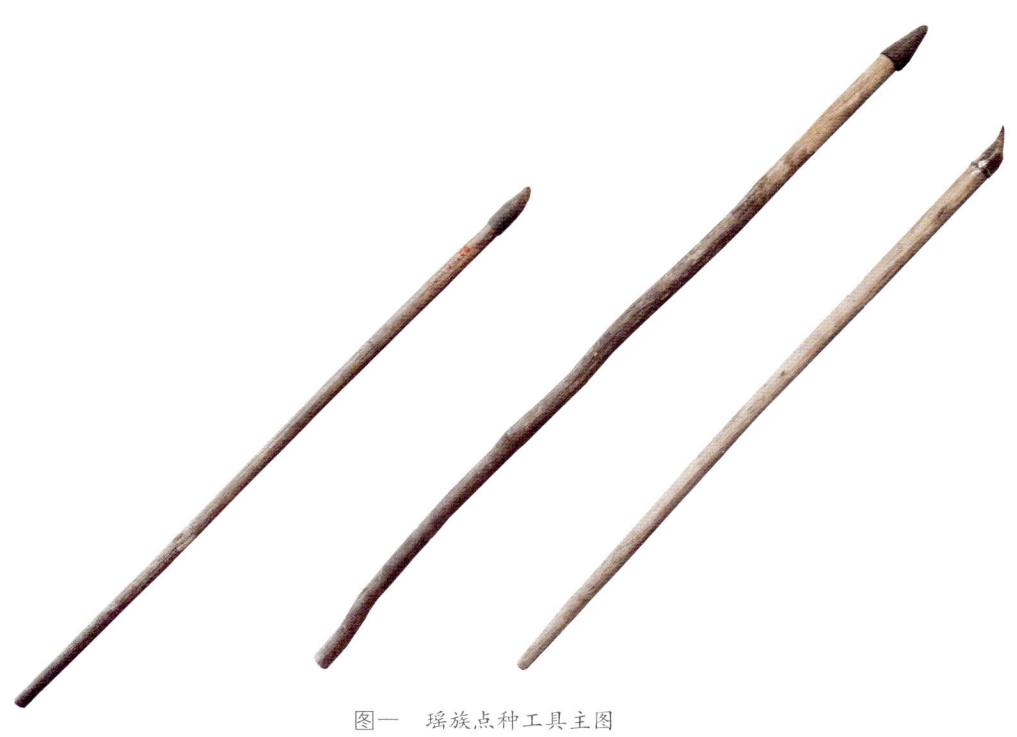

图一 瑶族点种工具主图

点种工具是瑶族较为原始的播种农具之一，形制为尖头木棒。本案例现收藏于广西民族博物馆，结构极为简单，主要由木柄与铁质锥形头两部分组成，其长约120厘米、直径约3厘米，铁制锥形头长约6.4厘米。点种工具上的铁制锥形外壳是中原制铁技术传到瑶族的一种表现。

点种工具以其极强的实用性成为瑶族日常必不可少的传统生产工具。使用时，用尖的一端在地上掏一个小眼儿，再往里面置入种子进行播种，是典型的刀耕火种的必备播种农具。其木棍长度符合人体工程学，极大地方便了瑶族劳动人民播种，提高了播种的效率。

从点种工具的造型可以推知，它是由原始狩猎时使用的投枪演化而来的，体现了在初始状态下，一物多用的普适原则。其简单的结构，以及方便实用的实际操作，彰显了瑶族劳动人民的创造力，同时也反映了少数民族优秀的农业生产科学水平。

图片来源
图一　侯亮　摄影
图二至图五　侯亮　制图

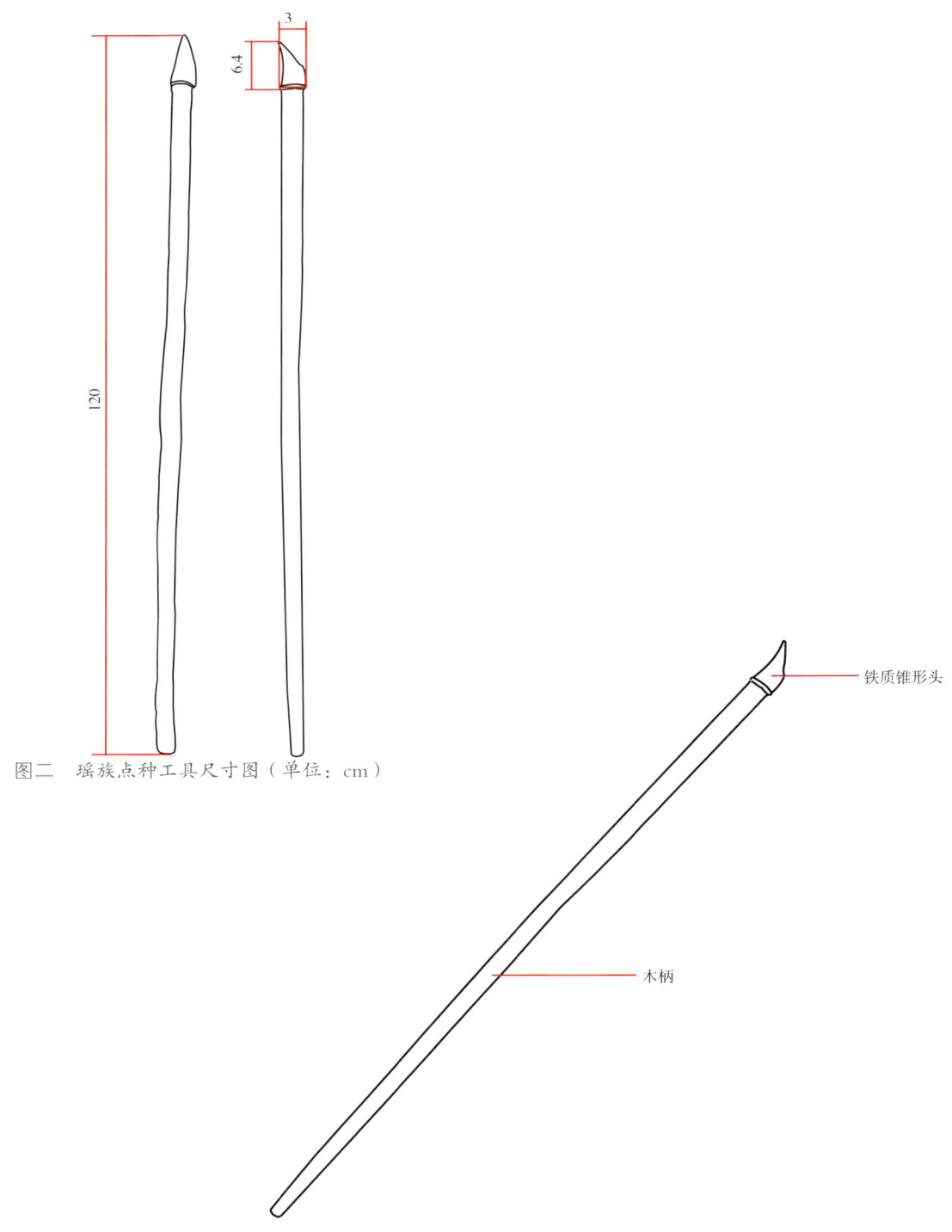

图二　瑶族点种工具尺寸图（单位：cm）

图三　瑶族点种工具结构名称图

铁质锥形头

木柄

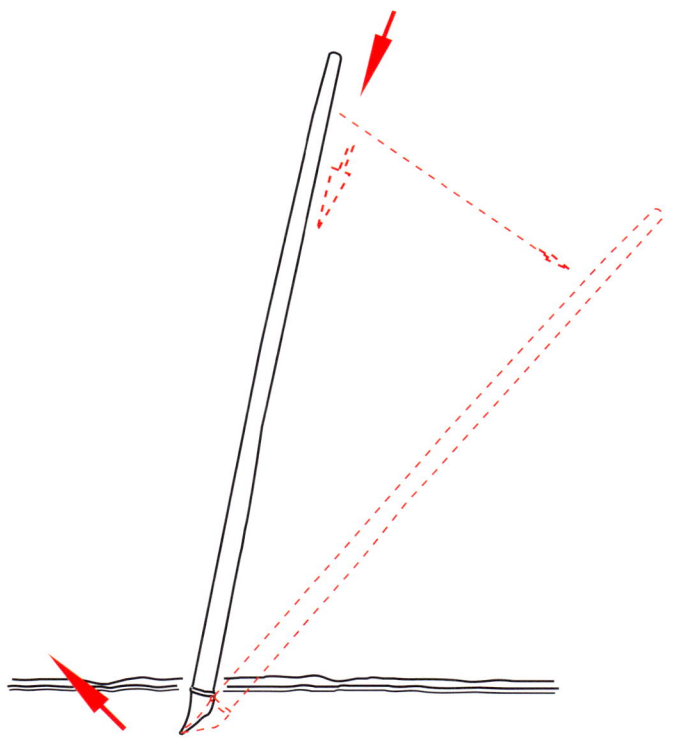

图四 瑶族点种工具使用原理示意图

图五 瑶族点种工具操作示意图

瑶族禾剪

图一 瑶族禾剪主图

禾剪，又称为剪禾器、手镰、摘禾刀、禾镰等，与稻作农业有着密切的联系，是聚居于广西山区的壮族、瑶族、苗族、侗族、毛南族等少数民族常用的收割工具。禾剪虽均为单手操作，但在不同地区有着明显的形制差异，按结构可大致分为两种类型：一种是由剪身与手柄连接而成的握杆式禾剪；一种是由软质绳索和剪身连接而成的套绳式禾剪。本案例采集于广西民族博物馆，属于套绳式禾剪，由木质圆片制成。木质圆片直径约16厘米，形似圆形方孔钱币；圆片一端开口，内嵌长约8.5厘米、宽约5厘米的刀片。木质圆片顶端有一小孔，用于穿系绳索，使用时将绳索套系在右手腕固定位置，中指和无名指夹住圆片，刀口朝外，左手抓稻穗、右手切割，方便高效。

禾剪的流行与广西山林地区的地势和习俗有关。山地陡峭，多修成狭窄的梯田，场地小便无法堆放收割的稻穗，当地居民有食用和种植糯米的传统，糯稻植株较高，不易掉粒，方便站立收割。因而，以禾剪的刀口为单位，将割下来的稻穗整齐地扎成禾把，然后挑回家中晾晒后再脱粒，便成为最为适宜的农作形式。

随着亩产更高的杂交水稻在广西地区大规模推广种植，原有的糯稻等逐渐被取代，适用于收割糯稻的禾剪等传统农具也逐渐被镰刀、农机具等取代，但至今仍有部分地区在使用禾剪收糯谷。

图片来源
图一 侯亮 摄影
图二、图四 王师 制图
图三 刘翔宇 制图

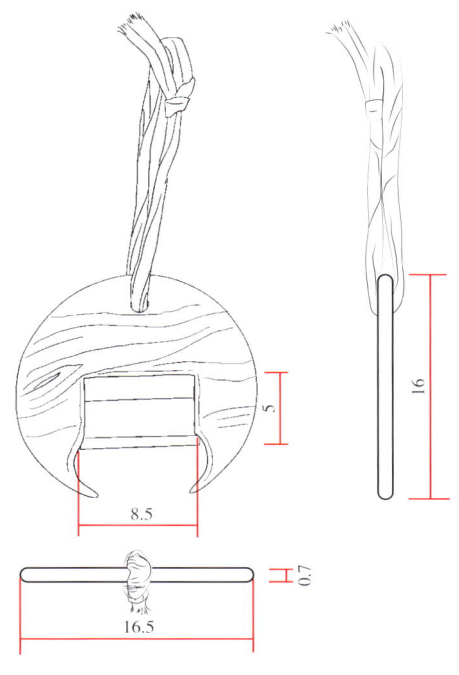

图二　瑶族禾剪尺寸图（单位：cm）

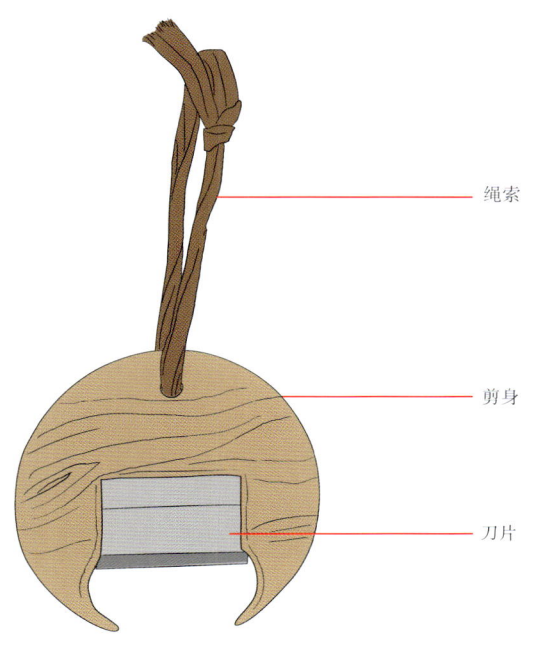

图三　瑶族禾剪结构名称图

绳索
剪身
刀片

图四　瑶族禾剪操作示意图

第五章　瑶族传统生产工具

335

瑶族谷风车

图一　瑶族谷风车主图

谷风车是一种通过手摇产生风能，吹去颗粒作物中杂质的木制传统农具，又称风谷车、风车。过去，瑶族人民在谷物脱粒后，需要手工簸扬出麸皮和糠秕，费时费力，效率低下，直到汉代发明了风扇车，极大地提高了风谷效率。风扇车是谷风车的雏形，两者形制基本一致。

本案例采集于广西南丹白裤瑶生态博物馆，由硬木制成，表面无装饰，采用榫卯结构连接，整车由车斗、车身、车腹、车架四部分组成。车斗呈上宽下窄的漏斗形，上方为方形倒粮口，下方为线形送粮口，一侧安装有可控制出口大小的车舌；车身主体为风箱，箱体中空，上承送粮口，下接两个出粮口（即净谷出口和秕谷出口），左侧为出糠口，右侧为送风口；车腹为中空柱体，内部有四片风扇板接于木轴，木轴通过轴承和车体相连，外侧装有摇把；车架的横木横向架起车身，四个车足为整车提供支撑。因其结构合理、材料天然，可使用数十年不坏，百年谷风车也很常见。

瑶族谷风车不仅可以风稻谷，亦可风高粱、玉米。风谷时先设置好送粮口大小，再把谷物倒入车斗，谷物在重力作用下匀速落入风箱，操作者只需不停摇动车把即可持续风谷。谷风车工作原理简单，即利用同等大小的风力将重量不同的米粒、秕谷、谷糠吹至相应位置。谷风车构造设计合理，使用者可以自由站立操作，站立的位置可以随时观察出谷的情况，以便及时更换笸箩。出糠口远离车把，避免了扬起的谷糠粘到人身上。

中国自古就有重农思想，在这种思想下农具得到了长足的发展。谷风车不仅是农耕思想的载体，还承载了先民对农事发展的设计智慧。

图片来源

图一　葛芳　摄影

图二至图五　侯亮　制图

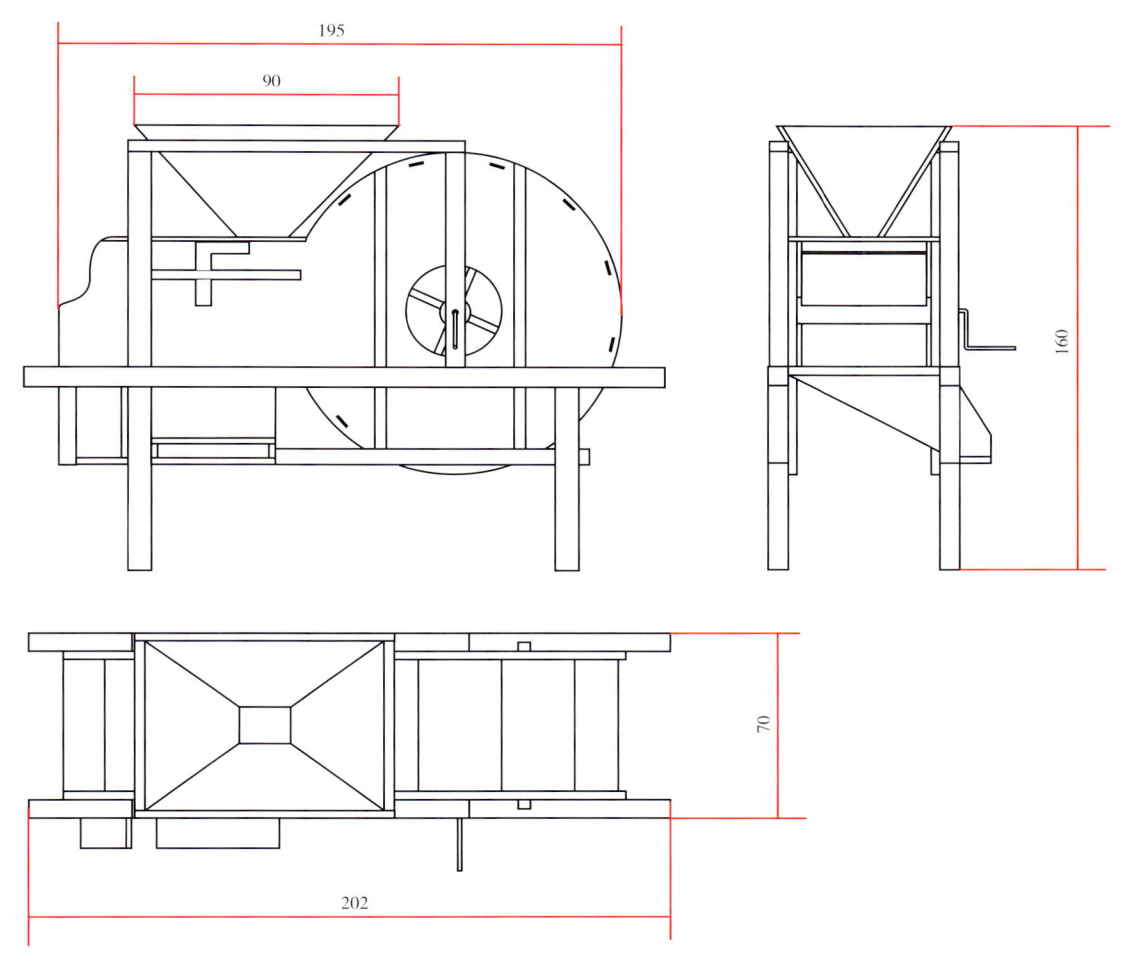

图二　瑶族谷风车尺寸图（单位：cm）

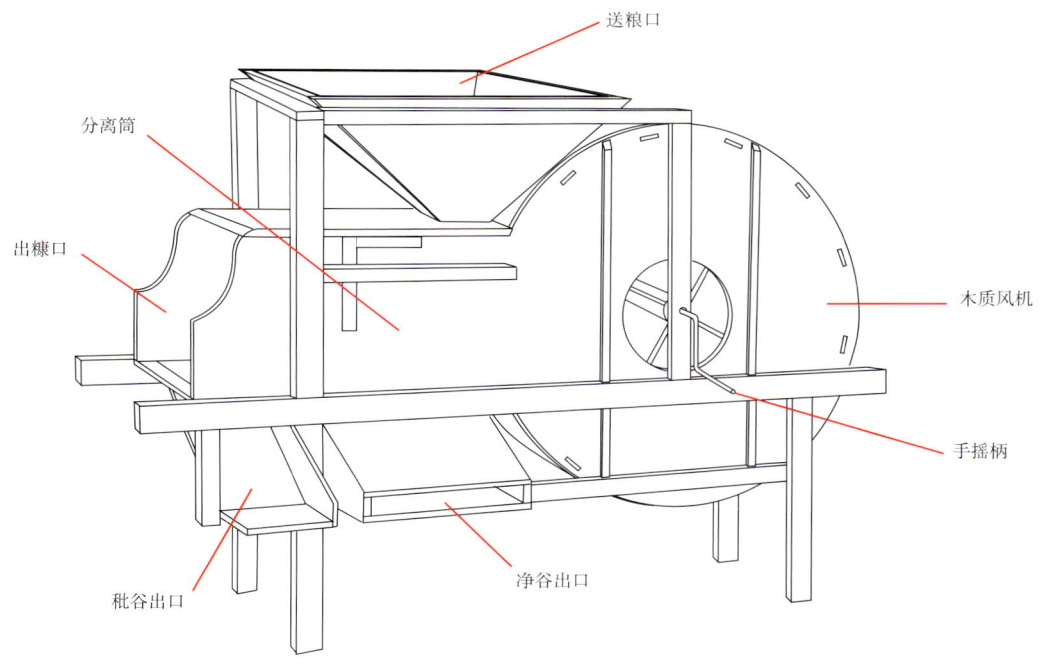

图三 瑶族谷风车结构名称图

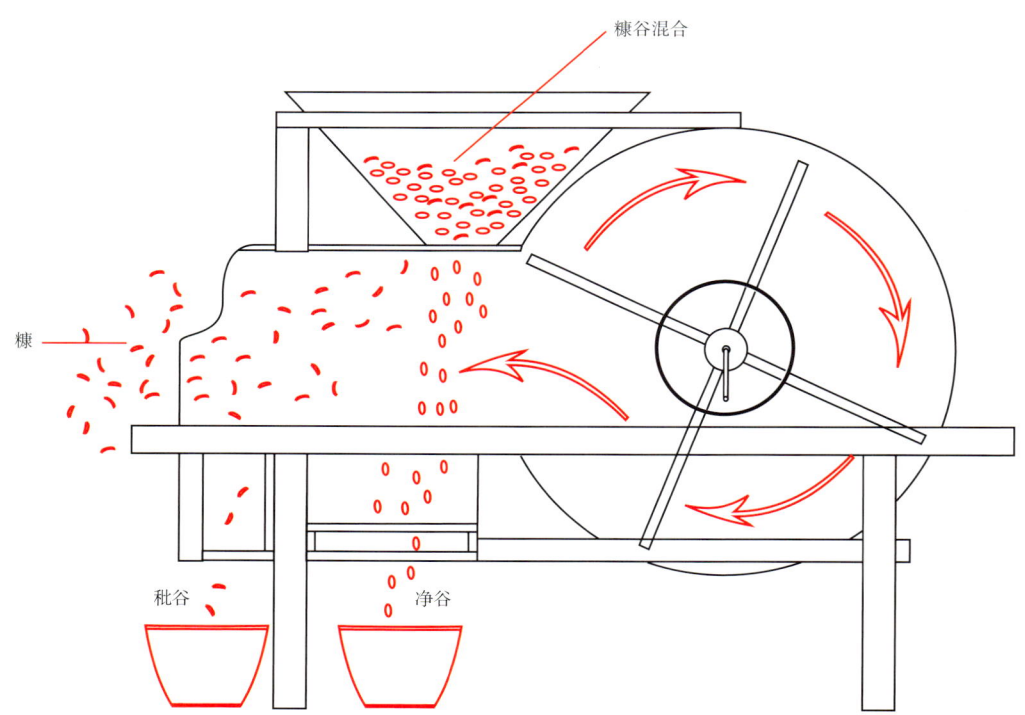

图四 瑶族谷风车工作原理示意图

图五　瑶族谷风车操作示意图

瑶族泥磨

图一　瑶族泥磨主图

泥磨，也叫擂子，是稻谷脱壳的加工工具。本案例泥磨由磨拐、磨头、磨身、支架等部分组合而成，征集于广西金秀瑶族博物馆。泥磨主体以竹篾、黄泥为原料，以人力为主要动力，推拉磨拐，转动磨头，使谷子在上下磨盘中间摩擦退壳，成为糙米。

由于泥磨的材料廉价易得，几乎每个农家都必备，制作需请专门的工匠。通常磨头、磨身都是将调和好的黄泥和黏土倒入事先编结好的竹篾筐里，压实抹平，定型之后便可。磨头直径约60厘米，外壁的竹篾框比黄泥略高出6厘米，这样，将谷物倒入时不易洒出；磨身的直径与磨头相同，但高度只有磨头的1/3；磨头中间有一个约8厘米宽的方形斜孔连通磨身，稻谷可以自动流下；磨头与磨身的接触面是一片硬木磨齿，圆形磨心木贯穿磨头与磨身；底座有一个直径约80厘米的大圆盘，盛接磨好的糙米与谷壳；

L形的磨拐是推动泥磨的工具，作业时，双手平行握住推把横档用力来回推动，脱壳的稻米便从磨齿中流出。

随着农业机械化的逐步完善，舂米、筛米等繁杂冗重的粮食加工工序被机械化所替代，这类型的传统农具便逐步消失。

图片来源
图一　侯亮　摄影
图二至图五　侯亮　制图

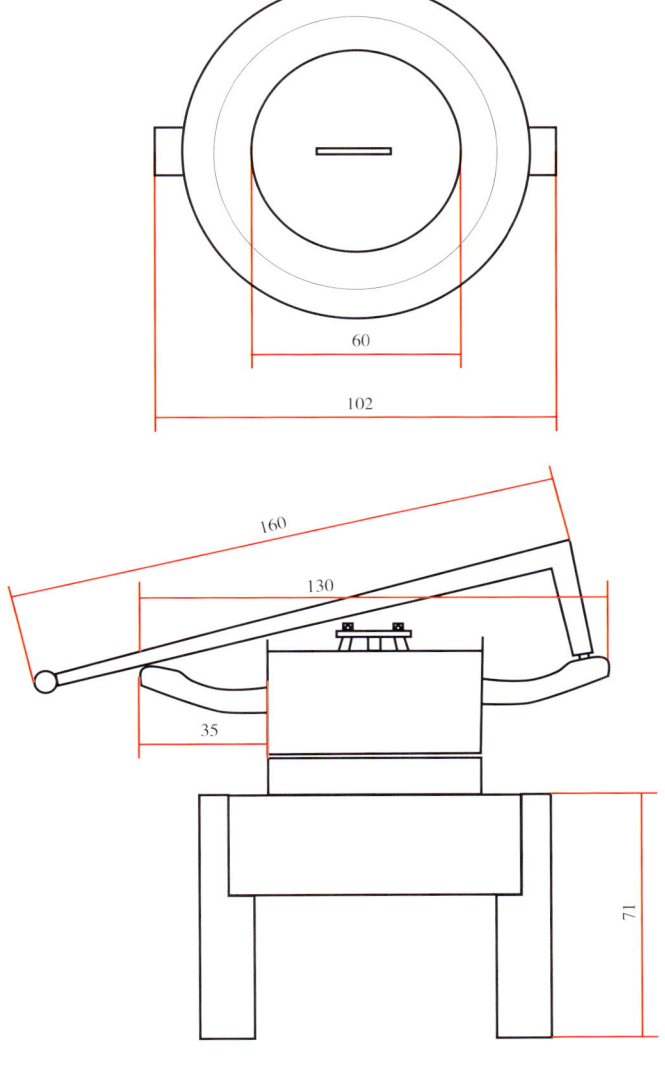

图二　瑶族泥磨尺寸图（单位：cm）

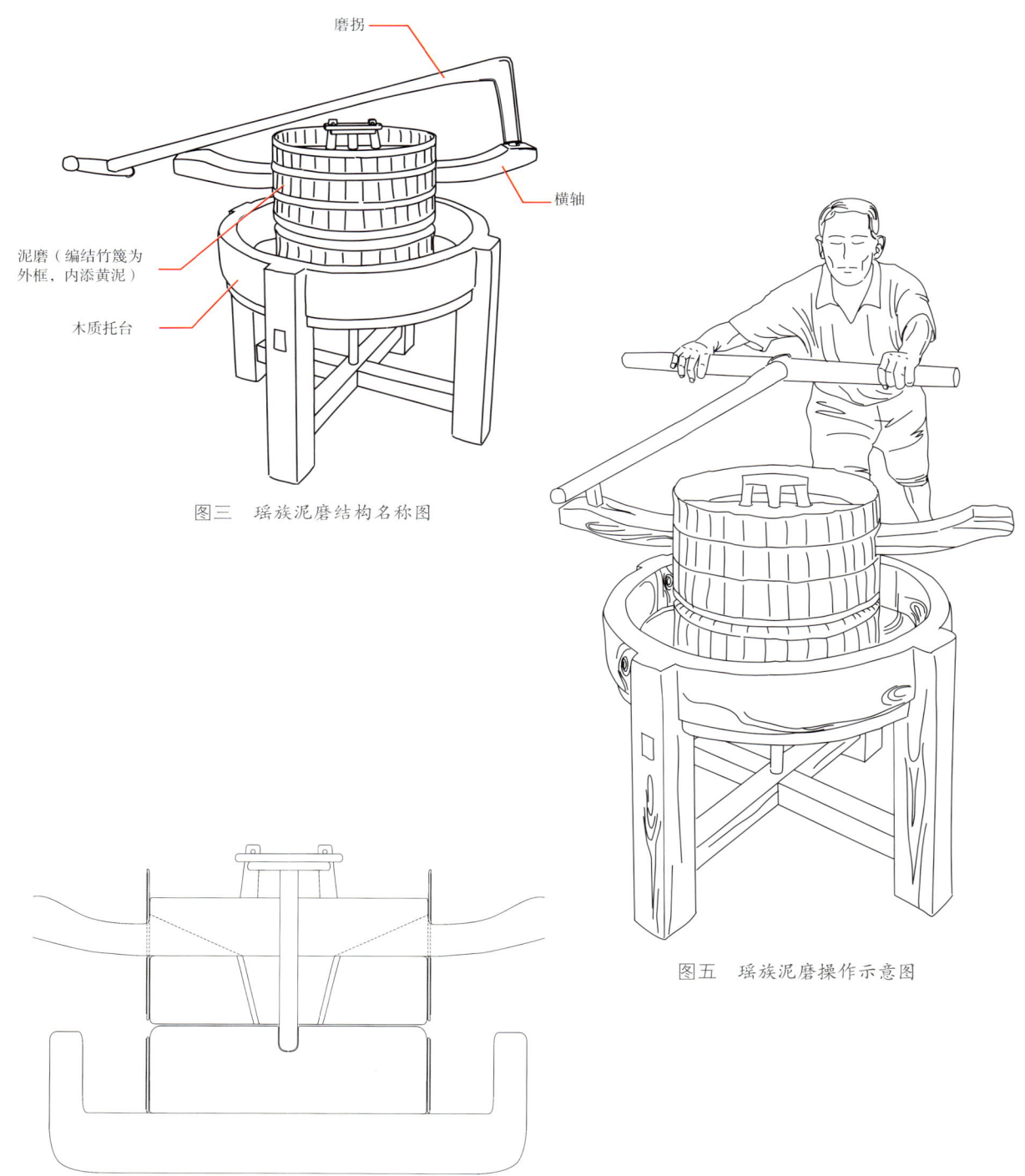

图三　瑶族泥磨结构名称图

图四　瑶族泥磨剖面示意图（磨心）

图五　瑶族泥磨操作示意图

瑶族杵臼

图一　瑶族杵臼主图

　　杵臼是较为原始的食物深加工的工具，根据其体积大小，分为粮食加工工具和做菜佐料加工工具。大型的杵臼，利用制杵材料自身的重量，由上而下的冲压，使谷物得到进一步加工。本案例采集于广东瑶族博物馆，为粮食加工工具，大致由木质的杵、石质撑脚、石臼三部分构成。木杵长约160厘米，槌头长约46厘米，石撑脚高约31厘米，石臼直径约39厘米。

　　瑶族每家的正屋里，都有一个杵臼设备。利用杠杆原理，安一个石撑脚作为支点，木杵安在石撑脚中间，木杵的一头靠地，作为脚踏；另一头装有槌头，脚踏用力，槌子上下运动舂米。石臼装在地里，臼的沿口与地板水平。这类农活通常由妇女操作，如果木杵太大太重比较费力，可以在木杵装有槌头的那一边系一根长绳，配合脚踏木杵时双手拿紧后拽。

　　在瑶族由于农作物收割之后通常以禾把的形式收藏，所以做饭都要临时舂米备用，一般前一夜将已经熏干的禾把用木槌捶打，把谷子打下来，然后用杵臼舂。谷子通常要舂三遍，每一遍都要把它们从石臼中取出，用筛子将糠皮筛除，如是多次才能得到白米。

图片来源
图一　侯亮　摄影
图二至图五　侯亮　制图
参考文献
费孝通.六上瑶山.北京：中央民族大学出版社，2006.
李肇隆.瑶族民俗风情.南宁：广西民族出版社，2012.

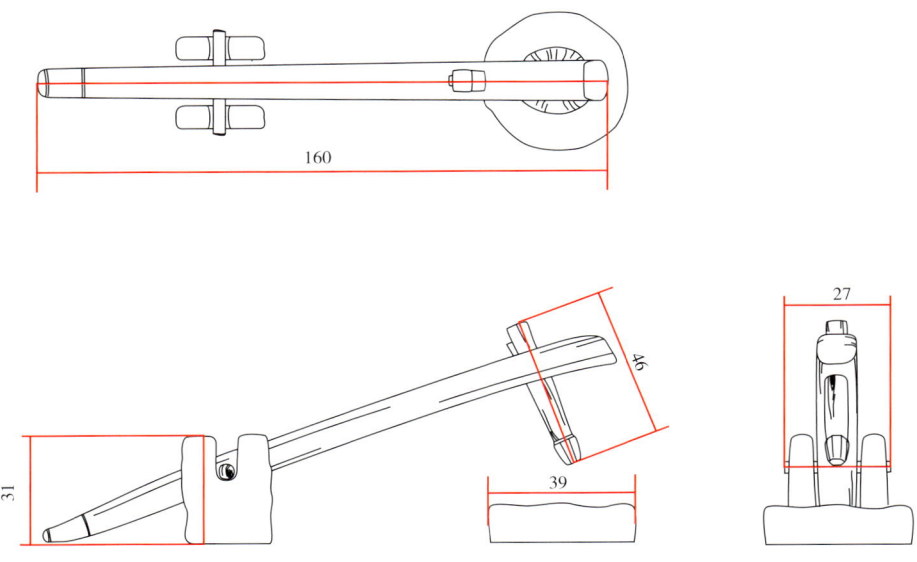

图二　瑶族杵臼尺寸图（单位：cm）

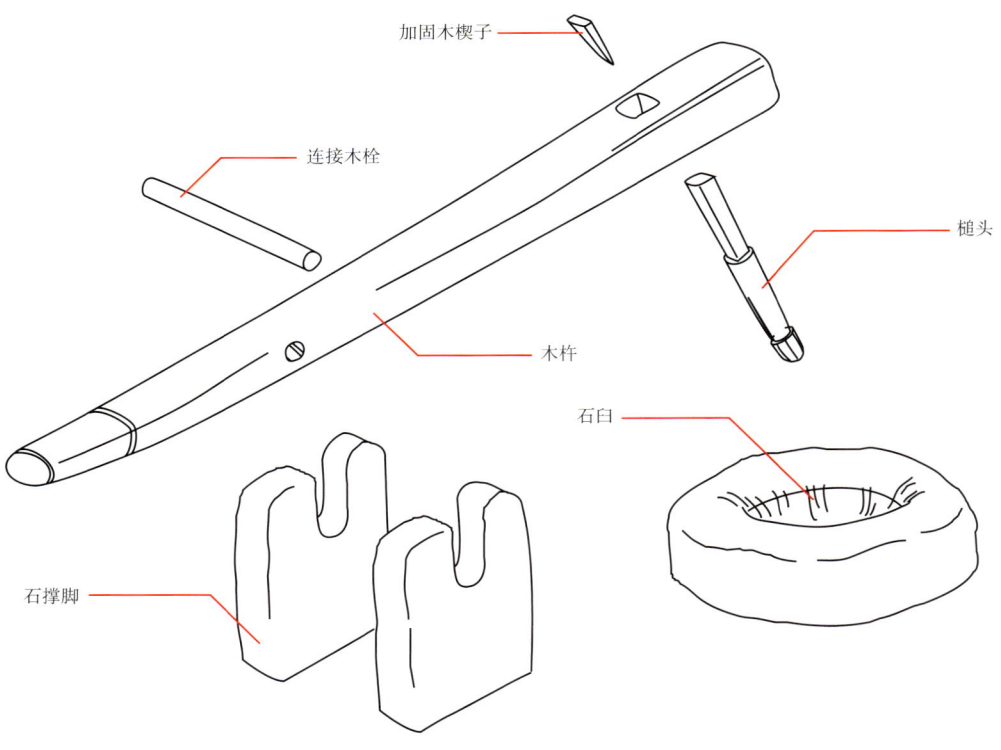

图三　瑶族杵臼结构名称图

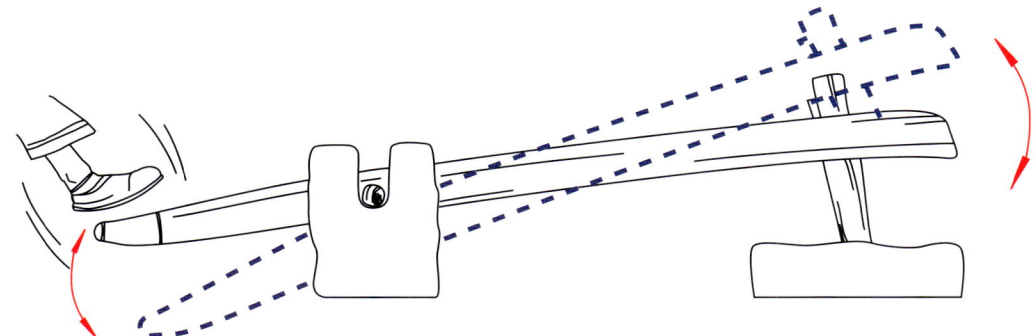

图四　瑶族杵臼工作原理示意图

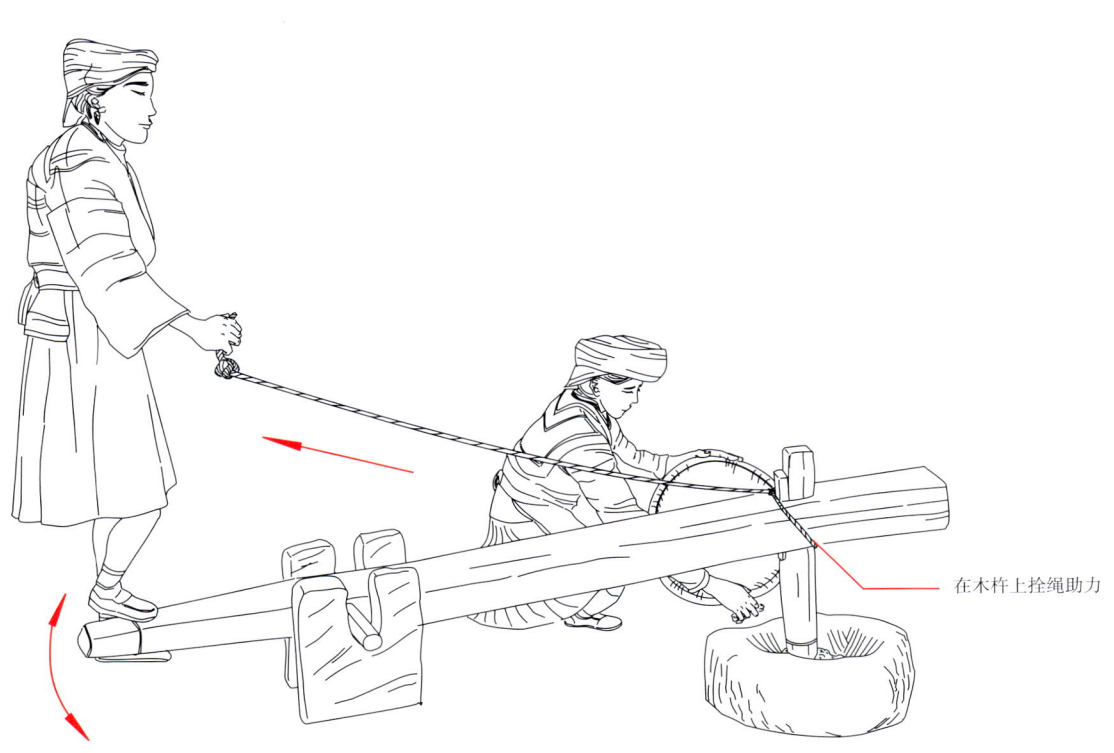

在木杵上拴绳助力

图五　瑶族杵臼操作示意图

瑶族玉米脱粒器

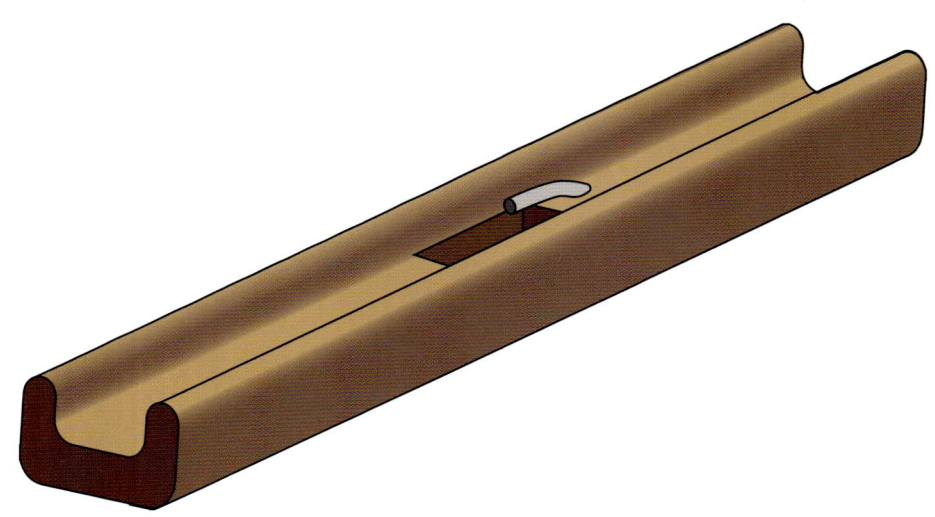

图一　瑶族玉米脱粒器主图

玉米是瑶族地区广泛种植的农作物，由玉米制成的食物和深加工食品种类繁多，玉米脱粒器便是加工制作玉米时经常使用的一种较为原始的工具，形制虽简单，却能很好地提高工作效率。

本案例原征集于云南勐海县，现藏于云南民族博物馆传统生产生活技术展厅，该玉米脱粒器由硬木制成，呈U形槽状，总长约63厘米，厚约5厘米，内槽弧度与玉米形状大小相吻合。在内槽的三分之二处，有一方形孔洞，孔洞旁边斜插入一根金属棍，洞穿硬木，两头翘起。使用时，将玉米脱粒器放置于箩筐等容器边沿，以一手固定，另一只手将玉米棒放入脱粒器的槽仓中，稍用力来回划动，脱粒器上高翘的金属棍便可撬动玉米粒，使其脱离棒芯，再顺着方形孔洞掉入箩筐中。通过滑动力度的调节，可以控制玉米脱粒的速度和强度，即使玉米粒未能掉落，经过脱粒器来回划拉也会松动，便于用手剥离。玉米脱粒器的使用既减轻了对手的刺激和伤害，也提高了人们的工作速度，节约了劳动成本。

该玉米脱粒器是较为原始的粮食加工工具，其简约的构造、简便的选材、简捷的操作，无一不体现了中国设计传统的主流价值。它又可以看作是金属礤器的衍生设计，是人们在日积月累的劳动实践中的经验总结与升华，源之于民，用之于民，在传统农耕社会中发挥着重要的价值，同时也极大地丰富了少数民族传统器物的设计形式。

图片来源
图一　王师　摄影
图二至图六　王师　制图

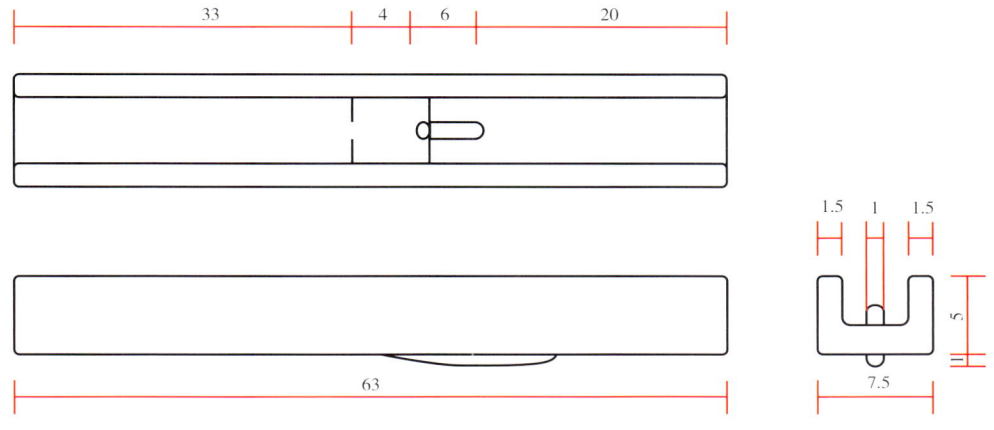

图二　瑶族玉米脱粒器尺寸图（单位：cm）

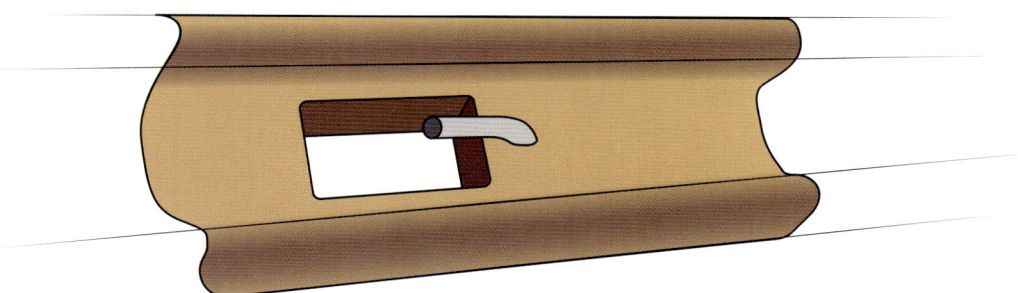

图三　瑶族玉米脱粒器金属棍正面图

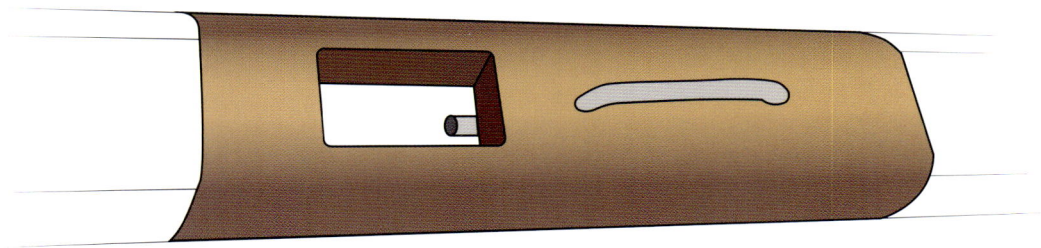

图四　瑶族玉米脱粒器金属棍背面图

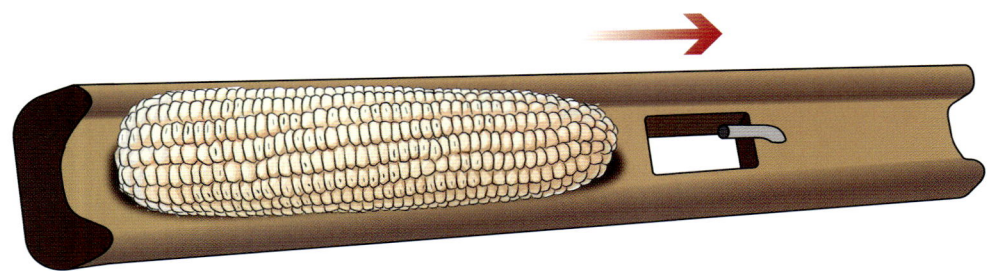

图五　瑶族玉米脱粒器使用原理示意图

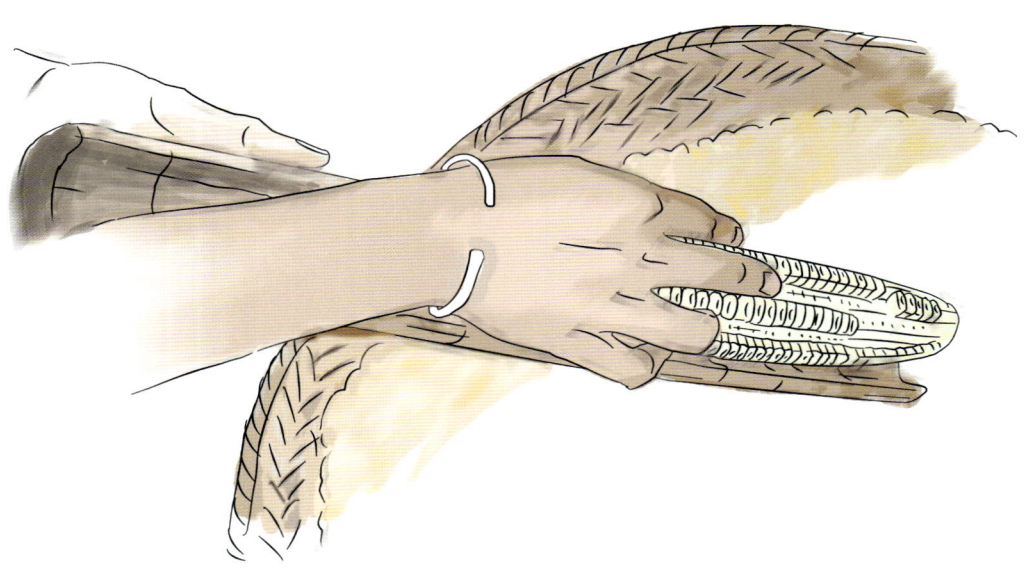

图六　瑶族玉米脱粒器操作示意图

瑶族甩棍

图一 瑶主甩棍主图

甩棍，也叫连枷或连盖，是传统的手工脱粒农具，全国各地都有发现。使用方式基本相同，但敲杆造型略有不同。常见的敲杆多由三五根的竹条或木条构成，这样受力面积大，能较好地提高脱粒效果。本案例征集于广西金秀瑶族博物馆，由一根长约160厘米的圆柱形木质长执柄和一根长约120厘米的竹质敲杆组成，二者的顶部由一根方形木条贯穿，长木柄是固定的，而竹质敲杆则是削薄弯曲，绕在木条上。使用时，挥动木柄使竹条转动，用来拍打谷物、小麦、豆子、芝麻、油菜籽等，使籽粒掉下来。凡是要脱粒的庄稼，从地里收割回来后，先要均匀地平铺在晒坝里晾晒，待晒干后才可用甩棍拍打脱粒。在瑶族地区，甩棍不但是农具，更是当地瑶族同胞进山时的武器，它可以驱赶躲在荆棘里的蛇、兽等。

甩棍多由自己制作，首先，木质执柄材料方便易得，只要在住所周围找到合适的树杈稍做修剪即可；其次敲杆使用竹质材料，则是利用竹料预热可弯曲的特性。一根长2米左右的竹竿，在适当的部分将竹竿削薄，用火烤削薄部分，使其变软后纤成环状，再用细绳将其捆扎固定于方形木条上。为了使其能转动，会将其与竹质敲杆交接的部分削成圆形，且需留有一定的卡槽，以便防止使用时敲杆脱离。

图片来源
图一　侯亮　摄影
图二至图三　侯亮　制图
图四　张智桐　制图

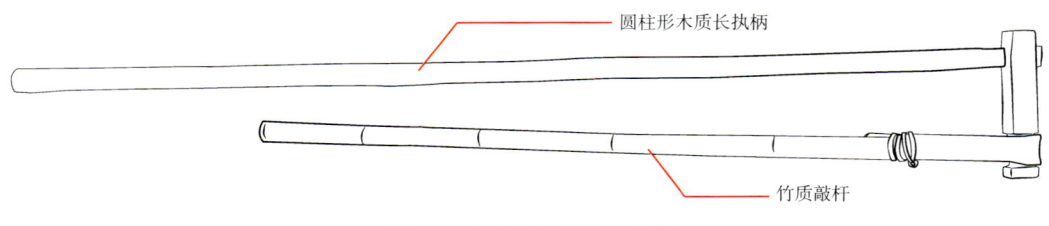

图二 瑶主甩棍结构名称图

圆柱形木质长执柄

竹质敲杆

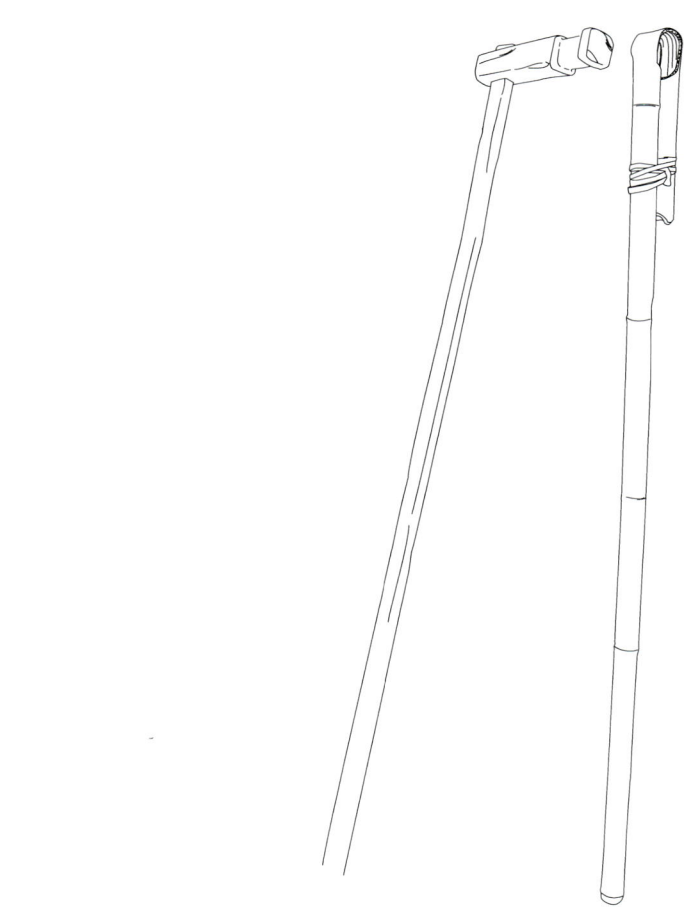

图三 瑶主甩棍安装示意图

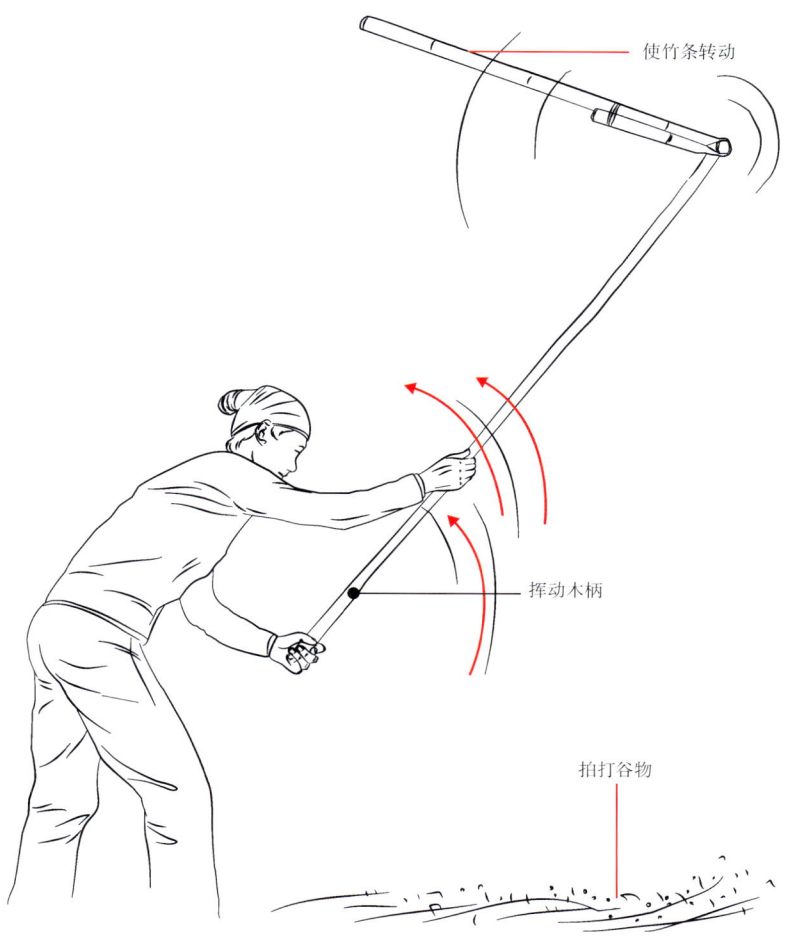

图四　瑶族甩棍操作示意图

瑶族木舂坎

图一　瑶族木舂坎主图

本案例采集于广西金秀瑶族博物馆，由一整个大树段的木料凿成，呈方形，有座足，其长约100厘米，宽约60厘米，深约40厘米。瑶族木舂坎使用时需要配合木杵，可多人合作加工粮食。

一只木舂坎，一般要两人才能抬得动它。与石臼不同的是，这类木舂坎多用于加工蒸煮过的粮食，如制作糍粑时，将蒸熟的米放入木舂坎反复舂捶至黏稠。瑶族几乎家家都有这样的传统粮食加工工具，逢年过节及重要的祭祀活动，糍粑必不可少，这样的体力活多由家族中的男性承担，工作时需要将重心转移到手握的木杵上。根据木舂坎的大小，可以两人或多人一起劳作，重复的机械劳动，闲话家常，也是族人之间增进感情的一种方式。

在对食品深加工的过程中，捣制、舂捶的工具也逐步细化，根据材质的不同有石臼、铜臼等，根据常加工的对象有蒜臼、辣椒钵等。对于杵臼的材料选择一则就地取材、降低成本，二则根据材料的特性为主要依据。在加热的过程中，竹、木特有的香味可以提升食物的味觉，瑶族木舂坎也是利用了这一特性，热气腾腾的米饭在木舂坎中不断地"锤炼"也吸收了木料特有的香气，具有瑶族香味的特色米饭也就此诞生。

图片来源
图一至图二、图六　侯亮　摄影
图三至图五　侯亮　制图

图二　瑶族木舂坎配套木杵主图

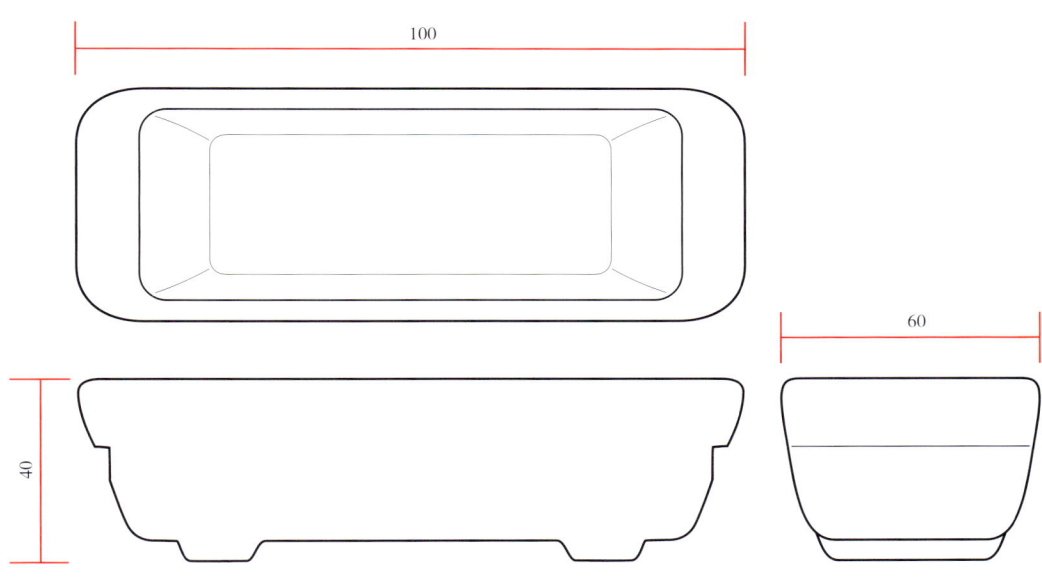

图三　瑶族木舂坎尺寸图（单位：cm）

第五章　瑶族传统生产工具

353

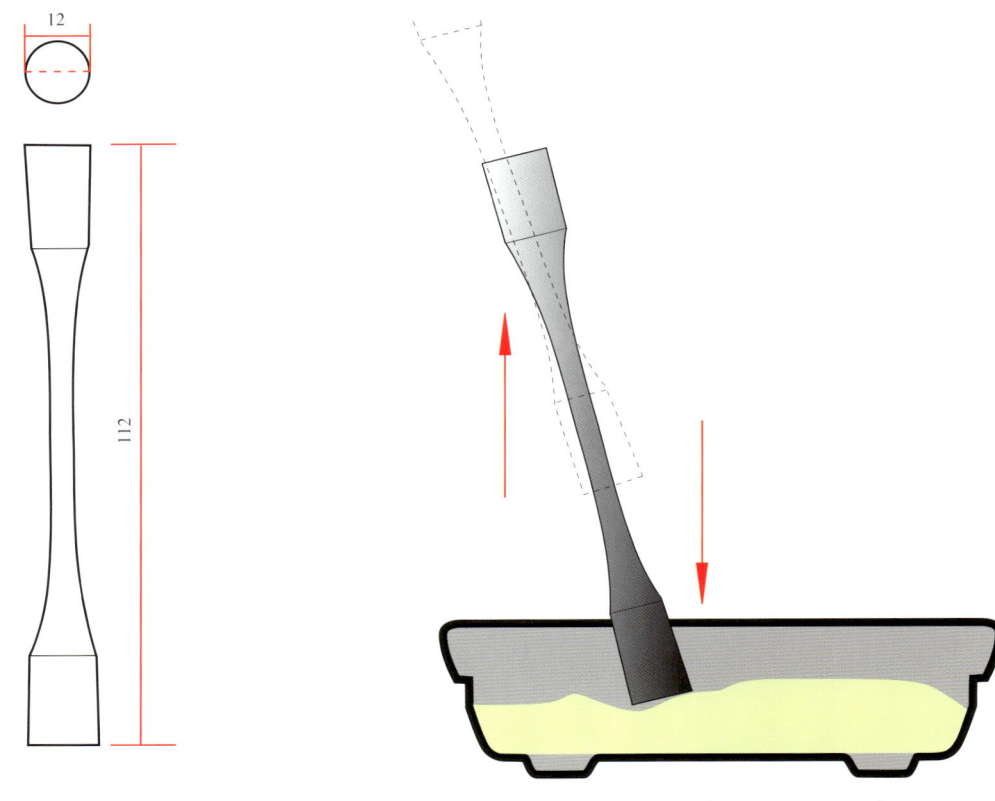

图四 瑶族木舂坎配套木杵尺寸图（单位：cm）　　　　图五 瑶族木舂坎使用原理示意图

图六 瑶族木舂坎使用情境图

瑶族轧棉机

图一　瑶族轧棉机主图

　　轧棉机也称轧花机，其主要用途是清除棉花中的各种杂质，并将棉纤维即皮棉、短绒与棉籽分离。本案例采集于广西南丹白裤瑶生态博物馆，由装棉绒竹筐、轧棉滚轮、摇杆、装棉籽杂质布袋、脚踏、方框坐架等几个部分组成，通体材料以木质为主。

　　白裤瑶聚居的地方，从气候到土壤条件都比较适合棉花的种植，采摘而来的棉花还附有棉籽和棉皮等杂质，经过轧棉机的加工可以较方便地除去杂质，同时在此过程中还可以拉松棉绒，方便下一步的使用。轧棉机固定在一个方框的木架上，一侧可以坐人，其距离符合人工作时的间距要求。轧棉机的工作原理是：运用由两根圆条组成的轧棉滚轮做反向回转，使棉纤维靠压辊的摩擦、靠手的辅助牵引而使其棉、籽分离。上滚轮为铁制，靠脚踏踏杆做逆时针转动；下滚轮为木质，靠手摇做顺时针运动。

　　此类轧棉机结构简单，制造成本低且操作方便安全、维修简易，适合土布纺织加工的需求，目前依旧是白裤瑶日常纺纱过程中的必备工具之一。

图片来源
图一　侯亮　摄影
图二至图三　吴伊凡　制图
图四至图五　侯亮　制图

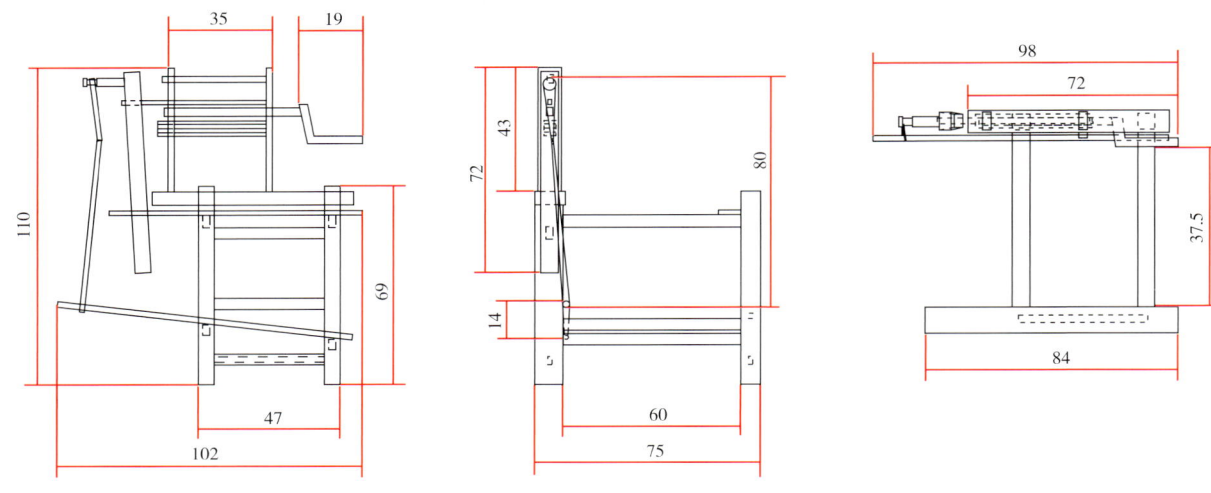

图二　瑶族轧棉机尺寸图（单位：cm）

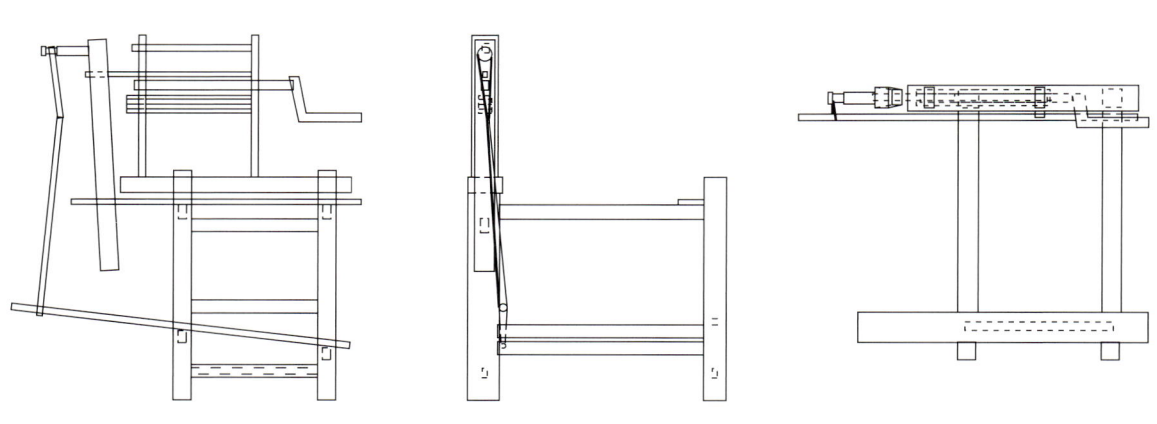

图三　瑶族轧棉机三视图

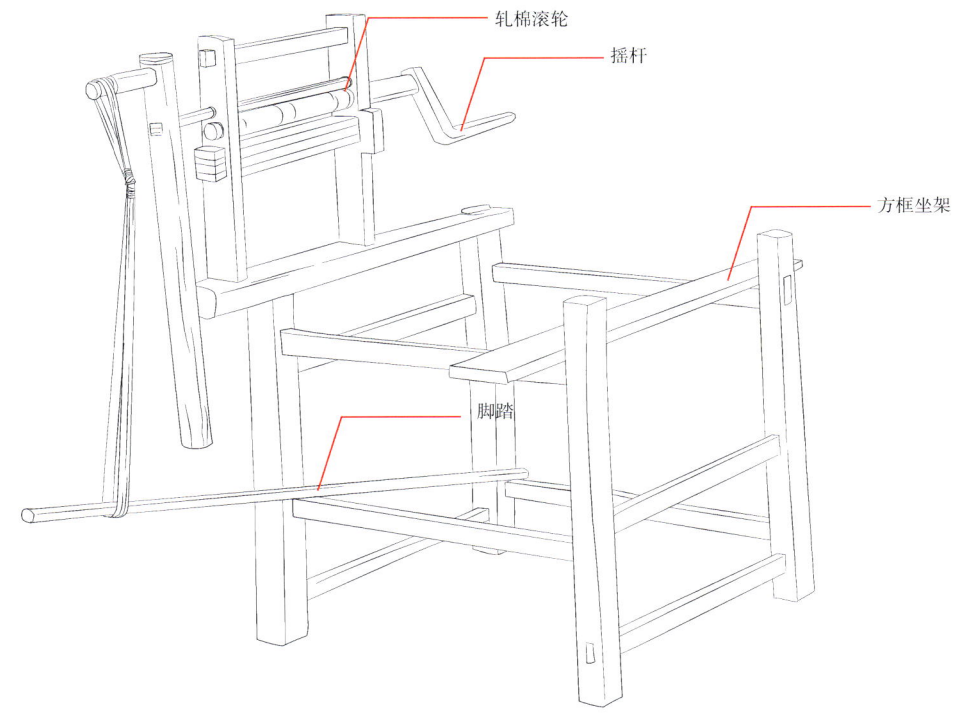

图四 瑶族轧棉机结构名称图

图五 瑶族轧棉机操作示意图

瑶族手摇纺纱机

图一　瑶族手摇纺纱机主图

本案例采集于广西南丹白裤瑶生态博物馆，是单锭纺车，主体部分由木架、绳轮、手柄和锭子四部分组成。木架上方有两个部分，分别是放置纺轮和放置皮带的木质细腰辘轳；绳轮的辐条由两组竹片制成"米"字形的轮辐构成，两片轮辐固定在轮轴上，用绳索在两组轮辐顶端交叉盘结成鼓状绳轮；手柄装在绳轮的轮轴一端，绳轮与上方放置皮带的轮轴相连；底座呈"T"字形。

该手摇纺纱机工作原理较为简单，使用时需配合一个独立的纺杆，待纺的纱线与纺轮相连，转动手柄，使绳轮转动便可一并带动皮带、纺轮及锭杆转动。操作时一脚需踏于底座"T"字形的木条上，增加手动纺纱机的稳定性；一手摇动摇柄；另一手执纱，捻线或接线。从材质方面来说，纺纱机以木质、竹制、麻绳线等材料为主，皆是当地廉价易得的材料；同时木质的手摇柄可以根据使用者的习惯，灵活地加工成相应的样式，增加了人手把持的舒适性。

手摇纺纱机出现的年代据推测应在汉代以前，至汉代时已十分普及。最早的纺纱机是手摇式，即手摇纺机，虽然手摇纺机的结构比较简单，但比起之前的纺轮纺纱，它的生产效率要高得多，同时也比后来的脚踏纺机、大纺机、水转大纺机有着体积上的优势，便于妇女农闲时不限地域的操作。直至近代，仍有一些地方用手摇纺纱机纺纱。

图片来源
图一　侯亮　摄影
图二至图五　侯亮　制图

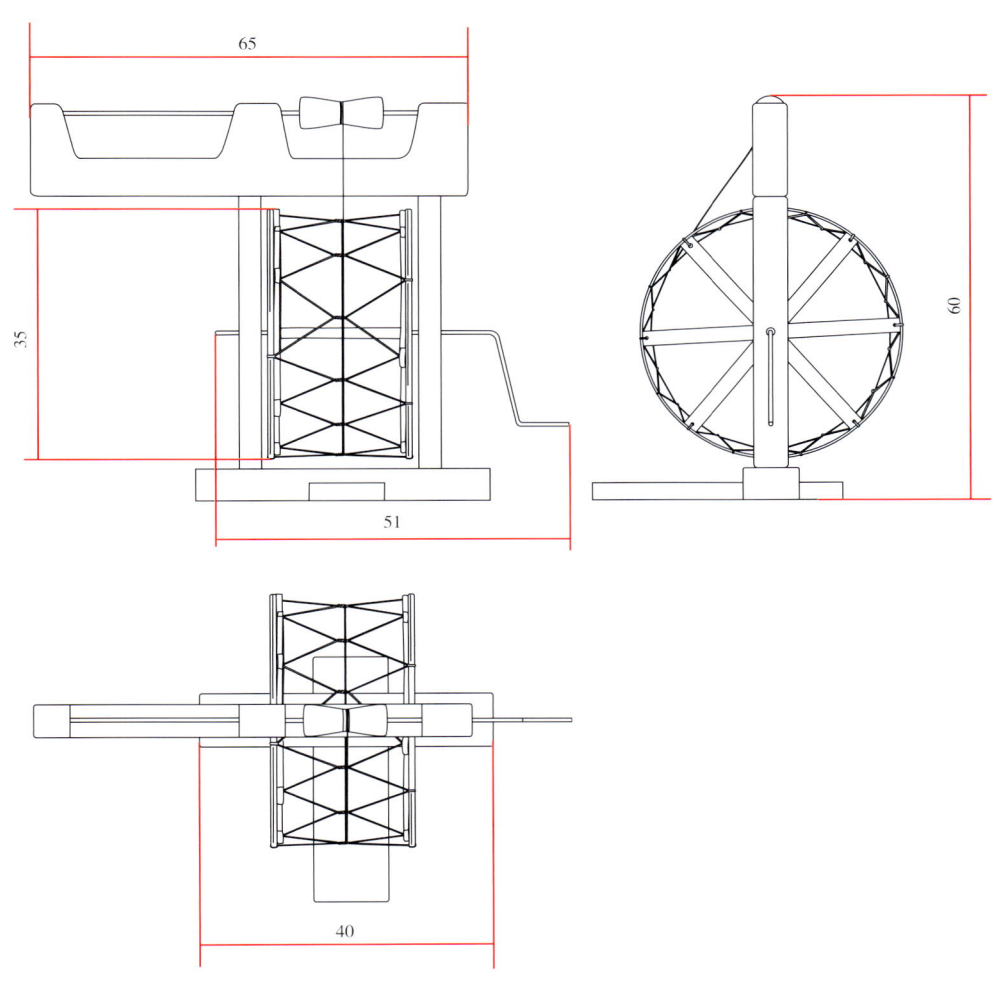

图二　瑶族手摇纺纱机尺寸图（单位：cm）

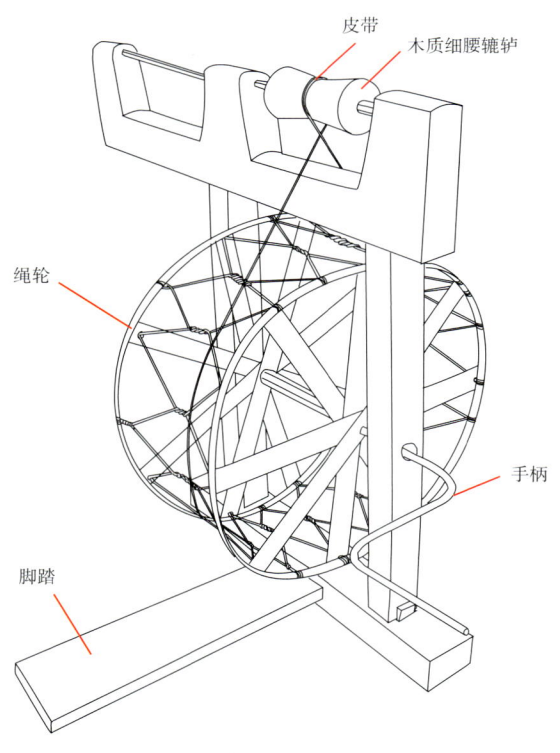

图三 瑶族手摇纺纱机结构名称图

图四 瑶族手摇纺纱机纺杆主图

图五 瑶族手摇纺纱机操作示意图

瑶族纺织梭

图一 瑶族纺织梭主图

起初，在织布时，织者是以手指分开经线将单股纬线编入，该方法费时又费力，在不断的实践中，织者发现以针或竹片之类的器物分开并压牢经线，这样会使得纬线可以绕成一团直接穿过经线，此方法提高了织布的速度。之后，根据不断的经验积累，织者们将线绕于一细木棍来穿纬纱，这样就使得线团会缩小，也不太容易发生乱线的现象。在经历一段时间的改良后，织者们发现将绕于细木棒的线团放在另外一器具之中使用会更加方便快捷，于是出现了梭子。

本案例采集于广西贺州市博物馆，主体材料为木质，其整体造型呈修长的橄榄核状，握于手中十分舒适。两头材质为金属，造型微尖，利于操作者轻松快捷地穿纬线。纺织梭腹部有一个长方形孔，以供安放纤和纬线，方孔两侧各有一小圆孔，穿纬线。

中国在战国到汉代之际即已使用梭子，它的出现为引纬开创了一个新方法，极大地提高了纺织效率。梭子出现的过程是织布者长期经验积累的过程，梭子的产生是织布史上的一次重大的飞跃，它的出现极大地降低了广大纺织者穿纬线、纱线烦琐纷杂的程度，提高了劳动者的工作效率。随着现代化工业的发展，人民生活水平不断提高，绝大多数人已不再穿土布衣服，手工纺织业正在渐渐萎缩，瑶族纺织梭的使用频率也在下降，但在广西南丹、贵州荔波一代的白裤瑶，至今仍然有部分人传承着这项传统的手工艺。

图片来源
图一　侯亮　摄影
图二、图四　王冠力　制图
图三、图五至图六　侯亮　制图

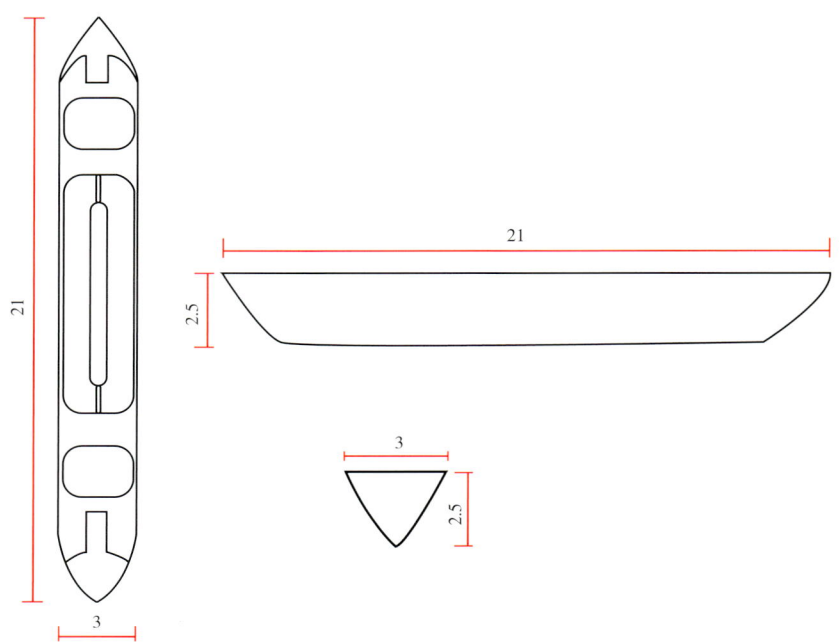

图二　瑶族纺织梭尺寸图（单位：cm）

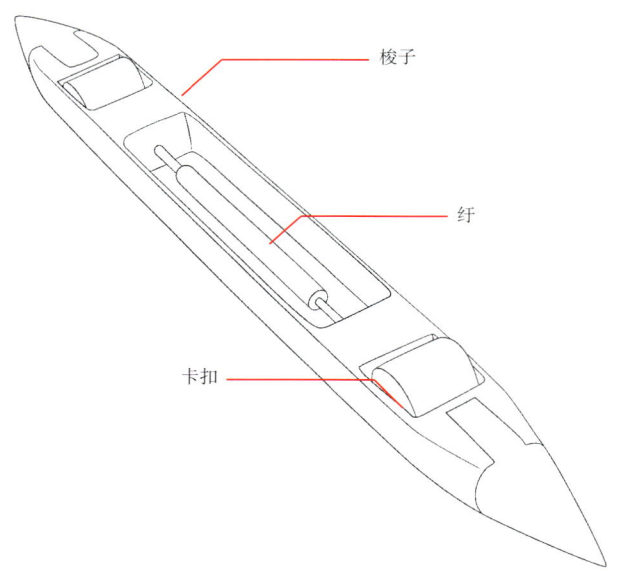

图三　瑶族纺织梭结构名称图

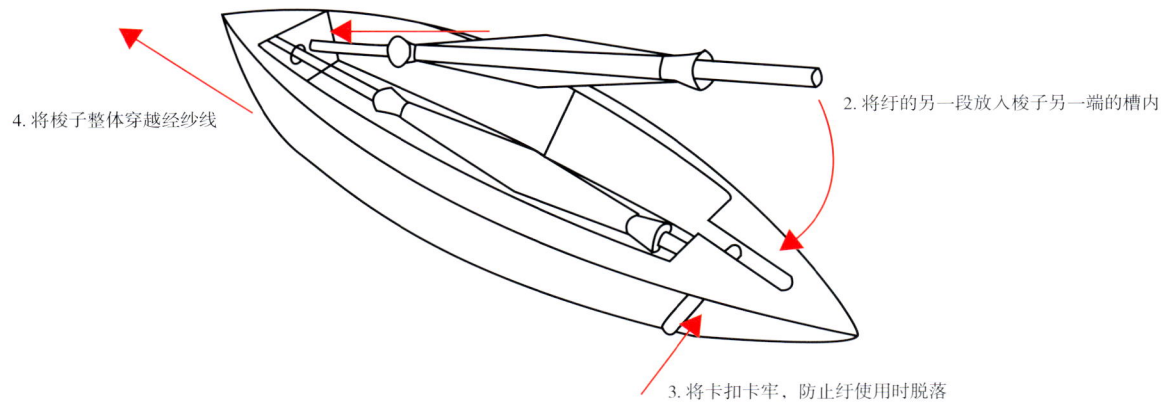

图四　瑶族纺织梭工作原理分析图

1. 将纡的一段放入梭子一端的孔内
2. 将纡的另一段放入梭子另一端的槽内
3. 将卡扣卡牢，防止纡使用时脱落
4. 将梭子整体穿越经纱线

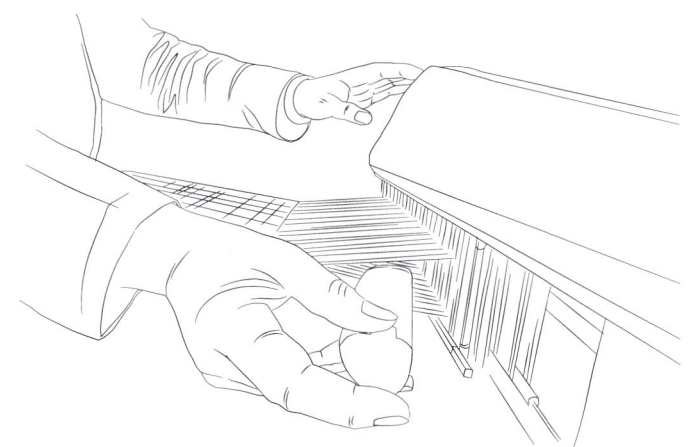

图五　瑶族纺织梭操作示意图 1

图六　瑶族纺织梭操作示意图 2

瑶族织布机

图一 瑶族织布机主图

本案例为瑶族传统的双蹑双综木制织布机,又称织机、纺机,采集于广东瑶族博物馆。织造原理是将纱线经纬排列交织成织物。瑶族织布机各构件通过榫卯连接,主要由机台、机架、卷经轴、卷布轴、筘、综、脚踏板(蹑)、坐木、竹筐等部件构成。

瑶族织布机造型简洁、细节丰富,整体呈左高右低的"H"形。长直线的机身给人视觉的稳定感和开阔感。综、筘、梭等构件形态多样,有刀形、梳形、舟形等,错落分布在不同位置,增加了织机造型的多样性。织机构造以方形框架的机台为中心展开,左侧立有机架;右侧搭有坐木;上部架有卷经轴、摆杆、提综杆;底部设有两块踏板;中部绷有纱线,挂有筘和综,支有卷布轴。筘呈刀形,由筘和筘腔组成,筘腔排列有整齐的细线,经线从中穿过。筘上连有摆杆,拉筘后自动归位。综呈方形,属于框综,其顶底固定,综圈上下勾连,经线穿过综圈不易纠缠打结。框综上端与提综杆相连,形成杠杆结构;下端连接脚踏板,踩下脚踏板,带动综上下移动,对经线起提拉作用。梭子的作用是引纬入梭道。为了提高引纬效率和防止纱线磨损,梭被设计成有凹槽的舟形,凹槽中插有纡子,用于缠绕纬线。此外,坐木旁挂有小竹筐,可放些常用的物件。操作织布机可分为送经、开口、引纬、打纬、卷布五个步骤。送经即穿经，将经线穿过框综和筘。开口是指两组经线上下错开形成的三角形口子。织工把梭从开口一侧水平滑入，从另一侧接出，即完成一次引纬。打纬是指拉筘压紧纬线。卷布是在完成一段织物后，扳动卷经轴放经，同时转动卷布轴卷起织物，以放出更多的经线继续织造。

瑶族织布机结构合理、双手的操作范围和双脚的伸展幅度符合人机工程学要求，设计者从整体出发，对织工和织机之间互动关系充分关照，手脚分工的操作模式，较原始织机的生产率提高了 20~60 倍，织工置于其中只需少量操作即可完成大量产出。由此可见，织布机的发明在纺织史上具有里程碑的意义，也是现代设计的参照物。

图片来源
图一　魏溥均　摄影
图二至图五　魏溥均　制图

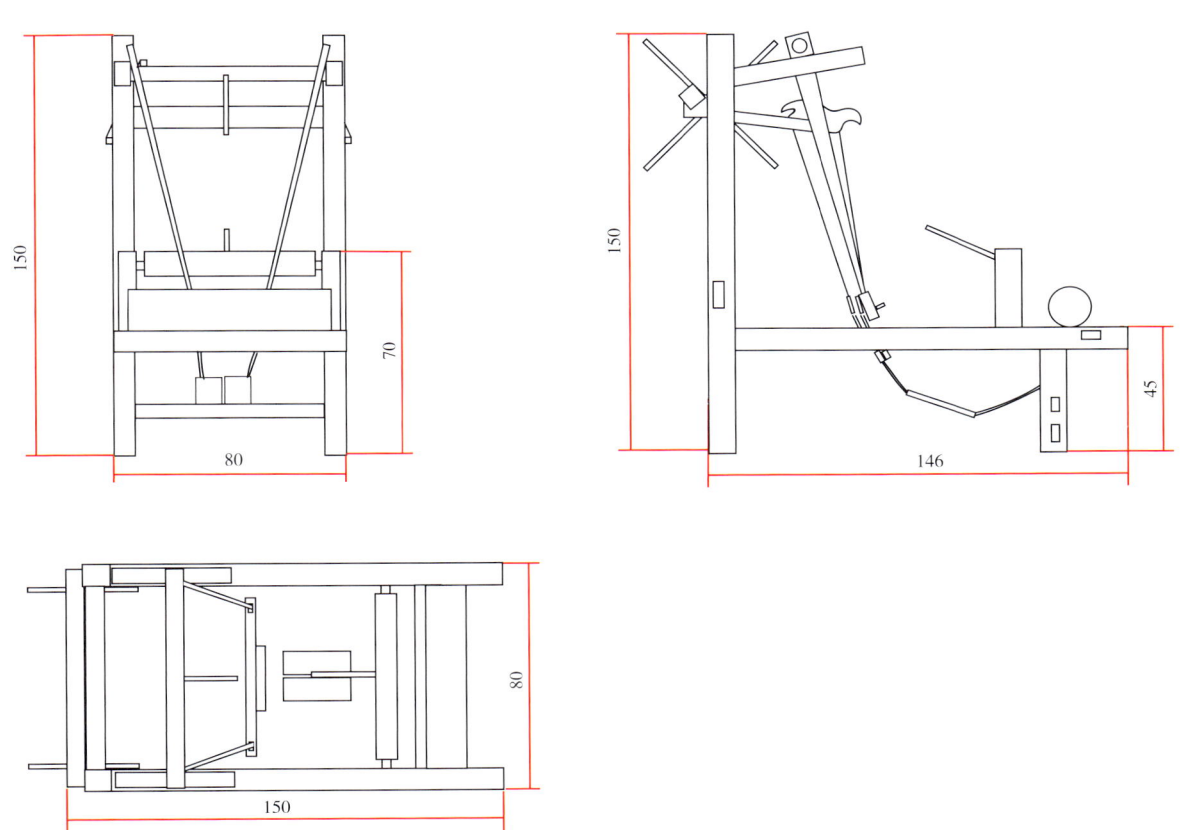

图二　瑶族织布机尺寸图（单位：cm）

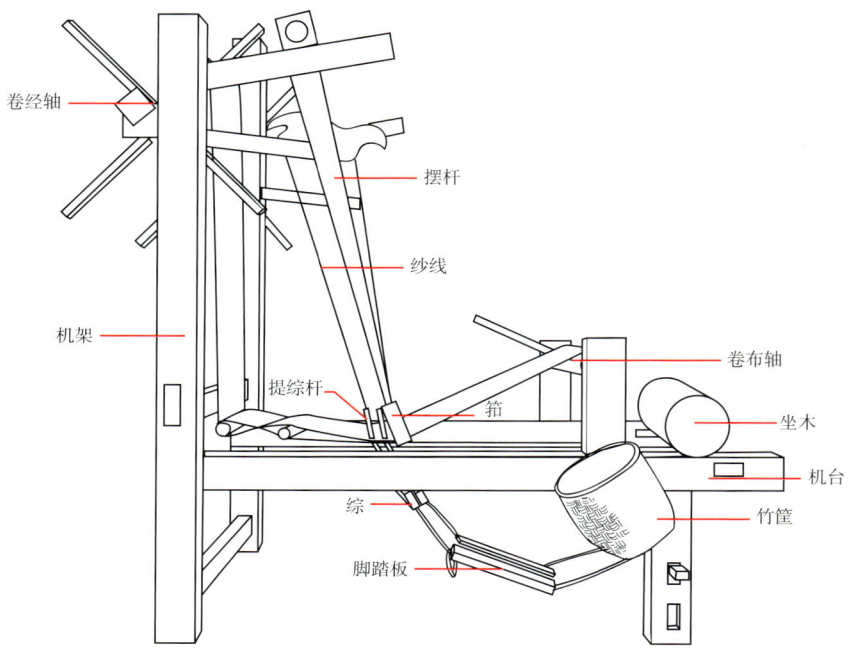

图三 瑶族织布机结构名称图

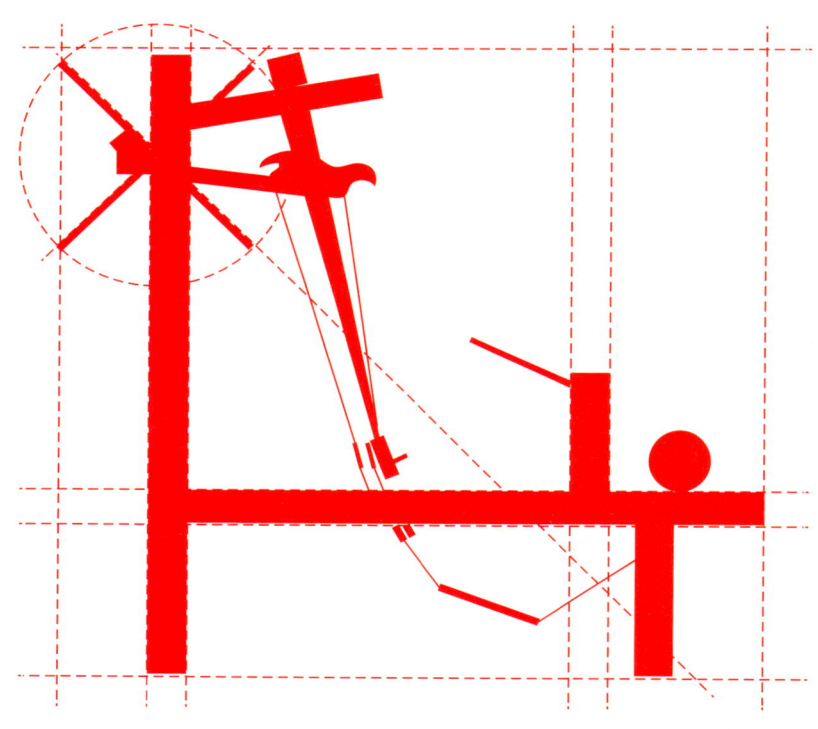

图四 瑶族织布机比例分析图

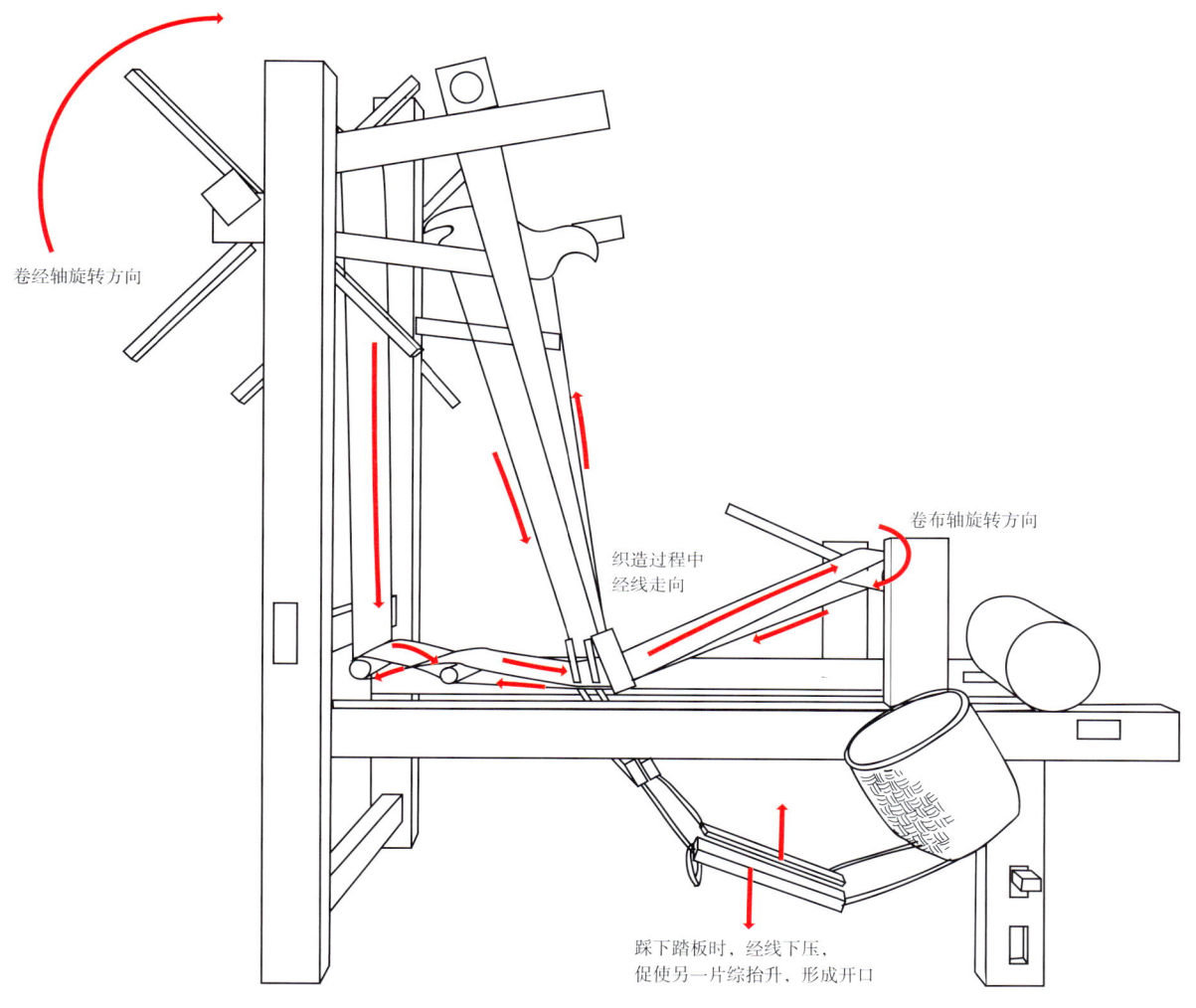

图五 瑶族织布机操作示意图

瑶族单管猎枪

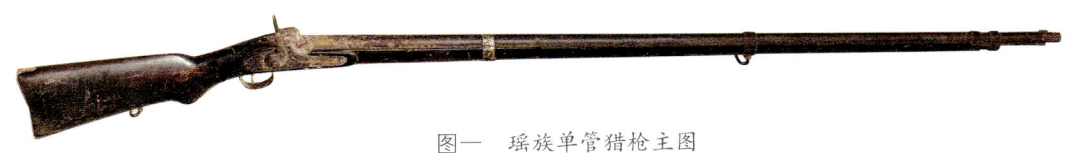

图一　瑶族单管猎枪主图

瑶族单管猎枪长颈、柄短、单管，重 2.9 公斤，其结构简单，由准星、枪床、铁枪管、开关机、扳机几个部分组成。瑶族单管猎枪只有一个枪管，一次只能装一发子弹，其射程在 50 米左右。白裤瑶男子肩上扛枪已有 200 多年的历史了，成年男子几乎都有猎枪，通常都带在身边，系着火药、子弹，不放弃任何可以获得荤食的机会。

瑶族单管猎枪平均长约 1.7 米，由一根细长的铁管装置在木托柄上，后设有一个开关机。使用时，先将火药从枪口装入铁管，使用一铁钉打结，随后再从枪口置入散子和火药，再用铁钉打结。铁管的后端有一小洞凸出，开枪时，在凸口上安一个小的铅皮帽，开关机弹簧一松，正打在枪皮帽上，相击发热，传入火药，把散子迫出枪口。射击方法通常有横射、迎射、送射、上射、下射等。射击时枪托应紧靠肩部，以防枪的回击力撞伤身体。瑶族除春节、元宵节、端午节、中秋节等传统节日外，还有自己独特的节日，在这些节日中青年男子都要上山围猎，猎枪是他们必带的工具。

随着环境保护不断深入，猎枪逐渐退出历史舞台，不再是猎杀动物的工具了，佩带猎枪也成了节日盛装的一个配饰，而打猎枪也成了一个纯粹的竞技娱乐活动。

图片来源
图一　侯亮　摄影
图二至图三　王冠力　制图
图四　王英　绘图

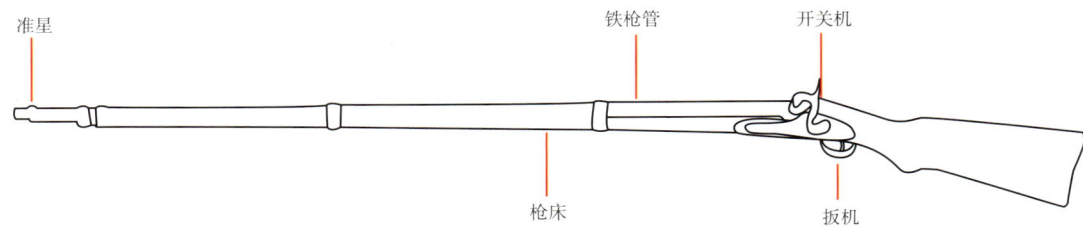

图二　瑶族单管猎枪结构名称图

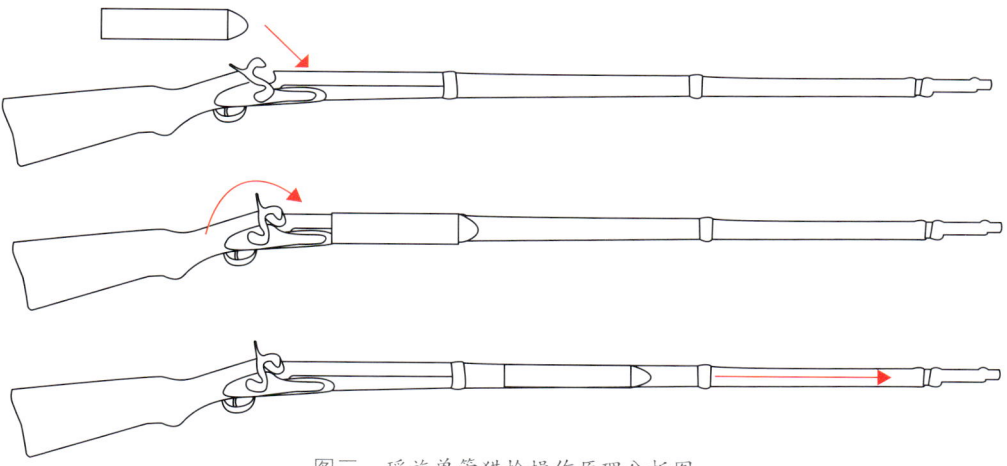

图三　瑶族单管猎枪操作原理分析图

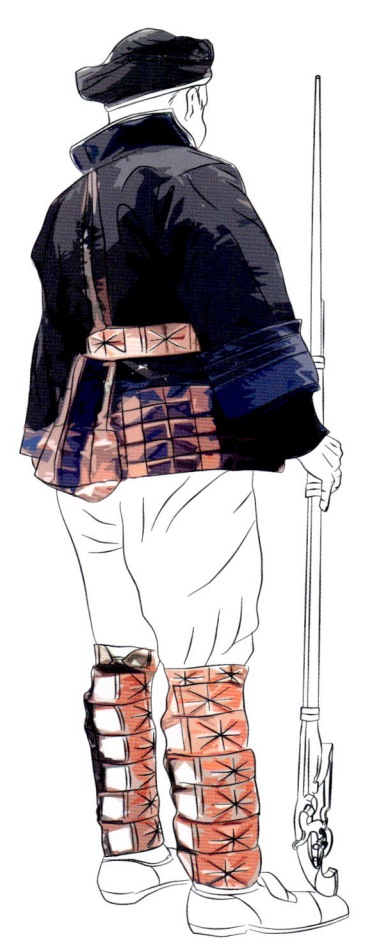

图四　瑶族单管猎枪佩带示意图

瑶族角刀

图一　瑶族角刀主图

本案例采集于广东瑶族博物馆,为民国时期的物件,简洁大方、体积较小,展开20.6厘米,方便平时携带。由金属刀体和骨质刀柄构成,属于折叠刀类型,类似现代的小型折叠水果刀。角刀柄材多数使用当地产水牛角。

瑶族角刀利用动物角的自身弧度为刀柄,角料最宽处嵌有一个铁环,可以系绳随身携带,外弧开出通常比刀片略窄0.3厘米的槽口,作为刀片收起后的刀窝。刀片的长度只有刀柄一半,刀片薄而宽,刀尖锋利强劲。刀柄和刀片由一个圆点铆钉结合,开合方便。

现代的角刀多采用便宜的黑色塑料,但是性能远不如牛角,尤其是刀具受到较大力量的时候容易折断。瑶族角刀,骨料与金属料的结合,从装饰的角度来看,使常见的工具也有了别样的视觉感受。从使用的角度上来看,其一,刀柄的角料材质以及弧度,在使用时吸收掉了部分劈砍时的反作用力;其二,其材质自身的特性使得触感温和、手感舒适,不同于其他类刀柄材料给人以"冰冷坚硬"的感觉。从本案例角刀的大小，特别是刀片造型可以推断，其装饰性大于实用性，应该是当地瑶族群众传统服饰腰间配饰之一。

图片来源
图一　侯亮　摄影
图二、图四　王冠力　制图
图三、图五至图六　侯亮　制图

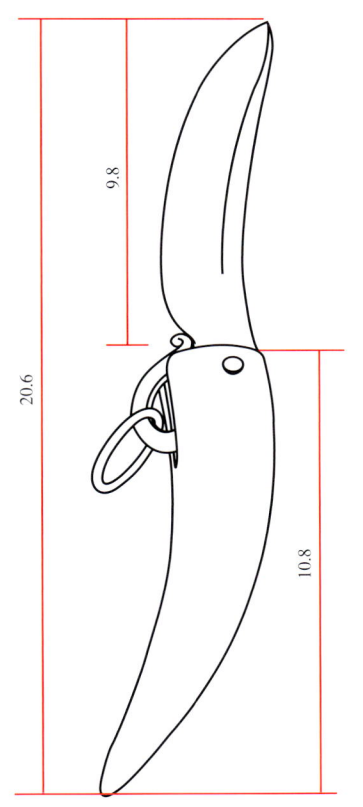

图二　瑶族角刀尺寸图（单位：cm）

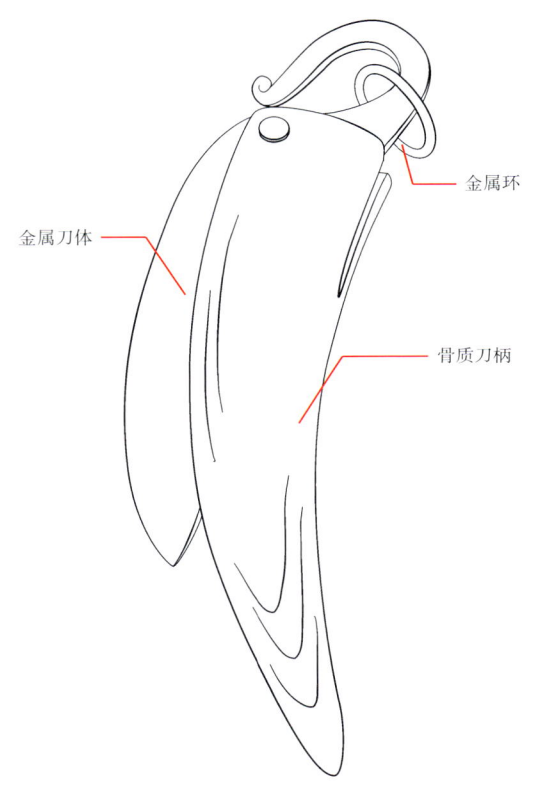

图三　瑶族角刀结构名称图

第五章　瑶族传统生产工具

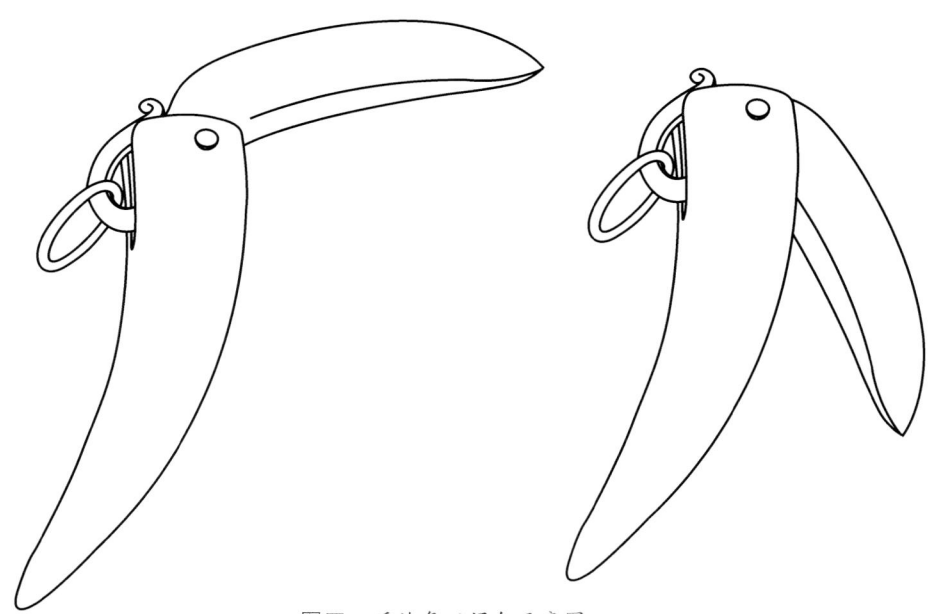

图四　瑶族角刀闭合示意图

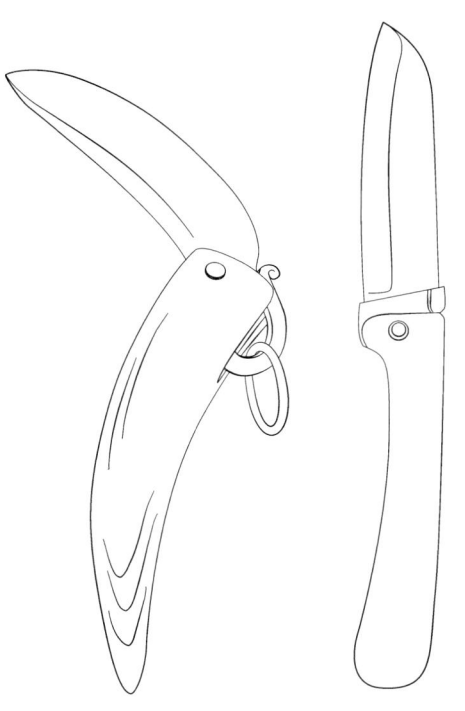

图五　瑶族角刀与现代折叠刀对比示意图

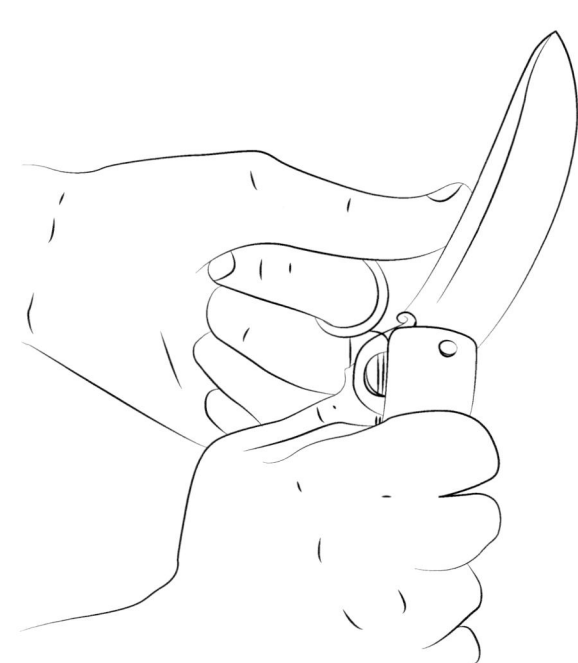

图六　瑶族角刀操作示意图

瑶族木弩

图一　瑶族木弩主图

本案例弩弓长约70厘米，弩身长约60厘米、高约8.5厘米，是瑶族传统狩猎作战的必备工具，现藏于广西民族博物馆。

本案例木弩主要由弩弓、弩身和弩绳三部分组成。弩弓呈扁担状，因此弩弓木又称作扁担木；弩身前部如刀，中段有扳机和绳槽，后部似枪托，集中了弩的绝大部分发动机关；弩绳两端扣于弩弓两端，不使用时处于相对松弛状态，需要使用时将弩绳扣入弩身上的绳槽备用。

木弩的制作流程如下：首先伐木锯段用以做弩弓，将两根弩弓木两端用绳子绑紧系在一起，中间塞入楔形木块，根据需要将弩弓打造出弯曲的弧度；接着用柴刀修刮弩弓内侧，使其在对称的同时从中间向两端逐渐均匀变细变薄；然后需要加工弩身，依次制作弩弓孔、扳机孔、绳槽、箭槽；最后是将弩弓安装进弩身，再配上弩绳，调试之后即可配箭使用。弩弓和弩身的材质通常选择的是黄阳木或十里香木，结实耐用；而弩绳一般是用当地产的青麻做成的麻绳加工而成。

传统的弓箭需要靠相当的臂力才能拉弓射击，而相比之下木弩更轻巧易操作，且适合妇女、儿童使用。瑶族木弩作为狩猎和作战的重要工具，为了增加弩的杀伤力，往往涂毒汁于矢，宋代《岭外代答》载称："溪峒弩箭皆有药，唯南丹为最酷。"

图片来源
图一　侯亮　制图
图二至图六　卡华磊　制图

参考文献
仪德刚，张柏春.广西巴马县东山瑶族制弩方法的调查.中国科技史料，2003（1）.
《瑶族简史》编写组.瑶族简史.北京：民族出版社，2008.

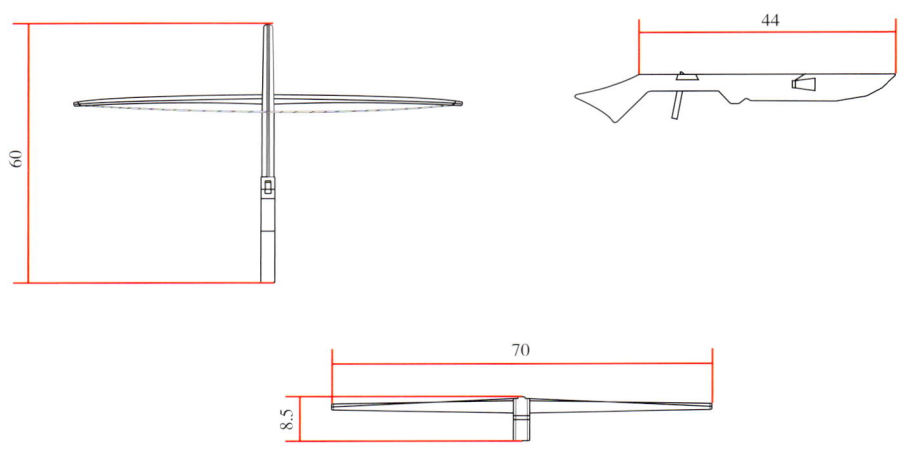

图二　瑶族木弩尺寸图（单位：cm）

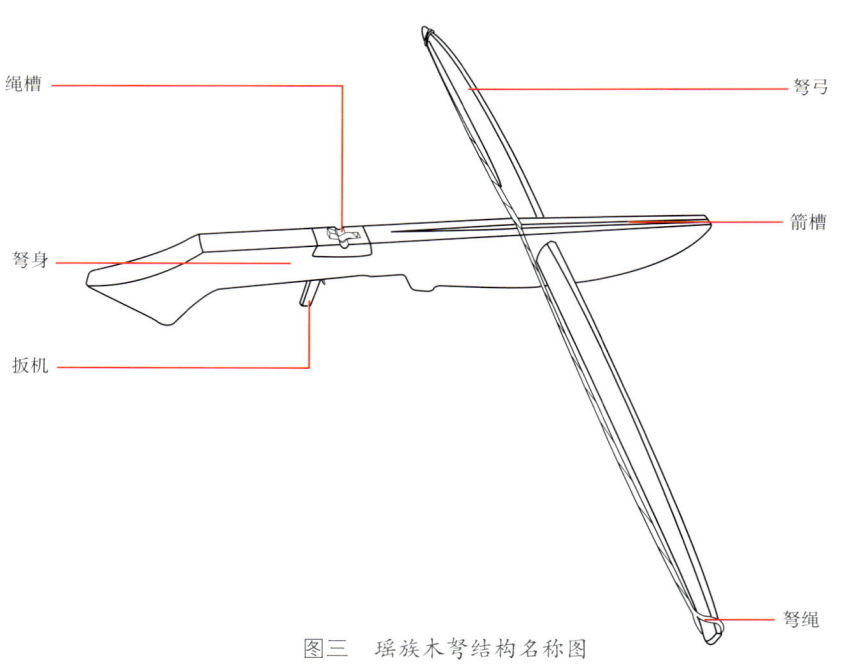

图三　瑶族木弩结构名称图

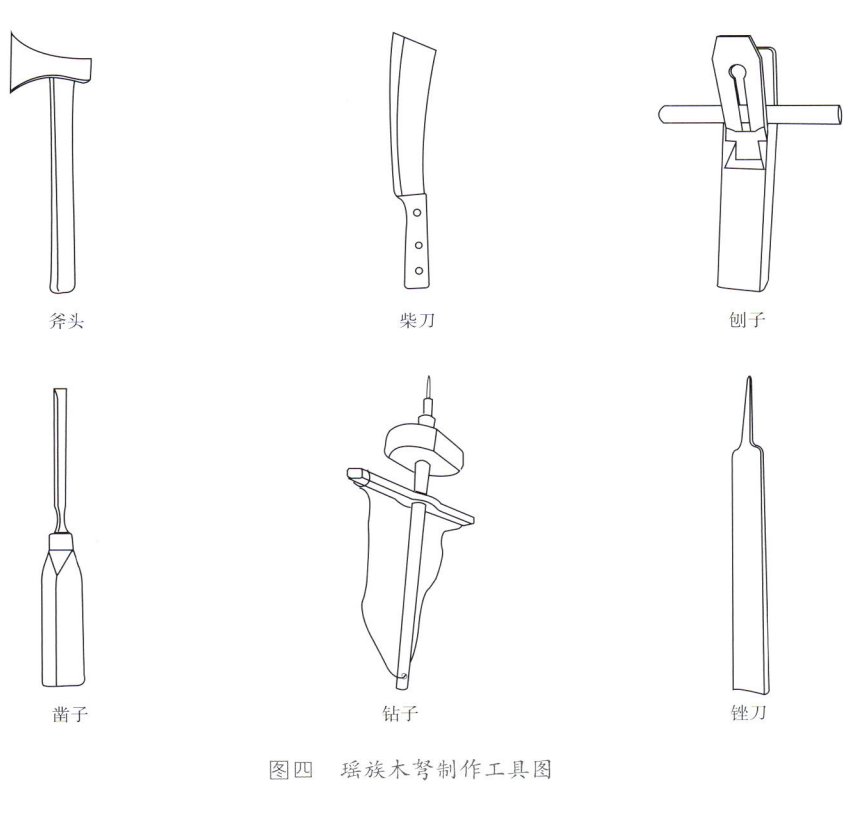

斧头	柴刀	刨子
凿子	钻子	锉刀

图四　瑶族木弩制作工具图

1. 捆绑弩弓木，中间塞入楔形木使弩弓木弯曲

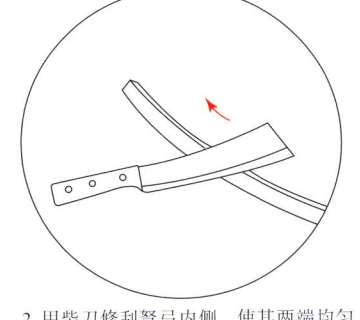

2. 用柴刀修刮弩弓内侧，使其两端均匀变薄

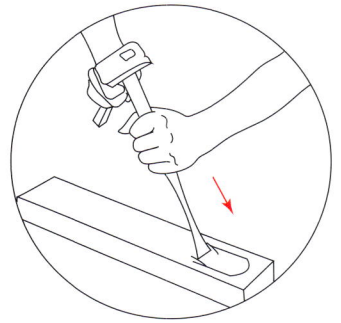

3. 加工弩身，修凿出弩弓孔、扳机孔等部位

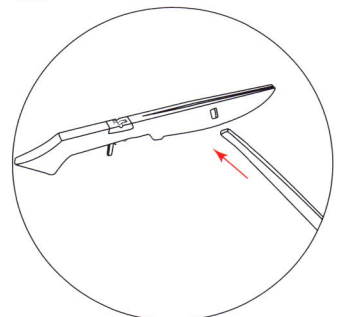

4. 安装弩弓，装绳调整

图五　瑶族木弩制作流程图

第五章　瑶族传统生产工具

图六　瑶族木弩使用情境图

瑶族捕兽绳扣

图一　瑶族捕兽绳扣主图

绳扣，是过去瑶族专门用于捕兽的工具。本案例现收藏于中国瑶族博物馆，是由弹杆、支撑架、诱饵竹竿、竹签、木板组成。绳扣全长75厘米、高30厘米。

捕兽绳扣的制作方法是将一块长75厘米的木板平置于地面，木板一端插入一根长约90厘米的弹杆；另一端开一个长约8厘米、宽约5厘米的凹槽，凹槽上方插入一个门形支撑架，且支撑架用一根竹签支撑，竹签底部开口顶住诱饵竹竿，弹杆下端用一个绳扣与诱饵竹竿相连。将诱饵放置在竹竿上，野猪进食时头必会伸入鼻子套环，进食诱饵从而拽动诱饵竹竿，随之就因触发弹杆带动绳扣套住野猪鼻子。设置这种捕兽绳扣无论对飞行觅食的鸟类还是在地上觅食的兽类都一样适用。随着国家加大对野生动物的保护力度，瑶族捕兽绳扣已经不再使用。

图片来源
图一　侯亮　摄影
图二至图五　顾怀灏　制图

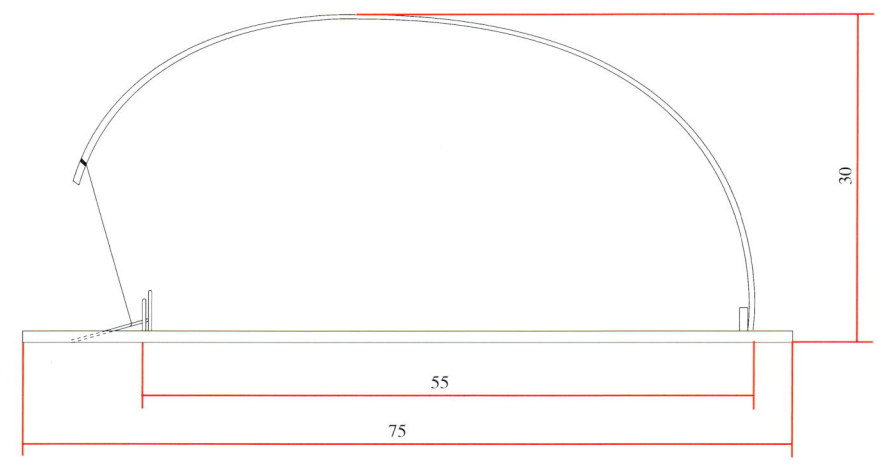

图二　瑶族捕兽绳扣尺寸图（单位：cm）

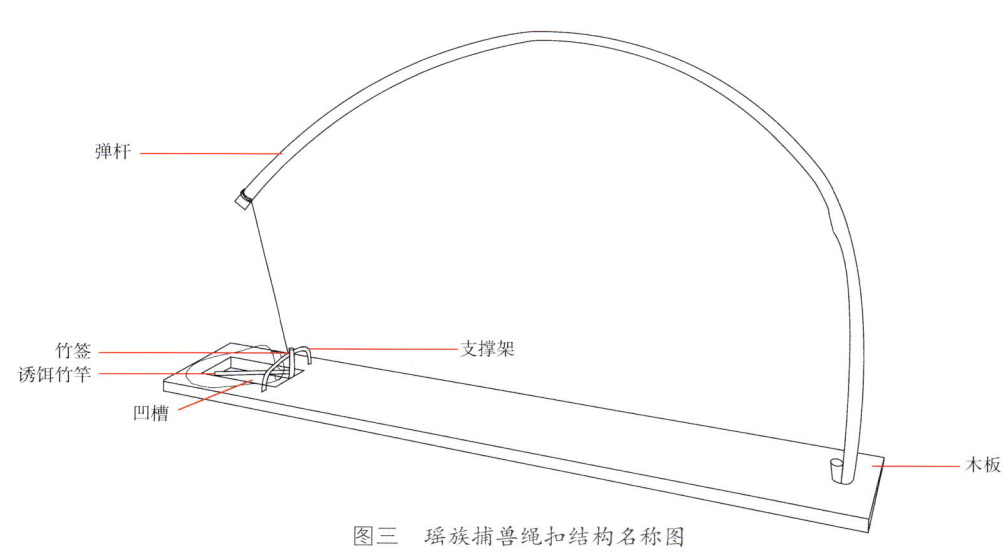

图三　瑶族捕兽绳扣结构名称图

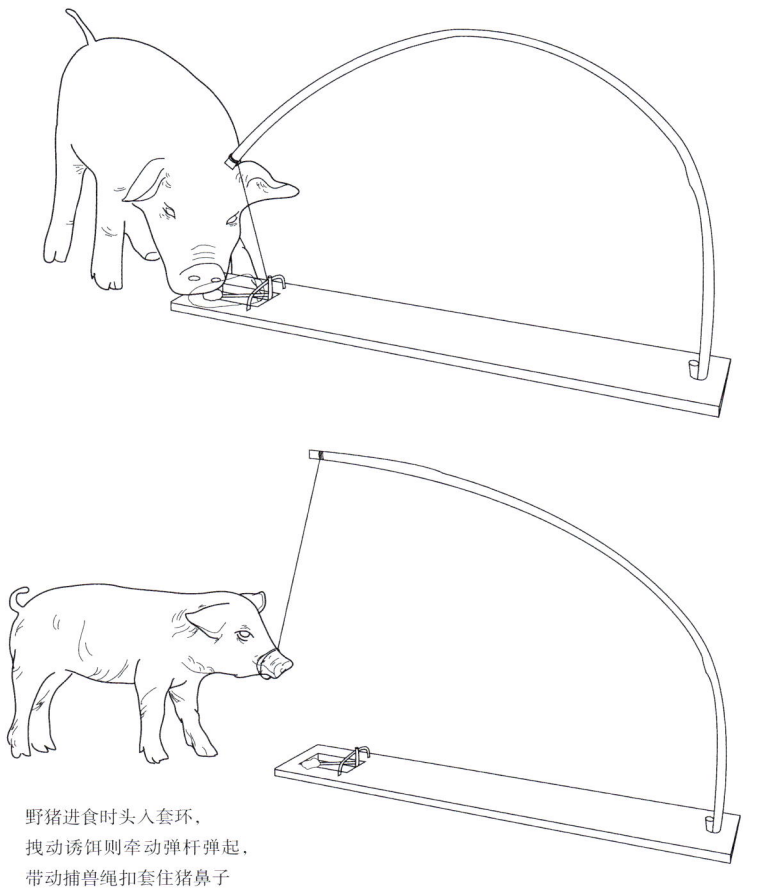

野猪进食时头入套环，拽动诱饵则牵动弹杆弹起，带动捕兽绳扣套住猪鼻子

图四 瑶族捕兽绳扣工作原理分析图

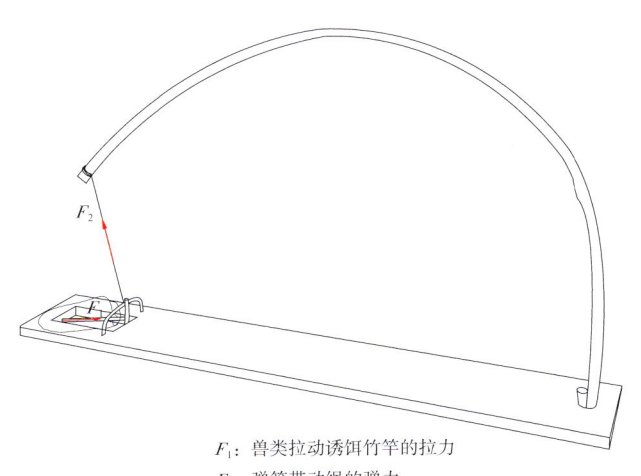

F_1：兽类拉动诱饵竹竿的拉力
F_2：弹竿带动绳的弹力

图五 瑶族捕兽绳扣受力分析图

瑶族鸟盆

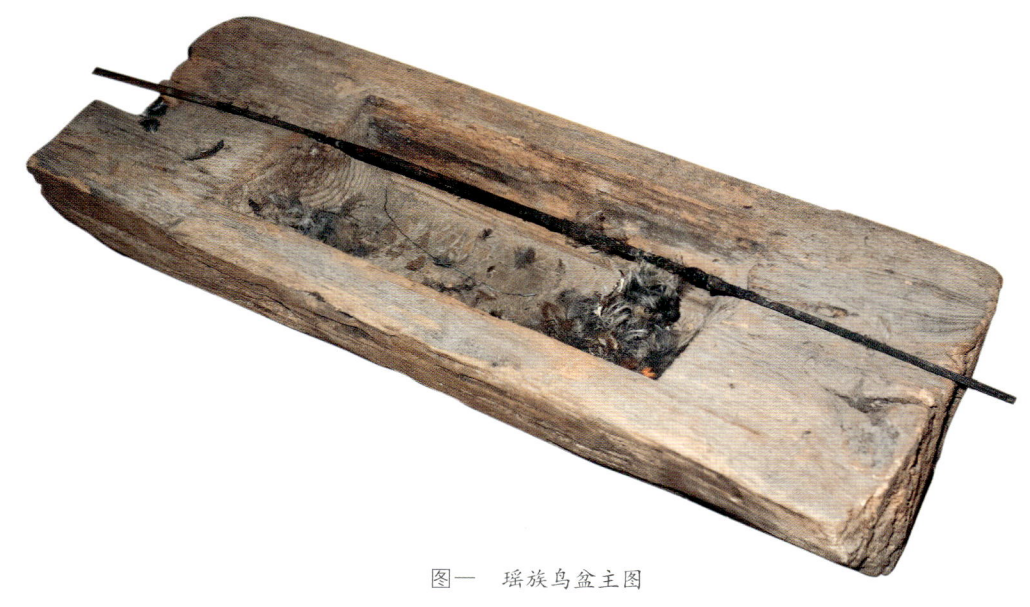

图一　瑶族鸟盆主图

　　鸟盆是广西金秀瑶族传统捕鸟的工具之一，本案例采集于广西金秀瑶族博物馆。

　　在广西金秀大瑶山地区，利用鸟盆捕捉鸟类是当地瑶族人民传统的狩猎方式，这种特殊的捕鸟工具最迟于明代中期就已开始使用。瑶族人民利用鸟盆捕捉鸟类的做法是：将一段长 40~60 厘米、直径 25~30 厘米的大木桩剖成两半，制作成木槽，一端留有缺口；木槽上安放一条敷满树胶的竹竿，将两端用石块压稳以至平衡。然后选定林木茂盛而又有山泉的山坡地带，将几十个或数百个木槽环绕山坡从上至下排列，形成鸟盆线路。木槽之间的间隔 30~300 厘米不等，用竹笕引水相连。

　　鸟盆是捕获当地鸟鲊食材的主要工具，当地瑶族群众利用雪鸟每年秋天（农历九月）飞经金秀瑶山，并在瑶山的原始森林栖息一个月的生活习性，在森林里架设鸟盆捕捉雪鸟，之后将捕到的雪鸟拔毛去除内脏后，腌制成鸟鲊。相较于现代鸟网等捕鸟工具滥杀滥捕破坏自然的现状，鸟盆是较为古老和极具民族特色的捕猎工具，其铺设较为麻烦，需要为每一个鸟盆接一个竹笕引水，粘鸟的杆子一般仅容纳 3~5 只，捕鸟的效率相对较低，对自然的伤害也较小，在满足自身饮食需要的情况下，也尊重了大自然各物种的生态平衡。

图片来源
图一　侯亮　摄影
图二至图五　侯亮　制图

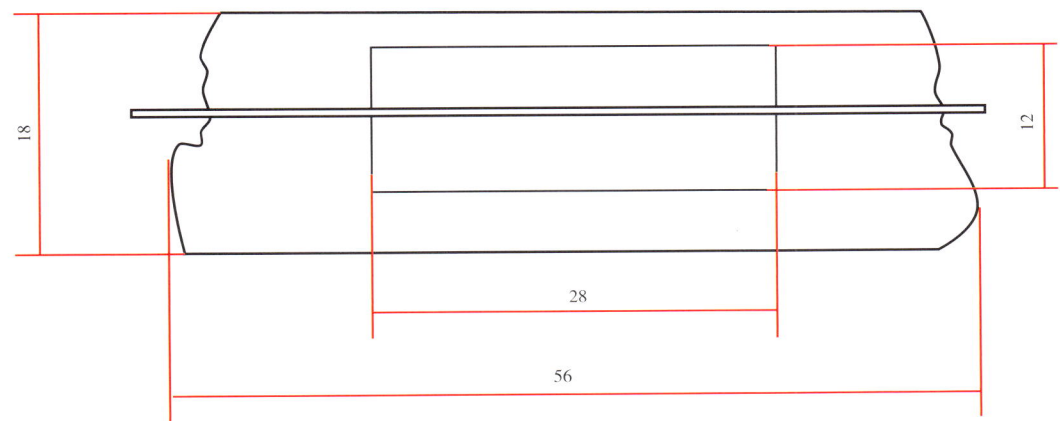

图二 瑶族鸟盆尺寸图（单位：cm）

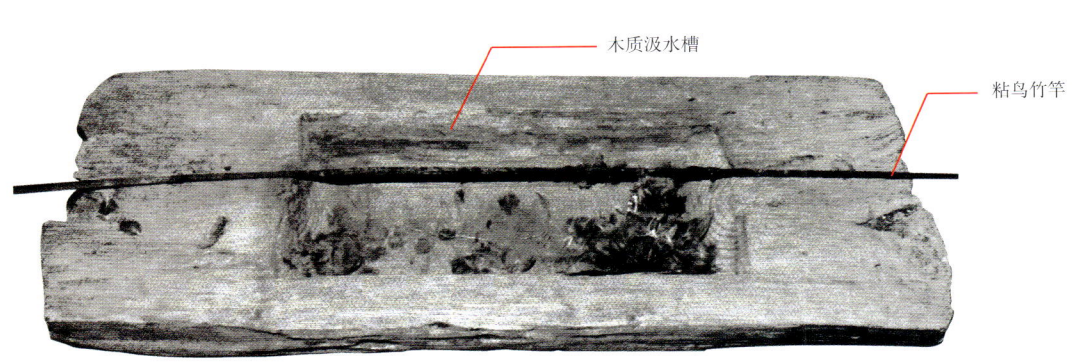

图三 瑶族鸟盆结构名称图

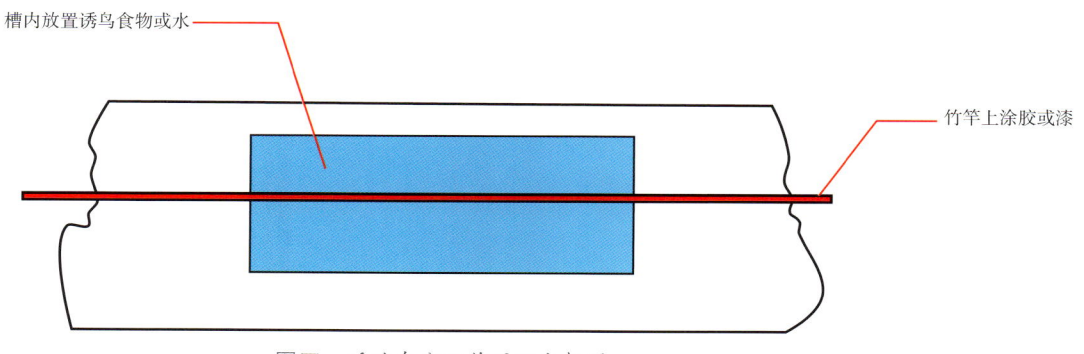

图四　瑶族鸟盆工作原理分析图

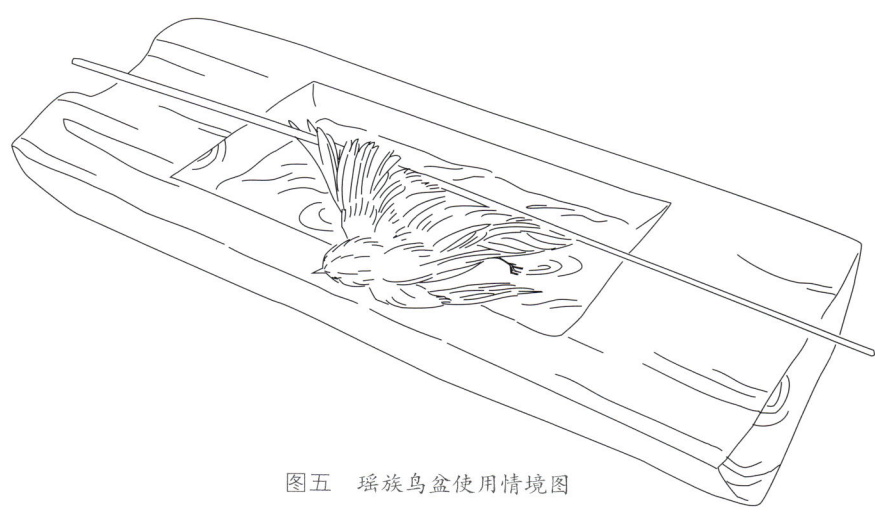

图五　瑶族鸟盆使用情境图

第六章 瑶族传统手工艺

瑶族水舂

图一　瑶族水舂主图

水舂也被称为槽碓，是一种最初步、最简单的水碓。水舂是东汉时期发明的粮食加工工具，适合在可利用的水量比较少的地方运用，比如泉水、溪流的低处。它以水的势能为动力，利用杠杆原理上下运作，主要用于稻谷脱壳，此外，还用于舂碎陶土、捣碎香料等。

水舂的机身由一根横梁、两个木桩组成。横梁前端插有一根木棍，用于捣碎石臼内的粮食；横梁尾部用一根竹管引泉水注入水槽中，水槽中因水满重量增大下沉，把前端翘起，同时水槽里的水倾泻而出，后端变轻，前端又变重下沉，带动舂头向下捣动石臼里的稻谷，如此完成一舂。王祯《农书》中做了详细记载："槽碓，碓梢作槽，受水以为舂也。凡所居之地，间有泉流稍细，可选低处置碓一区，一如常碓之制，但前程减细，后梢深阔为槽，可贮水斗余，上苫以厦，槽在厦外，乃自上流用筧引水，下注于槽。水满则后重而前起，水泻则后轻而前落，即为一舂。如此昼夜不止，毇米两斛，日省二工，以岁月积之，知非小利。"

瑶族地处山区，农业生产活动依旧靠人力完成。水碓这种完全利用水的重力代替人工的方式可以说是一种原始的自动化生产设备了，它节省了劳动力，大大提高了生产效率。水碓是瑶族人民在有限的生产条件中伟大的创造，体现了劳动人民的智慧。

图片来源

图一至图五　魏溥均　制图

参考文献

刘仙洲.中国古代农业机械发明史[M].北京：科学出版社，1963.

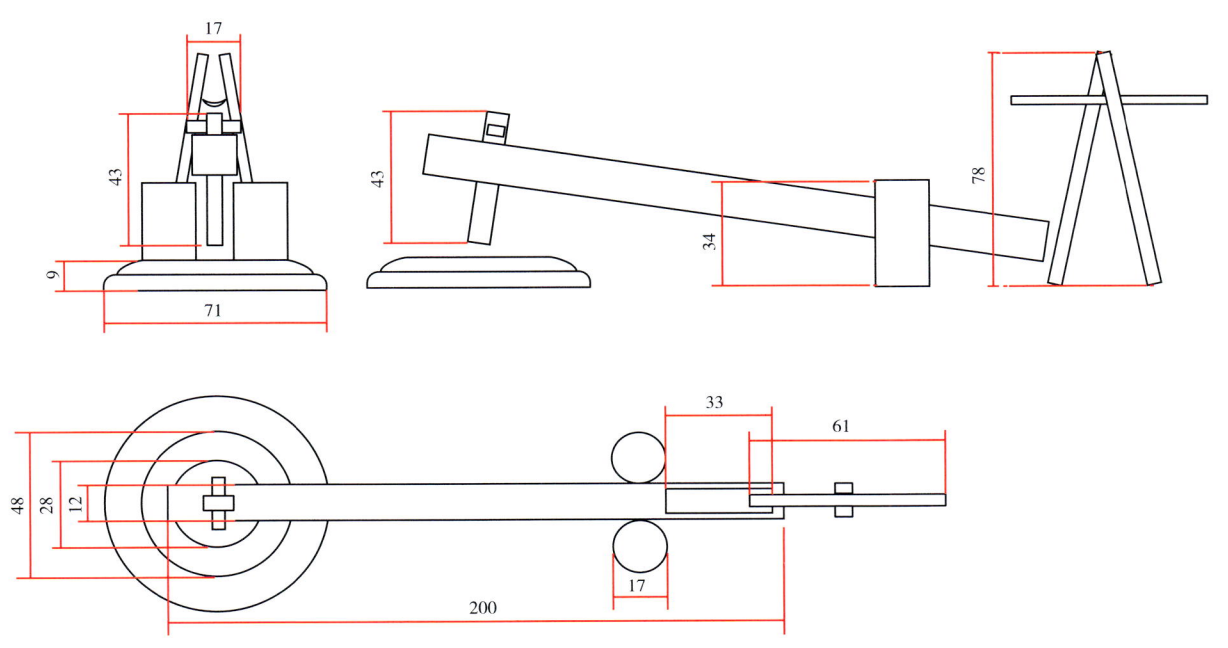

图二　瑶族水碓尺寸图（单位：cm）

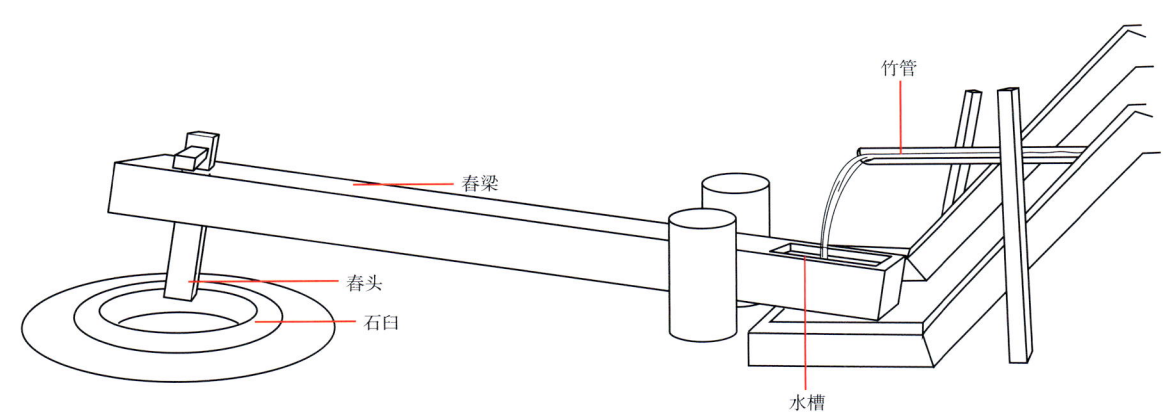

图三　瑶族水碓结构名称意图

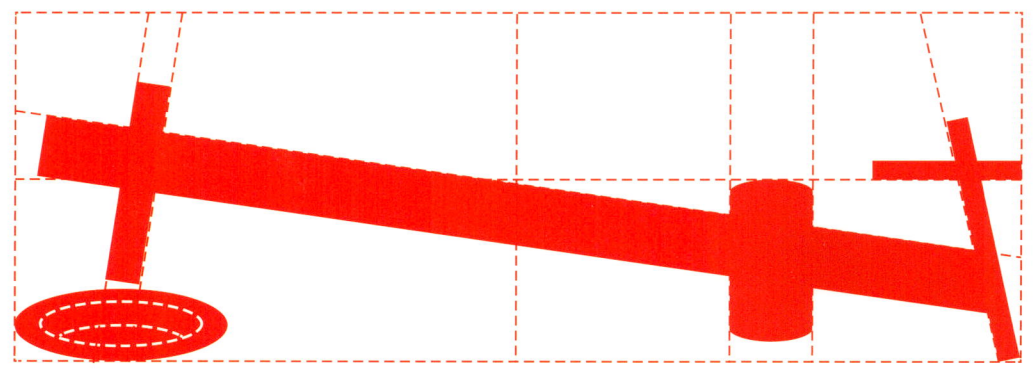

图四 瑶族水舂比例分析图

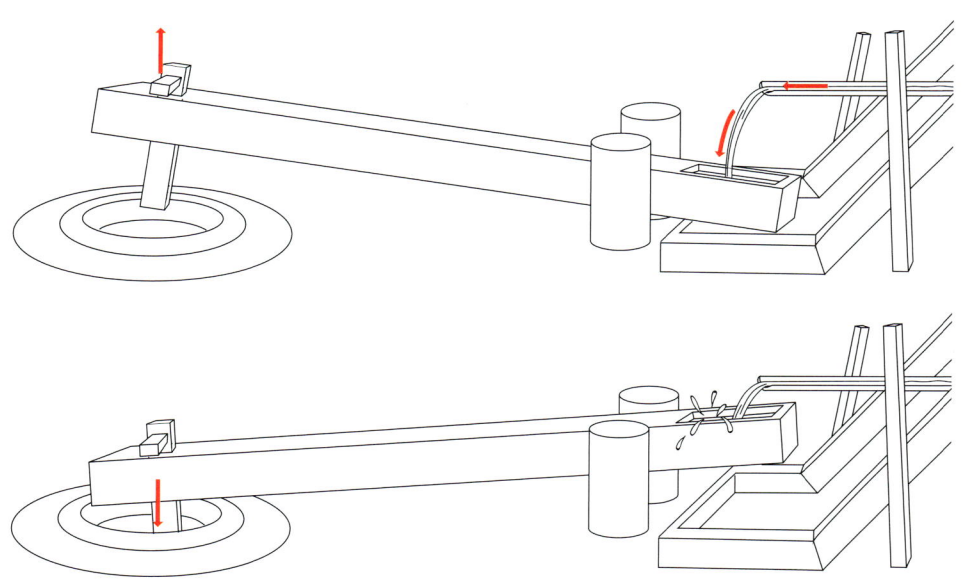

图五 瑶族水舂操作示意图

瑶族水磨豆腐

图一　瑶族水磨豆腐石磨主图

瑶族人民喜食豆腐，也善制豆腐，瑶族手工制水磨豆腐鲜嫩可口，是瑶族人民餐桌上必不可少的美食。本案例选取广东省连南瑶族自治县传统水磨豆腐工艺，水磨豆腐以白、细、嫩、筋、豆香浓郁闻名，且久煮不烂、煎炸软绵筋道，是瑶族人民喜爱的食物之一。瑶族传统水磨豆腐的工艺复杂、工序繁多，主要包括选豆、泡豆、磨浆、滤浆、点卤和定型。

制作水磨豆腐时，瑶族人民选取当地产的新鲜黄豆，再取优质山泉水浸泡，浸泡时长随温度有所变化，夏季约为3小时，冬季约为10小时。待黄豆浸透吸满水分后进入磨浆工序，瑶族人民使用自制的石磨将浸泡好的黄豆磨碎成浆，再将磨好的豆浆放入大锅煮沸。将豆浆倒入纱布袋中滤浆，待渣浆分离之后，再次蒸煮豆浆，这时豆浆会反复煮沸，需要随时观察火候以免豆浆溢出。豆浆蒸煮完成后进入点卤工序，放入适量豆腐专用的石膏水进行点制并搅拌均匀，静置十几分钟后制成豆腐脑。点卤完成后，将纱布铺于特制的木制豆腐箱中，倒入点制好的豆腐脑并用纱布包裹，稍加挤压定型，滤除多余水分，静置半小时后掀开纱布，一板鲜嫩可口的瑶族传统水磨豆腐就制成了。

瑶族至今保留古法水磨豆腐制作工艺，选材用料讲求自然健康，使用清泉水作为原料是瑶族传统水磨豆腐的一大特色。瑶族水磨豆腐口感鲜嫩、营养丰富，其制作方法与其他地区的豆腐加工工艺类似，可以从中看出中国人一脉相承的炊厨精细加工的饮食文化。

图片来源

图一　葛芳　摄影
图二　孙寒　摄影
图三至图五　孙寒　制图

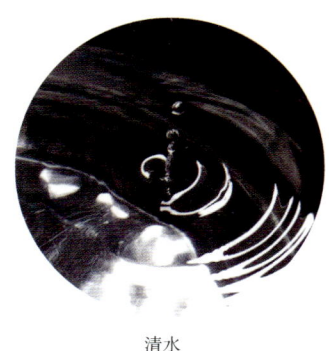
清水

黄豆

专用石膏水

图二　瑶族水磨豆腐制作原料图

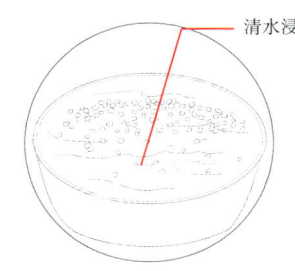
1. 浸泡黄豆

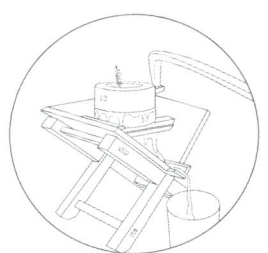
2. 石磨研磨

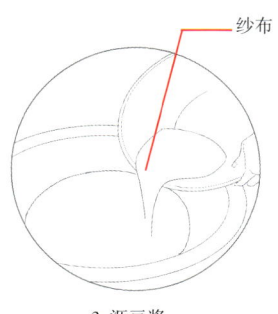
3. 沥豆浆

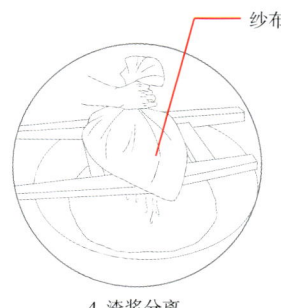
4. 渣浆分离

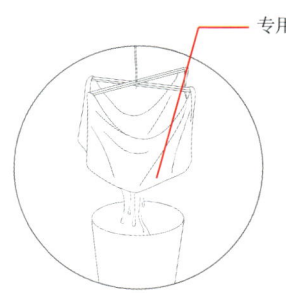
5. 点卤

图三　瑶族水磨豆腐制作流程图

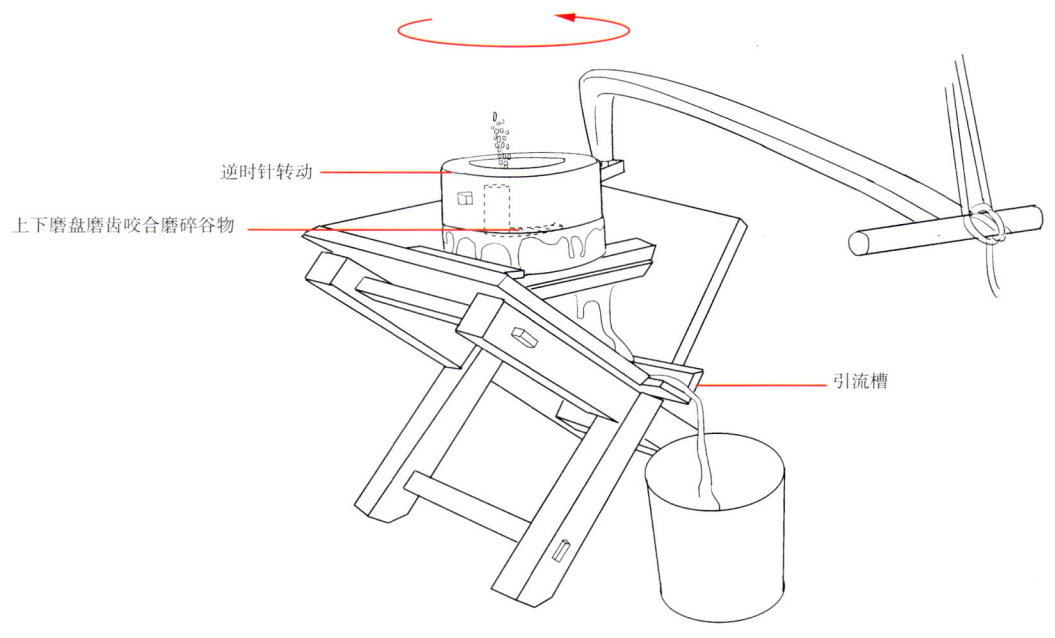

图四 瑶族水磨豆腐石磨工作原理图

图五 瑶族水磨豆腐石磨使用情境图

瑶族古旧榨油

图一　瑶族榨油车主图

榨油工艺是指对植物中所包含油脂的提取过程。我国最早对油进行记载的文献是《皇帝内传》：黄帝得河图书，昼夜观之，乃令牧采术实制造为油，以绵为心，夜则燃之读书，油自此始。然而黄帝时期并没有书，且燃灯时使用的燃料还局限于动物油脂也无任何榨油技术，故此说不可信。而在北魏贾思勰的《齐民要术》中，才真正有了对压榨取油技术的记载，根据现出土的同时期灯具也可以证实，魏晋南北朝时期的灯具燃料开始由动物油脂转化为植物油脂，这标志着榨油工艺的开始。同时，在元代的《王祯农书》、明代的《天工开物》《农政全书》中，都有提到榨油方法和榨油工具的插图。本案例中的榨油车选自湖南江华瑶族自治县，与《天工开物》中的南方榨形制相似，是典型的锤榨榨油用具。

古旧榨油工艺过程较为复杂，主要分为制作油饼和捶榨两个部分。制作油饼的原料一般选用油菜籽，但也不仅仅局限于此，芝麻、花生等这些含油量、出油率较高的植物也会成为榨油的原料。油菜花每年三四月份结籽，五六月收获，首先将收来的新鲜菜籽放在火炕上烘烤，使其干燥。然后，用石碾将菜籽熟料碾碎得到菜籽粉,再将菜籽粉放入蒸锅中蒸煮,这一步骤主要是为了让菜籽粉充分吸收水分,增加其黏度。接下来就是制作油饼中最关键的一步,利用圆环形模具,在底部放一块布料并垫上稻草,将蒸制好的菜籽粉放入模具中,用稻草将其扎成饼状后用布包好。最后,榨油师傅穿上草鞋,站在包好的油饼上不断踩压,直至油饼压平,中间不能有空隙,否则会影响油饼的出油量。摇榨阶段就会使用到相应的榨油工具,本案例中的榨油车是空心的木制材料,将制作好的油饼依次放入榨油车的圆槽内,一般一个木制榨油车可以放入大约30个油饼。放好油饼后,在油饼的边上一根一根插入木楔,直到木楔将油饼完全夹住即可开始榨油,榨油师傅通过全身的力量拉动房梁上悬挂的石锤,不停撞击伸出的木楔侧面,拉动石锤的过程要求师傅定位精准、脚步坚定、用力恰到好处。通过不断地撞击,使得木楔一步一步深入,将油饼压紧压实,黄色的菜油便从油饼的细孔间渗透出来,从圆槽底部的小孔内流出到收集油的容器中。

现如今,传统榨油工艺已逐渐被大规模机械化生产所代替,但瑶族人民仍保留着这一古旧榨油工艺。通过人的力量与物的结构之间精巧配合所获得的油,油质清纯、口感甚佳,其中也饱含了瑶族劳动人民的汗水与智慧。

图片来源
图一　邱召权　制图
图二至图五　赵思颖　制图

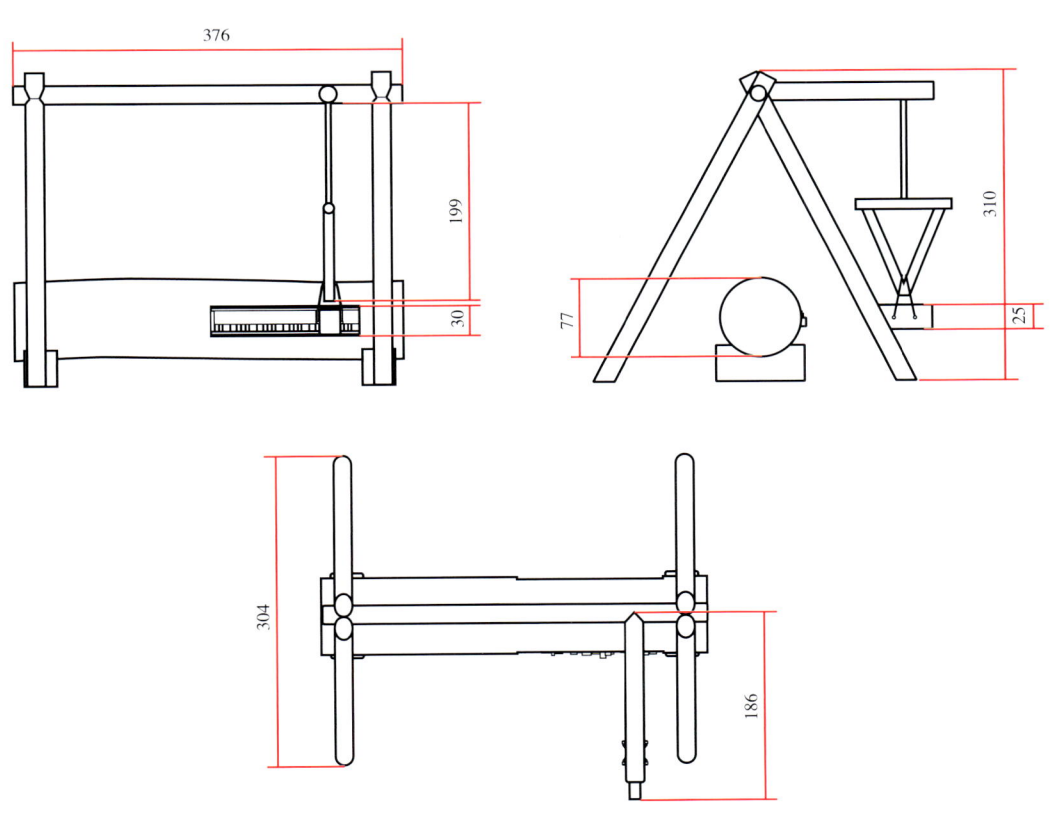

图二　瑶族榨油车尺寸图(单位:cm)

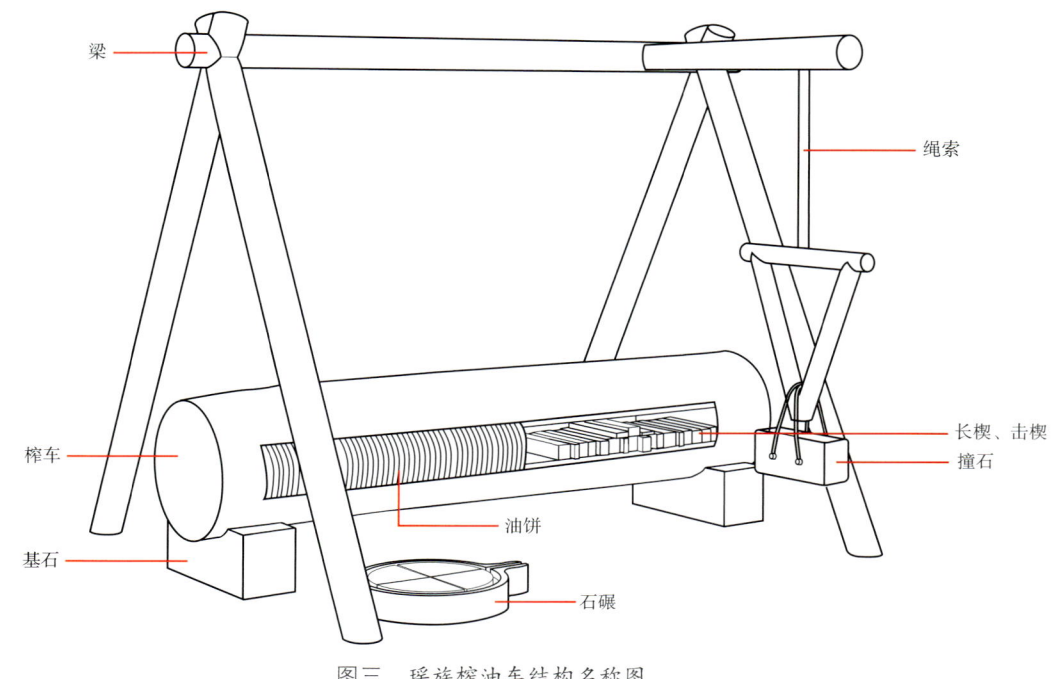

图三 瑶族榨油车结构名称图

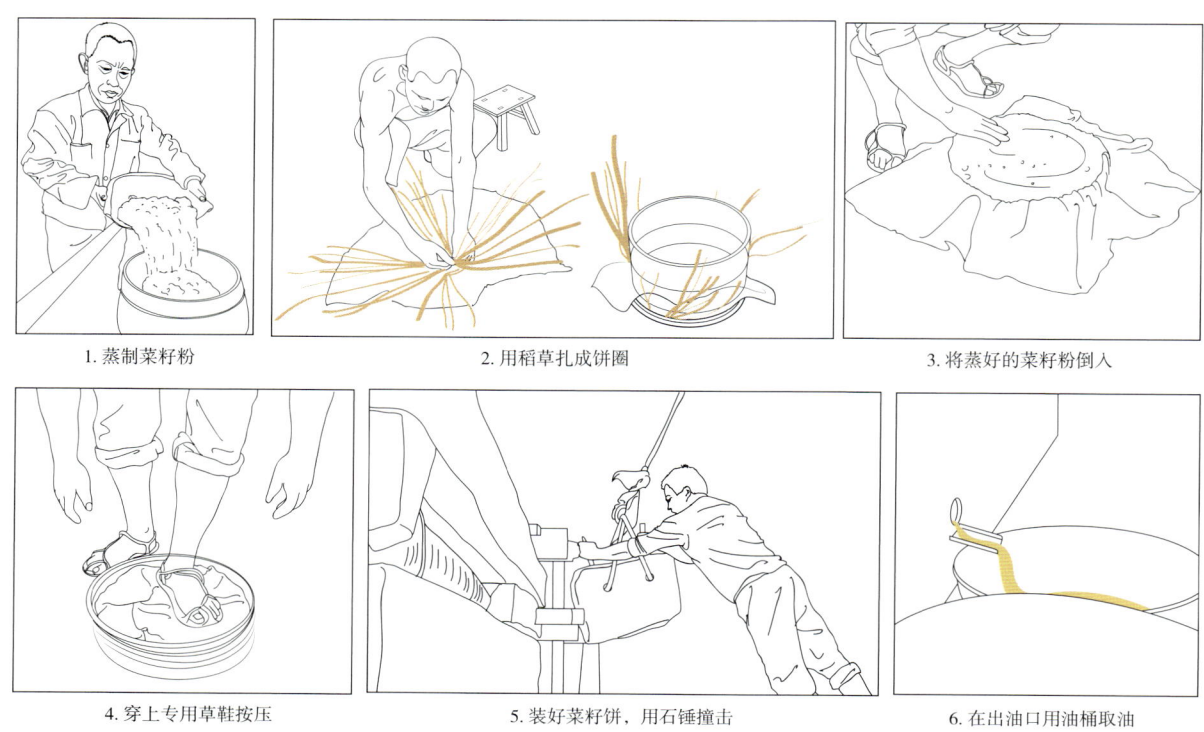

1. 蒸制菜籽粉
2. 用稻草扎成饼圈
3. 将蒸好的菜籽粉倒入
4. 穿上专用草鞋按压
5. 装好菜籽饼，用石锤撞击
6. 在出油口用油桶取油

图四 瑶族古旧榨油制作流程图

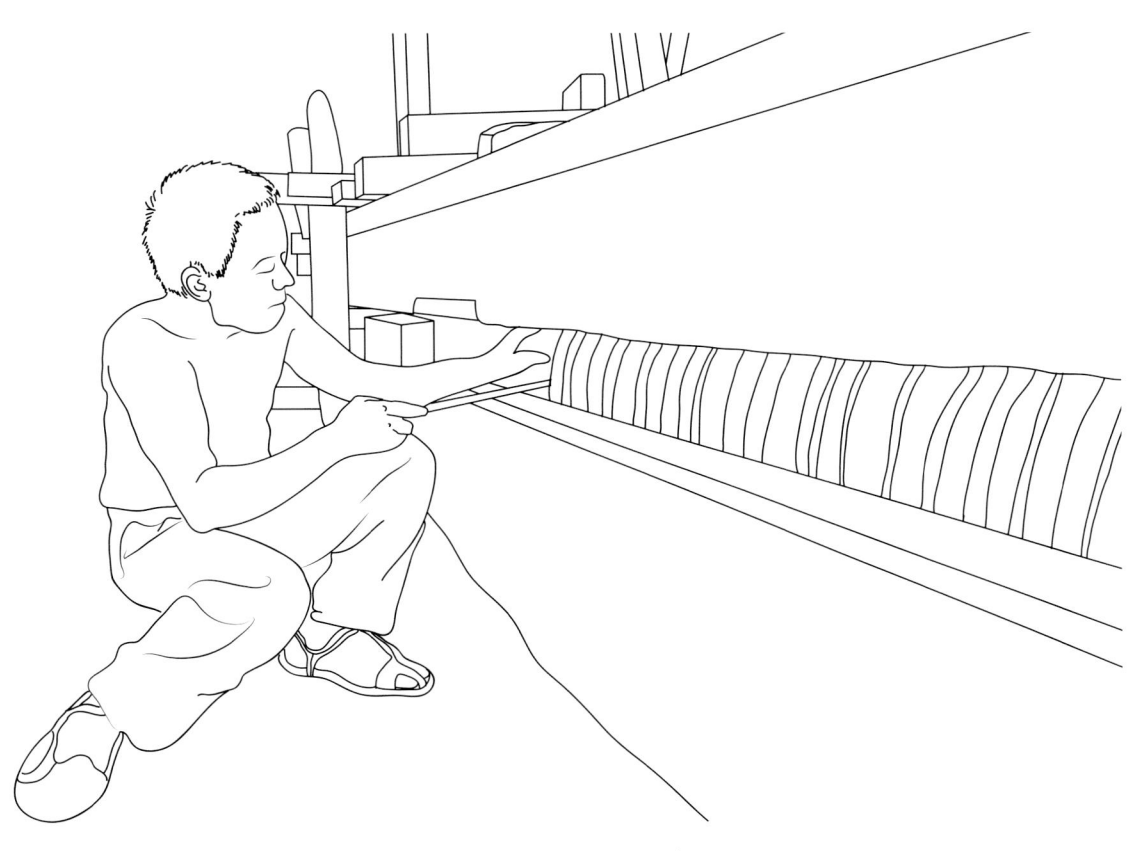

图五　瑶族榨油车使用情境图

红瑶织锦

图一　红瑶织锦主图

红瑶织锦常以棉线作经线，彩色线做纬线，采用段纬的手法织成，图案题材与他们自身的生活息息相关，有山水纹、动物纹、植物纹、文字纹等，多以抽象几何的纹样造型来表达，常使用长条形的构图形式构成纹样，这使得红瑶织锦的图案呈现出几何化、条状化的特点。

本案例织锦工艺的表现载体为广西金秀瑶织锦女上衣，这件上衣通宽150厘米，长74厘米。衣服上有丰富的织锦图案，图案可以分为衣袖、胸前衣片、腹前衣片三组，整体以玫红色做底色，衣袖下片为黑色，装饰纹样以玫红、黑、白、黄、灰色相间。

红瑶织锦工艺的流程可分为以下几个步骤：第一，将纤维状态的棉花借助手摇纺车捻成纱线，即纺纱。第二，牵经。首先需要装配好经具，即导线架和地桩，再将经绳有序地绕在经具上，最后再将牵好的经线从经具上取下，绕成一个线球。第三，将排好的经线穿插入织机的竹筘结构中，即穿筘。第四，卷经，即将装在竹筘上的经线均匀地卷在经轴上。第五，经线装好后，需用尼龙制的"综丝"将经线分组，以便插入纬线，这一步为结综。第六，即用纺织机开始织造。

瑶族织锦工艺不仅具有鲜明的民族特点，而且也与瑶族人民生活紧密相连，被广泛运用于被面、口水兜、花带、头帕、上衣、裤子等纺织品中。

图片来源
图一　葛芳　摄影
图二至图五　何卓嫔　制图

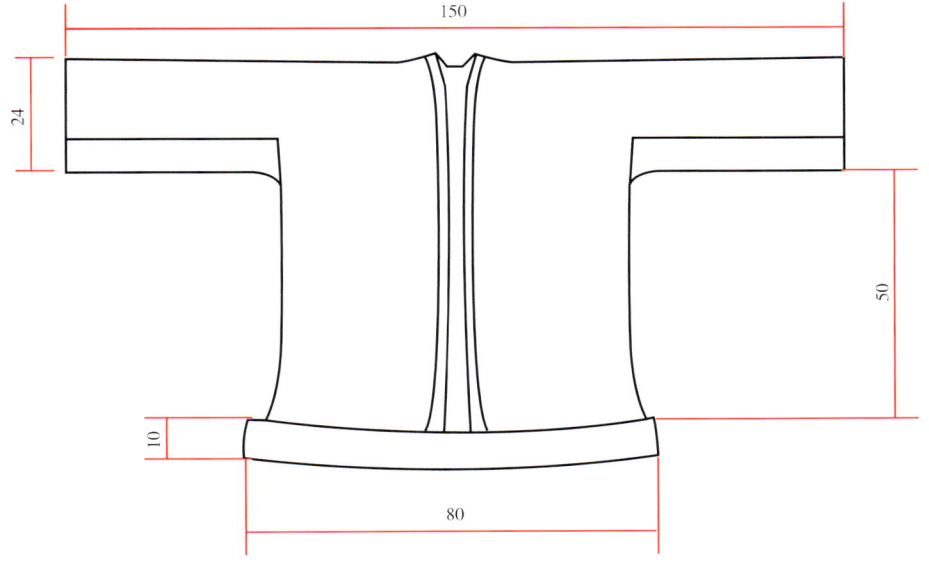

图二　红瑶织锦尺寸图（单位：cm）

图三　红瑶织锦色彩分析图

图四 红瑶织锦工具织布机主图

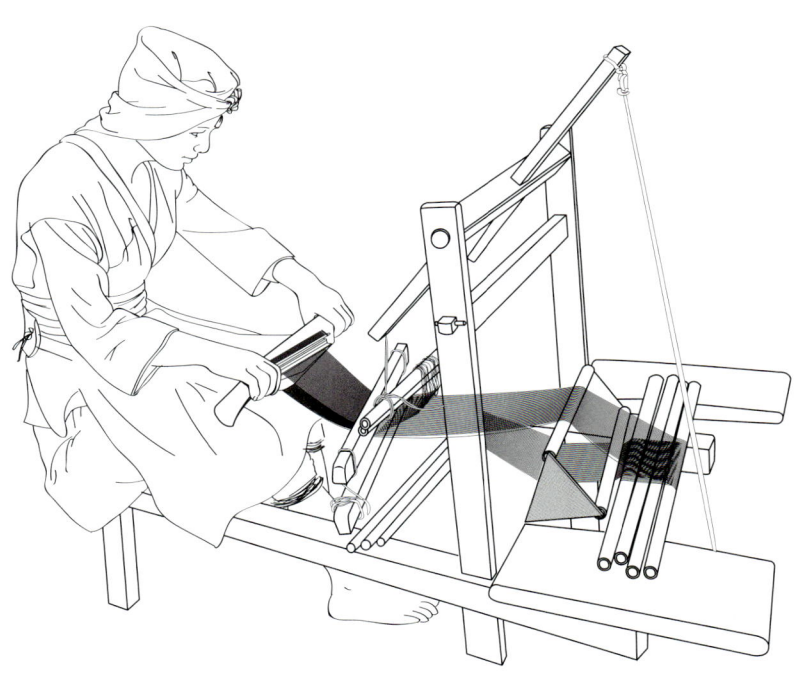

图五 红瑶织锦制作织锦示意图

瑶族亮布

图一 瑶族亮布成衣主图

瑶族亮布工艺案例是广西融水的亮布成衣。亮布表面挺括、透气干爽、穿着舒适，是适应当地潮湿炎热的气候条件的既实用又美观的服饰。

亮布的制作主要分为织布和染色，其中织布过程主要用麻线和棉线织成白布，这种手工织出的面料透气性非常好。广西融水地区气候潮湿，一般棉纤维可以吸收部分空气中的水分，又因当地纬度较低，气候较为炎热，周围温度较高时，棉纤维中的水分还会蒸发，故这种白布面料与人的身体接触时始终保持一种平衡状态，适合当地人长期穿着。布料染色时，当地人通常会选择自制的染色水，染色水的成分主要有稻草灰水、白酒和蓝靛叶。广西融水地区植被茂盛，染料多就地取材，蓝靛的叶子发酵时会产生蓝色的沉淀，是天然的染料，制作时将三者放入大桶里待其发酵，通常需要半个月左右，半个月左右若出现蓝色泡沫、有香味、手上可着色时染料即可使用。染布时将织好的白布放在染缸里数小时浸染，接着清洗晾干，这三个步骤重复多次直到布料呈现出青黑色。染好后，通常刷牛皮浆使布料挺括，接着再蒸布和捶打，捶打时通常将布叠成几层由边缘向中心反复捶打，捶一次通常需要两三个小时，最后将蛋清涂抹在布上。融水瑶族的亮布图案主要集中在领口、袖口、襟缘、胸襟、裤脚等部位。人们将吉祥的纹样绣在服饰上不但起到装饰效果，还起到祈求神灵保佑的精神效果。

亮布的受众广泛，用途较多，不同地区的制作习惯不同，添加的材料稍有不同。亮布是民族文化的一种外在表现。

图片来源
图一　侯亮　摄影
图二、图四　战怡菲　制图
图三、图五　高瞻　制图

图二　瑶族亮布制作时织布机操作示意图

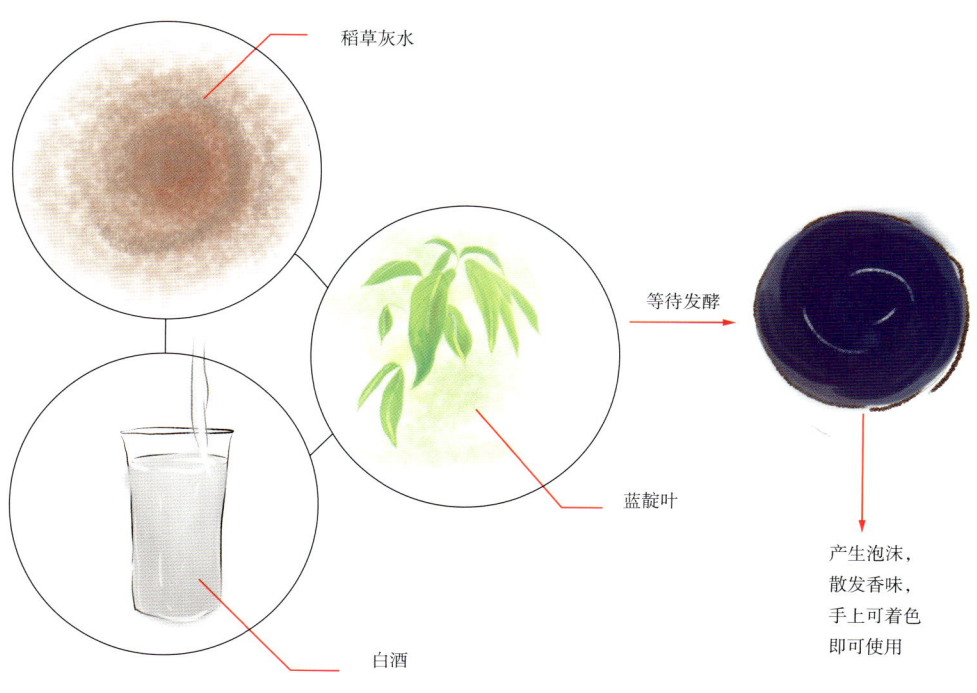

稻草灰水

蓝靛叶

白酒

等待发酵

产生泡沫，散发香味，手上可着色即可使用

图三　瑶族亮布染料制作流程图

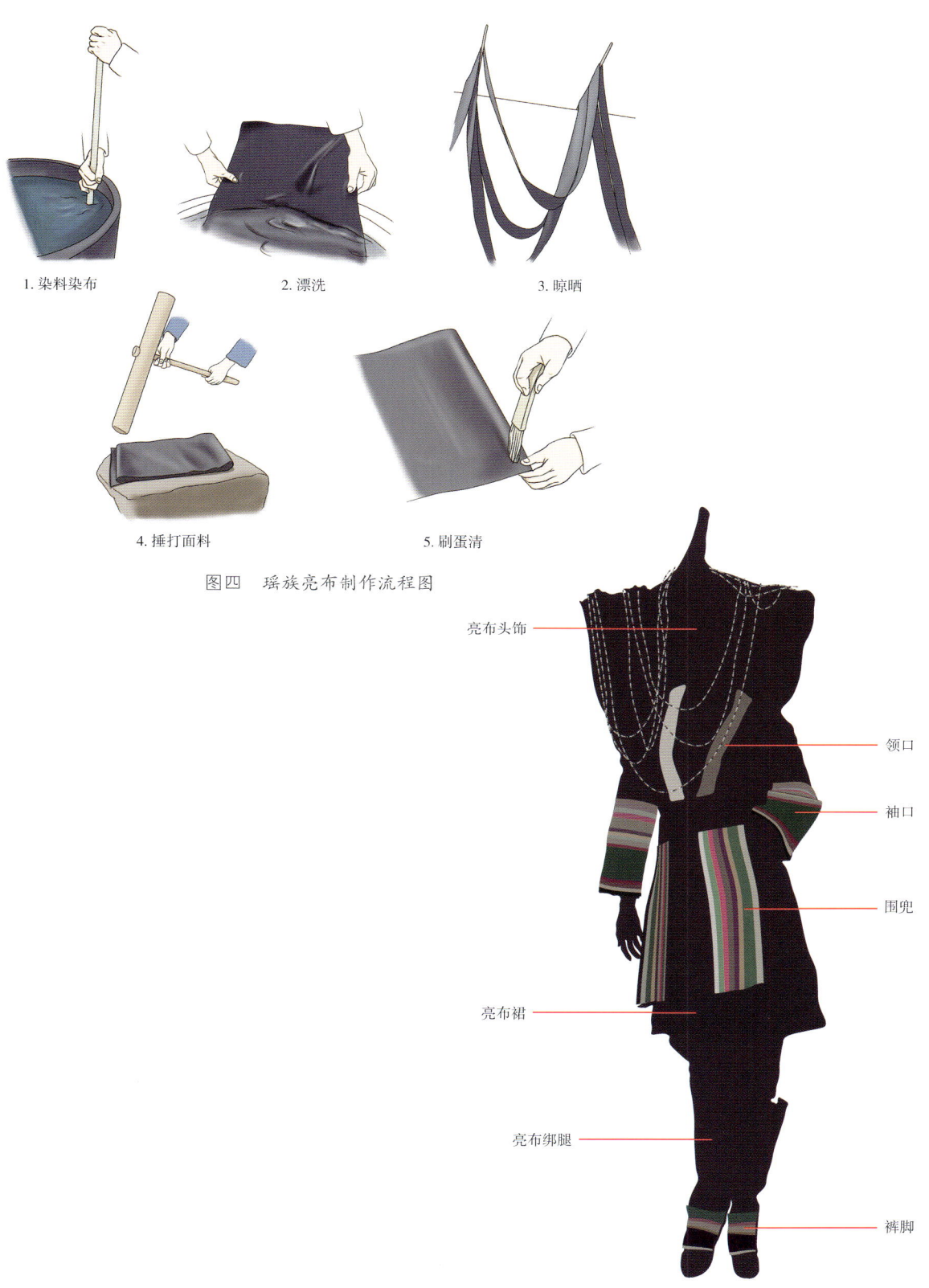

1. 染料染布　　2. 漂洗　　3. 晾晒

4. 捶打面料　　5. 刷蛋清

图四　瑶族亮布制作流程图

亮布头饰

领口

袖口

围兜

亮布裙

亮布绑腿

裤脚

图五　瑶族亮布成衣主要装饰区域图

瑶族枫脂染

图一　瑶族枫脂染头巾主图

　　本案例采集自贵州省麻江县龙山乡，是瑶族枫脂染成品。枫脂染又称"枫香染"，因以枫脂和牛油为染料基本材料而得名，是瑶族古老的印染手艺。枫脂染采用枫脂与牛油混合代替蜡是其区别于其他印染工艺的最大特征。

　　枫脂染工艺较为复杂，主要分为制浆、制图与浆染三道工序。制浆时先取枫脂，瑶族人民用半圆凿刀在枫树（瑶语称"哥舅"）树干上按"V"字形凿出切口，在切口下端放置竹筒收集枫脂，待竹筒盛满后连树皮一同揭起取回家中加牛油熬煮，后滤除浆中的树皮与渣子，制成牛油枫脂备用。需要印染时，取牛油枫脂装于土碗中，另准备一盆热草木灰，灰中埋有少许红炭火以保持温度，再将盛有牛油枫脂的土碗放置在草木灰上，使油料渐渐熔化用作涂料。之后用自制的竹针蘸取枫脂复涂于事先绘制好图案的布料上，竹针长约15厘米，一端稍粗，用于绘画；另一端呈扁平状，用于修正绘画过程中渗出画外的枫脂。待完成勾画，油料干透，便可送当地染坊上色。染坊将布料浸于装有蓝靛染料的木桶中，前后浸染八次，通常持续一周时间。待染色完成之后进行脱蜡工序，将布料投入沸水中煮脱枫脂，再清洗阴干，便可出现青底白花、蓝底白花等对比明快的图案。

采用枫脂勾绘图案的枫脂染，在浸染漂色的过程中不会出现蜡破裂产生的染裂纹，由此保证了图案的完整性，体现了瑶族人民独特的造物智慧。瑶族枫脂染图案构图优美、疏密有度、细腻美丽，图形多以花、鸟、鱼、虫、草为主，间或出现几何纹、雷纹、云纹、锯齿纹等，是瑶族自然崇拜的有力体现，同时也表现出瑶族审美深受农耕文化影响的特征。

图片来源
图一至图五　孙寒　制图

图二　瑶族枫脂染头巾尺寸图（单位：cm）

图三　瑶族枫脂染头巾造型分析图

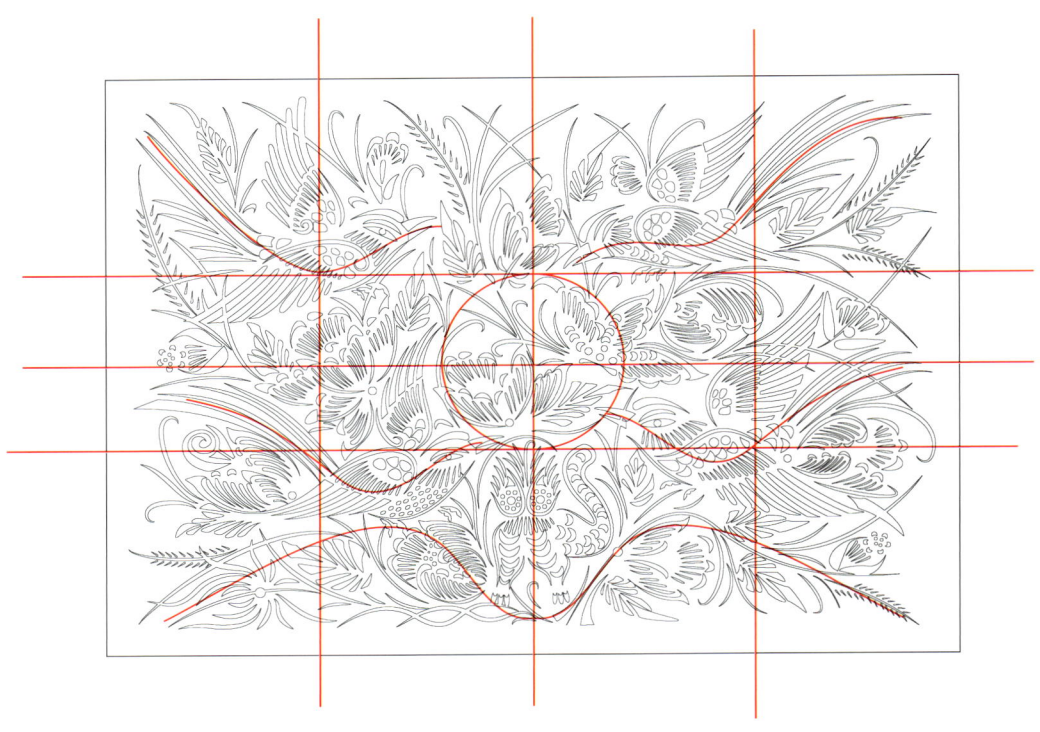

图四 瑶族枫脂染头巾骨式分析图

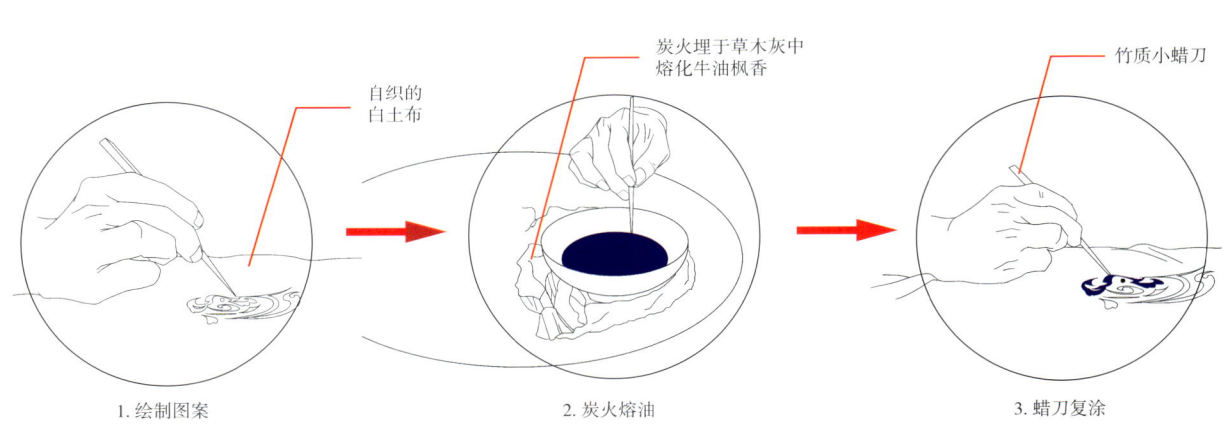

图五 瑶族枫脂染制作流程图

瑶族绕家枫香染童被

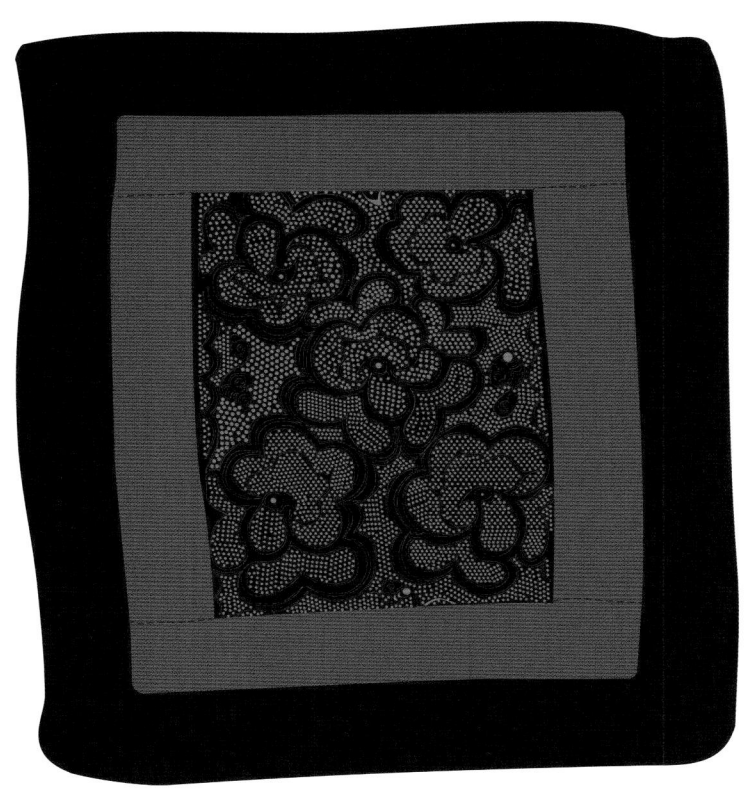

图一　瑶族绕家枫香染童被主图

　　瑶族绕家枫香染童被采选自贵州麻江岩寨的绕家。绕家人作为瑶族在贵州的一大分支，主要分布在贵州都匀、麻江等地。这件童被采用当地亲肤的棉布制作而成，外观由黑色边框、棕色内框和内部图案三层组成。童被通高93厘米，宽为79厘米，内部染制高为46厘米，宽为38.5厘米，是专为孩童睡眠而备，具有保暖抗寒的功效。

　　案例中的童被为典型的绕家枫香染风格，枫香染是将当地所种植的枫树的油脂取出，以植物蓝靛为染料，混合牛油之后作为印染的防染剂。脱去枫香油脂之后经过二次蓝染，便可得到各种深浅不同的蓝色，而非蓝白分明的防染效果。如此在面料上绘制图案纹样，可防止脱脂染色后花纹的显现问题，保证良好的印染效果。这种民间传统的防染工艺一直流传至今，其中以贵州麻江绕家较为著名，其防染的效果较好，显现的冰纹较少，染制出的布料图案细腻、色泽光鲜、层次丰富。

　　贵州绕家枫香染通过树脂等特色印染工艺，巧妙地将瑶族的工艺与文化相结合，创造出极具民族特色的寝具用品，为研究瑶族居住文化，特别是历史资料较少的与孩童有关的民族传统工艺提供了较为充足的一手资料，为相关领域的设计研究填补了空白。

图片来源
图一　林丹妮　制图
图二至图五　魏溥均　制图

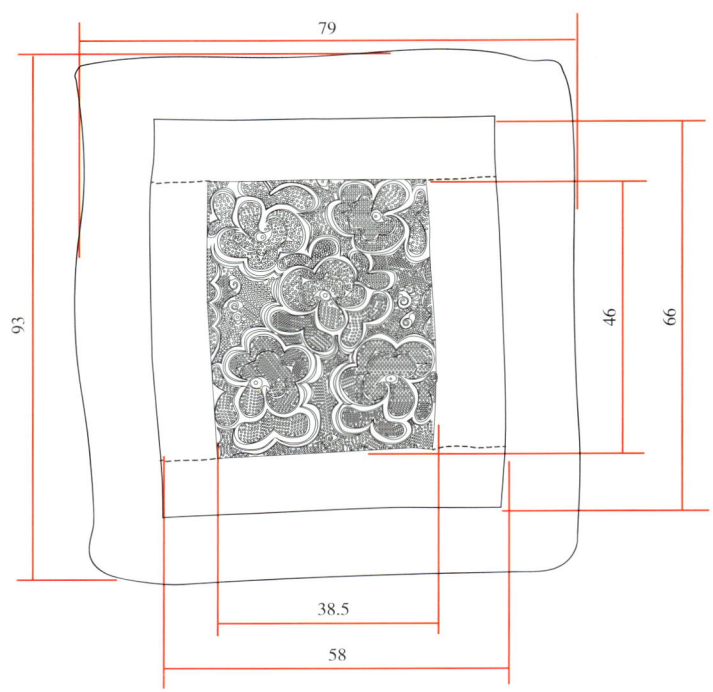

图二　瑶族绕家枫香染童被尺寸图（单位：cm）

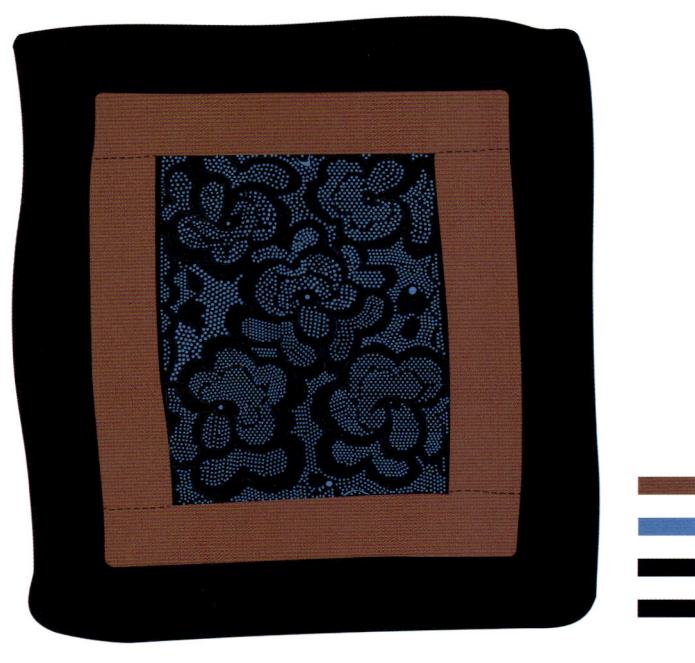

图三　瑶族绕家枫香染童被色彩分析图

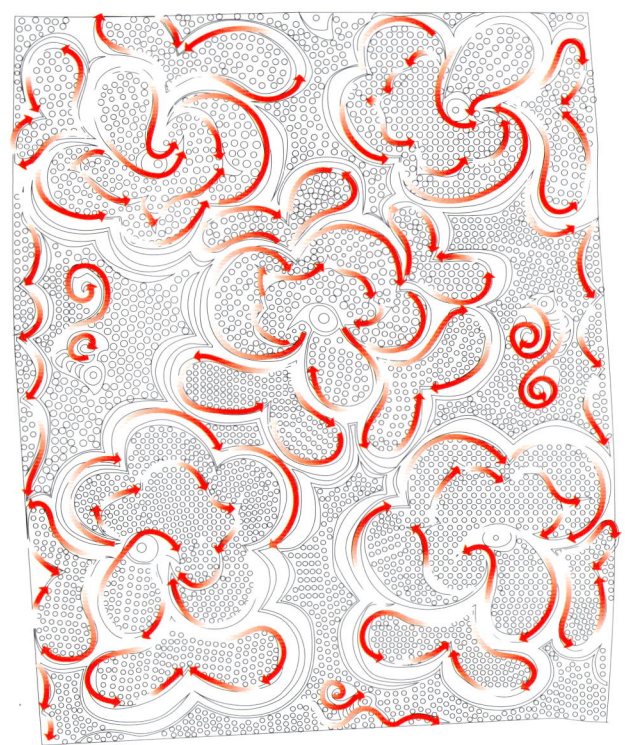

图四 瑶族绕家枫香染童被纹样分析图

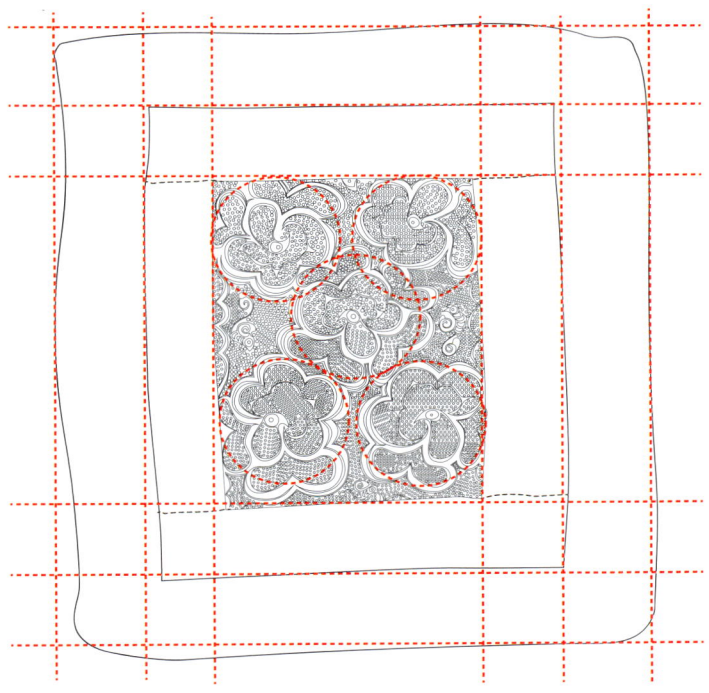

图五 瑶族绕家枫香染童被构图分析图

第六章 瑶族传统手工艺

瑶族蓝靛汁

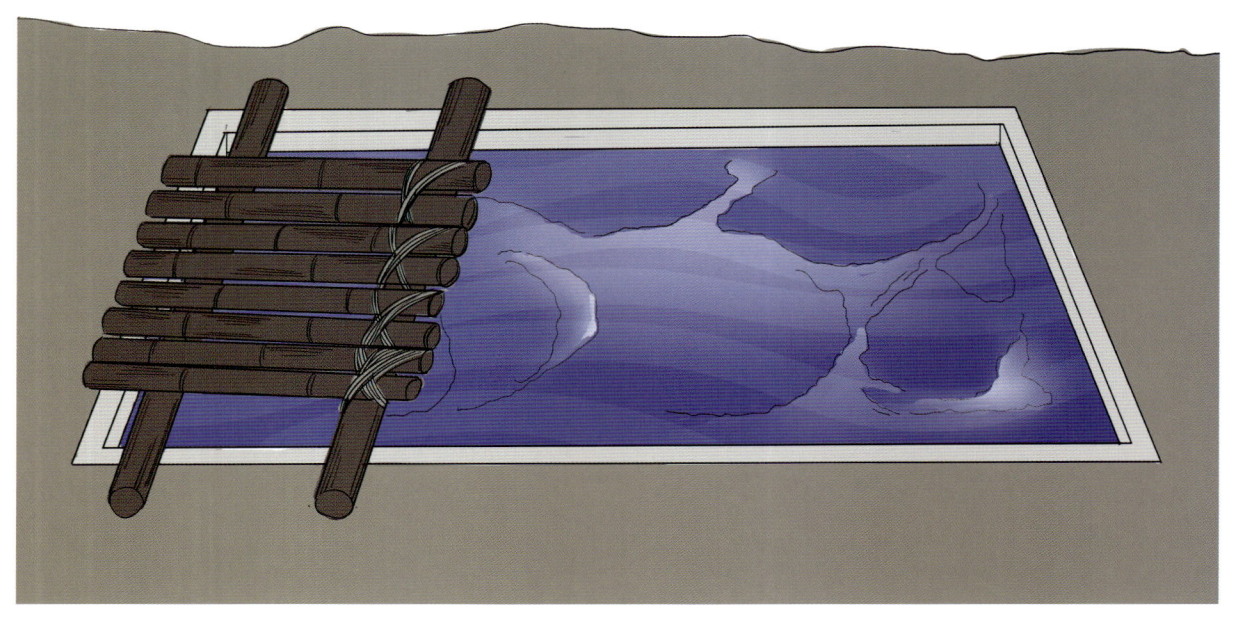

图一 瑶族蓝靛汁染池主图

蓝靛汁是瑶族传统手工制染料，也是制作瑶族土黑布和蜡染的主要染料，深受瑶族人民及周边民族喜爱。本案例采用的是云南省丘北县瑶族传统蓝靛汁制作工艺。制作蓝靛汁工序繁多、工艺复杂，主要可以分为建池、发酵、加石灰、排渣、搅拌、沉淀、贮藏7个步骤。

制作蓝靛汁前首先要建造发酵池，发酵池选在便于开挖、出土、排水的向阳地段，且周边有能够引至池中的溪水水源，发酵池口径约3米、深约1.5米，池边用三合土夯实，池口上架有两根直径约为20厘米的圆木，圆木上铺一竹制平台用作过滤废渣、废水与投放石灰的工作台，发酵池外缘开两个孔，上孔排废水，下孔排出蓝靛浆。制作蓝靛汁时，取新鲜蓝靛叶均匀铺放于池内，上面覆盖一层旧渣，引入泉水没过蓝靛叶约15厘米，浸泡5天，每日翻动一次，利于蓝靛叶分解发酵。蓝靛叶发酵完成之后，用绳子将装有石灰的箩筐吊于池水中，后用木耙将池底的蓝靛草渣捞出堆放在池口平台上滤水，当池中大部分草渣捞出之后，用木棍搅拌箩筐中的石灰使其融入池水中，再用长约3米的木柄搅拌池水，搅拌时采用三斜三直法，先斜插入水中三次，后直插入水中三次，如此循环约1小时，通过充分的搅拌，原本呈绿色的蓝靛浆水与石灰产生化学反应，与空气接触氧化，形成可溶性蓝靛汁。搅拌结束后池内蓝靛汁需要静置4小时使蓝靛沉于池底，废水与蓝靛分离后打开发酵池外缘的上孔排出废水，排污完毕后再打开下孔将蓝靛浆排出，蓝靛浆经过滤器流入蓝靛池，再分离多余水分，反复数次便可以得到蓝靛膏。

进行印染时，只需要将蓝靛膏投入蓝靛染缸中加入适量白酒与冷水稀释即可制成染料。瑶族所制蓝靛制品使用便捷、利于贮存，深受当地人喜爱。瑶族优秀的蓝靛种植与蓝靛汁制作工艺充分体现了瑶族人民因地制宜的造物智慧，对现代纺织印染技术的发展也有着重要的参考意义。

图片来源

图一至图五　孙寒　制图

图二　蓝靛叶线描图

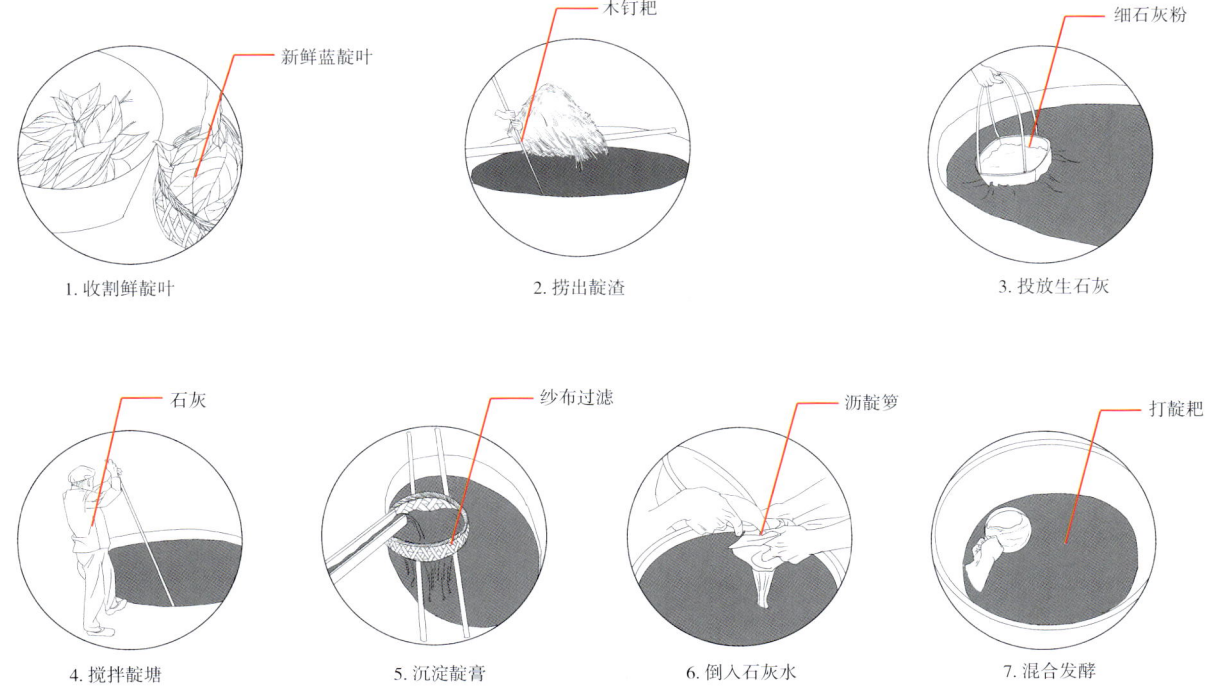

图三　瑶族蓝靛汁制作流程图

图四 瑶族妇女检查蓝靛膏等次线描图

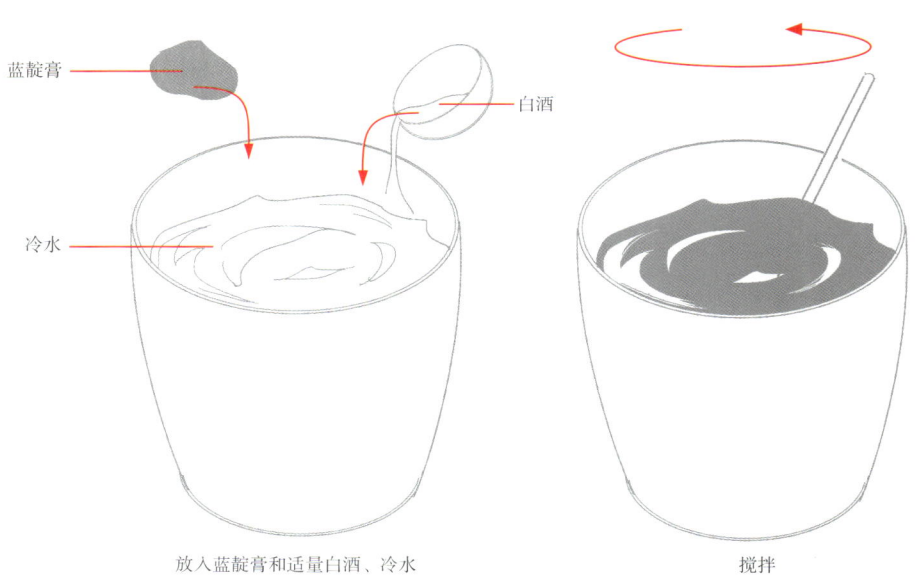

蓝靛膏　　白酒

冷水

放入蓝靛膏和适量白酒、冷水　　　搅拌

图五 瑶族蓝靛汁制作原理分析图

过山瑶反面刺绣

图一　过山瑶反面刺绣主图

此案例采集自广东韶关乳源，是过山瑶女性刺绣手工艺的杰出代表。这种鲜少有人了解的古老刺绣技艺流传在广东韶关过山瑶村落之间，与我国其他传统的刺绣工艺有着很大的差别，被誉为中国刺绣史上的一朵奇葩。过山瑶反面刺绣完全手工作业，其观赏性远胜于现代工艺的机绣，线条均笔直、角度规整、色彩统一，有红、绿、黄、黑、白五色。

广东韶关乳源过山瑶反面刺绣工艺最大的特点在于其绣制工艺和手法，"反面绣"顾名思义是从反面绣制而成，不看正面的图样，仅靠过山瑶女子娴熟的刺绣技巧和烂熟于心的纹样，就能从绣料反面绣出精美的图案。此外，过山瑶传统反面绣不画底稿。此案例中的反面绣选取长、宽各35厘米的黑棉布，用黑白线绣出大小、长宽各不相同的方格，然后在各格中绣出基本的图案，这些图案是意象化的，多为二方连续的纹样图案，用以构成全幅花纹的基本图案，是固定的几何轮廓填充，此外还有很多花草和走兽的纹样，体现了过山瑶人民热爱大自然、追求人与自然和谐的美好心愿。反面绣的针法采用轮廓绣和十字绣两种，轮廓绣用于绣制图案的边缘和部分线条，十字绣则用于大部分的纹样。刺绣用的线为五色棉线，颜色对应《黄帝内经》中的五色：青（绿）、赤（红）、黄、白、黑，由此可见过山瑶文化在传播中也受到传统文化的影响，并与之逐渐融合起来。近年来瑶族的文化传承者开始重视瑶族的文化传播与保护，意识到广东韶关乳源过山瑶传统反面刺绣工艺不仅代表了瑶族手工艺，也是瑶族文化传播的一个重要媒介。

瑶族女子精于刺绣，也热爱绣品，一针一线都视作珍宝。反面绣的工艺精巧，观赏性高，精心绣好的一件绣品可以是瑶族女子送给心上人最珍贵的礼物，也可以是创造利润的商品，更是我们研究过山瑶文化与历史最好的传承物之一。

图片来源
图一至图七　樊振杰　制图

图二　过山瑶反面刺绣尺寸图（单位：cm）

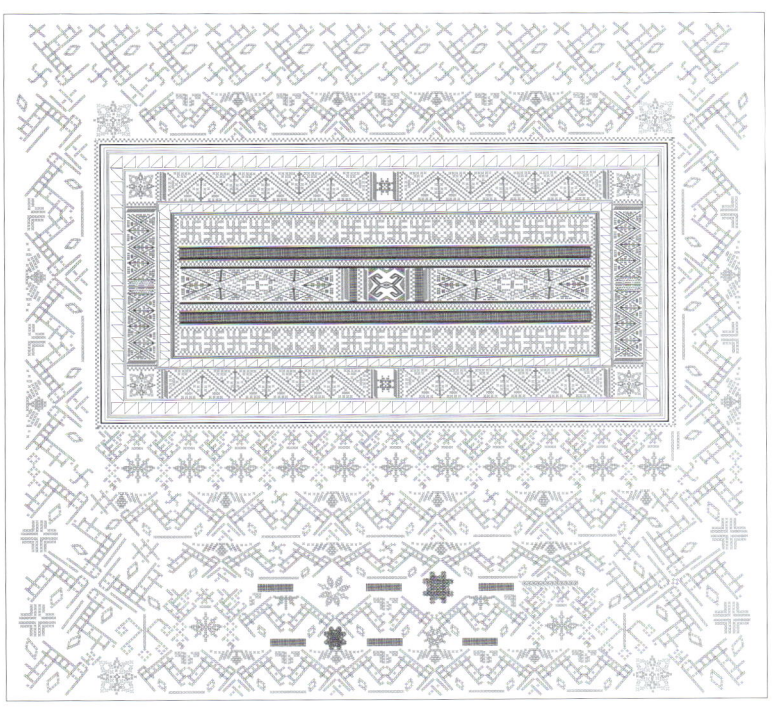

图三 过山瑶反面刺绣线描图

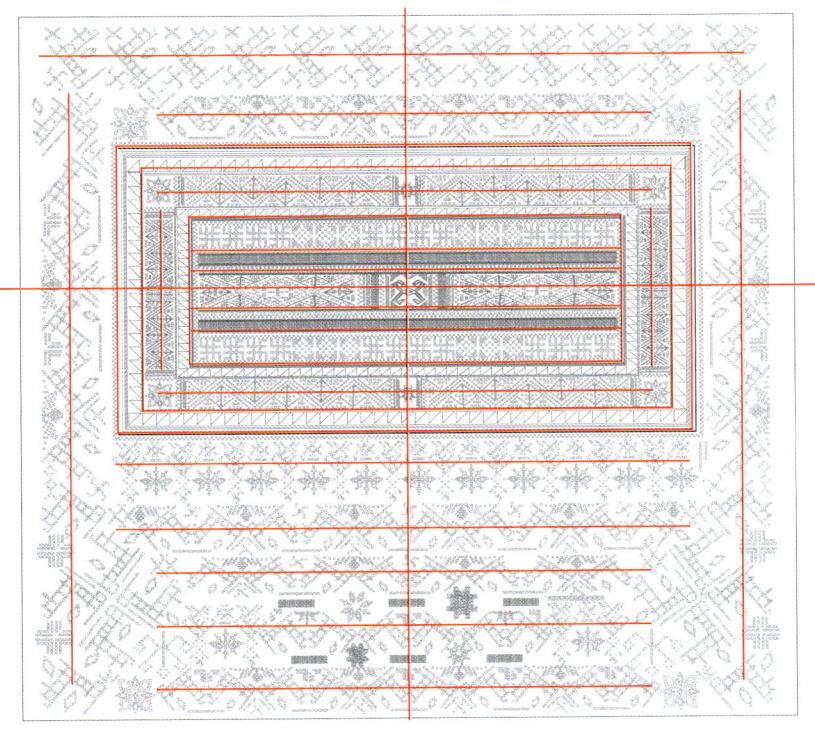

图四 过山瑶反面刺绣骨式分析图

图五　过山瑶反面刺绣造型分析图

图六　过山瑶反面刺绣工艺分析图

图七　过山瑶反面刺绣色彩分析图

瑶族人字帕

图一　瑶族人字帕主图

　　瑶族为一个迁徙民族，分布面广，因此支系众多，服饰也因此而各不相同，头饰样式更是种类繁多，也是区别不同支系的重要依据。宁远县庙冲村作为九嶷山瑶族具有代表性的村落，其服饰典雅大方，而头饰则成为女子整体服饰中的点睛之笔。

　　本案例采集自湖南省永州市宁远县庙冲村，通长39厘米，通高22.5厘米。此人字帕以黑色多层包头为底，配以花边头帕，多层叠加，四周下垂，包头将头帕撑起，左、右两边呈人字形，故称人字帕。最外层头帕绣满挑花图案。瑶族服饰刺绣的图案来源于瑶族的历史发展、宗教信仰与生产生活，通过归纳再加以夸张与变化，形成几何纹样。本案例人字帕图案有八角花、太阳花以及动物纹等。八角花作为瑶族刺绣中最常运用的纹样之一，与太阳花一样，在瑶族人民心中象征着太阳，体现出瑶族人民作为农耕民族对自然的崇拜与敬畏，并渴望得到自然的庇佑。有些年轻的女子为了美观会在头帕边缘以彩色珠子或丝绦为穗，用以装饰头帕。头饰最初便是为了保护头部及御寒而产生，经过长期的发展，头饰的装饰意味已胜于实用作用，成为民族服饰文化的重要组成部分，但其实用作用依然存在。

　　瑶族女子善刺绣，头饰作为瑶族女子重要的装饰物之一，更是集中体现了瑶族刺绣的精美。庙冲村人字帕集实用与装饰功能为一体，造型优美，黑色为底，亮色挑花，既沉稳又活泼，以整洁的几何状纹样为载体，反映了瑶族人民的生产生活与宗教信仰，也体现出瑶族人民对审美的追求，以及对美好生活的向往，彰显出瑶族特有的民族风情与文化。

图片来源

图一至图五　单文霞　制图

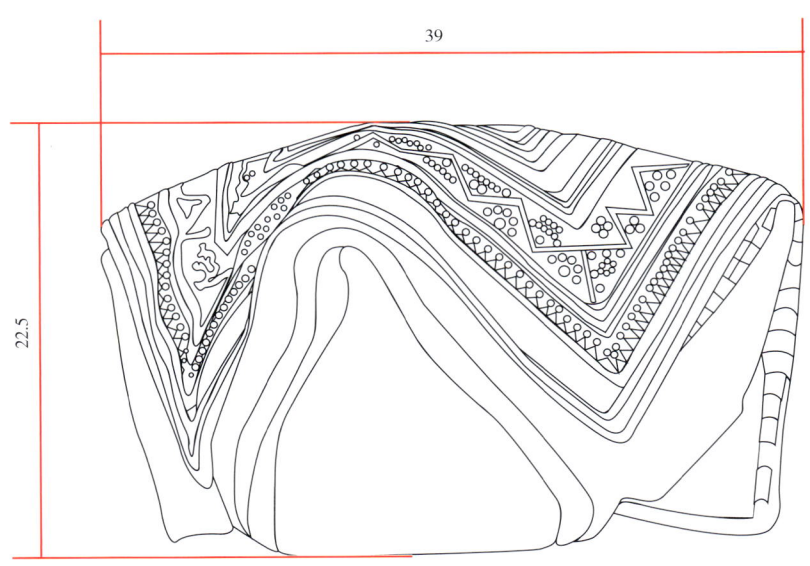

图二　瑶族人字帕尺寸图（单位：cm）

图三　瑶族人字帕图案效果示意图

图四 瑶族人字帕刺绣图案分析图

图五 瑶族人字帕色彩分析图

瑶族挑花刺绣

图一　瑶族挑花刺绣主图

挑花，又称十字挑花。挑花刺绣在瑶族传统刺绣中最为精巧细致，其刺绣内容丰富、品种多样、色彩艳丽，具有浓郁的地方及民族特色，广泛流传于广西壮族自治区各瑶族村落中。本案例这件刺绣品为《青布龙、狗、人物、蟹、双喜图刺绣品》，现收藏于广东瑶族博物馆。

在进行挑花刺绣时，首先准备好刺绣相关工具，主要有针、布料以及绣线等。挑花刺绣选用前端较为圆滑的挑花针，布料一般选用青色的自制粗布和各种纱线，绣线可选用丝线或绒线，在挑绣时瑶族人民按土布的经线和纬线用十字的针法进行徒手绣制。本案例《青布龙、狗、人物、蟹、双喜图刺绣品》以藏青色作底，选取红、黄、绿、紫、蓝等色纱线挑成，以直列式、横列式及斜列式针法配合刺绣。瑶族挑花刺绣工艺以局部开始进行刺绣，不分主次一点点挑绣图案。整个挑花过程中行针的长短、用线的松紧均需一致，繁密处针针相套，不漏底色。整体布局以左右结构为主，图案以自然界的万物生灵为主，主要有龙、凤、狗、人物等，整个刺绣品构思巧妙、布局均衡，整体画面丰富生动，具有强烈的视觉冲击力。

瑶族人民在刺绣时选材广泛、内容丰富、形态多样，同时注重色彩搭配，整个图案色彩统一、协调。瑶族的挑花刺绣工艺不仅蕴含了丰富的文化内涵，同时也反映了瑶族人民的社会习俗、生活情趣及宗教信仰，已被列入国家首批非物质文化遗产名录。

图片来源
图一　侯亮　摄影
图二至图六　李安娜　制图

图二　瑶族挑花刺绣纹样效果示意图

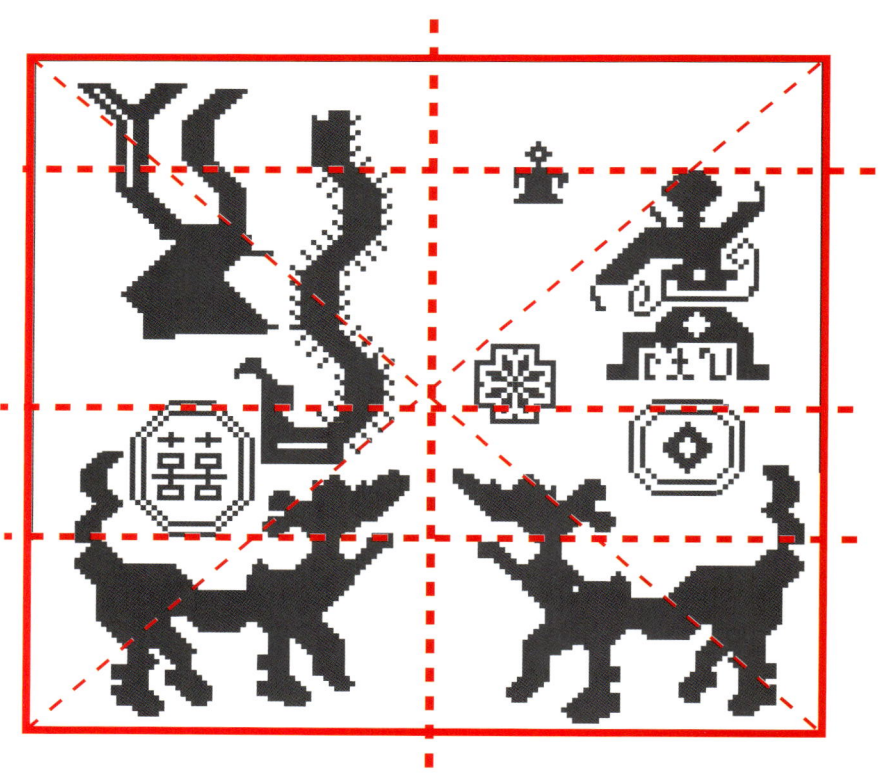

图三　瑶族挑花刺绣骨式分析图

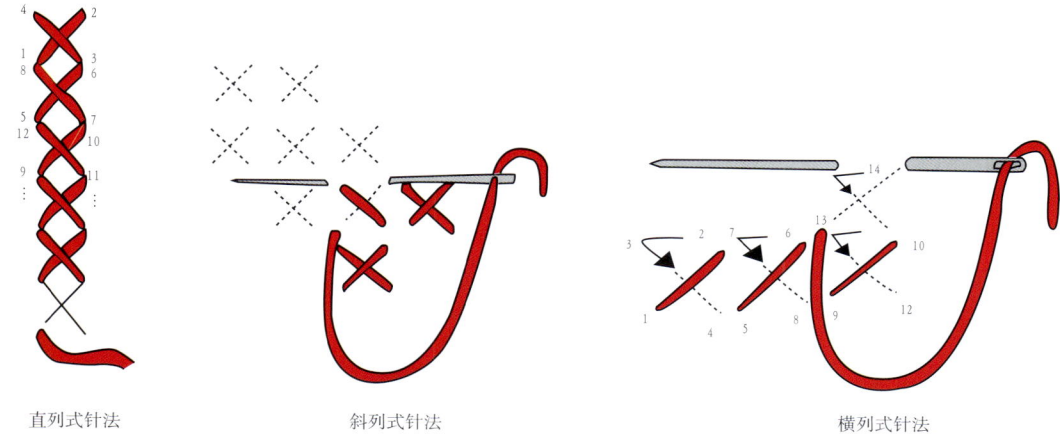

直列式针法　　　　　斜列式针法　　　　　　横列式针法

图四　瑶族挑花刺绣工艺分析图

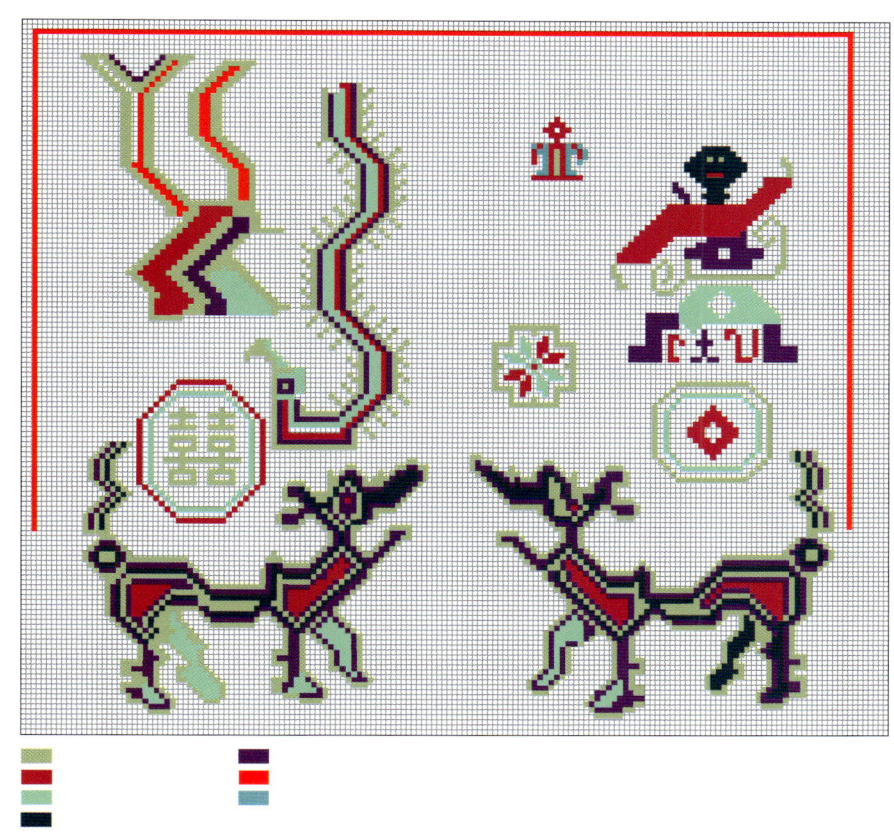

图五　瑶族挑花刺绣色彩分析图

图六 瑶族挑花刺绣效果示意图

八排瑶长鼓

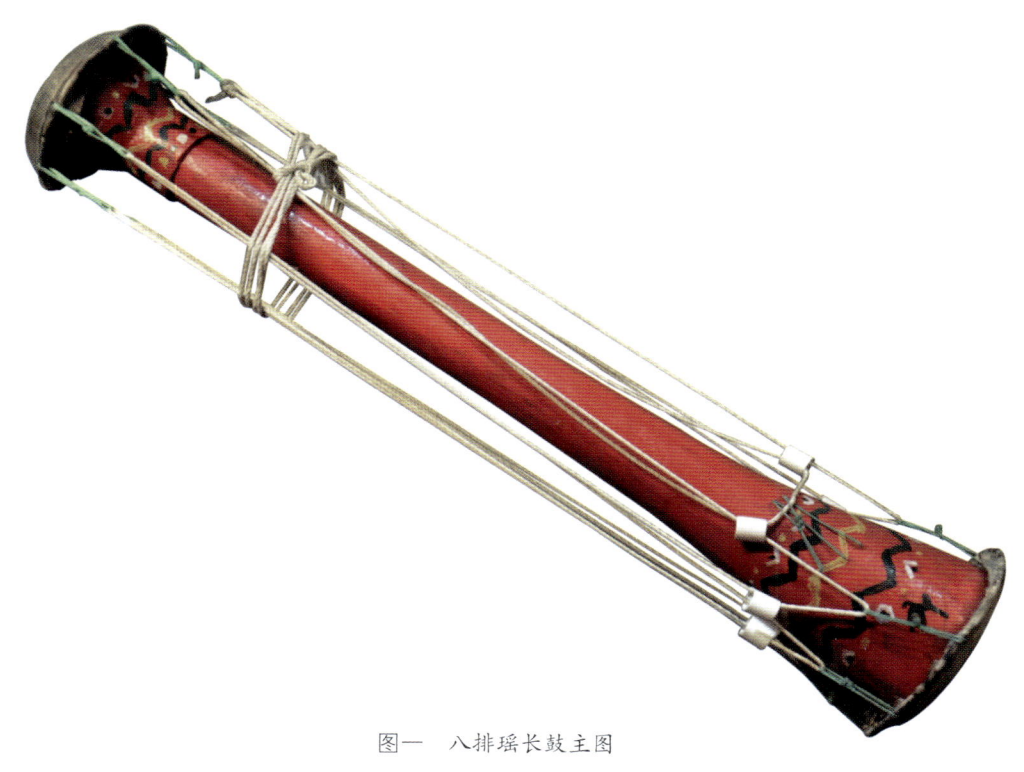

图一　八排瑶长鼓主图

鼓作为瑶族最具代表性的乐器之一，可分为长鼓、铜鼓、陶鼓，不同地区的长鼓又根据尺寸可分为大、中、小三类，声音也因体量的大小而有所差别。

本案例采集自广东连南八排瑶，长鼓由鼓腰、鼓面、绳索、套扣四部分组成。鼓身为木质，呈红色，鼓面以麂皮、羊皮或牛皮蒙之，鼓腹中空，鼓腰细小，鼓的两端呈喇叭状且绘有黄、绿、白三色的几何图案。两端鼓面口径一大一小，且以绳索相连，每两根相邻绳索套一套扣，传统长鼓套扣为竹制，本案例套扣为塑料制成，扣套壳可上下活动以调节鼓面的张弛，达到调节鼓音的目的。距离小口径鼓面24厘米处，以麻绳将绳索捆绑。

长鼓的传统手工制作方法：首先是做初胚。选十年以上的泡桐木锯成鼓身的长短，剥皮、阴干，再将木料削为中间细、两端呈喇叭状的形状，然后将表面刨平、磨光。其次是将初胚两端挖空，用炭火将鼓身中间烧通。第三步便是蒙鼓面。用麂皮、羊皮或牛皮将鼓的两端蒙住，并用线或竹钉固定，最后将两鼓面用绳索呈"V"字形相连。

长鼓不仅是一件乐器，也是长鼓舞的道具。表演时，操作者需将长鼓挂于左肩，横于腰前，右手以掌击打一面鼓面，左手持竹片以击打另一面鼓面，舞蹈形式多样。

长鼓是瑶族古老的膜鸣乐器，民间流传

着关于长鼓起源的传说,虽为传说,且说法不一,但都能体现出瑶族对盘瓠的崇拜以及对祖先的敬仰,因此瑶族人民对长鼓也非常敬重。

图片来源

图一　葛芳　摄影
图二至图三　温清格　制图
图四至图七　徐芷璇　制图

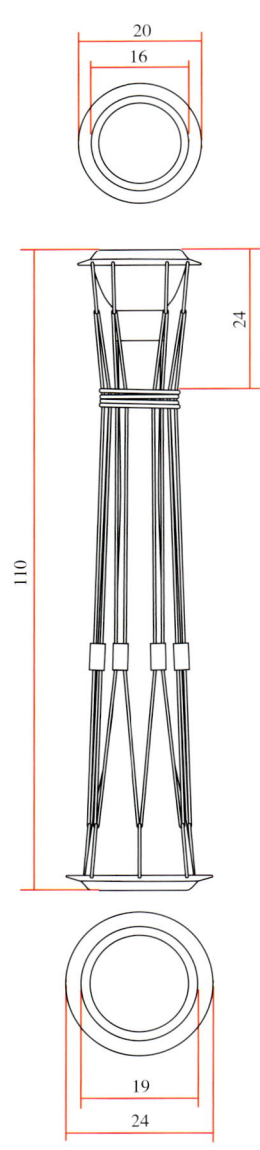

图二　八排瑶长鼓尺寸图(单位:cm)

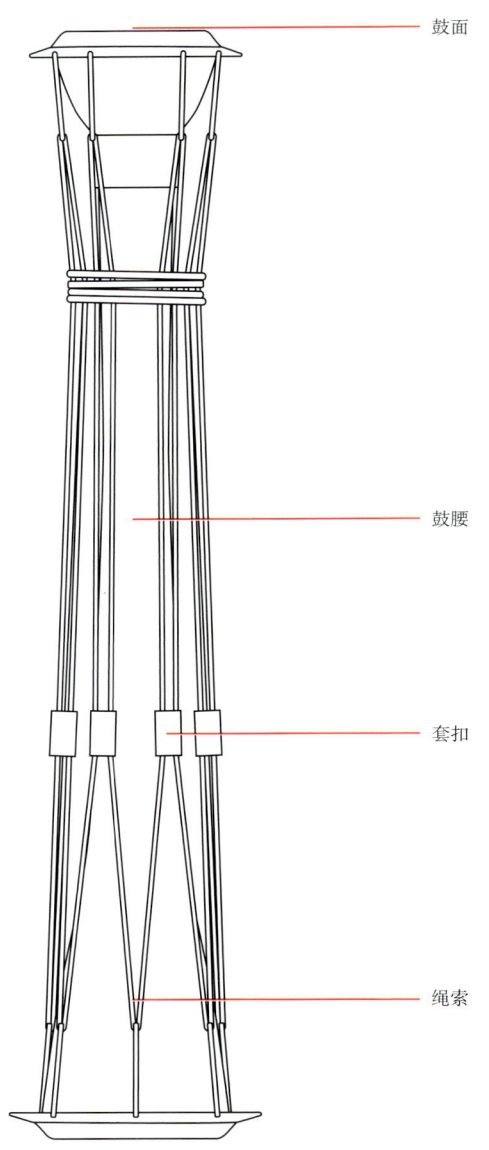

图三　八排瑶长鼓结构名称图

图四 八排瑶长鼓制作材料图

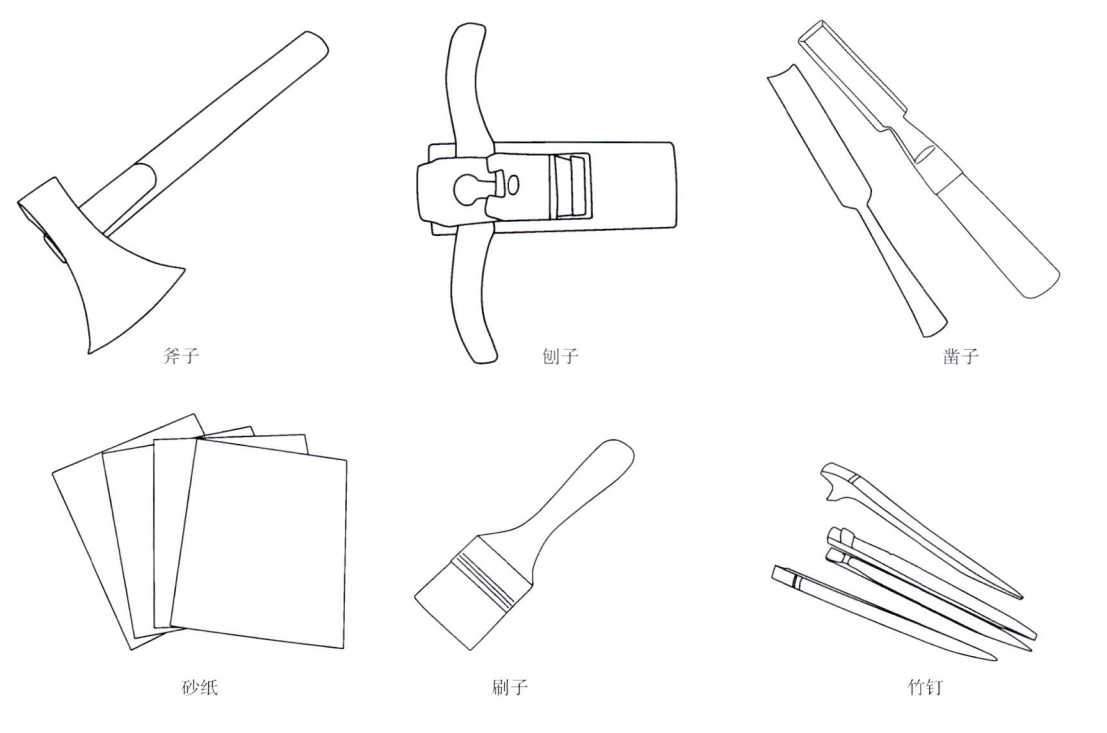

图五 八排瑶长鼓制作工具图

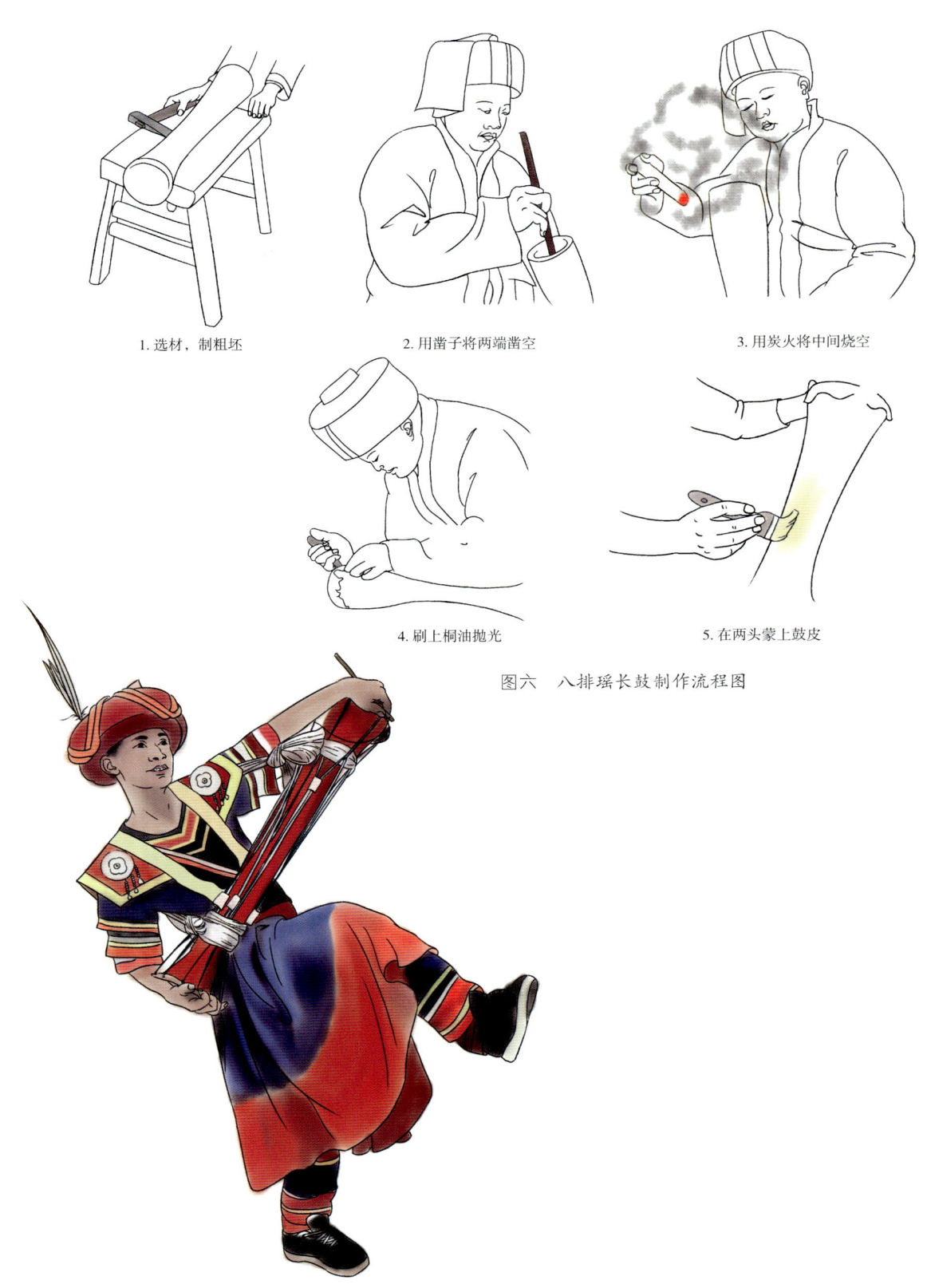

1. 选材，制粗坯
2. 用凿子将两端凿空
3. 用炭火将中间烧空
4. 刷上桐油抛光
5. 在两头蒙上鼓皮

图六　八排瑶长鼓制作流程图

图七　八排瑶长鼓演奏示意图

花瑶女性圆盘头饰

图一　花瑶女性圆盘头饰主图

此案例采集于湖南隆回县虎形山瑶族乡，花瑶女性圆盘头饰制作工艺是花瑶自古流传的手工艺。花瑶长期居住在崇山峻岭之中，交通不太发达，与瑶族主流以及其他民族缺乏交流与融合，因此其服饰鲜艳夺目，保留了独特的自我风格。其中，女性圆盘头饰因其夸张的形制与颜色，成为花瑶女性服饰的代表。

花瑶生活在高山上，醒目的颜色除了鲜艳美丽之外，行走在山间也更容易看到彼此，防止意外的发生。花瑶女性的头饰瑶语称为"特典"，也叫作大圆盘帽，直径约54厘米，垂坠的彩色装饰流苏长85厘米，从制作到穿戴都十分讲究。传统的盘缠方式是将红、黄彩带一圈圈盘在头上，需要两个人合力完成，在劳作的过程中也容易散开，不便于操作。因此现代人对头饰进行了改良，先用竹篾编织出骨架，再用红、黄两色毛线编织成的彩色花绳一圈圈有序地盘缠而成。

制作圆盘头饰时，首先将数根竹篾编成环形放射状的骨架，采用经纬篾"一压一挑"式的编织手法将骨架编织成状似葵花的大圆盘，底小、口径大；然后再取4根长的篾条横穿绕骨架一周，固定；最后在口径出藏头，调整之后便可盘缠花绳。盘缠好花绳之后再在一端装饰一束五彩流苏，这样的头饰是花瑶女性身份的象征，不同的颜色、形制可以代表不同的人群。编织彩带是花瑶女性的绝活，是瑶族原生态民间流传至今的工艺，制作彩带首先需要在竹板上烧烤17个小洞，上面9个，下边8个，且下边的小洞与上边的小洞斜交叉；然后分别用17根五彩毛线穿过小洞，拴在腰和大脚趾间，17根彩线上拴一套提闩，然后弹动提闩，用双线左右穿梭，自由编织出不同的花纹彩带，一根彩带长度可达百米。花瑶人以头饰大为美，越大的头饰也象征着这名女性越能干。年轻或刚出嫁的女性头饰的花绳采用明度和纯度较高的红、黄两色，随着年纪的增长，会使用相对较暗的颜色。妇女在守孝期间，佩戴的头饰采用特殊的粉红色花绳盘缠。

花瑶女性圆盘头饰的制作工艺是对传统手工的继承和发展，体现了花瑶人民的智慧和对生活的热爱。头饰不仅装饰了花瑶女性，也成为她们的民族象征，更是研究花瑶文化和民俗最好的工艺之一。

图片来源
图一至图二　侯亮　摄影
图三至图十一　樊振杰　制图

图二　花瑶女性圆盘头饰背面图

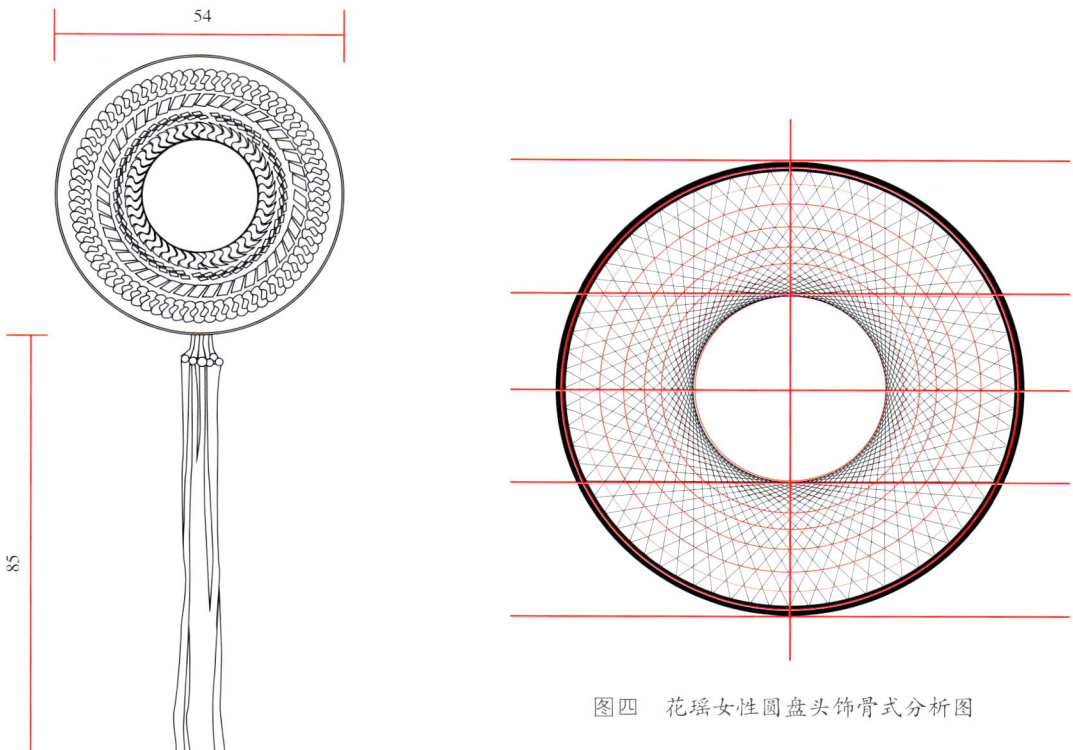

图三 花瑶女性圆盘头饰尺寸图（单位：cm）

图四 花瑶女性圆盘头饰骨式分析图

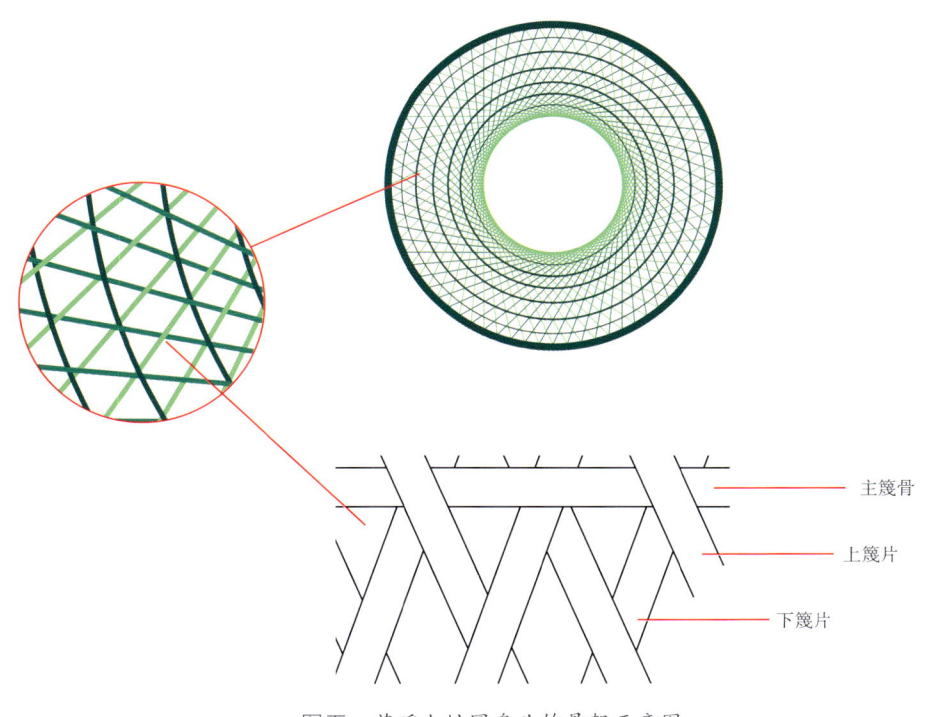

主篾骨
上篾片
下篾片

图五 花瑶女性圆盘头饰骨架示意图

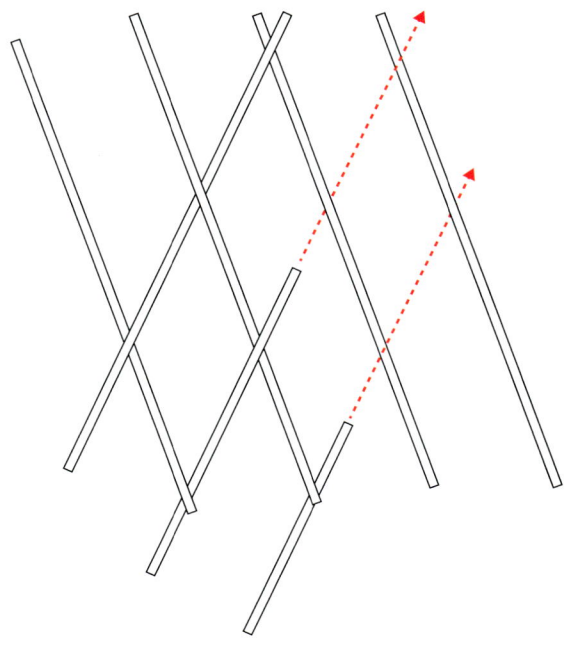

图六 花瑶女性圆盘头饰骨架编织手法示意图

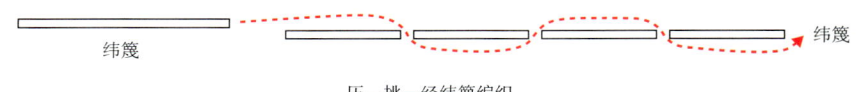

压一挑一经纬篾编织

图七 花瑶女性圆盘头饰经纬篾编织手法示意图

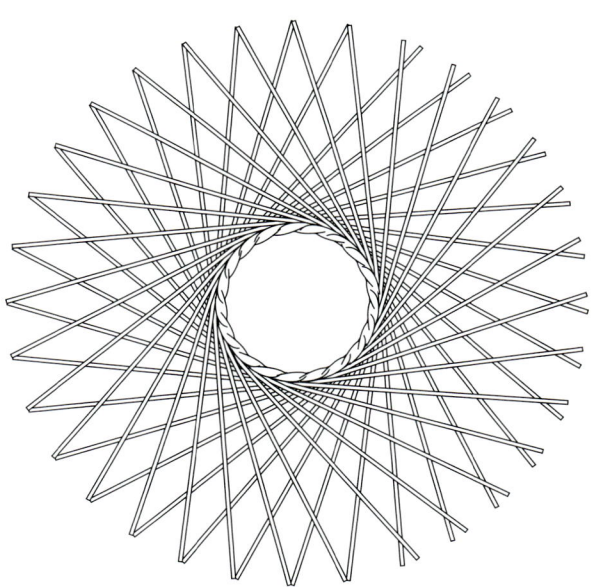

图八 花瑶女性圆盘头饰编织骨架示意图

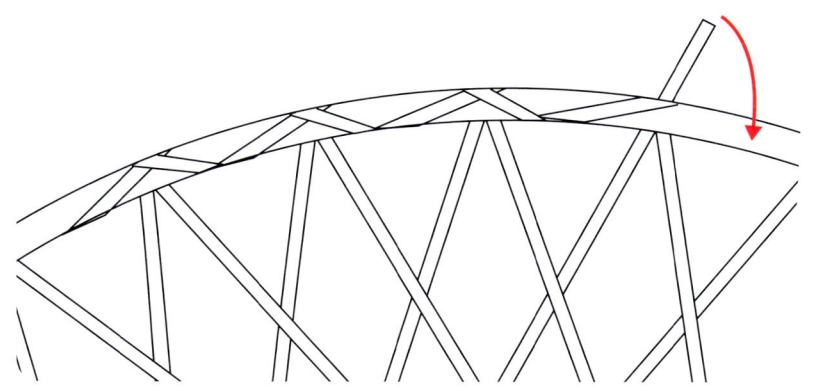

图九　花瑶女性圆盘头饰藏头手法示意图

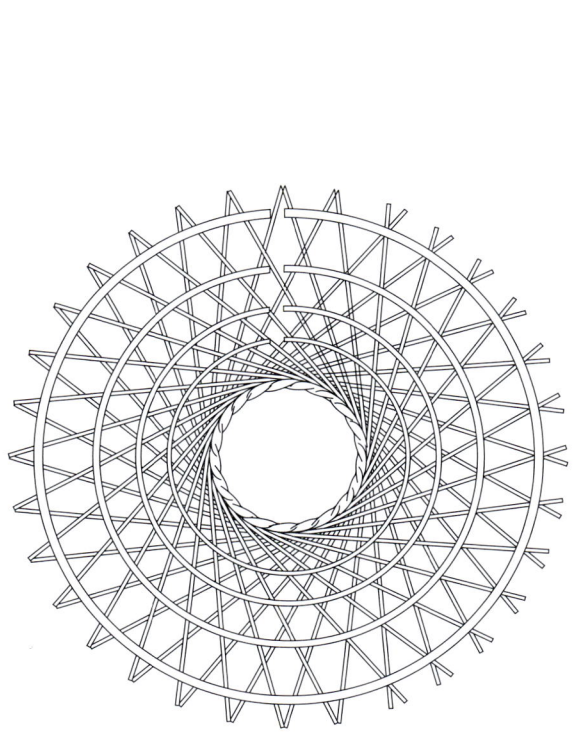

图十　花瑶女性圆盘头饰固定篾条图

图十一　花瑶女性圆盘头饰色彩分析图

红瑶女子长辫盘头

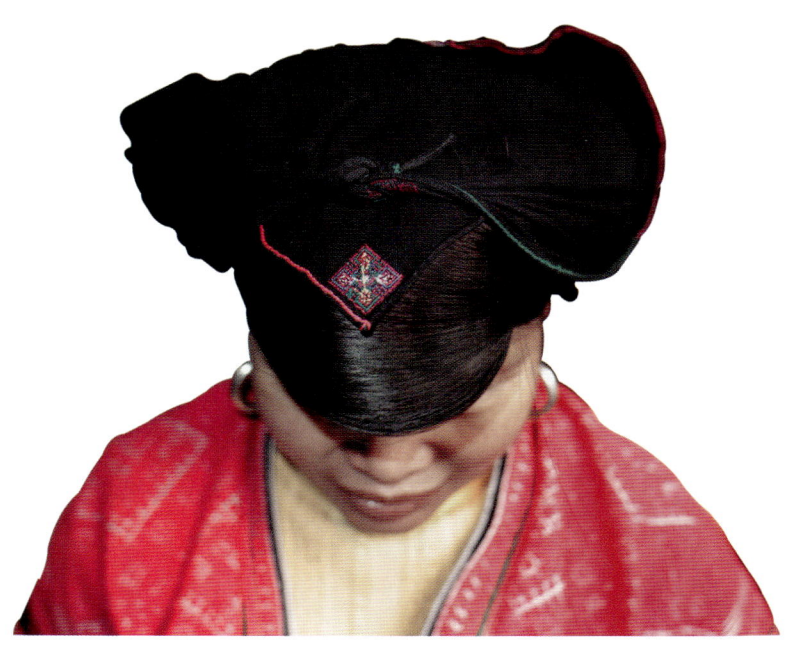

图一　红瑶女子长辫盘头主图

红瑶是广西壮族自治区桂林市龙胜各族自治县内瑶族的一个分支，因穿红色服装而得名。红瑶女性有着独特的蓄发习俗，她们从13岁时便不剪头发，对自己的头发十分珍视，日常都将长发束辫盘起。龙胜的黄洛瑶寨中，女性的发长平均有1米，其中60多名女性的头发长度超过1米，最长的达到1.75米，其主人是世界上拥有最长头发的纪录保持者，而黄洛瑶寨也因此被称为"天下长发第一村"。

红瑶女性的盘发是非常有讲究的，不同的身份需配不同的发式：已婚已育的女性要梳乌龙蟠发型，已婚未育女性梳螺丝蟠发型，而用黑色手织布包起长发的是尚未婚配的女性，她们的长发必须在结婚入洞房的当天，由自己的新郎亲自打开。

红瑶女子盘发时，首先要将头发全部由后向前梳拢至前额中心，并取其中细细的一小束头发作为发绳，将整束头发贴着头皮进行捆扎；接着，将捆好的发束按照顺时针的方向，一边旋拧一边绕着头部盘至脑后，同时不断用梳子将下半截未被盘起的头发进行梳理；然后，用左手拎着第一圈盘上去的头发，将第二圈头发卡在第一圈下面，再绕至后脑勺；再将剩余的头发从后脑勺盘至前额，包裹住发束的起始处，从第一圈盘发下面绕过，盘至头顶；最后用木梳在头顶由后向前插过发梢，插进盘好的发辫，用来固定整个盘发造型。

图片来源
图一、图四　侯亮　摄影
图二至图三　卞华磊　制图

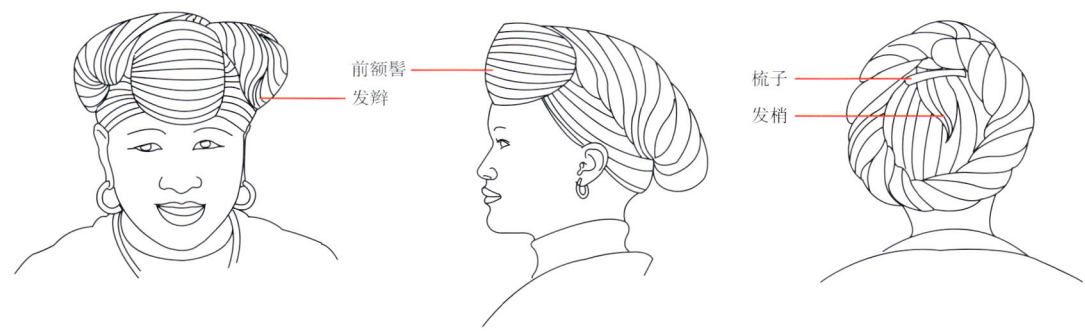

图二 红瑶女子长辫盘头结构名称图

1. 将头发由后向前梳拢至前额中心，并取其中一束头发将整束头发进行捆系

2. 捆系好的发束按顺时针方向边旋拧边沿头部盘绕，同时梳通未盘部分的发束

3. 左手拎起第一圈的盘发，将第二圈卡在第一圈下部，再绕至后脑勺

4. 发梢从后脑勺盘至前额，包裹住发束起始处，再从第一圈盘发下面绕过前额，盘至头顶

5. 用木梳由后往前插过发梢，插进盘好的发辫，固定住盘发

6. 盘发完成

图三 红瑶女子长辫盘头操作示意图

图四　红瑶女子长辫盘头效果示意图

瑶族银耳饰

图一 瑶族银耳饰主图

瑶族人民偏爱佩戴银饰，原因是在不断地迁徙过程中，瑶族人民将当时流通的货币——银子制作成各种各样便于携带的饰品，这样一来就大大减少了匆忙之中丢失贵重物品的概率。每逢过节，人们都会穿着鲜艳的服装，佩戴着各式各样的银饰参加活动。本案例现藏于广西民族博物馆，为广东连南瑶族传统银耳环，整体为花瓣形，中间方块上配有花形雕刻，器形简洁，高6厘米，花瓣宽4厘米，环宽3.5厘米。

瑶族银耳环整体造型呈花卉图案，方形银块上刻有圆形图案，呈重复环形排列，中间刻有花瓣状，两边对称刻有树叶，耳环穿孔处呈波浪形卷曲。瑶族银耳环制作流程复杂，第一步化银，先用秤称出所用银料重量，将大块银料砸碎放入坩埚置于炉上熔化，当鼓风炉呈白热化程度时，银开始熔化，用长柄钳夹坩埚浇铸铜模。第二步进行锻打，趁银料未变冷时，开始锻打，将银坯按理想成型。第三步下料，比照设计好的银饰图稿下银片，银片要比图稿略大，留出一定的加工余量，如果是特殊形状，要将其展开成平面来加工。第四进行粗加工，将银条经过拉丝工艺加工成丝缠绕，随后将方形的银块进行焊接固定（图四）。第五步精加工，这道工序包括了锤錾、錾刻、镌镂等工艺，是整个工艺中最关键的地方，瑶族的许多银匠师傅把这道工序叫"雕花"（图五）。银饰做工优劣，关键就在此时。最后进行酸洗，经过反复的捶打与中温，银饰表面会发黑或沾上杂质，因此需要酸洗。

从古时候银饰设计的传统美入手，现代

人对瑶族耳环文化内涵和特征进行了深入的探究，升级了花纹，使其更具现代化。

图片来源
图一　顾怀灏　摄影
图二、图四至图六　顾怀灏　制图
图三　赵思颖　制图

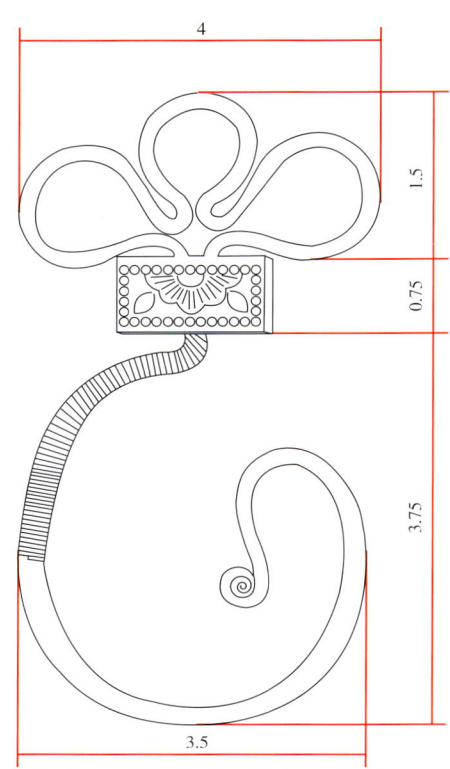

图二　瑶族银耳饰尺寸图（单位：cm）

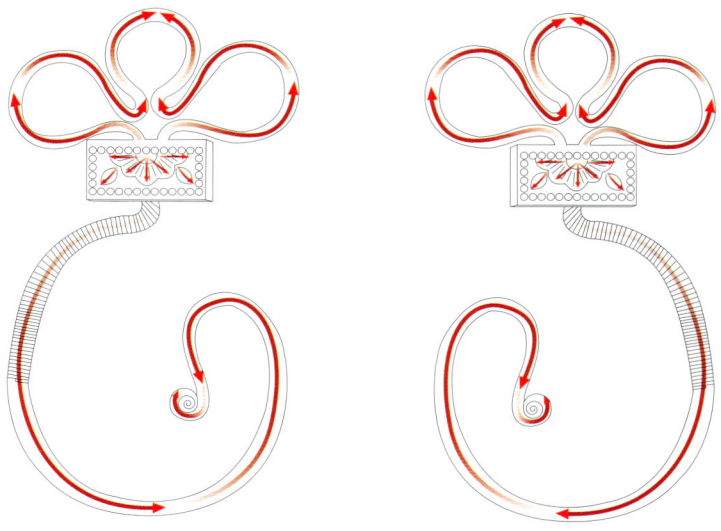

图三　瑶族银耳饰纹样动态分析图

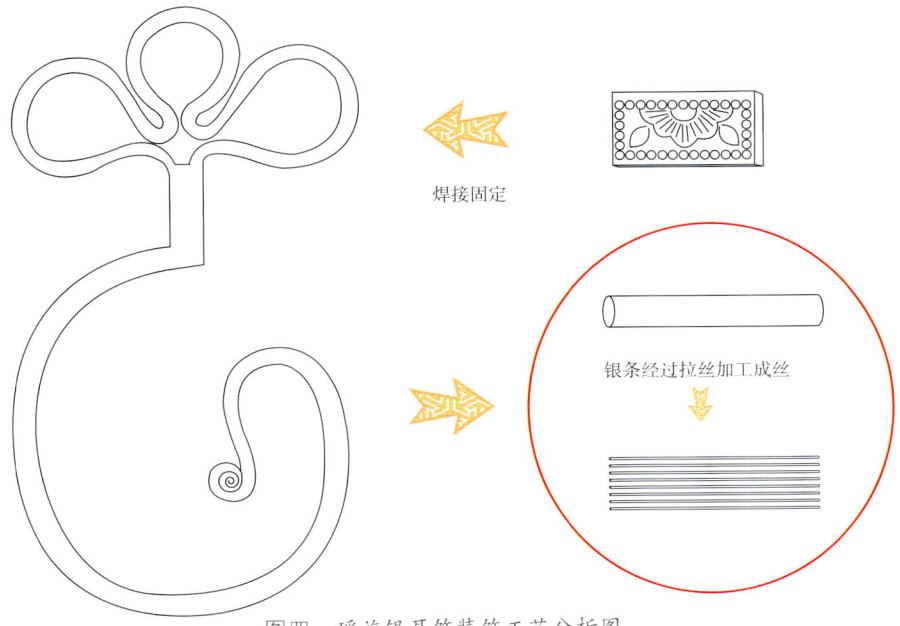

图四　瑶族银耳饰装饰工艺分析图

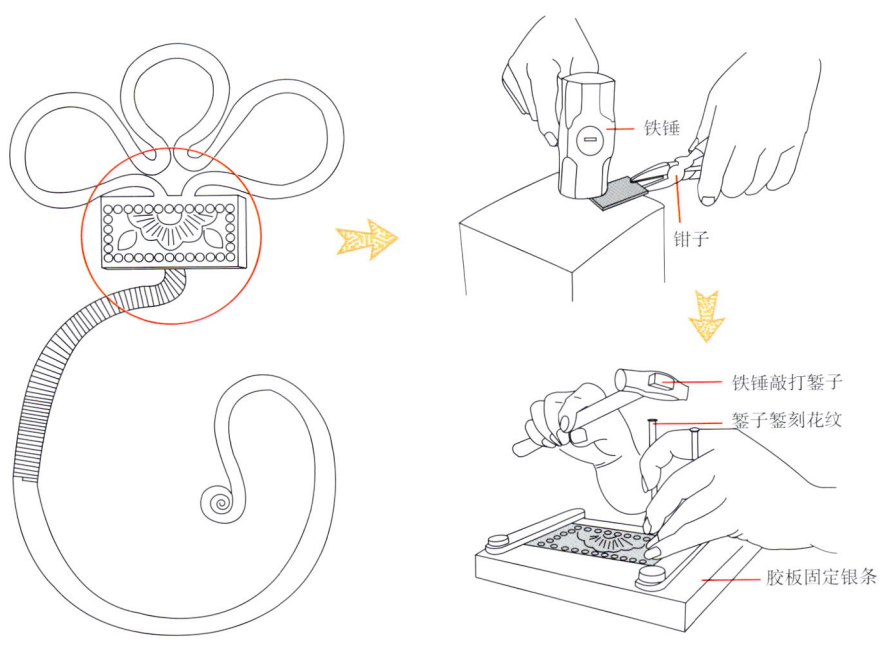

图五　瑶族银耳饰工艺分析图

第六章　瑶族传统手工艺

图六　瑶族银耳饰佩戴效果示意图

瑶族木雕刻匾

图一　瑶族木雕刻匾主图

　　匾，题字的横牌，挂在门或墙的上部。瑶族民居一般比较重视门匾，门匾雕刻技法有浮雕、透雕、多层叠雕、透雕、满地雕等类型。本案例征集于广西金秀瑶族博物馆，工艺以浮雕、透雕为主，表面髹漆，文字部分依稀可见金漆。

　　制匾工艺大致分为雕凿纹样、刻字、制胎、上漆、抛光等。一块匾是否能够长久不坏，胎骨工艺相当关键。制匾的木料有的由一扇整体的木料制成，雕刻完纹样和文字之后，再进行刮灰、上漆、找平、推光等工艺，此类木胎不裱布。另外一种由几片小木片拼装而成，首先通过榫接工艺将几片小木片严丝合缝，再裱布、刮灰、上漆、找平；上面的纹样有可能是另由其他木料先行制作完善，再粘贴在下面的木料上。制匾对手工艺者的书法及绘画也有较高的要求。

　　瑶族人民长期生活在山区，对于木制材料的使用比较广泛，但是以匾装饰房屋，传达主人的信仰、情感等信息，应该是基于长期民族混居而产生的。可以这样说，经过漫长的实践，他们擅长木雕，融合汉族的文化特色，又结合了自身特点，其制作的匾额粗犷、豪迈。

图片来源
图一、图七　侯亮　摄影
图二至图六　魏溥均　制图

参考文献
李泓沁.江永兰溪勾蓝瑶族古寨民居与聚落形态研究[D].湖南大学，2006.

图二　瑶族木雕刻匾尺寸图（单位：cm）

图三　瑶族木雕刻匾造型分析图

图四　瑶族木雕刻區色彩分析图

图五　瑶族木雕刻區构图示意图

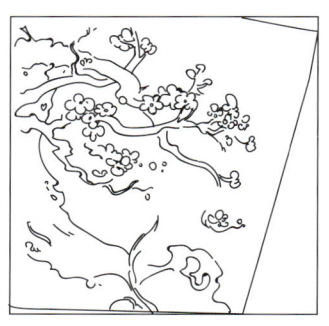  
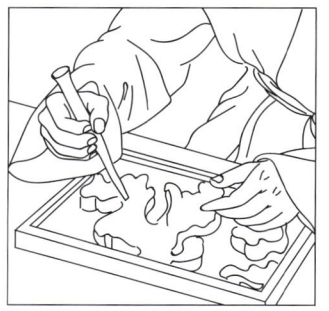  

图六　瑶族木雕刻匾制作流程图

图七　瑶族木雕刻匾对比示意图

白裤瑶盘子陀螺

图一 白裤瑶盘子陀螺主图

盘子陀螺是白裤瑶文化"三宝"之一，本案例采集于广西民族博物馆，通体长约 16 厘米，最宽处约 13 厘米。盘子陀螺造型似漏斗，为实心木质，由上下两个大小不同的不规则体对接而成，上部分由直径 13 厘米、高 3.7 厘米的圆柱与顶直径 13 厘米、高 6 厘米、底直径约 4 厘米的实体组成，下部分则由顶部直径 4 厘米、底部直径 5.4 厘米的不规则圆柱体对接一个高 2.3 厘米的圆锥体组成。

早期的陀螺通常由族人削制而成，如今体形较大的陀螺多由机车削制而成。打陀螺时需要配合一条长 150 厘米左右的麻绳。在南丹，当地玩陀螺有自己的特色，常见的玩法是先将麻绳平整地缠绕于陀螺上，线的另一头套在手腕处，并留有约 100 厘米长的线放于手中，用力抛出陀螺并迅速抽离麻绳，使其轴心迅速旋转。除了单人操作，还有适合集体游戏的形式，最常见的有：几人同时抛出且抽离陀螺，以旋转时间长者为胜；在旋转的过程中，将陀螺迅速放置于掌心中，以在手掌旋转时间长者为胜；分组较量，首先在空地上放一张铁制的圆片，先由一方将陀螺打到圆片上，另一方再用另一只陀螺把它击打出去，看谁的陀螺转得久。

陀螺作为一种简单的玩乐设施，与一根普通的麻绳相配，就能产生较强的娱乐性，并赋予参与者很大的创意空间。在使用方式上不分老幼，不限场地，既是白裤瑶族人民农闲时候的休闲乐趣，也是当地人最为热衷的民族体育竞技项目。

图片来源
图一 侯亮 摄影
图二至图六 侯亮 制图

参考文献
王琥.中国传统器具设计研究·卷二.南京：江苏美术出版社，2007.

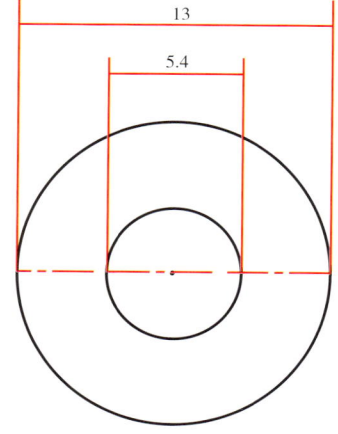
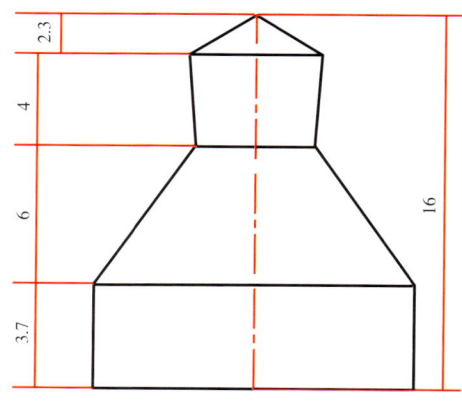

图二 白裤瑶盘子陀螺尺寸图（单位：cm）

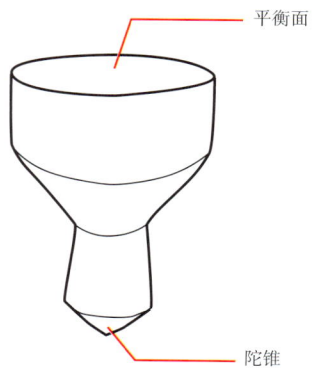
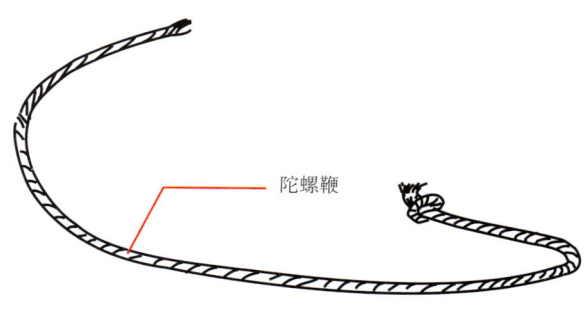

图三 白裤瑶盘子陀螺结构名称图

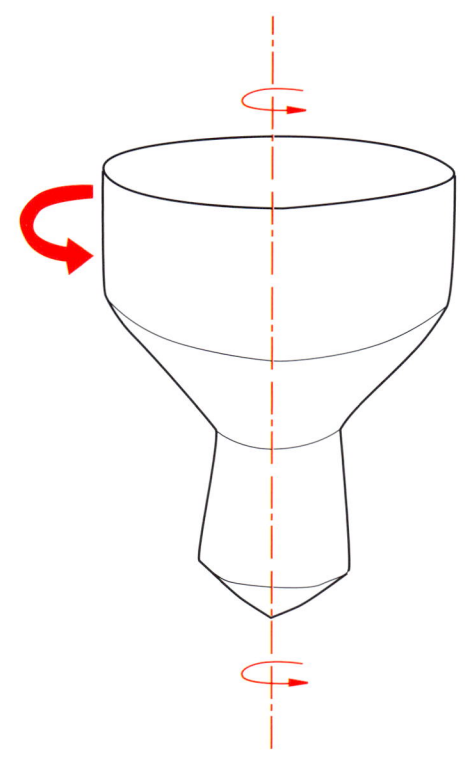

图四　白裤瑶盘子陀螺工作原理示意图

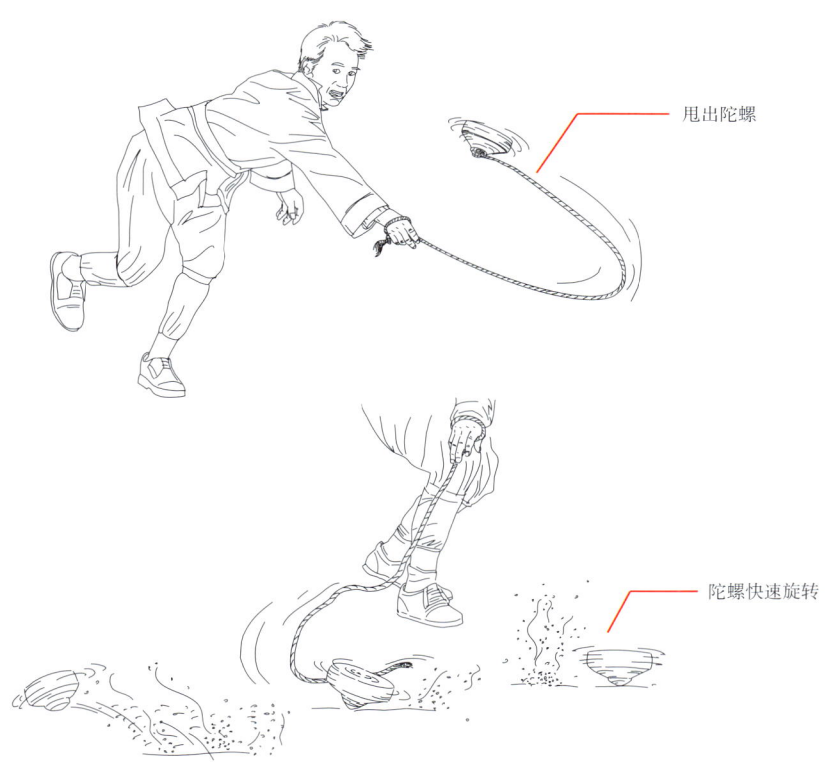

图五　白裤瑶盘子陀螺打陀螺示意图

图六　白裤瑶盘子陀螺手执旋转示意图

第七章 瑶族传统民俗和宗教造像

瑶族婚礼

图一 瑶族婚礼主图

瑶族在历史上因经常迁徙，且各个分支在迁徙过程中流散到不同的地域，经过长期的生存繁衍，逐渐形成了我国境内瑶族支系众多的局面。同时为了躲避战乱，瑶族居住地大都选择在偏僻的高山峻岭之中，因而本民族的文化与传统习俗受外来文化的冲击很小。瑶族婚礼非常具有本民族特色，且各支系都有自己独具特色的婚嫁仪式与服饰。2014年，瑶族婚俗与赫哲族婚俗、畲族婚俗一起，被列入第四批国家级非物质文化遗产名录中。

瑶族青年对待感情的态度比较开放，普遍崇尚自由恋爱，擅长用悦耳的山歌来传达自己的情感，互相倾诉爱意，寻找如意的伴侣。如广东省连南县南岗排瑶地区，当地的青年男女大都以"讴莎腰"的对歌方式来表达爱意。莎腰，意为姑娘，讴莎腰即指小伙子用唱歌的方式与姑娘恋爱。当小伙子中意一位姑娘时，便会邀上三两好友打着火把到姑娘窗下唱山歌，如姑娘也有意，则会授以信物定情；倘若无意则会以山歌相应，请其另觅良缘；如没有动静，小伙子则会想方设法爬上窗户，用竹竿将姑娘弄醒，让姑娘起床来对歌。

瑶族大部分地区的婚嫁仪式中主要包含送亲、新娘换装、迎亲、进门、拜堂、敬酒、送媒人、入洞房等。受传统习俗的影响，在瑶族的婚俗中依旧保留了古老的宗教风俗，相恋后的情侣在正式结婚之前，通常会请道公参照民间古籍《合婚书》将双方的命理八字进行匹配，如能匹配才可再请道公推算定亲的日子与结婚的吉时。云南富宁文山州大板瑶的婚礼仪式中，新娘出嫁的第一天，清晨为娘家送亲仪式。大板瑶新娘有"哭嫁"的传统，此时盛装待嫁的新娘与全家哭作一团，表示回报父母的养育之恩与依依不舍之情，之后由道公做法去除新娘身上的晦气，然后按吉时由伴娘背出家门。如若结婚当日不是吉时，送亲的队伍到达村口时，新娘需脱去盛装，换成便装后走偏僻的小路到达新郎家，再偷偷爬木梯翻墙而入。进门后新娘再次着盛装由道公引领二人经过竹门制成的"鬼门关"，同时做法事为新人解除身上六六三十六道难关，如此夫妻两人婚后的生活才能幸福美满、白头偕老，之后二人便可步入洞房，而婚嫁仪式中落下的其他环节可在第二天接着补齐。婚礼第二天一早送亲的队伍再次出发，男方的亲戚已经备好糯米饭和酒水等在途中，新娘在家人的护送下重新走一遍去新郎家的路，到达家门口双方唱盘古歌敬酒，将新娘接进门，进行交亲仪式，双方亲朋互相赞美新婚夫妇，举行正式的拜堂仪式，紧接着庆祝婚礼的筵席开始，宾主双方开怀畅饮一直持续到晚上，场面隆重而热闹。婚礼仪式结束送走宾客之后，新婚夫妇也正式进入洞房，美好幸福的婚姻生活也就此开启。

由于瑶族的父系和母系制度同时存在，在一些母系氏族的地区，仍然保留了"女婚男嫁"的独特习俗，婚礼一样办得热闹隆重，男子结婚上门后即改为女家的姓氏，孩子也跟着女方姓，丝毫没有男尊女卑的思想。瑶族的婚嫁场面喜庆而热闹，即使到了今天，大部分瑶族青年男女仍然偏爱举办这种古老庄重的瑶族婚礼仪式，显示出了瑶族人民对于本民族传统文化的尊重，以及对未来美好生活的追求。

图片来源
图一　邓卫平　摄影
图二、图四至图五　张亚堃　制图
图三　曾方圆　制图

参考文献
费孝通.六上瑶山.北京：中央民族大学出版社，2006.
李肇隆.瑶族民俗风情.北京：广西民族出版社，2012.
刘保元.瑶族风俗志.北京：中央民族大学出版社，2007.

图二　广东省连南县南岗排瑶青年男女"讴莎腰"主图

图三　盛装打扮的排瑶新娘线描图

图四　云南富宁文山州大板瑶背新娘示意图

图五　云南富宁文山州大板瑶婚礼筵席情境图

瑶族丧葬

图一　瑶族丧葬主图

　　丧葬习俗长期以来一直是瑶族民间风俗的重要组成部分之一。因瑶族支系较多，各地的丧葬习俗繁简不一，彼此之间存在着较大的差异。旧时的丧葬礼仪大多内容复杂、过程烦琐，整个丧葬仪式持续的时间也较长；现在瑶族的丧葬过程虽整体趋向简化，但是依旧沿袭了瑶族传统的宗教与风俗。

　　广西金秀花蓝瑶的葬礼仪式可将其简要分为沐浴、换寿衣、穿鞋、覆尸戴孝、入棺、请道公、停棺、出殡、安葬等流程。花蓝瑶在人濒临死亡之前，身边的亲人会放半块银币在其口中含着，寓意死者下次投胎时重获新舌、牙，此外带着钱离开，将来也可免受贫穷之苦；另一半银币则由家里至亲收藏。确认去世后，家人为其沐浴、穿衣、穿鞋，一切安排妥当后尸身即可入棺，用数层白布覆盖后就可以盖棺了。与此同时，三日内家人需请来道公每日做道场，并确定棺木在家停留的期限。仪式中最具特点的是出殡，通常家里的孝子会伏身于棺木下的禾把之上，这样去世的人就不会将家里的粮食带走。同时，还要装一碗饭，一半留在家里，另一半留给死者"食用"，且随着棺木带走。而蓝靛瑶去世的人入棺之前死者家属还需请人制作孝衣、孝帕、孝帽、孝布等。家族中的男子孝衣为马甲式坎肩，女子着装相似，只是稍长至臀。孝帕为白布条，孝帽则为白布尖帽。

花蓝瑶的安葬方式一般有火葬、捡骨葬、挂葬、土葬等几种，前两种用于成人，后两种主要是用于安葬未成年的儿童。20世纪30年代的传统丧葬入殓方式主要是停棺烧骨葬，即将人连同棺材焚烧，捡烧剩的骨头放在陶罐，再葬入土中。20世纪50年代演变为今天的"停棺捡骨葬"，即出殡时，亲人将棺材直接抬到村外山坡上预先搭建好的棚子里安放，经过两三年尸体腐化后，再开棺将尸骨拾起全部放入陶罐之中，将罐口密封后再选择合适的地方安葬。由于花蓝瑶奇特的丧葬传统，因而当地的丧葬习俗中还流传着"孝子伏孝禾把下，棺木停放大路边"的俚语。除了以上风俗之外，死者家属在整个丧葬时期只许吃斋，只能等道公夹肉给他们后才能开戒。

由于瑶族居住地较为分散，各族群之间的丧葬风俗虽大都沿袭了瑶族古老的传统，但细节却多有不同。如在广东西部的过山瑶与排瑶的葬礼中还有"买水洗尸"的风俗，当地人去世后，亲属会专程为其买水用以清洗尸体，女儿、媳妇等手持容器，肩挑水桶来到溪水或者水井旁，边哭边将纸钱或者铜钱扔进水中，之后才打水回家给逝者洁净身体。排瑶人出殡前还有抬"尸椅"的习俗，即趁死者还没完全断气将其抬到床边坐着，用一把公共的太师椅抬尸，出殡时"尸椅"上还需打把遮阳伞，寓意不让死者遭受日晒雨淋之苦。尸椅抬到村边停下，道公为死者做"过州"仪式，此时地上插有九根竹子，道公口中念着"九州经"绕着竹子穿行而出，寓意为死者在阴间开出了一条道。而蓝靛瑶的丧葬风俗除了以上的送亡仪式之外，还需请道公做一系列的开亡仪式，仪式后死者方可在三界通行，只有经过送亡与开亡之后的魂，才真正转变成家先的神灵，逢年过节方可享受到子孙后代的供奉，保佑子子孙孙福泽绵长。

图片来源
图一、图四　葛芳　摄影
图二　耿欣佳　制图
图三　万欣　制图

参考文献
覃锐钧，徐杰舜，张劲夫，等.接触与变迁：广西金秀花蓝瑶人类学考察.北京：民族出版社，2011.
玉时阶，等.花蓝瑶社会变迁.北京：民族出版社，2012.
黄贵权.瑶族志·香碗：云南瑶族文化与民族认同.昆明：云南大学出版社，2009.
刘保元.瑶族风俗志.北京：中央民族大学出版社，2007.
黄钰，黄方平.瑶族.北京：民族出版社，1990.

图二　瑶族葬礼仪式中抬棺出殡情境图

图三　广东西部排瑶抬"尸椅"情境图

图四　广东西部排瑶丧葬仪式后坟头的纸伞与"过州"时的竹子效果示意图

瑶族度戒

图一　瑶族度戒主图

度戒在瑶族是一种庄严而盛大的宗教仪式，常有"过法""斋刀""过牌""上刀山"等几种不同称谓。瑶族男子到一定年龄之时，都要经历度戒仪式的洗礼。如果不度戒，会被人看不起，甚至讨不到媳妇。仪式一般在男子16~19岁进行，因而又具有"成年礼"的性质，通常选择农闲时举办，具体日程由师公占卜决定。

度戒仪式十分庄严且隆重，度戒的过程非常庞杂，瑶族各支系所用时间也长短不等。如花蓝瑶的度戒仪式分为大度与小度两种，大度一般在五天以上，小度三天即可，大度时需要五个左右的道公，小度仅需两个。但是，无论度戒仪式的大小如何，所需程序却不能减少。

瑶族中的法师一般分为师公与道公两类，因此在进行度戒仪式时也会有所差异。度戒仪式中接受度戒的男子也称"师男"。在度戒时期内禁止会客、娱乐等项目，不动荤腥，过着相对隐居清修的日子。仪式开始时，师男在师公们的引导下举行一系列的仪式。在蓝靛瑶度师仪式中，其步骤分别为：请神烧香、喃相、抓帅阉、贺楼、招龙、请圣、启师、安坛、岑茹、上莘等；而在度道仪式中则为：请神烧香、放伸奏、抓帅阉、动鼓、开启、五老、飞章、交龙、请圣、启师、安朝、行朝、做斗、安龙、还经入库、福圣、倒罢等。度戒仪式中道公要传授戒律，受戒之人日后需严格遵守，戒规大致有以下几条：不呼天骂地、不毁骂父母长辈、不瞒师骗友、不误杀生灵、不偷抢害人、不贪财爱色、不怒气凌人、不欺贫爱富、不贪生怕死、不隐经瞒教等。在师公的法令声中，师男双手紧抱膝盖，全身卷曲，从云台上向后翻滚至台下拉好的藤网中。度戒结束后，师男被授予"神印"，之后便成为被本族社会认可的、能够承担一定社会责任的成年人。通常仪式结束后，还有隆重热闹的答谢筵席。

度戒是瑶族人民的重要活动，也是民族伦理与道德的缩影，通过度戒仪式的举行，瑶族的宗教信仰世代相传，其淳朴民风与幸福生活得以延续与继承。

图片来源

图一、图三　邓卫平　摄影
图二　耿欣佳　制图
图四至图五　葛芳　摄影

参考文献

黄贵权.瑶族志·香碗：云南瑶族文化与民族认同.昆明：云南大学出版社，2009.

图二　排瑶度戒仪式中的法师及法器示意图

图三　瑶族度戒仪式中的法师

图四　瑶族度戒挂灯示意图

图五　瑶族度戒爬云台示意图

第七章　瑶族传统民俗和宗教造像

瑶族盘王节

图一　瑶族盘王节主图

　　盘王节又称"跳盘王""做盘王""还盘王愿""耍歌堂"等，是瑶族人民为了纪念盘王、庆祝丰收而举办的盛大传统节日。节日中，瑶族人民身着节日盛装，通过表演长鼓舞、颂唱《盘王歌》等节目表达祝贺与祈愿。节日一般在冬季农闲时举行，大多为十月十六这天举办。

　　与瑶族盘王有关的传说在清代屈大均所著的《广东新语》中曾有所提及，"诸瑶率盘姓……岁七月十四拜年，以盘古为始祖，以盘瓠为大宗"。与盘瓠有关的内容主要记录在《评皇券牒》（又名《评王券牒》）等传世古书中，其大致内容是，古时评皇在与高王的战争中屡战不胜，遂出榜：凡能杀高王者，不仅予以重赏，还将美丽的三公主一并赏赐予他。国中只有评皇的龙犬盘瓠不惧凶险出来为评皇分忧，并用计谋取下高王首级交于评皇。后盘瓠与三公主成婚，并产下六男六女，即今日瑶族之祖。一日，盘瓠上山打猎，被羚羊顶下山崖而亡，儿女们则猎杀羚羊为父报仇，取其皮制成长鼓，边歌边击鼓而舞，以此纪念盘瓠，因而形成了瑶族历史悠久的盘王节传统，并一直延续至今。2006年5月，盘王节还被批准列入第一批国家级非物质文化遗产名录。

后期这种群体性的古老传统祭祖仪式逐渐发生改变，演化成一个家庭单门独户式的"还盘王愿"礼仪。转变的原因也与渡海的古代传说相关，相传瑶族祖先在一次迁徙途中，乘船遇到险风恶浪，遂向祖先盘瓠祈求获得保佑，同时许愿，此次航行若能保得平安，必将每年向盘瓠酬谢，后果然应验，风平浪静，船队得以安全抵达岸边。于是，"还盘王愿"的古老祭祀礼仪就此流传了下来，经由历代瑶族法师口传身授的师徒传承方式沿袭至今。祭祀活动前后需用时3~4天，法会由4位师公、4位师公辅助、6位童男女、1位歌娘共同参与。主要内容可分为起事、元盆祭兵良愿、盘王歌堂良愿、尾声4个部分。仪式进行时法器摇出的铃铛声、敲击的鼓乐声，以及师公们念咒所发出的吟诵声，各种声音混杂在一起热闹非凡。其中，又以元盆祭兵良愿、盘王歌堂良愿两个部分中的内容最为丰富。仅"元盆祭兵良愿"的仪式就包含有申香、诵咒、请圣、列神、开坛上光、开坛接圣、开坛献酒、上大众光、安龙、诏禾招兵、招五谷兵马、还元盆愿、祭兵、送圣等诸多环节。

仪式的最后，乡亲们还会聚在一起喝散福酒，是举办还盘王愿的主人为答谢参与此次还愿乡亲帮助所设的答谢酒席。而在此次还愿中，最重要的法师们除了向主人索要几斤还愿猪肉讨个吉利之外，则分文不取。到了今天，能够主持这个礼仪的师公们已经日渐稀少，如何将这个与瑶族人民宗教信仰密切相关的祭祀礼仪文化继续传承给后世，也是即将面临的难题。

图片来源
图一至图四　曾方圆　制图
参考文献
刘小红.瑶人：一个志愿者的田野研究.广州：花城出版社，2016.
黄贵权.瑶族志·香碗：云南瑶族文化与民族认同.昆明：云南大学出版社，2009.

图二　瑶族盘王节"元盆祭兵良愿"仪式情境图

图三　诏禾招兵环节中的祭兵师

图四　瑶族盘王节散福酒主图

瑶族三月三

图一　瑶族三月三主图

　　每年农历的三月初三是瑶族人民的重要民俗活动之一。由于瑶族分布广，各支系在节庆方式上也有所不同，如广东连南地区的排瑶将其称为"开耕节"，又称"踏青节"，即每年的开耕节祭祀仪式之后，一年中重要的春耕活动就正式开始了。排瑶人通过三月三仪式的举办，祈愿得到祖先与神灵的庇佑，以便当年在耕作生产中能够风调雨顺，庄稼获得好收成。

　　三月三开耕祭祀仪式通常举办的十分隆重，其祭祀环节主要以模仿原生态瑶族农耕活动与开耕歌舞表演为主。仪式首先由瑶族青年吹响牛角，之后多个师公手执法器铜铃、铜锣、铜刀等，开始边诵经边舞蹈，在舞蹈的同时，还不时地将稻谷、玉米、粟米等粮食向周围抛洒，寓意驱赶邪恶、消除灾害，保护山寨平安、粮食丰收。祭祀仪式结束之后，瑶老会在村口鸣放六声铁铳炮，召集人们去往村口听取瑶老讲授戒律，包括不得破坏庄稼、看护好自家牛羊等，宣讲完之后，瑶老还会再放土铳六支表示仪式结束。寨子里的瑶民们从此就开始了新一年的辛勤劳作。在开耕期间，排瑶人家家做白糍粑过节，还会将家里的糍粑沾在竹竿上放在田间喂鸟食用，认为这样一来，至少在开耕期间，鸟儿就不会再吃田里刚播撒的粮食种子。

除了广东的排瑶以外，居住在云南地区的蓝靛瑶则将三月三作为祭祖的节日。在这一天中当地有做三色糯米饭的习俗，通过将米饭染成黄、蓝、紫三色来祭拜祖先，祈福来年获得好收成，米饭染色后颜色越紫则代表收成越好。而布努瑶的三月三则称为黑糯米饭节，其风俗内涵与西方的情人节颇为相似。节日当天，母亲会做好黑色的糯米饭给已经成年的子女用来约会。做好的黑米饭通常用竹编的筐子装好，并于底部铺上芭蕉叶，再将黑糯米铺在上面，最后还要放腊肉一块、红色的鸡蛋一个、鸡腿一根于米饭上。准备好了之后，成年子女将装了食物的竹筐带上山与情人相会，边谈情说爱边用手抓饭互相喂食，十分有趣。

图片来源

图一、图五　李筱文.图说广东瑶族.广州：广东人民出版社，2014：26.

图二　曾方圆　制图

图三　耿欣佳　制图

图四　万欣　制图

参考文献

李筱文.图说广东瑶族.广州：广东人民出版社，2014：26.

图二　瑶族三月三吹号角情境图

图三　瑶族三月三祭祀仪式上师公边舞蹈边洒五谷示意图

图四　瑶族三月三后劳作情境图

图五　瑶族三月三打糍粑情境图

瑶族六月六

图一　瑶族六月六主图

　　六月六是瑶族的传统节日，在每年的六月六这天举行。因其举办的时间在年中，因此又称半年节。对于瑶族人民而言，六月六的重要性仅次于过年，是本民族的第二大节日。

　　本案例采集于广西桂林龙胜红瑶，每逢节日之时，居住在附近山岭中的红瑶人民就自觉地聚集在一起，举行"打旗公""推竹杠""对歌"等活动，场面热闹非凡。

　　半年节的来源与瑶族人民原先的生活方式有关。由于以前的生活水平不高，人们只能在逢年过节时才能吃上一顿带荤的饭菜，尤其是族里的老人，有些熬不到过年就已经去世了，临走前很长时间都没有吃过一顿好饭菜。后人考虑到这些，为了弥补老人的遗憾，遂将每年的年中定为半年节，并在当天准备丰富的食品，过节形式几乎与过年时相同，并将该习俗一直传承了下来。节日期间，家家户户都会包粽子，祭拜仪式所有的鸡鸭鱼肉等食材在前一天晚上就已经准备完毕，节日当天将食物制熟加工完成后，即开始对祖先进行祭拜，祭拜仪式之后烧纸钱给先人，祈愿子孙后代能获得保佑，生活幸福康宁。半年节吃饭时也有诸多讲究，如一定要男人

第七章　瑶族传统民俗和宗教造像

先上桌，这在一定程度上也是旧时男尊女卑思想的体现。此外，在半年节当天，已经出嫁的女儿或入赘出门的儿子都要带上鸭子、酒等节日礼品，携全家返回娘家一起过节。

六月六这个节日，红瑶人民除了会举行祭祀仪式之外，最有意思的就是在半年节内的晒衣活动，这也是龙胜红瑶所特有的风俗，因而半年节又被称为晒衣节。民间传说中这一天是龙王晒龙袍的日子，在这一天里，可谓热闹非凡。人们把自己家各式各样的衣服、被子、鞋子等，搬出屋外，拿在太阳下暴晒，以驱虫除湿去晦气。此时红瑶家家户户的走廊、架子上，都密密麻麻地挂满了色彩斑斓的服装，蔚为壮观。由于当地气候较为潮湿，衣服容易发霉，因此每年举办的晒衣节不仅是当地的一个节日景观，更是百姓生活中具有实用功能的一种生活方式。

图片来源
图一　赵智昊　制图
图二至图三　万欣　制图
图四　耿欣佳　制图

图二　瑶族六月六包粽子情境图

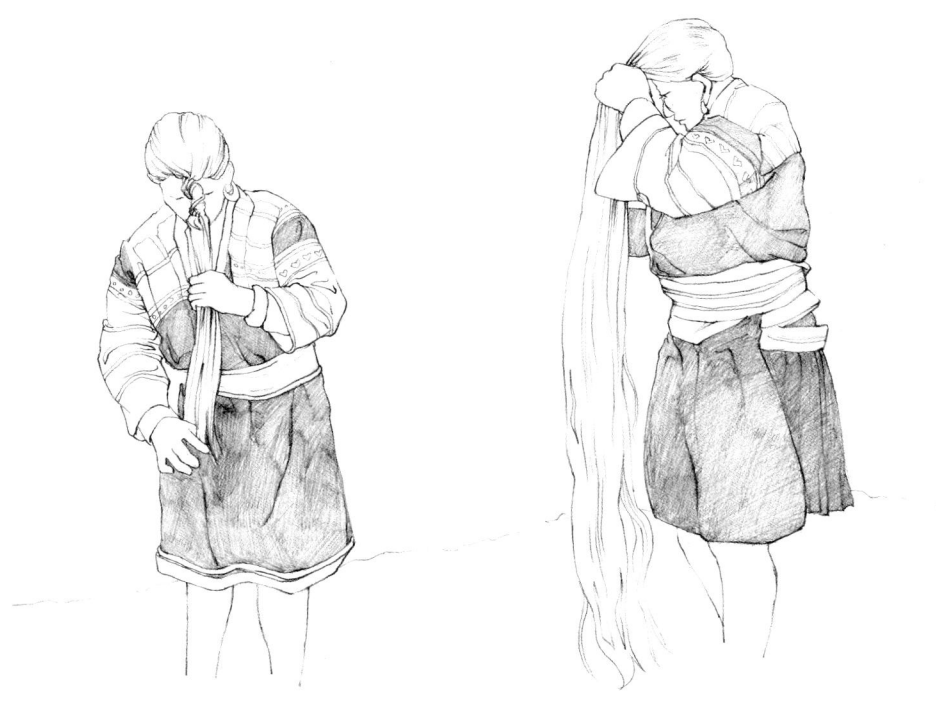

图三 瑶族六月六红瑶女子河边梳长发示意图

图四 瑶族六月六晒衣情境图

瑶族祝著节

图一 瑶族祝著节主图

祝著节是马山、都安、巴马、大化等地自称"布努"的瑶族传统节日,又称达努节、祖娘节,其热闹程度堪比过年,因此又称为瑶年。节日从每年五月二十五开始,到五月二十九结束。其中,五月二十五到五月二十八为禁忌日,五月二十九为喜庆日。五月二十五又叫作神降日,五月二十九又叫作神归日。由于布努瑶居住地不同,各地习俗和谷物成熟日期也不完全相同,造成祝著节节日周期并不统一,部分地区每两三年过一次,有的地区则每年举办一次。本案例采集于广西巴马布努瑶。

布努瑶人民信奉祖娘密洛陀,相信天地乃祖娘密洛陀所创,将其当成保护神来供奉。密洛陀在布努瑶人民心目中有着崇高的地位,这种信仰也渗透在布努瑶人民生活的方方面面,在婚丧嫁娶、上梁立房、节庆、求子等重要活动中,都会祈求密洛陀的保佑。因此密洛陀信仰是祝著节得以传承下来的重要精神要素。

关于布努瑶传承五六千年的祝著节的起源,民间流传着不同的说法。一为庆生说。

相传上古时，密洛陀希望已经成年的三个女儿早日自食其力，遂吩咐三个女儿各自去谋生。大女儿扛着犁耙到平原耕耘，生儿育女，繁衍成汉族。二女儿挑起一担书走了，与子孙形成壮族。三女儿拿着小米、锄头到山里开荒种地，成为瑶族祖先。三女儿上山种下的小米屡遭鸟类、地鼠偷食，于是母亲给了她一只猫与一面铜鼓，告诉她当鸟再来的时候就敲击铜鼓将其惊走，当鼠再来就放猫去捉。三女儿在母亲的指引下，当年就获得了很好的收成。为报养育之恩，三女儿带着丰盛的礼物于五月二十九这天为母亲祝寿共庆丰收。从此，后人为了纪念密洛陀，在她生日的前三天，就开始敲锣打鼓的为其庆生。节日期间家家户户杀鸡宰羊，并用香甜的小米制作成酒，同时敲起铜鼓，大摆歌台进行对唱，表演斗画眉，庆祝仪式持续的时间长且仪式隆重。另一种为纪念日说。认为祝著节与密洛陀无关，是布努瑶的远祖九群兄弟九父老（史称九黎族）在涿鹿打败炎帝的胜利纪念日。虽然说法不一，但由于密洛陀信仰的原因，当地布努瑶人民更认同第一种"密洛陀庆生"说。

祝著节中以当地的铜鼓舞最具特色，也深受瑶族人民的欢迎。由于铜鼓在密洛陀神话中具有非同一般的地位，因此被奉为神器。铜鼓一般都被珍藏着，每年请出铜鼓前，必须请师公来说明打铜鼓的原因，祭拜后从家里请出铜鼓，将铜鼓抬到楼上吊挂上梁，之后才能跳铜鼓舞。铜鼓舞一般需要五人表演，两人击打铜鼓，一人敲皮鼓，一人敲铜锣，还有一人拿着竹筛，舞筛者在其余四人中穿插逗乐。一般而言，铜鼓的打法主要有以下四种：需两人高度配合完成的双打铜鼓舞；模仿猴子动作生成的猴鼓舞；紧张活泼的来回鼓；和锣一起演奏的鼓连锣。在这四种击鼓技巧中，又以最后一种表演难度最大，表演者需一手击鼓，一手敲锣，动作快速而和谐。铜鼓舞表演时通常会在场地中间架起一个大皮鼓与两个铜鼓，将其摆成"品"字形阵势。一声锣响之后，铜鼓与皮鼓的鼓点跟着敲起来，表演才正式开始，不一会儿，几个身着布努瑶民族服装的少女入场跳起了她们的传统舞蹈。在铜鼓舞表演中，男女均可敲铜鼓，而一般打皮鼓的则多为青壮年男子，头戴猴子面具，甚至打鼓的动作也是模仿猴形，当地人亦称为猴鼓舞。

布努瑶人民的铜鼓习俗具有自身独特的风格，以传承方式展现着族群的集体记忆和认同。而关于布努瑶起源的记忆，在一年一度的祝著节中被集体唤起，与祖先有关的民族认同意识也一代又一代的得以流传至今。

图片来源
图一　徐正荣.走进中国瑶族.北京：北京民族摄影艺术出版社，2009：97.
图二、图五至图七　曾方圆　制图
图三　耿欣佳　制图
图四　万欣　制图

图二 瑶族祝著节共饮小米酒情境图

图三 瑶族祝著节铜鼓舞表演情境图

图四 瑶族祝著节铜鼓舞击鼓示意图

图五 瑶族祝著节铜鼓舞表演中舞筛示意图

图六 瑶族祝著节打皮鼓示意图

图七 瑶族祝著节舞蹈情境图

"盘王印""八角花"与瑶族十二姓氏

图一　广东排瑶"盘王印"刺绣主图 1

瑶族人民自古以来就以不断的迁徙为主，在某一个地方定居的时间不长，同时为了躲避战争侵扰和维护自身安全，居住场所也多隐居于深山之中，与外界接触较少，因而本民族的文化传承、风俗习惯、宗教礼仪保存的比较完整，受外来文化影响较小。在瑶族各支系中，以金门支系、尤勉支系、排瑶支系三类为主，所占人口为瑶族总人数的半数以上。由于区域分布广泛、地理位置偏僻等原因，这些瑶族支系彼此之间均鲜有往来，虽同为瑶族，却在民族服饰、宗教语言、风俗人情等方面表现出较大的差异性。然而在瑶族代表性的始祖崇拜与民族图腾文化方面，彼此之间却体现出惊人的相似性与趋同性，这种根深蒂固的民族基因并没有因地域之间的距离而消解。如金门、尤勉、排瑶三大瑶族支系信仰的始祖均为盘护，并将其尊称为盘王或盘古王，所崇尚的民族图腾中也以代表盘王的菱形"盘王印"与八角形纹样的"八角花"为主，并以此作为本民族的族群象征。

长久以来，瑶族一直没有形成自己的文字体系，有关本民族的历史文化多以各类图案纹样、口传身授的方式代代相传。在瑶族中流传甚广的"八角花"就是以这种世代沿袭的方式流传至今。八角花纹样的中心为八角形几何图案，由泡桐树所开花朵简化而来，其由来也与瑶族的原始传说有关。当年盘王追逐野羊，不慎落入悬崖，摔死在泡桐树上，后人为了纪念盘王就用泡桐树来制作长鼓，将泡桐花刺绣在服饰之上，才有了今天瑶族民族服饰中常见的"八角花"纹样。瑶族人民将其放大后刺绣在服饰中非常显眼的位置，如花帕、头顶、后背等处。在瑶族"还盘王愿"等重要祭祀仪式中，花帕作为盘王的象征，一直被当作宗教圣物悬于堂前的墙上，而"盘王印"则置于花帕中心的位置，可见该图案在瑶族人民宗教信仰中的重要性。

而瑶族十二姓的由来也与瑶族的始祖盘王有关。按照瑶族的重要古籍之一《评皇券牒》中所说，始祖盘王与三公主结婚后生活美满幸福，生下六男六女十二个孩子繁衍出瑶族的后世子孙。这十二个孩子分别被赐姓盘、沈、包、黄、李、邓、周、赵、胡、唐、雷、冯，也就是今天瑶族的祖先。瑶族十二姓的纹样虽各不相同，却都是由代表盘王的八角泡桐花纹演变而来，体现出鲜明的家族传承关系，也是瑶族独特的图腾文化与语言。

图片来源
图一、图三至图十七　葛芳　摄影
图二　李筱文.图说广东瑶族.广州：广东人民出版社，2014：143.

参考文献
刘小红.瑶人：一个志愿者的田野研究.广州：花城出版社，2016.

图二　广东排瑶"盘王印"刺绣主图2

图三 绣有"八角花"的茶山瑶背带图

图四 盘瑶新娘绣花头帕图

图五 2012年由邵戚红刺绣的"瑶族十二姓 盘王印"刺绣作品图

图六 "瑶族十二姓盘王印"中"盘"姓主图

图七 "瑶族十二姓盘王印"中"沈"姓主图

图八 "瑶族十二姓盘王印"中"包"姓主图

图九 "瑶族十二姓盘王印"中"黄"姓主图

第七章 瑶族传统民俗和宗教造像

图十　"瑶族十二姓盘王印"中"李"姓主图

图十一　"瑶族十二姓盘王印"中"邓"姓主图

图十二 "瑶族十二姓盘王印"中"周"姓主图

图十三 "瑶族十二姓盘王印"中"赵"姓主图

图十四 "瑶族十二姓盘王印"中"胡"姓主图

图十五 "瑶族十二姓盘王印"中"唐"姓主图

图十六　"瑶族十二姓盘王印"中"雷"姓主图

图十七　"瑶族十二姓盘王印"中"冯"姓主图

广东乳源道师服

图一　广东乳源道师服主图

瑶族的宗教信仰多样，其中道教影响范围最广，凡是丧葬祭祀仪式，基本都按照道教法旨进行。道教对法服的品级有严格的区分，按入道年限及学道深浅分为不同等级，不得混淆。

本案例采集于广东瑶族博物馆，是道士平时穿着的常服，样式为对襟无袖坎肩，又称"马甲""背心"，基本形制为小立领、对襟、无袖，面料为棉布。衣长122厘米，衣身底摆宽91厘米。衣身颜色为深蓝色，单层无里，胸口有灰色绳结两组，衣身正、背面刺绣有道教图案。领口、襟边、底摆、两侧均饰有灰色镶边。广东乳源道师服虽然结构简单，但衣襟的刺绣纹饰丰富，左右两侧上方各绣有一条巨龙，龙身扭曲，龙首昂起，龙口张开，口旁有一莲花；左侧下方绣有驾鹤和骑狮仙人；右侧下方绣有骑麒麟和骑马仙人；两侧散布着刺绣文字；下方边缘装饰有细草纹和几何纹；瑞兽之间穿插曲线，流动而飘逸。从构图上看，纵排的图案自由流畅，和道家飘逸精神相契合；对称的构图庄严稳定，和道师寻道身份相一致。另外，道师服的宽大是道家"道法自然"思想在服饰上的体现。人、衣、自然三者之间的关系应该是和谐的，互不冲突的，简约宽松的道师服使人身心自由，无拘无束，给人逍遥恬淡的感觉。道师服的颜色素净而不花哨，以低纯度、低明度的深蓝和灰色为主，以高纯度、高明度的芽黄、橙黄、砖红、象牙、紫灰为辅，两者对比醒目艳丽，这符合色彩的调和与对比原则。既有朴素的色彩为底，展现道家的朴素；又有艳丽的色彩为图，丰富视觉效果。

道师服作为道教常用的服装，具有款式简洁、面料舒适、配色素雅、纹样丰富、工艺细腻的特点，但其价值不止局限于服装本身，更重要的是服装的身份属性，其承载着道家的人格品质和精神追求。对于当代设计师而言，只有真正了解设计物的身份属性，并灵活运用各种形式语言，才能创造出经得住时代考验的作品。

图片来源
图一　葛芳　摄影
图二　林丹妮　制图
图三至图五　李淑梅　制图

图二　广东乳源道师服尺寸图（单位：cm）

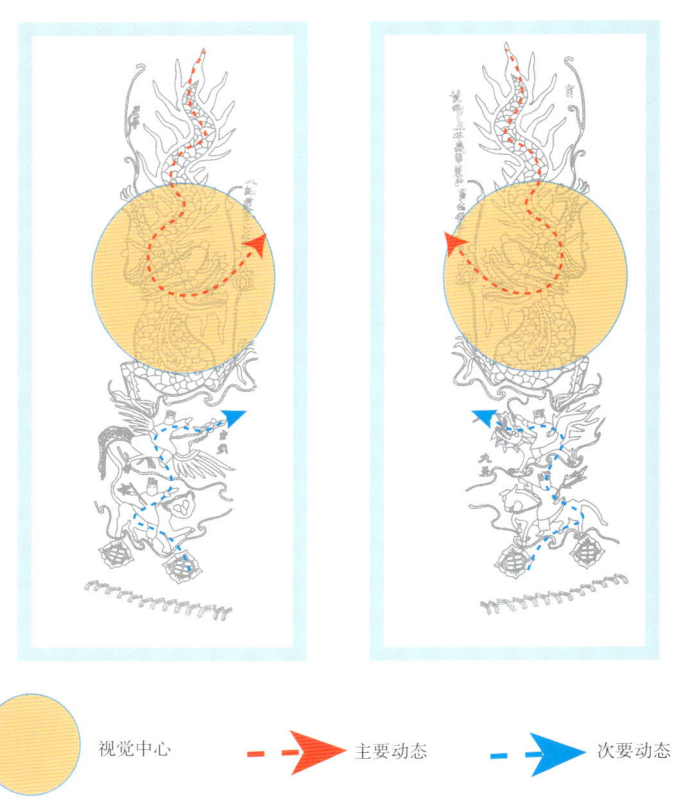

视觉中心　　主要动态　　次要动态

图三　广东乳源道师服图案分析图

图四　广东乳源道师服色彩分析图

图五 广东乳源道师服效果示意图

瑶族道师鼓

图一　瑶族道师鼓主图

道师鼓，顾名思义是道公、师公施法时用的法器。本案例采集于广西金秀瑶族博物馆，圆墩形，双面蒙牛皮或者羊皮，皆由一圈竹质圆环卡合固定。鼓面直径约20厘米，鼓腹最宽处约26厘米，通高约12.5厘米。鼓身一圈有6个竹编附耳的装饰，附耳内皆塞一块木板，即可起到装饰作用，又可起到固定鼓身的作用。一面有提耳，另配有一根似船桨造型的圆柱柄扁方形木质鼓槌。

道公、师公是瑶族群众日常生活中不可或缺的神职角色，道公、师公施法时按照一定的规程进行法器的运用，道师鼓是最常见的一种，在吟诵经咒时，按照一定的断句敲击鼓面，有时也配合铜锣使用。

瑶族支系较多，道师鼓在使用功能及敲击方式需配合鼓槌这些方面虽是一致的，但鼓身周围的装饰造型却略有不同。如，云南金平红头瑶牛皮木鼓虽也是道师鼓的一种，但它的小木条装饰并不是紧紧贴于鼓身，而是成放射状围绕。

图片来源
图一　侯亮　摄影
图二至图五　侯亮　制图

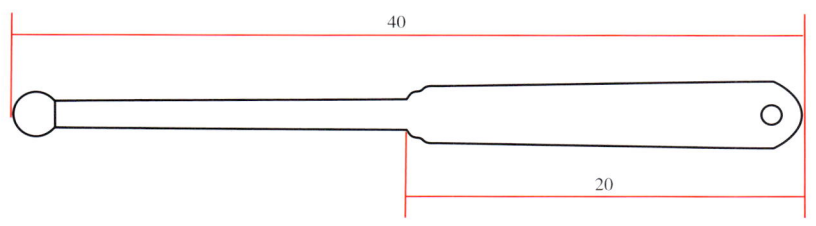

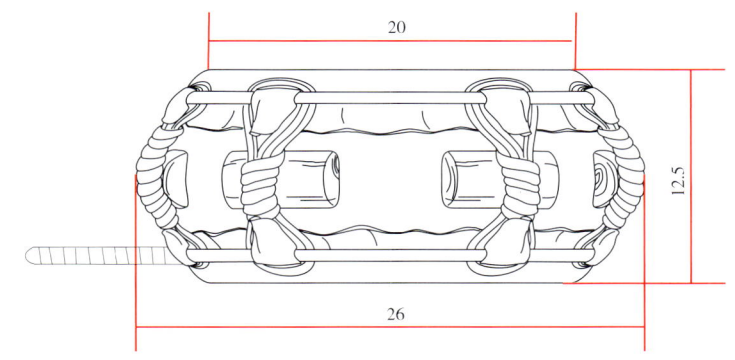

图二　瑶族道师鼓、鼓槌尺寸图（单位：cm）

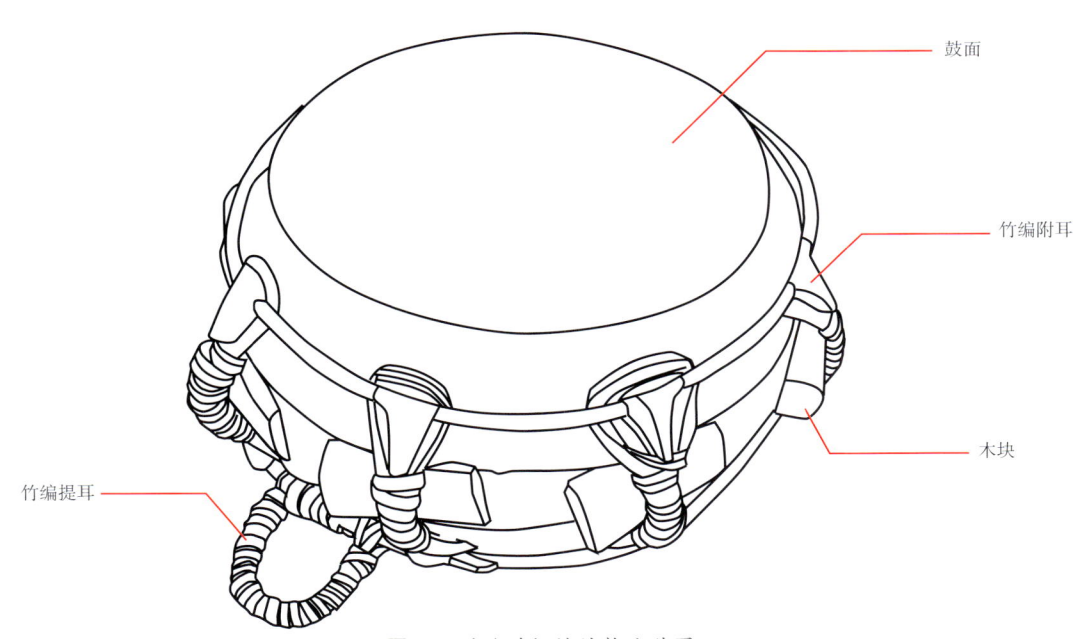

图三　瑶族道师鼓结构名称图

图四　瑶族道师鼓演奏示意图

图五　瑶族道师鼓配合经书、铜锣操作示意图

瑶族香炉堂

图一　瑶族香炉堂主图

瑶族香炉堂又称"神龛""香火台",是瑶族供奉神像或祖先牌位的木制小阁子。每逢重要节日或家庭活动,家人都要在香炉堂前祭祀,以求神灵和祖先保佑。本案例整体呈竖长方形,敞开式,通高196厘米、宽147厘米,采集于广东瑶族博物馆。

瑶族房屋一般为一排三间,两端是居室,中间是堂屋,香炉堂就位于堂屋后墙壁正中位置,面向大门。香炉堂共分为供位、龛顶、花罩、立柱、供台、斜撑六个部分。供位位于神龛中央位置,由横竖交替排列的方格组成,格内可放置牌位;龛顶位于供位上方,外形为元宝形,雕刻有精美的双凤朝阳图案;花罩为单层,表面用凸框分割成九块大小不一的方形,左右对称,横批刻有形似"蜈堂奥"字样,其他各块刻有梅兰竹菊、花鸟麒麟等吉祥图案,符合"言必有意,意必吉祥"的图案装饰原则;立柱位于花罩外侧,共四根,和纵向凸框连为一体;立柱下架有一块横板作为供台,可放置香炉、烛台等祭祀用品;

斜撑位于花罩横竖转折处，以及花罩和龛顶两侧接合处，表面刻有缠枝纹。另外，香炉堂前放置方桌一个，两侧各放一把靠背椅，用于祭祀或招待宾客。香炉堂的材料是楠木，其质地坚硬，经久耐用，耐腐防蛀，带有特殊的香气。大部分构件采用榫卯结构连接，花罩周围留仔边，仔边上做头缝榫，与凸框结合在一起，销子呈燕尾状，采用上起下落方法进行安装。各图案雕板之间采用攒边打槽装板，中间留有一定空隙，可防止雕板变形开裂。香炉堂雕刻图案表现力强、变化多、细节丰富，手法多为阴刻。髹漆采用本地植物漆，具有防蛀防潮、经久耐用的特点，为香炉堂提供长久的保护。

瑶族香炉堂无论从选材、构造、装饰，还是雕刻工艺、髹漆工艺都展现了工匠精湛的技术水平。技艺高超的工匠把传统吉祥图案，借助雕花香炉堂这一宗教器具精美地呈现给了世人。

图片来源
图一　葛芳　摄影
图二至图五　吴伊凡　制图

图二　瑶族香炉堂尺寸图（单位：cm）

图三 瑶族香炉堂图案分析图

外形轮廓　　主要动态　　次要动态

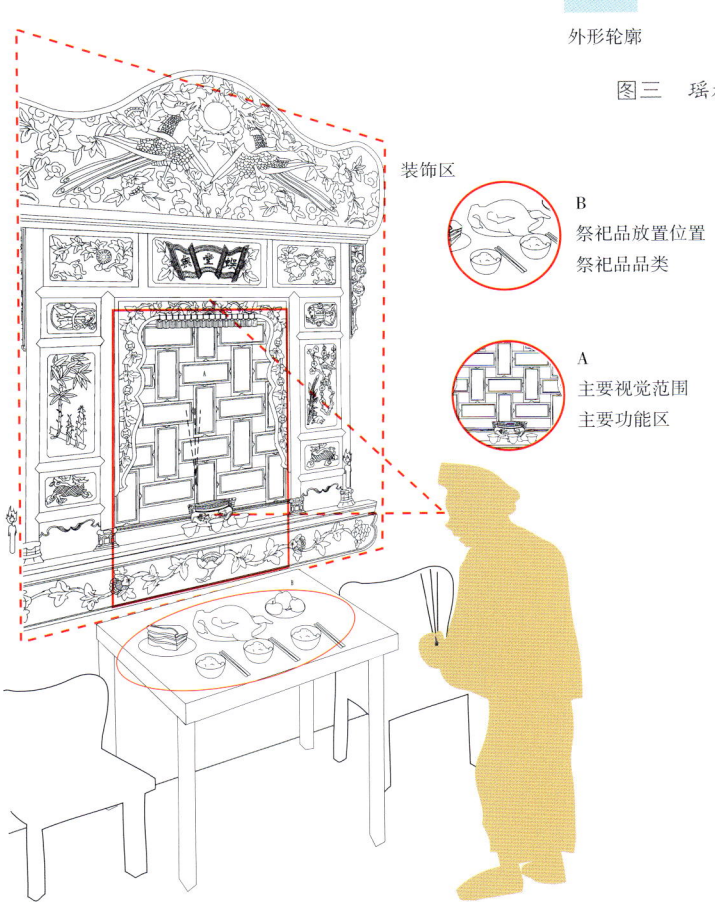

图四 瑶族香炉堂功能展示图

第七章 瑶族传统民俗和宗教造像

489

图五　瑶族香炉堂效果示意图

声　明

　　本书编写时收入的个别图片,因条件所限,未能同相关著作权人取得联系,获得授权,敬请谅解。请相关著作权人及时与编者联系,以便奉上稿酬。谢谢!

责任编辑：杜怀静
审　　校：朱兰婷
审　　订：张桂兰

科学复习　高效提分

主编：唐建军

　　教育部初高中地理学科审查专家，北京市教育学会地理教学研究会常务理事。长期从事地理教学研究、中小学教辅图书编制等工作，主编了《中学地理考试地图册》《高中地理学习与考试实用地图册》《中学地理复习参考地图册》《初中地理学习地图册及练习一本通》等100多种地理教辅类图书。

定价：56.80元

ISBN 978-7-5031-8486-4

审图号：GS（2018）3797号